Anabel Ternès von Hattburg
Orientierungsmodelle und Digitalisierung

Anabel Ternès von Hattburg

Orientierungsmodelle und Digitalisierung

—

Kommunikationsprozesse im Wandel

DE GRUYTER
OLDENBOURG

ISBN 978-3-11-064444-9
e-ISBN (PDF) 978-3-11-064445-6
e-ISBN (EPUB) 978-3-11-064451-7

Library of Congress Control Number: 2019938026

Bibliografische Information der Deutschen Nationalbibliothek
Die Deutsche Nationalbibliothek verzeichnet diese Publikation in der Deutschen Nationalbibliografie; detaillierte bibliografische Daten sind im Internet über http://dnb.dnb.de abrufbar.

© 2019 Walter de Gruyter GmbH, Berlin/Boston
Umschlaggestaltung: Photographer is my life. / Moment / gettyimages
Satz: le-tex publishing services GmbH, Leipzig
Druck und Bindung: CPI books GmbH, Leck

www.degruyter.com

Vorwort

Google ist eine Datenkrake, Facebook eine Fake-News-Schleuder, und Twitter hat Trump zum US-Präsidenten gemacht. Das ist die eine Perspektive. Die vernetzte Mobilität rettet unsere Städte vor dem Verkehrskollaps. Die Künstliche Intelligenz sorgt für ungeahnte Fortschritte in Medizin und Gesundheitsversorgung. Digitales Lernen ist die Zukunft der Aus- und Weiterbildung. Das ist die andere Seite der Medaille.

Dass wir in Zeiten einer zunehmenden Digitalisierung beinahe aller Lebensbereiche Orientierung brauchen – mehr Orientierung, bessere Orientierung –, das ist unmittelbar einleuchtend. Dass die – gesellschaftlichen wie individuellen – Kommunikationsprozesse sich radikal wandeln, das ist beinahe schon eine Binsenweisheit. Schwierig wird es, wenn man versucht, die drei Begriffe – Orientierung, Digitalisierung, Kommunikation – nicht nur definitorisch und abstrakt, sondern lebensweltlich miteinander in Beziehung zu setzen.

Oder konkret: Wenn man sich der Frage stellt, wie rationale – und damit verhandelbare – Orientierungsmodelle für Individuen wie für die Gesellschaft in digitalen Zeiten aussehen können. Und sich damit auch der Frage stellt, wie auf einer solchen Grundlage gelingende gesellschaftliche Kommunikation beschaffen sein kann. Und schließlich der Frage: Welche neuen Bildungsanforderungen leiten sich aus all dem ab?

Antworten auf diese Fragen sucht Anabel Ternès mit dem vorliegenden Buch. Dabei geht sie von der Beobachtung aus, dass die alten Sinnstiftungsinstanzen – Religionen, politische Ideologien, die Wissenschaft, die Familie – für viele Menschen ihre Orientierungsfunktion verloren haben. Und sie konstatiert, dass heute der allgemeinen Desorientierung eine Flut von – oftmals ökonomisch getriebenen – Orientierungsangeboten gegenübersteht. Die Spiegel-Bestsellerliste gibt im Bereich Sachbuch einen zuverlässigen Überblick über die aktuellsten Hypes der Sinnstiftungsindustrie.

Für die Autorin ist die Kommunikation ein zentrales Merkmal von Orientierungsvorgängen. Sie betont in diesem Zusammenhang – mit Luhmann – die Rolle, die das Vertrauen als Mechanismus zur Reduktion sozialer Komplexität spielt, einer Komplexität, die Orientierung nötig, gleichzeitig aber auch sehr schwer mache. Und sie betont die Janusköpfigkeit der Digitalität: Die digitale Technik ist Hilfsmittel bei der Suche nach Orientierung, die digitalen Strukturen und Inhalte sind Orientierungsinstanz.

Nun führt die Reduktion von Komplexität – wenn es um Sinnsuche für das Individuum geht – leicht in die Esoterik oder in die Falle einer reduktionistischen Weltanschauung. Diesen Gefahren begegnet Ternès dadurch, dass sie in ihrem systemtheoretisch begründeten Ansatz Orientierung als einen Kommunikationsprozess innerhalb eines sozialen Systems definiert. Sie postuliert, dass der Prozess anschlussfähig bleiben muss, solange die Orientierungssuche andauert – ein völliges ‚Verständnis' wäre für sie ebenso ein Ende dieses Prozesses wie die Selbstaufgabe der Orientierungsanstrengungen.

Dieser Ansatz macht aus einer statischen Orientierung (Wo stehe ich?) eine dynamische (Wohin kann bzw. will ich gehen?). Er berücksichtigt, dass die Digitalisierung nicht nur ein technologischer, sondern auch – und vor allem? – ein sozialer Prozess ist. Und er betrachtet den Orientierungsprozess aus der Perspektive von (westlicher) Kultur und Kommunikation. So können Orientierungs- und Digitalisierungsprozesse in einer historisch angelegten Perspektive untersucht werden, und die Autorin kann die allfälligen Generalisierungen und Verabsolutierungen vermeiden, die die Diskurse zu den Themen so oft prägen.

So gewinnt das Buch eine lebenspraktische Dimension: Anabel Ternès will – auf der Grundlage einer umfangreichen kultur- und sozialgeschichtlichen Herleitung, aber auch auf der Grundlage von Analysen neuerer (Internet-)Phänomene wie ‚Communities' und ‚Filterblasen' – Hinweise geben für individuelle Orientierungsprozesse; und Hinweise für eine gesellschaftliche Kommunikation, die die Auswirkungen der Digitalisierung nicht beklagt, sondern reflektiert.

Auf der persönlichen Ebene geht es Ternès – insbesondere bei Jugendlichen und jungen Erwachsenen – um Empowerment und Resilienz: um die Ausweitung der Kontrolle über das eigene Leben, um die Stärkung von Selbstwertgefühl und Identität sowie um die Fähigkeit, den Angriffen negativer Orientierungsangebote zu widerstehen. Dabei ist Orientierung immer ein sozialer Prozess, der die Reflexion des eigenen Standpunkts einschließt.

Auf der sozialen Ebene geht es um Kommunikationsstrukturen, die Individuen eine aktive Partizipation am Gemeinschaftsleben ermöglichen. Und es geht um Aus- und Weiterbildungsstrukturen, die Voraussetzungen für lebenslange Lernprozesse schaffen – sowohl auf der persönlichen wie auf der beruflichen Ebene.

Abschließend skizziert die Autorin in Hinsicht auf diese individuellen und gesellschaftlichen Ziele erste kultur- und kommunikationswissenschaftliche Überlegungen zu aktuellen Bildungsanforderungen und zu zukünftigen Bildungsinhalten. Spätestens hier wird deutlich, dass dem Buch ein genuin pädagogischer Impetus zugrunde liegt – basierend auf einem ganzheitlichen Persönlichkeitsbild, in dem Orientierung primär durch interpersonale Kommunikation vermittelt wird, für das digitale Strukturen und Inhalte aber schon heute eine zentrale Rolle spielen.

Daraus folgt, dass unserer Gesellschaft aus dem dynamischen Dreieck von Digitalisierung, Kommunikation und Orientierungssuche riesige neue Aufgaben erwachsen. Statt hier ein wenig Medienkompetenzerziehung und dort ein bisschen Programmierunterricht sind ganzheitliche Bildungskonzepte gefordert, die die Dynamik der Entwicklung mitdenken, die um die Historizität der Orientierungsrahmen wissen – und die trotzdem nicht einer substanzlosen Beliebigkeit verfallen.

Für die Bewältigung dieser Herausforderung hat Anabel Ternès erste Wegmarken gesetzt.

Leipzig, März 2019　　　　　　　　　　　　　　　　　　　　　　　　　　Michael Geffken

Inhalt

Vorwort —— V

Abkürzungsverzeichnis —— XI

Abbildungs- und Tabellenverzeichnis —— XIII

1	**Einführung —— 1**	
1.1	Der Supermarkt der Orientierungen —— 1	
1.2	Der Zerfall der alten Sinnstiftungsmonopole —— 2	
1.3	Egozentrik auf allen Kanälen —— 4	
1.4	Das Zeitalter der Superlative —— 6	
1.5	Was ist Orientierung? —— 7	
1.6	Orientierung im Digitalen Zeitalter —— 8	
2	**Grundlegende Annahmen/Theorien —— 11**	
2.1	Vorbemerkung —— 11	
2.2	Begriffsdefinitionen —— 12	
2.2.1	Orientierung/Orientierungsmodell —— 12	
2.2.2	Kommunikation —— 19	
2.2.3	Kultur —— 23	
2.2.4	Öffentlichkeit —— 26	
2.2.5	Rationalität/Klugheit —— 27	
2.3	Fazit —— 30	
3	**Methodik —— 37**	
3.1	Vorbemerkung —— 37	
3.2	Forschungsfrage —— 41	
3.3	Vorgehensweise —— 41	
3.4	Die Basistheorien —— 45	
3.4.1	Vorbemerkung —— 45	
3.4.2	Systemtheorie —— 45	
3.4.3	Konstruktivismus —— 47	
3.5	Zwischenfazit —— 49	
4	**Orientierung —— 51**	
4.1	Die Erzeuger und Lieferanten von Orientierungsmodellen —— 51	
4.1.1	Bedeutungsverlust und Bedeutungswandel historischer Orientierungsmodelle —— 52	

4.1.2	Aufkommen und beschleunigter Wandel moderner Orientierungsmodelle — **66**	
4.1.3	Zwischenfazit — **76**	
4.2	Der gegenwärtige Orientierungsdiskurs in den Wissenschaften — **80**	
4.2.1	Vorbemerkung — **80**	
4.2.2	Orientierung, Kommunikation und Vertrauen — **81**	
4.2.3	Orientierung und (Medien-)Öffentlichkeit — **84**	
4.3	Die philosophischen Ansätze von Orientierungssuche — **88**	
4.3.1	Erfüllung im „guten Leben" — **89**	
4.3.2	Gelassenheit als Basis von Zufriedenheit — **91**	
4.3.3	Hedonismus — **91**	
4.3.4	Aufklärung — **92**	
4.3.5	Konsequenzialismus/Utilitarismus — **93**	
4.3.6	Das Modell des „homo oeconomicus" — **94**	
4.3.7	Lebensorientierung im Spiel der Gegensätze — **95**	
4.4	Biologische und evolutionäre Voraussetzungen von Orientierung — **96**	
4.4.1	Wahrnehmung als Konstruktion von Wirklichkeit — **96**	
4.4.2	Ernährung — **97**	
4.4.3	Partnerschaft — **99**	
4.4.4	Sozialverhalten — **99**	
4.4.5	Sicherheit — **101**	
4.5	Orientierung und Kultur — **102**	
4.5.1	Hofstedes Kulturdimensionen — **102**	
4.5.2	Kritik und Diskussion — **107**	
4.6	Orientierung und Handlung — **108**	
4.7	Fazit — **108**	
5	**Orientierung im Digitalen Zeitalter — 111**	
5.1	Orientierung am, im und über das Internet — **111**	
5.2	Orientierungsmodelle seit Aufkommen des Internet — **115**	
5.2.1	Die „Community" — **116**	
5.2.2	Die „Filterblase" — **118**	
5.2.3	Die statistische Normierung — **119**	
5.3	Das Internet und die klassischen Orientierungsentwürfe — **124**	
5.4	Der Einfluss der Digitalisierung — **124**	
5.5	KI und die Zukunft der Arbeit — **129**	
5.6	Digitalisierte Kommunikationsformen — **132**	
5.6.1	Weltanschauliche Orientierung — **133**	
5.6.2	Lebenspraktische Orientierung — **134**	
5.6.3	Form, Medium und Inhalt — **135**	
5.6.4	Kommunikation mit Mensch und Maschine — **136**	
5.7	Fazit — **138**	

6	**Ansätze der Orientierungssuche** —— 147
6.1	Persönliche Ansätze —— 147
6.2	Orientierung durch die Umwelt und Umfeld —— 148
6.2.1	Konservativ-Bürgerliche —— 149
6.2.2	Adaptiv-Pragmatische —— 150
6.2.3	Prekäre —— 151
6.2.4	Materialistische Hedonisten —— 153
6.2.5	Experimentalistische Hedonisten —— 155
6.2.6	Sozialökologische —— 156
6.2.7	Expeditive —— 158
6.3	Veränderungen und Verarbeitungsmechanismen —— 160
6.4	Fazit —— 165

7	**Orientierungsverlust** —— 167

8	**Fallbeispiele zu Orientierungsdefiziten** —— 171
8.1	Vorbemerkung —— 171
8.2	Die Kollision von Orientierungssystemen —— 171
8.3	Sozial problematische Orientierungen —— 173
8.3.1	Delinquenz —— 173
8.3.2	Gewalt —— 177
8.3.3	Radikalisierung —— 181
8.4	Gescheiterte Digital-Orientierung —— 181
8.4.1	Verunsicherung —— 181
8.4.2	Computerspielsucht —— 182
8.4.3	Internetsucht —— 183
8.5	Fazit —— 183

9	**Auf dem Weg zu einem neuen Orientierungsmodell?** —— 187
9.1	Rahmenbedingungen und Voraussetzungen —— 187
9.2	Ansprüche —— 191
9.3	Vorgehensweise —— 194

10	**Übertragung auf Strategien/Konzepte für den Bildungs- bzw. Ausbildungsauftrag** —— 197
10.1	Grundgedanken —— 197
10.2	Strukturelle Voraussetzungen —— 199
10.3	Didaktische Überlegungen —— 201

11	**Eckpunkte eines neuen Orientierungsmodells** —— 209

Literatur —— 217

Stichwortverzeichnis —— 223

Abkürzungsverzeichnis

AA	–	Akademie-Ausgabe (Kant)
DIVSI	–	Deutsches Institut für Vertrauen und Sicherheit im Internet
EN	–	Nikomachische Ethik (Aristoteles)
GLOBE	–	Global Leadership and Organizational Behavior Effectiveness
GMS	–	Grundlegung zur Metaphysik der Sitten (Kant)
IVR	–	Indulgence vs. Restraint (Kulturdimension bei Hofstede)
LTO	–	Long-Term Orientation (Kulturdimension bei Hofstede)
NGO	–	Non-governmental Organization
Pol.	–	Politik (Aristoteles)
UAI	–	Uncertainty Avoidance Index (Kulturdimension bei Hofstede)

Abbildungs- und Tabellenverzeichnis

Tab. 2.1   Merkmale der Orientierungssuche bei jungen Erwachsenen —— 13
Tab. 2.2   Werte und ihre Anforderungsbereiche —— 18
Abb. 2.1   Werte und ihre Dimensionen —— 19
Tab. 2.3   Kommunikations- und Gesellschaftstypen und ihre Voraussetzungen —— 22

Abb. 4.1   Einflüsse auf die Nachrichtenauswahl —— 74

Abb. 5.1   Selbstbestimmung bei zunehmender Digitalisierung —— 129

Abb. 6.1   DIVSI Internet-Milieus – Gesamtbevölkerung —— 162
Abb. 6.2   Aussagen zum Thema Sicherheit im Internet —— 164

Tab. 10.1   Stufen des Handelns —— 204
Tab. 10.2   Grundriss einer kultur- und kommunikationswissenschaftlichen Didaktik zur Erweiterung der Lebensführungskompetenz im Digitalen Zeitalter —— 205

1 Einführung

1.1 Der Supermarkt der Orientierungen

Die Diskrepanzen zwischen der natürlichen Lebensumwelt, die einen evolutionär angepassten Menschen hervorgebracht hat, und den Anforderungen, die die Moderne an diesen stellt, sind so augenscheinlich, dass sie kaum noch erwähnt werden müssten – wohl aber verstanden und interpretiert.

Mag die Frage der Orientierung auch als ein Luxusproblem westlich geprägter Überflussgesellschaften angesehen werden, so gilt, dass auch Luxusprobleme tatsächliche Herausforderungen bilden, die eine Vielzahl von Menschen, ihre Lebensqualität, ihr Selbst- und Gemeinschaftsempfinden und ihren Charakter beeinträchtigen. Davon zeugt die Flut der Literatur aus den unterschiedlichsten Wissenschaften, von der sozialen Beobachtung des Gruppenverhaltens bis hin zur Philosophie und Psychologie, die sich stärker dem inneren, emotionalen und kognitiven Verarbeitungsprozess widmen.

Orientierung, dem Wortursprung nach die Ausrichtung nach Osten, ist heute so vielfältig und inflationär verfügbar, so allgegenwärtig, dass sie selbst einer orientierenden Strukturierung bedarf: Jede Religion oder Weltanschauung, jede Werbebotschaft, jeder Ratgeber und jedes Gespräch enthält Inhalte, die als Orientierung bis hin zum kompletten Konzept für einen Lebensentwurf verstanden (oder missverstanden) werden können: Dementsprechend definieren sich Menschen über Ethnie, Herkunft, Ideen, über Lebensgewohnheiten, über Konsum, über Sport und über die Merkmale ihrer individuellen Sinnsuche.

Das Angebot an Orientierungsmöglichkeiten ist dabei häufiger Risiko als Chance, häufiger Problem als Lösung. Die in vielen Bereichen des Lebens vorherrschende wirtschaftliche Logik von Markt und Konkurrenz gilt nicht nur für die Auswahlmöglichkeiten von Orientierungsangeboten, sondern durchdringt diese: Hochglanzbroschüren und Wochenendseminare, Lebenshilferatgeber und Motivationskurse, psychologische Beratung – all dies steht nicht nur nebeneinander und verlangt Zeit und Aufmerksamkeit, sondern will auch finanziell honoriert werden, so dass die gesamte Bandbreite von Wissenschaft über Religion und Esoterik bis hin zur reinen Scharlatanerie reicht – für die aufgrund der allgemeinen Desorientierung ebenfalls eine breite und vor allem zahlungswillige Kundschaft bereitsteht.

Einen gängigen Ausweg aus der Problematik scheint die wissenschaftliche Methodik zu bieten, die ihre Sinnsuche und ihre Orientierungsmuster mit rationalen Prinzipien erschließen und die Welt immer detaillierter zu erklären versuchen. Dazu ist jedoch zu bemerken, dass es auch die Flut an wissenschaftlichen Erkenntnissen war, die einen Teil der derzeitigen Orientierungslosigkeit zu verantworten hat, indem sie einerseits einen Konflikt mit den traditionellen Quellen der Orientierung, Kirche und Staat, riskierten, andererseits eine Vielzahl von Mechanismen schufen, die die Arbeit – als weiteres, sinnstiftendes Element – auf eine Weise revolutionierten und erleichterten, die, nach Marx, eine völlige Entfremdung der Arbeiter vom hergestellten Produkt bedeutete. (Mészáros, 1973)

Die Werbung tut ein Übriges, um äußerst professionell und scheinbar selbst unschuldig daran, Schuldgefühle zu erzeugen: Durch „Magermodels" wird ein krankes Schönheitsideal gepredigt, und sehr schlanke junge Frauen ertappen sich schockiert beim Schokoladeessen. Wer nicht mit dem allgegenwärtigen Körperideal, sei es aus Frauen- oder Männerzeitschriften, übereinstimmt, bekommt auf subtile Art suggeriert, er gehöre nicht dazu. Die echte oder mit Photoshop nachbearbeitete Schönheit der Covermodels vermittelt durchaus eine Art Orientierung, wenn auch eine Orientierung verhängnisvoller Art; sie wird zum Maßstab für die eigene Person und das eigene Umfeld erhoben.

In einer durch und durch optisch ansprechend gestalteten Umwelt – jede Produktverpackung ist, spätestens seit Campbell's Soup Can, ein eingängiger Beweis dafür – scheint für Nicht-Perfektes kein Platz mehr zu sein: vom Layout bis zum Zeitmanagement: So wenden sich Abonnementen eines YouTube-Kanals von diesem ab, wenn die neuen Beiträge nicht immer exakt zu gleichen Zeit hochgeladen werden.

1.2 Der Zerfall der alten Sinnstiftungsmonopole

Fest steht: Keine Zeit bot bisher derartig viele, dauernd verfügbare Orientierungsmöglichkeiten wie die heutige. Und in keiner Zeit war die Frage der Orientierung schwieriger zu beantworten. Denn von der radikalen Askese und Konsumverweigerung über die Hinwendung zu unterschiedlichsten Glaubensvorstellungen monotheistischer oder spirituell-naturreligiöser Art bis hin zum rein materiellen und egoistischen Hedonismus stehen den heutigen Sinnsuchern alle Wege offen. Je nach psychologischer Verfassung und Sozialisation wird diese Freiheit allerdings nicht von allen Menschen als solche empfunden, sondern als Druck, eine Wahl treffen zu müssen und damit auch: den meisten der im Spiel der eigenen Gedanken äußerst verlockend erscheinenden Angeboten eine Absage erteilen zu müssen. Je mehr die Suche nach Orientierung sich auf die Außenwelt, ihre sozialen und materiellen Bedingungen erstreckt, umso weniger Raum bleibt für die Suche nach Orientierung im Innern.

Auch die prinzipielle Orientierungslosigkeit der Moderne scheint einige Orientierungsmöglichkeiten zu bieten, wenn diese auch auf unkonventionelle Art genutzt werden: So ist es gerade das Merkmal heutiger Orientierungssuche, dass auch eine Art negativer Orientierung erfolgt: Ohne zu wissen, was anzustreben wäre, fällt es leicht, die Orientierungsangebote allesamt zu kritisieren und einen gewissen Sicherheitsabstand zu wahren. So machen sich Menschen vor allem die Kritik an den Orientierungsangeboten zunutze – eine Kritik, die sich weiter Verbreitung erfreut, da kaum ein Bereich existiert, zu dem nicht ein findiger Autor schon einen Ratgeber verfasst hat, der die Schwächen der jeweiligen Orientierung offenlegt und kritisiert: Die Kirche – Kreuzzügler in neuem Gewand! Die Wissenschaft – seelenloses Regelwerk! Die Nation – plumper Biologismus! Die Familie – ein soziales Konstrukt! Aus derlei negativer Orientierung wird es allerdings schwierig, ein kohärentes Weltbild abzuleiten. Aber wozu sich überhaupt noch die Mühe machen, wenn auch der bequeme Weg existiert, das eigene Urteil zur universellen Moralinstanz zu verklären und jede Handlung dadurch als richtig anzusehen, dass man sie eben ausgeführt hat.

Die heutige westliche Gesellschaft erlaubt im Rahmen der liberalen und rechtsstaatlichen Ordnung ein Nebeneinander unterschiedlichster (und auch: sich gegenseitig ausschließender Glaubensvorstellungen und Lebensentwürfe), solange die Gesetze eingehalten werden.

Wo früher eine auf Orientierung basierende Identität – als Christ oder Moslem, als Staatsbürger einer Nation, als Kaufmann oder Handwerker, Mann oder Frau – existierte, begleitet von einem jeweils zugehörigen Rollenverständnis, hat die Moderne ein ungeordnetes Angebot von Identifikationsmöglichkeiten geschaffen, aus dem sich jeder bedienen kann und in dem die Autorität und Würde, früher mit bestimmten Berufen einherging, bzw. der Ausdruck dieser, aber auch damit einhergehender Stereotype, eine immer geringere Rolle spielen.

Wie Jürgen Kaube es ausdrückt:

> Niemand fragt den Oberstaatsanwalt ob er es denn seinem Amt angemessen findet, zweimal im Jahr auf Barbados surfen zu gehen. Oder den Sechzigjährigen, inwiefern denn bunte Trainingsanzüge zu einem würdigen Erscheinungsbild in Innenstädten oder Wäldern beitragen. Oder den konfessionslosen Stahlarbeiter im Ruhrgebiet, wie er denn dazu kommt, CDU zu wählen. Oder den Professor für Mittellatein, was er denn im Fußballstadion sucht. (Kaube, 2007, S. 12).

Der Verlust einer wie auch immer gearteten, ehemaligen „Normalität", wie sie in den 50er und 60er Jahren selbstverständlich war, ist immer auch – und das steckt im Begriff – ein Verlust von „Normen", die früher zur Orientierung zwangen oder zumindest dienten.

Das Übermaß und der gleichzeitige Mangel an Orientierung stellt auch die Frage der Identität neu: So erscheint es fraglich, wie sich eine kohärente und feste Identität entwickeln kann, wenn alle Möglichkeiten offenstehen und sich Überzeugungen, Tätigkeiten und Wohnorte nach Belieben austauschen lassen. Gibt es so etwas wie eine Schutzzone vor einer „Diktatur der Beliebigkeit" und des Relativismus, vor der etwa Papst Benedikt XVI. warnte? (Schwabe, 2013)

Niemand – erst recht nicht Jugendliche oder junge Erwachsene – sind heute davor gefeit, den zahlreichen Verwirrungen, die bei der Orientierungssuche entstehen, zu entgehen: Die Orientierung, die sich aus der Suche nach dem Lebensstil ergibt, ist zunächst eine ästhetische: Die Form und Stil sind bedeutender als Inhalt, und die Frage ob es gut sei, wird zugunsten der Frage, ob es gut aussehe, vernachlässigt. Im Zweifelsfall übernimmt die Werbung das Ruder bei der Orientierungssuche: Eine Werbung, die auf Unmengen von statistischen Daten und Erfahrungswerten basiert, genau auf die Emotionen ihrer Zielgruppe zugeschnitten ist. Ein Entrinnen erscheint fast ausgeschlossen, zumal die Botschaft verführerisch ist: mit diesem Produkt, mit diesem Auto, dieser Zigarette, diesem Parfum, diesem Hamburger, dieser Urlaubsreise dokumentiere ich meine Individualität, rustikale Männlichkeit oder elegante Weiblichkeit. Ein abstruser und paradoxer Gedanke sicherlich, zumal Werbung eben für einen Massenmarkt derartiger „Individualisten" geschaffen ist. Die Botschaft: eine wie auch immer geartete Selbstverwirklichung, latent begleitet von der Möglichkeit eines grenzenlos egozentrischen Hedonismus, der notfalls auch auf Kosten anderer oder der Gesellschaft ausgeübt wird.

Wer aufgrund seines Facebook-Klickverhaltens überhaupt nicht mehr mit Orientierungsmodellen konfrontiert wird, die seiner Überzeugung widersprechen, mag zwar vordergründig eine erhöhte Selbstsicherheit suggeriert bekommen, ein Selbst-Bewusstsein, eine Selbst-Einordnung oder Erweiterung des eigenen Denkhorizonts wird aber dadurch erschwert, wenn nicht gar unmöglich gemacht.

Mit seiner treffenden Analyse zur „Risikogesellschaft", die die alten, sicher erscheinenden Strukturen ablösen würde, hat der Soziologe Ulrich Beck 1986 eine Dynamik offengelegt, mit der sich hier auf vielfältige Arten auseinandergesetzt werden muss: Wo Risiko, Unübersichtlichkeit und Unwissenheit an die Stelle der Sicherheit tritt, wird Orientierung schwieriger, gleichzeitig aber auch bedeutsamer.

> Leben in der Weltrisikogesellschaft heißt mit unüberwindlichem Nichtwissen leben, genauer: in der Gleichzeitigkeit von Bedrohung und Nichtwissen und den daraus entstehenden politischen, gesellschaftlichen und moralischen Paradoxien und Dilemmata. (Beck U., 2007, S. 211).

Beck beschreibt den Begriff der „Wissensgesellschaft" als einen „Euphemismus" – viel treffender als dieser Begriff werde die Weltrisikogesellschaft als eine „Nichtwissensgesellschaft" charakterisiert (Beck U., 2007, S. 211). Dies trifft natürlich in erhöhtem Maße auf Personen wie Kinder oder Jugendliche zu, die noch am Anfang ihrer Entwicklung stehen. Auch im jungen Erwachsenenalter kann sicherlich, je nach persönlichen Eigenschaften und Interessen, nicht jene Perspektive vorausgesetzt werden, die sich mit dem Erfahrungsschatz und der Lebensweisheit älterer Menschen verbindet.

1.3 Egozentrik auf allen Kanälen

Die Frage nach dem Medienkonsum von Kindern und Jugendlichen ist alles andere als neu und erfuhr spätestens mit dem Aufkommen der Abenteuerromane Karl Mays weite Verbreitung. Damalige Zeitgenossen kritisierten den ihrer Meinung nach zweifellos schädlichen Einfluss dieser Fantasieprodukte auf die Jugendlichen – erfundene Geschichten, noch dazu angereichert mit Gewalt, konnten demnach nur Schlechtes bewirken, lenkten sie doch von der Beschäftigung mit der wahren Kultur, der griechisch-römischen Antike und den Klassikern der deutschen Dichtkunst und Literatur ab.

Die Inhalte der Diskussion haben sich ebenso geändert wie die Medien, die Fronten aber blieben mehr oder weniger gleich: Die Verrohung der Jugend, der Verfall der

Sitten, ja der Untergang des Abendlandes wurden zunächst auf „Schundromane", dann auf Comics, später auf „gewaltverherrlichende" Computerspiele und neuerdings auf die Verbreitung von Smartphones zurückgeführt.

Jedes neue Medium ruft also Kritiker auf den Plan, die, teils aus echter Sorge, teils aber auch aus Profilierungssucht zur Attacke übergehen. Dennoch ist die Frage, was Medien – und der umfangreiche Medienkonsum – mit der Psyche von Kindern und Jugendlichen anrichten und wie sie langfristig auf die geistige und körperliche Entwicklung einwirken.

Wer sich auf die sozialen Netzwerke begibt, schafft sich eine eigene Bühne. So spricht Vogelsang von der „Identitätsarbeit online als performative Selbstinszenierung". Gerade für Jugendkulturen ergibt sich damit eine starke Beschleunigung ihrer Ausdifferenzierung und das individuelle Selbst kann sich auf zahlreiche Arten entfalten und darstellen (Vogelsang, 2014, S. 150). Dies kommt etwa in der Möglichkeit zum Ausdruck, mit verschiedenen Identitäten im Netz zu spielen und diese zu erproben.

Auf diese Weise lassen sich die Netzräume durchaus als Werkstätten der Identität („identity workshops") begreifen, „in denen ein virtuoses Wechselspiel zwischen Selbst-Inszenierung, Selbst-Vergewisserung und Selbst-Verwandlung möglich ist". Dabei kann zwischen einer Enthüllung auf einem sozialen Netzwerk oder aber einer Verhüllung in einem anonymen Chat gewählt werden – mit jeweiligen Folgen für die individuelle Identität und Selbstbewusstsein, denn deren Eigenschaften und Merkmale ergeben sich immer aus sozialen Interaktionsbeziehungen: „Der Weg zum Ich geht vom Du aus und durchläuft es als wichtige Station." Gleichzeitig bietet dies aber auch die Chance einer erweiterten und bewussteren Reflexion von Identität und Rollenverständnis (Vogelsang, 2014, S. 150f).

Die Moderne ist, wie oben gezeigt, von Vielfalt und Schnelllebigkeit gezeichnet – der Verlust der Rationalität droht allerorts und der „Gotteswahn" (Dawkins, 2007) tritt, zumindest im Buchhandel, gleichberechtigt neben den „Wissenschaftswahn" (Sheldrake, 2015). Überhaupt ist der Wahn ein gerne strapaziertes Thema unserer Zeit: Der Kontrollwahn, der Vergnügungswahn, der Technikwahn, der Genderwahn und der Gerechtigkeitswahn sind beliebte Themen von Überschriften, die zum Anklicken einladen. Diese Überschriften kennzeichnen unterhaltsame, aber meist intellektuell unergiebige Artikel, die es als willkommene Abwechslung oder Prokrastination zu durchstöbern gilt.

Die soziologisch orientierte (und nur implizite) Kulturtheorie von Erving Goffmann, wie sie in „The Presentation of Self in Everyday Life" (Goffmann, 1959) veröffentlicht wurde, stellt die Metapher der Maske in den Vordergrund: Gesellschaftliches Handeln ähnelt dabei jenem sehr stark, was Schauspieler tun, während das übrige Handeln verborgen bleibt. Tritt der Akteur in die Öffentlichkeit oder die soziale Interaktion ein, folgt bestimmten dramaturgischen Kriterien, die über Erfolg oder Misserfolg entscheiden. Erfolgreiche Inszenierungen solcher Interaktionen werden insbesondere dann beobachtet, wenn ein Akteur nicht alleine, sondern innerhalb eines Teams handelt, wobei das gesamte Team das Risiko einer Blamage, aber auch die Möglichkeit einer Belohnung bei erfolgreicher Aufführung teilt.

Insgesamt spielen Rituale innerhalb dieser inszenierten Art der Kommunikation eine große Rolle: Die Begrüßung, die Verabschiedung oder das Verteilen von Komplimenten folgen Regeln, wobei auch Regelverletzungen auftreten können, die dann, ebenfalls in Form von Ritualen (wie Vorhaltungen, Erklärungen, Entschuldigungen etc.), sanktioniert und bereinigt werden. Die Werbung nutzt positive Rituale wie eine Umarmung, um sie selbst ritualisiert für die Darstellung – erneut also eine Inszenierung, nämlich die des Produkts (Goffmann, 1959).

Die Kommunikation, die bei Goffmanns Ausführungen eine große Rolle einnimmt, ist die Grundlage für weitere Überlegungen zum Thema „Wirklichkeit":

> Goffmanns These ist sicherlich, dass wir keineswegs nur in einer Wirklichkeit leben. Schon wir selbst sind ja nur ein Produkt der Gesichtsarbeit, die wir in einer Situation investieren. Das eigene Selbst erscheint deswegen als eine andere, häufig auch tiefere Schicht – auch wenn sich dieser Eindruck vor allem dem Umstand verdankt, dass dieses Selbst eben auch außerhalb der Situation besteht. (Knoblauch, Erving Goffmann: Die Kultur der Kommunikation, 2011, S. 199).

Nun sind diese Ausführungen, sofern man sie verinnerlicht, kaum dazu geeignet, das Vertrauen in ein wie auch immer geartetes, kommunikativ vermitteltes Orientierungsangebot zu verstärken.

1.4 Das Zeitalter der Superlative

Stellte der britische Historiker Eric Hobsbawm noch fest, das 20. Jahrhundert sei mit seinen politischen und technischen Revolutionen, die Verwerfungen und Grausamkeiten bisher ungeahnten Ausmaßes hervorriefen, das „Zeitalter der Extreme" (Hobsbawm, 1998) gewesen, so fragt sich, welche historische Bewertung einmal das noch sehr junge 21. Jahrhundert erfahren wird: Was kommt *nach* den Extremen? Im Zuge medialer Dramatik bietet sich keine Steigerung mehr an – das allerorts zu hörende Adjektiv „ultimativ", sei es bezogen auf eine Musiksendung mit deutschen Schlagern, ein Computerspiel mit brillanter Grafik oder einen esoterisch angehauchten Lebensratgeber, kann keinerlei Geltung mehr im Wortsinne beanspruchen: Denn ultimativ bedeutet eben auch: der, die, das Letzte zu sein. Nun ist es aber gerade ein Merkmal unserer Zeit, dass jegliche Veröffentlichung, genau genommen jegliche Kommunikation eine Autopoiesis bzw. eine Anschlusskommunikation (Luhmann, 1997, S. 229) benötigt: Auf Teil 3 folgt Teil 4, der mit noch mehr Explosionen, noch mehr Spektakel aufwarten kann, um dem geneigten Publikum das Geld aus der Tasche zu ziehen.

Auf diese Art entstehen Erwartungshaltungen, vielleicht sogar Abhängigkeiten, die auch zu individuellen Orientierungen beitragen – wenn auch die Suche nach dem nächsten „Kick" sicherlich nicht zum Aufbau einer stabilen und souveränen Weltanschauung beiträgt.

1.5 Was ist Orientierung?

Bevor in den nächsten Kapiteln zu einer detaillierten, wissenschaftlichen Orientierungsbeschreibung übergegangen werden kann, soll zunächst eine Positions- und Richtungsangabe – eben eine grobe Orientierung – durchgeführt werden, zumal der Begriff der Orientierung bereits ausgiebig genutzt wurde, ohne ihn eingehender zu erläutern. Gemäß der kommunikations- und kulturwissenschaftlichen Ausrichtung sollen hier jene Aspekte im Vordergrund stehen, die sich mit diesen beiden verwandten Themenbereichen beschäftigen.

Orientierung ist zunächst geografisch zu denken und auch im übertragenen Sinne ist diese Metapher nicht aus dem Orientierungsbegriff wegzudenken. Darüber hinaus ist der Orientierungsbegriff und der damit verbundene Vorgang reflexiv zu verstehen: Man orientiert *sich*. Dies setzt sechs verschiedene Aspekte voraus:
1. das Orientierungssubjekt, also die Person, die sich orientiert,
2. den reflexiven Orientierungsprozess,
3. die Orientierungsinstanz, an der sich orientiert wird,
4. den Orientierungsbereich, innerhalb dessen die Orientierung stattfindet,
5. das Orientierungsmittel, das genutzt wird, und
6. die Orientierungsfähigkeiten (Luckner, Klugheit, 2005, S. 9f).

Diese grundlegende, aus der Philosophie stammende und im Verlauf des Buches noch später auszugestaltende Einteilung bietet bereits Anhaltspunkte dafür, welche Rolle Kommunikation und Kultur spielen und wo mögliche Schwierigkeiten zu verorten sind: Jedes Individuum wächst zunächst unbewusst in eine Kultur hinein, deren Formen, Rituale, Symbole, Botschaften, Moralvorstellungen etc. über Kommunikation entstehen und reproduziert werden. Orientierung innerhalb einer Kultur, Orientierung über eine Kultur geschehen ebenfalls über Kommunikation, gleichgültig ob dieser Vorgang selbst bewusst reflektiert wird oder nicht.

Die immanente Verbindung zwischen Kommunikation und Kultur bedeutet, dass die Arbeit stärker praktisch ausgerichtet ist, als wenn sie aus rein philosophisch-abstrakter Perspektive geschrieben würde. Daher nutzt sie philosophische Grundbegriffe (wie sie in Stegmaier 2005 ausgiebig behandelt werden) nur als einen ersten Schritt und richtet ihren Blick nicht auf die ontologischen oder rein theoretischen Aspekte der inneren Orientierungsreflexion, sondern betrachtet Orientierung als einen aktiven, kommunikativen Vorgang, der jedoch sicherlich zunächst als solcher definiert werden muss. Um dies zu tun, bedient sich die Arbeit bei Soziologie und Erkenntnistheorie, genauer: bei der Systemtheorie Luhmanns, die sich in ihrer Gänze auf Kommunikation richtet, weil sie das einzige Element sozialer Systeme sei (Luhmann, 1990a, S. 165) und dem konstruktivistischen Ansatz, der sich für die Themen wie Wissenserwerb und Vorstellung nutzen lässt (Kruse und Stadler, 1994, S. 41). Obwohl sich beide Theorien in Instrumentarium und Fokus stark unterscheiden, besteht eine gewisse Kompatibilität, da auch die Systemtheorie von der Konstruiertheit von Vorstellungen ausgeht.

Dies kommt nicht zuletzt auch in der Beschäftigung Luhmanns mit dem Phänomen des Konstruktivismus zum Ausdruck, etwa im fünften Band der „Soziologischen Aufklärung", der bezeichnenderweise den Untertitel „Konstruktivistische Perspektiven" trägt. Luhmann kritisiert allerdings die Schnelligkeit und Medienwirksamkeit dieser theoretischen Stoßrichtung, die seiner Ansicht nach bei genauerem Hinsehen so neu nicht ist, sondern in seiner Erkenntniskritik durchaus eine Analogie zum platonischen Höhlengleichnis bietet (Luhmann, 1990b, S. 32).

Luhmann geht also von der Existenz einer Realität aus, ebenso ist er jedoch überzeugt davon, dass die von sozialen oder psychisch-kognitiven Systemen geschaffene Wahrnehmung niemals ein Abbild, sondern immer nur eine Konstruktion dieser Realität sein kann, weil sie auf konstruierten Unterscheidungen basiert, die sich nicht aus der Realität heraus, sondern nur aus dem Unterscheidungsmechanismus des Betrachters ergeben:

> Kein Zweifel also, dass die Außenwelt existiert, und ebenso wenig ein Zweifel daran, dass ein wirklicher Kontakt mit ihr möglichst als Bedingung der Wirklichkeit der Operationen des Systems selbst. Nur die Unterschiedenheit dessen, was existiert, wird durch den Beobachter hinzuimaginiert [...]. (Luhmann, 1990b, S. 40f)

Die hier aufgezeigten Aspekte von Orientierung stellen neue Bildungsanforderungen, die von den Kommunikations- und Kulturwissenschaften formuliert, im Idealfall auch erfüllt werden sollten. Es wird also zu hinterfragen sein, welche Aspekte der bisherigen Methodik dieser Wissenschaften neu zu justieren sind und ob und inwieweit das generelle Instrumentarium erweitert werden muss. Das Buch will darüber hinaus Ansätze entwickeln, die zu einem neuen Orientierungsmodell auf der Basis dieser beiden Wissenschaftsbereiche beitragen können.

1.6 Orientierung im Digitalen Zeitalter

Es wird die Frage der Orientierung aus der Perspektive von Kultur und Kommunikation betrachtet. Dabei wird es zunächst darum gehen, Begrifflichkeiten für diesen Zweck handhabbar zu machen. Kultur wie Kommunikation sollen dabei in einer historisch angelegten Perspektive untersucht werden, wobei auch die Verwobenheit beider Themenfelder eine Rolle spielt; kulturelle Eigenheiten prägen sich erst über einen längeren Prozess aus und definieren sich im Rahmen der jeweiligen Kommunikationspartner, -mittel und -methoden; als Beispiel sei an dieser Stelle nur das Christentum genannt, dass die abendländische Kultur wesentlich prägte und dabei Medien wie Bilder und Schriften einsetzte, die dann zu festen Bestandteilen der Kultur wurden.

So wie die Entstehung der Schrift eine erstmalige Speicherung von Wissen erlaubte, das über das mündlich von Generation zu Generation weitergegebene hinausging, so sorgte das Aufkommen der digitalen Informationsspeicherung und Weitergabe für eine explosionsartige Zunahme von Forschungs- und Austauschmöglichkeiten. Die

Implikationen für Kultur wie auch Kommunikation – und damit auch für den Orientierungsprozess junger Erwachsener sind grundsätzlicher Natur und werden hier verdeutlicht. Hauptstoßrichtung der Veränderungen sind:
- im kulturellen Bereich: eine umfassende Veränderung von Arbeits-, Wirtschafts- und Freizeitverhalten, von Informationsbedarf und Informationsangebot, von Zeitmanagement sowie Medienkonsum und Lebensgewohnheiten selbst
- im kommunikativen Bereich: das ständige Mitführen eines Smartphones, das als dauerhaftes Kommunikationsangebot von (Video-)Anrufen, SMS, Chats, E-Mails und dem gesamten medialen Fundus des Internets dient. Dadurch erfolgt eine massive Abkehr von vorherigen Epochen, in der persönliche bzw. schriftliche oder fernmündliche Kommunikation die einzigen Mittel waren. Mit dem Aufkommen sozialer Netzwerke unterliegt die Zahl möglicher „Freunde" keinerlei Grenze mehr, ebenso wie die Menge potenzieller Orientierungsangebote aller Art

Kapitel 5 wird der Frage nach der Orientierung im Digitalen Zeitalter nachgehen, wobei von der Grundüberlegung ausgegangen wird, dass die Technologie sowohl Hilfsmittel wie auch – aufgrund ihrer Bedeutung – eine Orientierungsinstanz ist; längst orientieren sich Menschen, Kulturen und insbesondere Märkte an den Optionen der schnell fortschreitenden Technik. Und in diesem veränderten kulturellen Umfeld kommt es darauf an, den gewaltigen Einfluss der Technologie auf das menschliche Leben zu verstehen und dieses Wissen konstruktiv im eigenen Orientierungsprozess einzubinden.

2 Grundlegende Annahmen/Theorien

2.1 Vorbemerkung

Das Buch widmet sich der Betrachtung eines abstrakten Begriffs, der zudem noch durch den allgemeinen Sprachgebrauch in seiner Bedeutung etwas verwässert wird. Der überwiegend theoretische Charakter setzt zunächst klare Begriffe voraus, die jedoch auch in der wissenschaftlichen Literatur nicht zu finden sind – so lassen sich gerade beim Begriff der Orientierung allenfalls Hinweise auf die Natur dieses Prozesses finden, was sicherlich angesichts der hohen Subjektivität sowie der völlig unterschiedlichen Orientierungsfelder und Rahmenbedingungen nicht verwunderlich ist.

Der Orientierungsbegriff ist damit auch für die hochgradig abstrakten Kommunikationswissenschaften relativ schwierig zu erfassen. Ähnlich verhält es sich mit den weiteren, damit verwandten Begriffen, deren Beziehung zur Orientierung sicher einleuchtend, jedoch alles andere als einfach zu definieren ist: Orientierung setzt Kommunikation in ihrer simpelsten Form voraus – es müssen Informationen gesucht, gefunden und verarbeitet werden. Da das Buch sich nicht mit einer stark spezialisierten Form der Orientierungssuche beschäftigt (wie dies etwa beim Kauf eines Produkts der Fall wäre), sondern mit einer gesellschaftlich ausgerichteten Suche nach einer Lebenseinstellung, müssen die Faktoren „Kultur" und „Öffentlichkeit" einbezogen werden. Als weiteres Element, das einerseits die Orientierungssuche unterstützt, aber auch als ein Ziel von Orientierung gesehen werden kann, kommt die Rationalität bzw. Klugheit zum Tragen.

Seit Menschengedenken – und hier trifft der Begriff im wörtlichen Sinne – schien die Frage der „Orientierung" nicht einmal eine besonders bedeutsame zu sein, denn die Orientierungspunkte waren klar und deutlich zu erkennen: Die Sonne, der Jahreszyklus, die Suche nach Nahrung und Sicherheit, die Pflege der Familie. Mit Sesshaftigkeit und der zunehmend arbeitsteilig organisierten Gesellschaft kamen neue Rollen hinzu, die ihre Träger nicht nach Akzeptanz oder Zustimmung fragten, sondern die schlicht ausgefüllt werden mussten: Bauern, Soldaten, Handwerker, Händler, Schamanen, Priester und andere Berufe prägten das Bild der neu entstehenden Dörfer und Städte und gaben für einen langen Zeitraum auch die soziale Struktur von Güterverteilung und Ansehen wider – eine Struktur, die sich über Jahrhunderte kaum veränderte und die sich noch heute in Begriffen wie „Offiziersfamilie" wiederspiegelt. Wer in der Vergangenheit als Sohn aus einer derartigen Familie hervorging, hatte eine äußerst klare Orientierung im Leben: Es galt, dem Vater nachzueifern, sich zu beweisen, dem Vaterland zu dienen, die den Offizieren zugeschriebenen Tugenden auch im Privatleben zu verkörpern, und die entsprechenden Rituale und Traditionen einzuhalten – alles in allem ein Lebensentwurf, der alle Bereiche, Tätigkeiten bis hin zum individuellen Gedanken, einem einzigen Modell als Maßstab unterwirft.

Eine derartige, prinzipiell „totalitäre" Form der Orientierung kann sicherlich auf viele Arten wirken – von der positiven Motivation über ratlose Anpassung bis hin zur entschiedenen Ablehnung und Widerstand.

Wie immer man diesen prägenden Modellen gegenübersteht – sie gehören in vielen Gesellschaften, insbesondere jenen der westlichen Welt (mit Abstufungen) der Vergangenheit an. Die gesellschaftliche Ausdifferenzierung in unterschiedliche Teilsysteme (Luhmann, Die Gesellschaft der Gesellschaft, 1997) hat deutliche Spuren hinterlassen – sowohl auf kollektiver wie auch auf individueller Ebene: Zum einen ist die Suche nach Orientierung – sofern es nicht um religiöse Orientierung geht – ein Phänomen, vielleicht sogar ein Luxusproblem der Moderne. Wer ständig bedroht ist, wer fürchten muss, zu hungern, dürfte sich wenig Gedanken um Dinge wie Orientierung, die Entfaltung seiner Persönlichkeit oder die Konstruktion seiner Identität machen.

2.2 Begriffsdefinitionen

2.2.1 Orientierung/Orientierungsmodell

Es wurde bereits mehrfach auf den Begriff des Orientierungsmodells zurückgegriffen, ohne diesen konkret zu definieren – für die wissenschaftliche Nutzung, speziell im Gebrauch hier, muss jedoch eine Definition geschaffen werden.

Die einfachste Lösung, nämlich die Nutzung einer Definition aus dem Bereich der Kommunikationswissenschaft, kommt dabei leider nicht in Frage: So findet sich auch in einem Fachlexikon (Bentele, Brosius und Jarren, 2006) kein Eintrag zu der Begrifflichkeit der „Orientierung", während unter dem Begriff „Modell" lediglich auf das umfassend behandelte Schlagwort „Kommunikationsmodell" verwiesen wird.

Um eine sinnvolle Definition eines „Orientierungsmodells" zu schaffen, müssen zunächst die Grundlagen der beiden beinhalteten Begriffe erörtert werden: Erst wenn klar ist, wie „Orientierung", und wie „Modell" verstanden werden soll, kann auch deutlich werden, was ein Modell von Orientierung ist. Zunächst gilt:

Die Orientierung, die betrachtet werden soll, ist keine physische oder geografische, sondern eine philosophische und soziale. Dies bedeutet: Dinge wie das physikalische „Orientierungsmodell Schwerkraft" sind zu speziell – sie erfüllen zwar für die Physik eine Orientierungsfunktion, mögen davon abhalten, von einem Balkon zu springen, sie taugen ansonsten aber wenig für die hier untersuchten Zwecke der menschlichen Orientierungssuche, zumal sie sich in doppeltem Sinne als ungeeignet erweisen: Wer springen möchte, springt, und wer zu dieser Orientierung ein Physikbuch benötigt, benötigt darüber hinaus noch eine ganz andere Art von Hilfestellung und Orientierungsvermittlung.

Dennoch kommt der philosophische Orientierungsbegriff, genauso wenig wie der gesellschaftliche, ohne die den ursprünglichen Begriff der Orientierung ausmachende geografische Komponente aus. Dies gilt auch für jede andere Art der Begriffsdeutung:

Immer bleibt die Metapher des sich im Raum Orientierenden, nach lokalen Punkten suchenden Menschen im Gedächtnis, selbst wenn von einem äußerst abstrakten Orientierungsvorgang die Rede ist, etwa im Bereich des Sozialen, Religiösen oder Politischen. Dies zeigt sich bereits bei einem kurzen Rundgang durch die philosophischen Definitionen des Orientierungsbegriffs, die erst relativ spät – nämlich durch Denker wie Moses Mendelsohn und Immanuel Kant (s. u.) – geschaffen wurden. Dennoch bleibt auch die Philosophie zunächst eine tatsächliche Erklärung dieses Phänomens schuldig – Orientierung wird damit oftmals einfach als gegeben vorausgesetzt und zur Beschreibung anderer Begriffe genutzt, ohne dabei selbst genauer untersucht zu werden. So ist es möglicherweise gerade die Natürlichkeit und Selbstverständlichkeit des Orientierungsbegriffs, die eine detailliertere Beschreibung verhinderte und zu jener paradoxen Situation führte, dass gerade in einer Situation, in der die zeitgenössische Philosophie alles und jedes hinterfragt und analysiert, die „Orientierung" auf seltsame Art davon unberührt bleibt, weil sie fundamentaler nicht sein könnte und, genau betrachtet, sogar als absolute Lebensnotwendigkeit, ja als Bedingung des Lebens selbst, erscheint: „Der Begriff der Orientierung könnte für das aktuelle Philosophieren zu einem letzten Anker auf der uferlosen See geworden sein, auf die es hinausgetrieben wurde." (Stegmaier, 2005, S. 15)

Die in der Einleitung genannte Übersicht Luckners, die die Einzelheiten des Orientierungsprozesses definiert (2005, S. 9f) kann hier als Raster genutzt werden. Ausgehend von der Situation eines heutigen, in einem westlich orientierten Staat lebenden jungen Erwachsenen sind die Merkmale der Orientierungssuche wie folgt ausgeprägt (vgl. Tab. 2.1).

Orientierung bedeutet immer, dass man sich nicht nur über eine Situation, sondern gleichzeitig auch *in* ihr orientiert (Stegmaier, 2005, S. 16f) Stegmaier führt wei-

Tab. 2.1: Merkmale der Orientierungssuche bei jungen Erwachsenen.

Merkmal	Ausprägung
Orientierungssubjekt	Junger Erwachsener
Orientierungsprozess	Prüfung/Justierung eigener Werte, Horizonterweiterung, eher Richtungs- als Zielvorstellung
Orientierungsinstanz	Institutionen (z. B. Familie, Schule, Firma, Universität, Kirche), gedankliche Strömungen des Zeitgeists, Personen des Umfelds
Orientierungsbereich	Makroperspektive: weltanschaulich/religiös (stärker abstrakt) Mikroperspektive: Stärkung der Fähigkeiten, das Leben nach eigenen Vorstellungen gestalten zu können (stärker konkret)
Orientierungsmittel	Alle Erfahrungen und Bereiche des Lebens, alle Medien und Personen des Umfelds
Orientierungsfähigkeiten	Je nach eigener Persönlichkeit, Emotionalität und den kognitiven Fähigkeiten

Eigene Darstellung.

ter aus, dass Descartes schloss, es sei bei fehlender Orientierung weitaus besser, entschlossen in eine Richtung zu gehen, selbst wenn diese anfangs willkürlich oder zufällig gewählt wurde. So werde man letztendlich vielleicht nicht beim gewünschten Ziel, zumindest aber irgendwo ankommen, wo es besser sei, als in der gegenwärtigen Position (Descartes, 1953, S. 142). Wer dagegen oft die Richtung verändert, läuft Gefahr, umherzuirren und wohlmöglich im Kreis zu gehen.

Kant kommt, neben vielen anderen, das Verdienst zu, auf eine simple, aber wirkungsvolle Lücke hinzuweisen, dass bereits erste Orientierungsversuche umgibt: So existiere keine analytische Beschreibung oder auch nur sinnliche Wahrnehmungsmöglichkeit der (für die Orientierung grundlegendsten Begriffe) „links" und „rechts": Denn diese leiten sich vom jeweiligen Standpunkt des Betrachters ab und sind damit weder feststehend noch sicht- oder greifbar. Damit sind diese Kategorien gegeben, ohne aber tatsächlich verstanden zu werden (Kant, AA IV, S. 484).

Kant befasste sich 1786 in einem Aufsatz explizit mit dem Thema der Orientierung: „Was heißt: Sich im Denken orientiren?" (Kant, AA VIII) – Ein Aufsatz, der noch immer als ein grundlegender Text zu dieser Frage betrachtet wird (Stegmaier, 2005, S. 9f) Auch hierbei wird auf das lokale bzw. geografische Orientierungsvermögen verwiesen, das sich beispielsweise in der Navigation nach den Sternen ausdrückt. So sehr auch die derartige Fixpunkte für die Orientierung nötig sind, so sehr muss der Vorgang durch eine individuelle Komponente ergänzt werden: Zunächst muss nämlich der eigene Körper in eine Richtung gedreht werden, um das Bild am Horizont zu erfassen und mittels der Kategorien von links und rechts zu ordnen.

Selbst dies ist allerdings noch kein Garant für das Gelingen. So können bei einem Orientierungsvorgang zahlreiche Probleme auftreten – befindet sich der eigene Standpunkt außerhalb der Karte, oder wird diese schlicht falsch gehalten, so scheitert die Orientierung (wobei das Scheitern sicherlich nicht in jedem Fall bemerkt werden dürfte). Orientierung erfolgt, um im Bild der Geografie zu bleiben, immer die Existenz weniger markanter Punkte. Daher ist die heutige, leichte Verfügbarkeit von Lebenshilfe und Ratgebern nicht unbedingt ein Vorteil, sondern trägt mitunter sogar zur Desorientierung bei (Stegmaier, 2005, S. 8)

Orientierung ist immer in einer Wechselbeziehung zur Analyse zu verstehen: Zwar kommt es nicht immer zu einer harmonischen Ergänzung, allerdings ergeben sich aus neuen Orientierungen möglicherweise auch neue Interessensgebiete für die Analyse, und je detaillierter die Analysen vorgenommen werden, desto mehr können sie auch die Orientierungen und deren Prioritäten verschieben (Stegmaier 2005, S. 11).

Während die philosophische Orientierung jenen vorbehalten bleibt, die bewusst danach suchen, besteht im Alltag die Notwendigkeit einer Orientierung schon aufgrund von Körperlichkeit und Räumlichkeit. Sinnvoll ist daher die Metapher einer „Orientierung in Horizonten", die sowohl die Notwendigkeit wie auch die Möglichkeit von Orientierung zusammenfasst (Elm, 2005, S. 79).

An dieser Stelle muss darauf verwiesen werden, dass die philosophischen Bezüge zur Orientierung zahllos sind und hier nicht weiter auf die ontologischen und erkenntnistheoretischen Probleme, die sich mit diesem Phänomen verbinden, eingegangen werden soll.

Ein Orientierungsvorgang ist in der Regel keine einmalige Angelegenheit, sondern wird mehrfach durchlaufen: Die Orientierung verändert den Standpunkt und dies erfordert eine neue Orientierung. (Stegmaier 2005, S. 17).

Das in der Philosophie genutzte Wort „Weltanschauung", das auch häufig – und zu Recht *nicht* übersetzt – in englischen Texten genutzt wird, kann bei der Suche nach einer Definition weiterhelfen. Eine Weltanschauung ist damit, ähnlich und möglicherweise identisch mit einer Religion, eine umfassende Sichtweise, die zum Weltverständnis, zur Welterklärung genutzt wird – sie vermindert Unsicherheit, indem sie Wissenslücken nicht schließt, sondern überbrückt. Als Maßstab für das persönliche Handeln und die Bewertung der Umwelt bildet die Weltanschauung einen wichtigen Bestandteil der Urteilsfähigkeit, wenn auch eher im emotionalen und moralischen als im analytischen Bereich.

Bezeichnenderweise dürfte auch eine noch so ausgefeilte und durchdachte Definition von Orientierung niemals Allgemeingültigkeit beanspruchen: Denn aus der Sicht des Orientierungssuchenden ist Orientierung schlicht das, was er als Orientierung begreift – das kleine Ritual im Alltag, der morgendliche Kaffee, die individuelle, praktische Lebensphilosophie oder aber das Studium fernöstlicher Religionen. So verstanden muss Orientierung vor allem Halt und geben und zu einer gewissen Grundgelassenheit im Leben führen, auf welcher Ebene und in welchem Maßstab auch immer.

Orientierung, wie sie hier verstanden werden soll, ist niemals getrennt von dem Begriff der Kultur zu denken, wie sie in der Gesellschaft vorherrscht. Aus diesem Grund – und weil innerhalb dieses Buches auch ein Schwerpunkt auf der kulturwissenschaftlichen Betrachtungsweise liegt, wird es ein Schwerpunkt sein, den Kulturbegriff in seiner Wechselwirkung zu persönlicher und kollektiver Orientierung zu betrachten.

Einhergehend mit der „Weltanschauung" ergibt sich immer auch eine Wechselwirkung zum jeweils zugrundeliegenden Menschenbild – Hierüber geben die Bezeichnungen des Menschen als „Soziales Wesen", als „homo oeconomicus" Aufschluss, ebenso wäre zu hinterfragen, welche Folgen diese Menschenbilder für die Erziehung und Bildung junger Menschen haben, welche Ziele und Inhalte sie festlegen und welche Maßnahmen sie fordern oder legitimieren. Aus diesem Grund lohnt sich auch ein Blick in den pädagogischen Bereich, in den zahlreiche kulturellen Vorstellungen einfließen, die jene Punkte bilden, an denen die Gesellschaft eine Orientierung Jugendlicher für nötig hält. Gerade aus dem extrem starken Gegensatz zwischen der Erziehung in autoritären und liberalen Staaten lassen sich zahllose Erkenntnisse für das Thema der Orientierung gewinnen: Je strikter die Bildungsvorgaben und Lebensumstände, umso enger wird auch der zur Verfügung stehende Orientierungsrahmen. Je mehr abweichendes Verhalten sanktioniert wird, umso größere Kraft wird benötigt, sich jenseits des offiziell Erwünschten zu orientieren.

Der hier einbezogene Teil der Kommunikationswissenschaften wie auch der Soziologie geht von einem interaktiven Orientierungs- und Kommunikationsmodell aus. Umgekehrt soll auch nach Abschluss eines Orientierungszyklus nicht nur das genauere Wissen über die eigene Position und Situation im Vordergrund stehen, sondern ebenfalls eine Orientierung in Bezug auf eigene Handlungen erfolgen, sei es innerhalb einer nachträglichen Bewertung des Vergangenen oder für die Ausgestaltung zukünftiger Handlungen.

Junge Erwachsene suchen Orientierung in der Regel nicht um der Orientierung selbst willen, sondern um ihre Lebenspraxis aktiver, bewusster oder kontrollierter organisieren, gestalten und letztendlich auch führen zu können, wobei dies eine eigenständige, vorausschauende Aktion voraussetzt, anstatt nur auf die jeweiligen Situationen zu reagieren und sich von Entwicklungen im Umfeld treiben zu lassen.

Für die Übersicht über die Bereiche Lebenspraxis bieten sich folgende, aus den Geisteswissenschaften stammende Gliederung an, die auch als Leitfaden für die Orientierungsfindung in der modernen Welt gelten kann:
1. Die geistige und körperliche Entwicklung des Menschen.
2. Die Kommunikation mit anderen.
3. Die technisch-instrumentelle Aneignung der Welt: Dies umfasst Fragen des Eigentums, der Arbeit und der Wirtschaftsordnung.
4. Die ästhetisch-praktische Aneignung der Welt, also Fragen von Kunst, Kultur und Wissenschaft.
5. Die Organisation der öffentlichen Ordnung über die Politik.
6. Die moralische Ordnung und die Frage der Endlichkeit menschlichen Lebens: Dies betrifft die Bereiche Recht, Ethik und Religion. (Ladenthin, 2017, S. 43)

Die Integration dieser unterschiedlichen Bereiche in ein kohärentes Bild ist alles andere als einfach – gerade in der heutigen Zeit, in der widersprüchliche Informationen neben einander stehen und unterschiedlichste und prinzipiell miteinander unvereinbare Perspektiven, Handlungslogiken und Moralsysteme beinhalten.

Andreas Luckner weist auf den Zusammenhang zwischen Orientierung und Klugheit hin, indem er Klugheit als die „ausgebildete Kompetenz der Selbstorientierung" betrachtet, bei der Normen nicht als Instanzen, sondern als Hilfsmittel dienen (Luckner, 2008, S. 3).

Tendenziell setzt der Orientierungsprozess einen gesellschaftlichen Bezug voraus und eine gelungene Orientierung wirkt wiederum in den gesellschaftlichen Bereich hinein. Dies bedeutet, dass Orientierung auch eine starke ethische Dimension hat, sich also mit Normen, Werten und Tugenden auseinandersetzen muss. Darüber hinaus geht es bei der praktischen Umsetzung von Orientierungswissen, dass sich immer in der Kommunikation niederschlagen wird (gemäß der Überlegung, wonach es *nicht* möglich ist, *nicht* zu kommunizieren), auch um die im Lebensalltag nötigen Fähigkeiten zu rationalem bzw. weiter gefasst, klugem Handeln. Ein solches Handeln lässt sich kaum allgemein beschreiben, da es hochgradig situativ ist und sich bereits der Rationalitäts- bzw. Klugheitsbegriff jedes Menschen mit individuellen Erfahrungen und Inhalten gefüllt werden muss: Eine rein ökonomisch verstandene Rationalität hat wenig mit der Tugend vernünftigen Handelns zu tun und auch ein „kluges" Handeln könnte unter Umständen darin bestehen, Normen und Werte zu missachten oder die Rechte anderer Personen zu verletzen.

Orientierung setzt zwar, wie oben beschrieben, Fixpunkte voraus, es erscheint angesichts der Vielzahl von Orientierungsinstanzen und -perspektiven sowie der komplexen Vielfalt an denkbaren Lebens- und Alltagssituationen wenig sinnvoll, eine starre, technische Abfolge von Regeln verkünden zu wollen, die eine universale Gültigkeit beanspruchen. Vielmehr soll ein Orientierungsmodell seine Anhänger in die Lage versetzen, Situationen selbst zu beurteilen und daraus das individuell richtig erscheinende Handeln (das wiederum eine Reihe erwünschter, aber auch unerwünschter Folgen haben kann), ableiten zu können. In der Philosophie tauchten die „Pragmatischen Topiken", also solche Klugheitslehren, die eine Abkehr vom antiken und mittelalterlichen Modell vornahmen, vor allem in der Zeit des Barock auf (Luckner, 2008, S. 17).

Für ein auf Lebensklugheit basierendes Orientierungsmodell lassen sich die folgenden Überlegungen anwenden: „Die Ratschläge, die pragmatischen Imperative sind allerdings nicht Entscheidungskriterien, sondern die Entscheidungsfindung flankierende Regeln, durch deren Applikation die ansonsten überforderte praktische Urteilskraft ihre Aufgabe der Aufrechterhaltung der Praxis – d. h. der Realisierung des Guten – bewerkstelligen kann." (Luckner, 2008, S. 21).

Orientierung, wie sie hier verstanden werden soll, ist immer primär als „Werteorientierung" zu sehen:

Aus der Literatur sind unterschiedliche Beschreibungsmuster für den Wertebegriff bekannt: So kann es sich dabei um Annahmen im Sinne von (nicht unbedingt religiös zu verstehender) Glaubensvorstellungen handeln, die erwünschte Handlungsweisen oder Zielvorstellungen betreffen. Darüber hinaus leiten Werte die Auswahl und die Bewertung von Verhaltensweisen, Personen und Ereignissen. Dabei wird den Werten jeweils Bedeutung innerhalb eines gesamten Wertesystems gegeben, sie beziehen sich also auch auf andere Werte (Schwartz, 1994, S. 20).

Prinzipiell lassen sich Werte als Antworten auf drei universelle Anforderungen menschlichen Lebens verstehen:
- auf die Bedürfnisse von Individuen als biologische Wesen (Organismus)
- auf die Notwendigkeiten von koordinierter sozialer Aktion (Interaktion)
- auf die Notwendigkeiten eines reibungslosen „Funktionierens", wie es für das Überleben einer Gruppe nötig ist (Gruppe). (Schwartz, 1994, S. 20)

Werte sind immer in eine soziale Einheit bzw. Gemeinschaft eingebunden und können Handlungen motivieren, indem sie die Richtung vorgeben, ihnen emotionale Tiefe verleihen und Standards zu ihrer Legitimation und Bewertung liefern. Sowohl die Sozialisation durch dominante Gruppenwerte wie auch die persönlichen Erfahrungen und Lernprozesse entscheiden über die Ausprägung von Werten (Schwartz, 1994, S. 20)

Darüber hinaus existiert eine elfte Sorte von Werten, die Schwartz jedoch nicht (vgl. Tab. 2.2) übernommen hat, da sie sich nicht aus den universellen Anforderungen ableiten lassen und darüber hinaus auch nicht von allen Kulturen anerkannt sein dürften: Diese Werte beschäftigen sich mit der Suche nach Sinn im Leben, nach Spiritualität oder innerer Harmonie (Schwartz, 1994, S. 23).

Ein Orientierungsmodell, das tatsächliche emotionale und rational nachvollziehbare Stabilität verleihen soll, wird sicherlich zu allen diesen Dimensionen und Werten Stellung beziehen müssen – und auch die spirituellen Werte, für die gerade in Zeiten der Technologisierung und Beschleunigung ein gewisser Bedarf besteht. Gleichzeitig muss die Balance zwischen all diesen Werten gefunden werden – was sich sicherlich leicht fordern, aber nahezu unmöglich umsetzen lässt, weil die Dimensionen von „Bewahrung" und „Offenheit" sowie „Selbstverbesserung" und „Selbsttranszendenz" sich jeweils diametral gegenüberstehen, die Positionierung also immer einem

Tab. 2.2: Werte und ihre Anforderungsbereiche.

Beschreibung	Beispiele	Anforderungsbereiche
Macht: sozialer Status und Prestige, Kontrolle über Menschen und Ressourcen	Autorität, Reichtum, Macht	Interaktion/Gruppe
Errungenschaften: persönlicher Erfolg durch Nachweis der Kompetenzen (nach jeweiligen sozialen Standards)	Erfolg, Kompetenz, Ehrgeiz	Gruppe
Hedonismus: sinnliche Erlebnisse	Lust	Organismus
Stimulation: Aufregung, Abenteuer, Herausforderungen	Lebensfreude, Wagemut, Abwechslung	Organismus
Selbstbestimmung: Unabhängigkeit in Gedanken und Aktionen. Eigenständige Auswahl, Tatkraft und Forscherdrang	Kreativität, Neugier, Freiheit	Organismus/Interaktion
Universalismus: Verständnis, Wertschätzung, Toleranz, Fairness gegenüber Natur und Mitmenschen	Offenheit, soziale Gerechtigkeit, Gleichheit	Gruppe/Organismus
Gutmütigkeit gegenüber Mitmenschen	Hilfsbereitschaft, Ehrlichkeit	Organismus/Gruppe
Tradition: Respekt, Engagement und Akzeptanz von kulturellen und religiösen Ideen	Demut, Akzeptanz der eigenen Rolle im Leben	Gruppe
Konformität: Zurückhaltung bei Aktionen und Neigungen, die andere verletzen oder soziale Normen gefährden könnten	Freundlichkeit, Gehorsam, Respekt vor Älteren	Interaktion/Gruppe
Sicherheit: Schutz, Harmonie und Stabilität der Gesellschaft, ihrer Beziehungen und der eigenen Person	Nationale Sicherheit, soziale Ordnung, Sauberkeit	Organismus/Interaktion und Gruppe

Quelle: Schwartz 1994, S. 22.

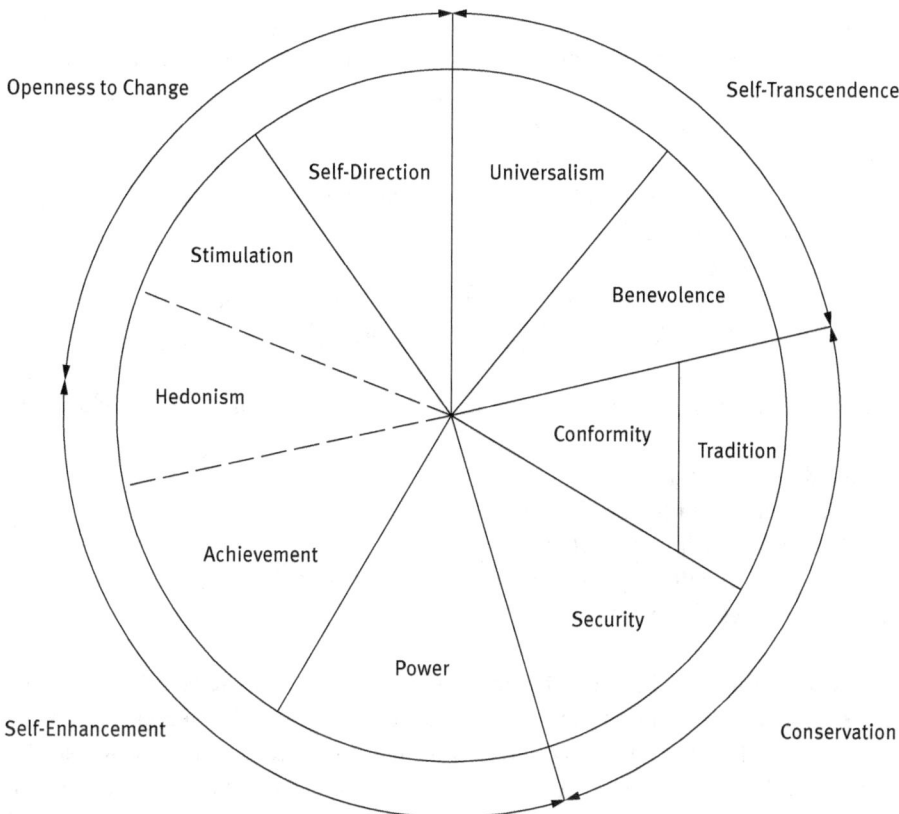

Abb. 2.1: Werte und ihre Dimensionen, Quelle: Schwartz 1994, S. 24.

Nullsummenspiel gleicht, bei der ein Gewinn innerhalb einer Dimension mit einem Verlust innerhalb einer anderen Dimension erkauft wird (vgl. Abb. 2.1)

2.2.2 Kommunikation

Eine Orientierungssuche ohne die Beteiligung einer wie auch immer gearteten Kommunikation ist nicht möglich: Denn Orientierung und Standortbestimmung im Sinne einer Selbst-Verortung ist, um im Bild der Geografie zu bleiben, nicht ohne zumindest einen externen Bezugspunkt, an dem sich orientiert wird, unmöglich.

Die Kommunikationswissenschaften tun sich erfahrungsgemäß sehr schwer damit, den grundlegendsten Begriff ihrer Disziplin, nämlich den der Kommunikation zu definieren. Aus diesem Grund wurden mehrere Beschreibungen unterschiedlichster Perspektiven geschaffen, die so zahlreich sind, dass eine moderne Kommunikationsdefinition nicht umhinkommt, diese Beschreibungen in Gruppen zu unterteilen und zu klassifizieren. Auf diese Weise nähert man sich dem Begriff indirekt, indem man die Gemeinsamkeiten der Definitionen als Ausgangspunkt für eine Bestimmung des eigentlichen, essenziellen Begriffsinhalts nutzt: So wird Kommunikation vor allem als ein Prozess aufgefasst (was der vorliegenden Thematik entgegenkommt, da auch die Orientierung als Prozess verstanden wird).

Ein individueller Kommunikationsprozess kann anhand von drei Fragen (Beck K., 2006) charakterisiert werden:
– Was wird verarbeitet?
– Welche Elemente oder Akteure sind an diesem Prozess beteiligt?
– Auf welche Weise kommt der Prozess zustande?

Darüber hinaus beinhalten viele Kommunikationsdefinitionen die folgenden Bereiche:
1. Sender/Kommunikator
2. Botschaft/Kommunikat/Aussage/Signal
3. Empfänger/Rezipient/Publikum
4. Medium/Übermittlungseinrichtung/Kanal/Transmitter
5. Wirkung/Rezeption (Beck K., 2006).

Niklas Luhmann nutzt in seiner Systemtheorie ein Kommunikationsbild, wonach die drei Komponenten „Information", „Mitteilung" und „Verstehen" beteiligt sind und jeweils spezifischen Auswahlprozessen unterliegen. In der Konsequenz bedeutet dies allerdings, dass es nur selten zu einer tatsächlich gelingen Kommunikation kommt (Beck K., 2006).

Luhmann wendet sich damit von der Ding-Metapher eines wie auch immer gearteten „Weitergebens" oder „Erhaltens" von Information ab (Luhmann, 1984, S. 193f), zumal die Übertragung von Bedeutungsgehalten von einem psychischen System auf ein anderes keine Zielführende Erklärungsvorstellung sei (Luhmann, 1997, S. 104).

„Begreift man Kommunikation als Synthese dreier Selektionen, als Einheit aus Information, Mitteilung und Verstehen, so ist die Kommunikation realisiert, wenn und soweit das Verstehen zustande kommt." (Luhmann, 1984, S. 203)

Während das relativ strikte und abstrakte Bild der Kommunikation aus Sender, Nachricht, Störgrößen und Empfänger, wie es beispielsweise von Shannon und Weaver entwickelt wurde, sicherlich bei technischen Systemen wie Telefonen eine gewisse Plausibilität beanspruchen kann, ist dies bei der zwischenmenschlichen Kommunikation sicherlich anders. Bei dieser Art der Kommunikation (um im systemtheoretischen Bild zu bleiben: Der Interaktion biologischer, kognitiver Systeme) treffen autonome und intelligente Akteure aufeinander und verfügen über zahlreiche Optionen, die Kommunikation fortzusetzen oder aber zu beenden – auch dies ein kommunikativer Akt (Merten und Westerbarkey, Public Opinion und Public Relations, 1994, S. 67).

Der Zusammenhang zwischen Kommunikation und Orientierung[1] ist, aus der Perspektive eines kommunikationswissenschaftlichen Modells, durchaus eng: Kommunikation ist Orientierungshandeln (Merten und Westerbarkey, Public Opinion und Public Relations, 1994, S. 66).

Es ist davon auszugehen, dass die Kommunikation zwischen zwei Menschen vor allem dann umfassend und fruchtbar sein wird, wenn der gemeinsame Wissens- und Zeichenvorrat groß ist:

> Je größer die Zahl der Objekte intersubjektiver Orientierungen [...] für zwei oder mehr kognitive Systeme, desto reichhaltiger bzw. umfangreicher ist die als gemeinsam unterstellte Wirklichkeit. Und je häufiger und zuverlässiger Orientierungsinteraktionen gelingen, desto stärker wird die Überzeugung von der Gemeinsamkeit und Gleichheit der Wirklichkeit aller faktischen und potentiellen (interaktions- bzw. kommunikationsfähigen) Partnern. (Merten und Westerbarkey, Public Opinion und Public Relations, 1994, S. 71).

Innerhalb dieser Orientierungsinteraktionen wird eine Meinung ausgedrückt, die sich als Orientierungserwartung, -ziel oder -absicht bezeichnen lässt. Eine gelungene Kommunikation – im dahingehenden Sinne, dass ein Verstehen herrscht – wird insbesondere dann festgestellt, wenn sich die mit der Orientierung verbundenen Erwartungen erfüllen (Merten und Westerbarkey, Public Opinion und Public Relations, 1994, S. 72).

Die Kommunikation, wie sie hier verstanden wird, also nach dem konstruktivistisch-systemtheoretischen Modell der beiden Basistheorien, ist durch eine hohe Selbstreferenz gekennzeichnet: Kommunikation bezieht sich auf vorangegangene Kommunikation und setzt diese fort. Sie bildet darüber hinaus aber auch die Möglichkeit zu einer generellen Veränderung und damit auch: Verbesserung ihrer selbst. Dies wird insbesondere dann deutlich, wenn das Potenzial für Kommunikation wächst: „Jede Steigerung des Potenzials für Kommunikation hat nicht nur eine positive Funktion für die Gesellschaft, sondern immer auch eine positive Funktion für die weitere Verbesserung von Kommunikation." (Merten und Westerbarkey, Public Opinion und Public Relations, 1994, S. 144)

Die heutige Internetkommunikation ist vielfältiger als alle Kommunikationsarten zuvor, sowohl was die Anzahl der individuellen und institutionellen Teilnehmer betrifft, als auch die mitgeteilten Informationen und Meinungen. Diese Art der Kommunikation geht weit über die persönliche Art der Mitteilung voraus, wie sie etwa in schriftlosen Gesellschaften existierte, in denen jeder Teilnehmer während der Kommunikation persönlich anwesend sein musste. Sie geht auch über die Schriftlichkeit von mittelalterlichen Flugschriften hinaus – und behält dennoch deren Makel, nämlich die mangelnde Überprüfbarkeit. Während sich mittelalterliche Wür-

---

[1] Der Begriff wird hier nicht im strengen und alleinigen Sinne der Definition des vorigen Kapitels genutzt, also nicht im Hinblick auf übergeordnete Weltanschauungen, sondern so, wie Rusch dies nahelegt: Orientierung ist demnach zunächst eine unbedingte Voraussetzung eines kognitiven Systems, um erfolgreich operieren zu können. Rusch 1994, S. 66.

denträger und Herrscher mittels Siegel zu legitimieren versuchten, ist heute zwar der Absender von Informationen teilweise verifizierbar (sofern es sich um eine seriöse Institution oder Person handelt, deren Seite oder Twitter-Account nicht von Hackern gekapert wurde), das Problem der Glaubwürdigkeit der übermittelten Informationen bleibt jedoch bestehen. Kaum jemand hat die Mittel, zu prüfen, ob der Bericht des Auslandskorrespondenten der Wahrheit entspricht oder ein politisches Wunschbild zeichnet. Und kaum jemand kann eine geschickt verpackte und über die sozialen Medien geteilte Nachricht auf den ersten Blick als Werbebotschaft identifizieren.

Gerade im Hinblick auf die Diskussion um „Fake News" erweisen sich die Worte, die in der Anfangszeit des Internets geschrieben wurden, als nahezu prophetisch:

> Der Mangel an Authentizität und Glaubwürdigkeit verstärkt Tendenzen zur allfälligen Erzeugung und Weitergabe ungesicherter Informationsangebote – etwa in Form des Gerüchts. Nochmals: Wenn Adressaten von Botschaften nicht identifizierbar, sondern anonym bleiben und die Inhalte der Botschaften nicht verbürgt, also an Wahrheit resp. Richtigkeit zu binden sind, sind Informationsangebote wie verbales Freiwild: Man muss sie unkontrolliert, so wie sie sind, akzeptieren; denn jeder kann sie, so wie sie sind oder auch ganz nach eigenem Belieben, weitergeben. (Merten und Westerbarkey, Public Opinion und Public Relations, 1994, S. 144)

Historisch haben sich die Kommunikationstypen gebildet, wobei es kaum zu einer kompletten Verdrängung vorausgegangener Kommunikationstypen kam, sondern zu einer Ausdifferenzierung (vgl. Tab. 2.3).

Tab. 2.3: Kommunikations- und Gesellschaftstypen und ihre Voraussetzungen.

Voraussetzung	Kommunikationstypus	Gesellschaftstypus
Sprache	Interaktive Kommunikation	Archaische Gesellschaft
Sprache, Schrift	Interaktive und non-interaktive Kommunikation	Hochkultur
Sprache, Schrift, Technik	Interaktive, non-interaktiv-nicht-organisierte und non-interaktiv-organisierte Kommunikation	Weltgesellschaft

Quelle: Merten 1994, S. 150.

Die mediale Entwicklung neigt dazu, sich selbst zu beschleunigen: „Je mehr Medien entstehen, umso schneller entstehen noch mehr Medien." (Merten 1994, S. 153). Deutlich wird dies anhand des folgenden Beispiels: Würde man die gesamte menschliche Evolution zeitgetreu auf einen 24-Stunden-Tag übertragen, wie dies Wilbur Schramm getan hat, so wäre das erste tatsächlich menschliche Kommunikationsmedium erst um 21.33 entstanden, also nachdem fast 90 % der Zeit schon vergangen waren. Erst innerhalb der letzten 0,5 % der Zeit – also weniger als eine Minute vor Mitternacht, entstehen Buchdruck (23:59:14 Uhr), Zeitung (23:59:28 Uhr), Radio (23:59:55 Uhr) und Fernsehen (23:59:56 Uhr). (Merten 1994, S. 153).

Während in der Agrargesellschaft lediglich die „face-to-face" sowie die Bildkommunikation existierte, sind seit dem Aufkommen der Industriegesellschaft neue Kommunikationsmechanismen entstanden, etwa Presse und Film – in der postindustriellen Gesellschaft sind zudem elektronische Medien sowie PR hinzugekommen. Aus diesem Grund und wegen des extrem starken Einflusses, die diese neuen Medien ausüben, lässt sich die postindustrielle Gesellschaft durchaus auch als „Mediengesellschaft" charakterisieren. Systemtheoretische gesprochen bedeutet dies, dass sich das Kommunikationssystem zum führenden Teilsystem entwickelt hat: „Kein Wahlkampf, kein Absatz, kein Sport und keine Kunst ist heute ohne Medien mehr möglich (Merten und Westerbarkey, 1994, S. 190f).

Betrachtet man den Umfang der Kommunikation, so zeigt sich allein im Zeitraum zwischen 1960 und 1990, dass das Informationsangebot „allein der klassischen Medien Zeitung, Zeitschrift, Hörfunk und Fernsehen etwa um das Dreißigfache (3000 %)" gewachsen ist (Merten und Westerbarkey, 1994, S. 191).

2.2.3 Kultur

„Es gibt kaum zwei Konzepte der Sozialwissenschaften, die schwieriger zu bestimmen zu sein scheinen als die von Sinn und Kultur" (Esser, 2004, S. 249).

Die Aussage dürfte sich bestätigen – unabhängig davon, ob man die stark interdisziplinär angelegten Kulturwissenschaften eher im Bereich der Sozial- oder aber der Geisteswissenschaften ansiedelt.

Kultur als ein im wissenschaftlich wie im populären Gebrauch extrem weit gefasster Begriff, entzieht sich zunächst einer einfachen Definition – und dies nicht nur wegen seiner mehrfachen Bedeutung (als Gesamtheit von Lebensumständen, etwa innerhalb einer Nation, als Ausdruck des Geisteslebens wie innerhalb des Theaters oder der Literatur und in jüngster Zeit auch in Kombination mit politischen Phrasen wie der „Willkommenskultur" oder der „Diskussionskultur"). Die Definition des Kulturbegriffs ist auch deswegen so schwierig, weil innerhalb der gleichnamigen Wissenschaften eine Vielzahl von Ansätzen existiert, diesem komplexen Phänomen Herr zu werden. Dies ist sicherlich einerseits als eine Berufskrankheit des Faches zu sehen, wobei sich die Kulturwissenschaften genauso schwer mit der Beschreibung ihrer Grundinhalte tun wie auch die Soziologie, die Geschichte und die Philosophie – die alle weit ausholen müssen oder gar ins Schlingern kommen, wenn sie erklären sollen, was denn nun eigentlich Soziologie, Geschichte oder Philosophie sei.

Dementsprechend weisen auch die Kulturwissenschaften unterschiedlichste theoretische Vorgehensweisen auf, was sicherlich Vor- wie auch Nachteile hat:

> Das Nebeneinander von alternativen, teils konkurrierenden Deutungsmodellen sollte allerdings nicht den Eindruck vermitteln, die gegenwärtige Landschaft der Kulturtheorien sei durch eine große Beliebigkeit gekennzeichnet. Vielmehr zeigt sich in der Vielfalt der dargestellten Ansätze, dass eine Definition des Kulturbegriffs selbst nur innerhalb der jeweiligen theorie- und disziplin-

abhängigen Konstruktion von Gegenständen und Fragestellungen kohärent möglich ist. (Moebius und Quadflieg, 2011, S. 12)

Betrachtet man den Begriffsgebrauch der Geistes-, Sozial- und Kulturwissenschaften insgesamt, so erfolgt die häufigste Nutzung im Hinblick im Sinne der Beschreibung einer „Lebensweise eines Kollektivs, das sich von der Lebensform anderer (nationaler, religiöser, sprachlicher, räumlicher) Kollektive unterscheidet". (Steinbach und Kopp, 2016, S. 185) Zudem existieren weitere Begriffspaare, anhand derer sich Kultur näher beschreiben lässt, etwa der Gegensatz zwischen Kultur und Natur oder die Abgrenzung des Pluralbegriffs „Kulturen" (jeweils verstanden im oben zitierten, kollektiven Sinne) und dem singulären Kulturbegriff, der die Gesamtheit bzw. Summe menschlicher Kulturprodukte umfasst, also als „Menschheitskultur" umschrieben werden kann (Antweiler, 2017, S. 899–901).

Als sinnvoll erweist sich zudem noch immer eine Kulturdefinition aus dem Bereich der Ethnografie, die bereits 1871 vorgestellt wurde und die „wohl folgenreichste aller Definitionen" (Antweiler, 2017, S. 901) bildet:

„Culture or Civilization, taken in its wide ethnographic sense, is that complex whole which includes knowledge, belief, art, morals, law, custom, and any other capabilities and habits acquired by man as a member of society." (Tylor, 2010 [1871])

Der US-Anthropologen/Ethnologen Clifford Geertz wendet sich allerdings gegen eine derartig umfassende und allgemeine Definition, zumal diese in eine Beliebigkeit auszuufern droht und prinzipiell eine Vielzahl von weiteren und höchst unterschiedlichen Definition zulässt. Als Beispiel für eine derartige Problematik führt er den Abschnitt über die Persönlichkeit innerhalb der Kultur aus dem Text Clyde Kluckhohns „Mirror for Man" an. (Kluckhohn, 1950, S. 181–208). In diesen 27 Seiten zählt Geertz elf verschiedene Charakterisierungen des Kulturbegriffs. Um diesem Begrifflichen Chaos zu entkommen, erläutert Geertz Kultur im Hinblick auf die Sinnsuche – und damit auch: dem Wunsch nach Orientierung: Nach seiner an Max Weber angelehnten Auffassung, handelt es sich bei der Kultur um jenes Geflecht aus Bedeutung, das der Mensch um sich selbst webt (Geertz, 1973, S. 5).

Fest steht, dass trotz aller begrifflichen Verwirrung kein Weg am Kulturbegriff vorbeiführt – ein Ergebnis, das, wenig überraschend, von der Mehrheit der Kulturwissenschaftler geteilt wird (Antweiler, 2017, S. 907).

Linton beschreibt Kultur wie folgt: „Eine Kultur ist das Gesamtgebilde aus erlerntem Verhalten und Verhaltensresultaten, dessen einzelne Elemente von den Mitgliedern einer Gesellschaft weitergegeben werden." (Linton, 1974, S. 33)

An dieser Stelle soll keine Meta-Definition von Kultur erfolgen, sondern nur darauf verwiesen werden, dass der Begriff unmittelbar mit den Themen Gesellschaft und Kommunikation, die ihrerseits ein komplexes Beziehungsgefüge aufweisen, verbunden ist. Nach den oben dargelegten Ausführungen muss jede Definition von Kultur an den jeweiligen inhaltlichen Fokus sowie an die Perspektive des jeweiligen Betrachters und der Gesellschaft, die er – von innen oder außen sieht – angepasst werden. Dies gilt auch für dieses Buch, das seinen Schwerpunkt auf die Wirkungen von Kommunikation und die daraus resultierenden Orientierungsmöglichkeiten legt. Eine Orientierung ohne Einbezug der die innere psychologische Verfasstheit des Menschen wie auch dessen gesellschaftliches Umfeld prägende Kultur wäre schlicht undenkbar.

Auch im direkten Bezug zur Kommunikation wird der Kulturbegriff häufig genutzt, wenngleich auch der daraus resultierende Begriff der „Kommunikationskultur" ebenfalls wieder die Schwierigkeit einer allgemeinen Nutzung aufweist, die kaum eine schlüssige wissenschaftliche Deutung zulässt. Eine nennenswerte „Kommunikationskulturwissenschaft", die den Anspruch erheben könnte, ein solches Feld mit selbst entwickelter Methodik umfassend und in Abgrenzung zu anderen Wissenschaften zu bearbeiten, ist allenfalls im Entstehen begriffen und weist noch längst nicht die Bandbreite anderer, etablierter Disziplinen auf. Aus diesem Grund wird hier der Begriff lediglich als jener Bereich verstanden, der die Schnittmenge der Kommunikations- und der Kulturwissenschaften ausmacht.

Die moderne Anthropologie geht, anders als jene früherer Zeiten, nicht mehr von einem idealtypisch-kulturunabhängigen (aber dennoch durch die unbewusste kulturelle Prägung früherer Anthropologen verzerrten) Menschenbild aus: Menschen agieren immer in ihren Kulturen, ihr Handeln unterliegt somit Rahmenbedingungen, die extrem stark voneinander abweichen können: „Was der Mensch ist, werden kann oder sein soll, ist historisch und kulturell variabel und insofern nie absolut zu bestimmen. Was ihn ausmacht, findet man nicht hinter, sondern in spezifischen historischen, kulturellen und biografischen Ausprägungen; das Besondere des Menschen besteht in seiner Vielfalt und Potentialität." (Wulf und Zirfas, 2014a, S. 12).

Eine Definition, die versucht der enormen Spannbreite und der zahlreichen Aspekte des Kulturbegriffs Herr zu werden, und die zudem die Frage der Orientierung berücksichtigt, stammt von Hartmut Esser:

> Unter Kultur versteht man – ganz allgemein – die erlernten oder sonst wie angeeigneten, über Nachahmung und Unterweisung tradierten, strukturierten und regelmäßigen, sozial verbreiteten und geteilten Gewohnheiten, Lebensweisen, Regeln, Rituale, Symbolisierungen, Wert- und Wissensbestände der Akteure eines Kollektivs, einschließlich der Arten des Denkens, Empfindens und Handelns. Auch bestimmte Artefakte und die Relikte dieses Handelns, sowie bestimmte gesellschaftliche Teilsysteme und Formen der Kommunikation und des Ausdrucks, wie etwa die Sphäre der sog. Hochkultur, das Museumswesen oder die Sprache, die Literatur, die Musik und der Tanz, gewiss auch die Religion mit ihren Ritualen, gehören dazu. Im Speziellen besteht die Kultur eines Kollektivs aus einem Zusammenhang von Zeichen und gewissen, dadurch ggf. im Innern des Akteurs ausgelösten, ‚mentalen Modellen', in denen kognitive Vorstellungen, affektive Besetzungen und Handlungsbereitschaften zusammengeschlossen sind und die als „Bezugsrahmen" für die Orientierung in der Situation wirken. (Esser, 2004, S. 250)

Dies bedeutet: Wenn ein auf Werten basierendes Orientierungsmodell geschaffen wird, das die kulturellen Voraussetzungen wie auch die kulturwissenschaftlichen Erkenntnisse berücksichtigen soll, muss zunächst eine – wiederum an kulturwissenschaftlichem Methoden ausgerichtete – Untersuchung der Kultur erfolgen, innerhalb derer das Orientierungsmodell wirkt. Nach Essers Kulturdefinition kommt insbesondere den Zeichen und ihrer emotionalen wie kognitiven Verarbeitung große Aufmerksamkeit zu.

2.2.4 Öffentlichkeit

Da ein Großteil – im Internetzeitalter sicherlich der größte Teil der bewussten Orientierungssuche – sich nicht auf die in der Sozialisation erlebten Situationen und direkten zwischenmenschlichen Gespräche beschränkt, sondern auf das, was in der öffentlichen Diskussion geäußert wird, ist es nötig, auch den Begriff der Öffentlichkeit kurz zu umreißen. Dies soll allerdings geschehen, ohne die umfangreichen, zugrundeliegenden Öffentlichkeitsmodelle die überdies eher eine soziologische oder philosophische Ausrichtung haben, in ihrer Gänze zu schildern.

Öffentlichkeit ist keineswegs ein feststehendes Konstrukt – es wird jedoch landläufig als ein solches eingestuft: Findet sich eine Aussage in einem wichtigen Medium, so geht man in der Regel davon aus, dass die dahinterstehende Meinung von vielen Personen geteilt (oder zumindest rezipiert wird) – auf diese Weise gelingt es den Medien bzw. den im Medienbereich tätigen Akteuren, sich und ihre Positionen ins Gespräch zu bringen (Merten und Westerbarkey, 1994, S. 198). Dies zeigt sich auch in der systemtheoretischen Sichtweise Luhmanns, wonach bestimmten, häufig genannten Themen unterstellt wird, sie seien akzeptiert (Luhmann, 1994, S. 23).

Die Gesellschaft, die einzelne Teilsysteme wie die Politik, das Recht, die Religion, die Kunst etc. aufweist, mutet den in ihr agierenden Individuen jeweils Rollenanforderungen zu, die es, etwa im Berufs- oder Privatleben auszufüllen gilt. In der Öffentlichkeit jedoch sind diese Rollenanforderungen weniger bedeutsam und weniger strikt, gleichzeitig weist jedoch die hochgradig ausdifferenzierte Gesellschaft kaum noch die Fähigkeit auf, eine Integration mittels „Meinungen" vorzunehmen, die nicht einem gesellschaftlichen Teilsystem zuzuordnen sind. Somit existiert allenfalls eine politische Öffentlichkeit, die dann versucht, ihre Themen zu setzen und zu institutionalisieren. Die politische Öffentlichkeit, also jene, die vom politischen System hergestellt wird, kann in der Regel die Kommunikation Außenstehender als irrelevant bezeichnen und ignorieren, während sie ihre eigenen Themen auf die Tagesordnung setzt, sowie Meinungen und Resonanz erzeugt und verstärkt (Luhmann, 1994, S. 21–23).

Man kann davon ausgehen, dass die Orientierung – ob politisch oder noch grundlegender: moralisch – der meisten jungen Erwachsenen solchen ausgefeilten Strategien ausgeliefert ist und sich die Situation aufgrund der mit den Algorithmen sozialer Netzwerke zur Verfügung stehenden Mitteln nochmals verschlechtert: In immer kürzeren Abständen werden Medieneffekte erzeugt, die auch wegen der überwiegend kommerziellen Ausrichtung von Verlagen und Sendern auf gängige Strategien wie hohe Skandalisierung und hohe Emotionalität zurückgreifen. Wer sich in den öffentlichen Diskurs stürzt, ohne zuvor sämtliche Medien rezipiert zu haben, wer seine

Meinung nicht in Form von knappen, wohlklingenden Phrasen wiedergeben kann, dürfte schnell der Ahnungslosigkeit bezichtigt werden und folglich in der politischen Diskussion untergehen. Die daraus resultierende Orientierungsbotschaft wäre etwa: „Halte dich heraus oder passe Dich den Bedingungen des Systems an".

Für Jürgen Habermas, der ein eigenes, umfassendes Kommunikationsmodell entwickelt hat, stellt die Öffentlichkeit einen zentralen soziologischen Begriff dar, gleichzeitig tut er sich jedoch schwer mit dessen Einordnung, so dass zunächst auf eine negative Charakterisierung zurückgegriffen werden muss, zumal sich weitaus leichter beschreiben lässt, was die (als politisch verstandene) Öffentlichkeit *nicht* ist: Sie ist nämlich für Habermas weder eine Institution noch eine Organisation oder ein Normengefüge. Sie regelt weder Mitgliedschaft noch Rollenverteilungen und lässt sich auch nicht als System begreifen. Daher gilt für Habermas:

> Die Öffentlichkeit lässt sich am besten als ein Netzwerk für die Kommunikation von Inhalten und Stellungnahmen, also von Meinungen beschreiben; dabei werden die Kommunikationsflüsse so gefiltert und synthetisiert, dass sie sich zu themenspezifisch gebündelten öffentlichen Meinungen verdichten. Wie Lebenswelt insgesamt, so reproduziert sich auch die Öffentlichkeit über kommunikatives Handeln, für das die Beherrschung einer natürlichen Sprache ausreicht; Sie sie auf die Allgemeinverständlichkeit der kommunikativen Alltagspraxis eingestellt. (Habermas, Faktizität und Geltung – Beiträge zur Diskurstheorie des Rechts und des demokratischen Rechtsstaats, 1998, S. 436)

Da Habermas einen anderen thematischen Schwerpunkt hat als das vorliegende Buch, wird an dieser Stelle auf eine weitere Ausführung dieses Modells und seiner Konsequenzen, die sich vor allem auf den demokratietheoretischen Bereich erstrecken, verzichtet. Festzuhalten bleibt jedoch die Überlegung, wonach die Öffentlichkeit auf kommunikatives Handeln angewiesen ist und eine allgemeine, abgesehen von der Sprache auch voraussetzungslose Teilnahme am Diskurs erlaubt. Darüber hinaus bildet das obige Zitat zumindest einen der Anknüpfungspunkte an die Systemtheorie, die ansonsten, wegen ihrer normativen Ausrichtung, kaum eine gemeinsame Basis mit Habermas' Überlegungen aufweist (Habermas und Luhmann, 1971).

Das vorliegende Buch wird die Öffentlichkeit, die sich mit Entstehung der modernen Internettechnologien nochmals extrem stark ausdifferenziert hat, nur insofern im Sinne politischer Meinungs- und Willensbildung verstehen, wie dies bei der generellen Orientierung der Zielgruppe von jungen Erwachsenen relevant ist.

2.2.5 Rationalität/Klugheit

Ale ein Ziel gelingender Orientierung dürfte die Fähigkeit stehen, rational oder klug (im Sinne einer selbst gegebenen Zielsetzung) zu handeln. Rationalität benötigt in der Regel diesen größeren Rahmen und einen Bezugspunkt – im wirtschaftlichen Sinne verstanden, wäre es rational, Gelder und Güter zu vermehren, wenn dadurch auch die Grundsätze dessen, was als ethisch rational gilt, verletzt werden könnten.

Systemtheoretisch kann also in den beiden Teilsystemen der „Wirtschaft der Gesellschaft" und der „Moral der Gesellschaft" jeweils „rational" operiert werden, ohne dass sich diese beiden speziellen Rationalitäten auf eine gemeinsame Basis zurückführen ließen.

Der Mensch besteht aus einem biologischen, einem psychischen und einem kognitiven System. Eine wie auch immer geartete, übergeordnete Rationalität könnte an die Schaffung einer Grundlage der jeweils optimalen Bedingungen für diese Systeme bestehen: Das biologische System benötigt Sauerstoff und Nahrung, das psychische System strebt nach positiven Emotionen und das kognitive System verarbeitet und bewertet Informationen.

Verlässt man die Perspektive der Systemtheorie und unterstellt man, dass eine gesellschaftliche Einigung auf ein übergeordnetes, z. B. aristotelisches Verständnis des „guten Lebens" möglich ist, so könnten Dinge wie Erfüllung, Sinn, Freude und Glück genannt werden. Kluge Lebensführung zielt demnach darauf ab, diese Zielvorstellungen zu erreichen.

Diese übergeordnete Sichtweise bietet sich aus mehreren Gründen an:
- Erstens ist sie allgemein genug, um unterschiedlichsten Begriffsinhalten gerecht zu werden (schließlich kann „Erfüllung" von jedem Individuum völlig verschieden definiert werden).
- Zweitens erweist sich der Blick auf die systemtheoretische Betrachtung des Rationalitätsbegriffs als wenig ergiebig: Luhmann beispielsweise nutzt vor allem zwei Arten von Rationalität: Die „alteuropäische" Rationalität, die erkenntnistheoretische Mittel und Einsichten wie die Unterscheidung des Ganzen von seinen Teilen mit sich gebracht hat, und die eigentliche, systemtheoretische Rationalität bezieht sich auf dessen innere Vorgänge des Beobachtens und Unterscheidens (Krause, 2005, S. 211), wie es in Kapitel 3.4.2 umrissen wird.
- Drittens erscheint es aufgrund der einzelnen, hochgradig speziellen Fachdiskussionen um den Klugheitsbegriff, etwa in Bereichen wie der Wirtschaft oder der Philosophie, durchaus angebracht, wieder eine gemeinsame Basis herzustellen, die sich auf ein allgemeines Klugheitsverständnis stützt. Auch spielt in diesem Zusammenhang der ursprünglich sehr enge Bezug zwischen Klugheit und ethischen Tugenden eine Rolle – ein Zusammenhang, der nach und nach vom modernen (teils auch egoistisch verstandenen Rationalitätsbegriff) abgelöst wurde, wobei die „alte" Klugheit dringend einer „Rehabilitierung" bedarf, um ihren Charakter als „Lebensführungskompetenz" wiederzugewinnen (Kersting, 2005, S. 7–11) – derartige Lebensführungskompetenz bildet eines der wichtigsten Ziele von Orientierung.

Kersting stellt zu diesem Thema zu Recht fest: „Dieses sich zwischen universalistischer Moral und rationaler Interessenverfolgung aufspannende ethische Zwischenreich wird durch die Vernunftkonzepte der Moralphilosophie und der Rational-choice-Theorie nicht erfasst." (Kersting, 2005, S. 11)

Luckner nutzt das Bild eines Schachspiels, um den Zusammenhang von Regelwissen und Klugheit, der sich auch im Bereich der Orientierung widerspiegelt, zu beschreiben: Um ein guter Spieler zu sein, reicht die Kenntnis der Regeln bei weitem nicht aus, da sie nur den Handlungsspielraum definieren, innerhalb dessen das Spiel stattfindet. Regelwissen schützt also nicht vor unklugen Zügen, und gutes Spiel entfaltet sich erst auf der Grundlage von Erfahrungen und dem Wissen über die passende Anwendung geeigneter Strategien. Ebenso verhält es sich bei der ethischen Orientierung: Auch die genaue, rein kognitive Kenntnis von Werten bildet nur einen Rahmen, der noch längst kein ethisches oder lebenskluges Verhalten in allen Situationen bewirkt: Dementsprechend ist Orientierungswissen immer situativ und „erstpersonal" (Luckner, 2008, S. 6f): Analog zur geografischen Orientierung sieht sich jeder Orientierungssuchende unmittelbar mit einer individuellen Situation konfrontiert und auch eine detaillierte (und gleichzeitig „unpersönliche") Karte ist kaum hilfreich, wenn der eigene Standpunkt nicht bekannt ist.

Philosophiegeschichtlich existiert spätestens seit Aristoteles die klare Verbindung bzw. sogar eine Einheit von Lebensklugheit und Ethik. Immer hatte die Lebensführung jedoch den Anspruch einer wie auch immer gearteten „Optimierung". Dies kommt bereits in der „Eudemischen Ethik" des Aristoteles zum Ausdruck, wo die drei vorgestellten Lebensentwürfe – der sinnlich-lustvolle, der ehrenhafte, politische und der philosophische über diese Gemeinsamkeit verfügen. (Marten, 2005, S. 156). Das aristotelische Verständnis von Optimierung hat jedoch wenig mit den modernen Auswüchsen des „Optimierungswahns" heutiger Zeit zu tun. Bereits für Platon ist die Fähigkeit, Maß zu halten, ein wesentlicher Bestandteil einer klugen Lebensführung und geht sogar noch darüber hinaus, indem sie eine Wechselwirkung mit der Klugheit eingeht: Klugheit ist dann nicht nur das Instrument im Dienst einer maßvollen Lebensführung, sondern kann erst durch diese erworben werden: „Kluger Rat und maßvolles Leben können einander nicht anders als entsprechen, da beides sich im Leben wechselseitig generiert: Die Erfahrungen, die das gelebte Leben macht, sedimentieren sich zur Klugheit; Die Erfahrungen, die Kluge mit eigenem Rat und mit der Akzeptanz von Rat machen, sind Selbstvergewisserungen geführten Lebens." (Marten, 2005, S. 159).

Analog zur Beziehung von Klugheit und Maßhalten gestaltet sich auch das Verhältnis von Klugheit und Orientierung in einer doppelten, wechselseitigen Funktion: Klugheit ist ebenso Grundlage wie auch Ziel der Orientierung. Dies kommt der Perspektive auf die Orientierung als andauernder Prozess entgegen, in den vorangegangenen Erfahrungen sowie deren kognitive und emotionale Verarbeitung einfließen.

Orientierung auf der Basis von Klugheit speist sich mehr aus den allgemeinen Eigenschaften (Erfahrungen, Weltwissen und Reflexionsvermögen) des Klugheitsbegriffs anstatt aus einer extrem fachbezogenen Auslegung wie jener der absoluten wirtschaftlichen Rationalität. Damit kommt der Klugheit im Rahmen eines neuen Orientierungsmodells eine bedeutende Rolle zu, die auch die Moral betrifft: Denn die obige Interpretation von Klugheit ist also keine Klugheit, seine Mitmenschen auf möglichst intelligente Weise zum eigenen Vorteil zu instrumentalisieren – ein darauf aufbauendes Orientierungsmodell würde schnell an seine Grenzen stoßen. Auch eine Auslegung, wonach Klugheit fernab von der Gesellschaft gewonnen werden kann, ist abzulehnen.

Gemeint ist stattdessen eine „Klugheit zum Guten", die sich aus dem gekonnten sozialen Zusammenspiel von unterschiedlichen Menschen, ergibt: „Jede eigene Klugheit ist klug zum Guten, wenn sie an der Klugheit des Anderen Halt und Einhalt findet und für das Einander fruchtbar wird." (Marten, 2005, S. 174).

Es wird allerdings darauf zu achten sein, dass das neue Orientierungsmodell ebenfalls die Maxime berücksichtigt, wonach ein „zu sehr" zu vermeiden ist, etwa eine zu enge Auslegung dessen, was als „Gut" oder „klug" zu gelten hat. Diese Vorsicht gebietet bereits die Außenperspektive, zumal deren Interpretation stark von den inneren Motiven einer scheinbar „klugen" Handlung abweichen kann: In einer sehr komplexen Welt erweist sich Klugheit nicht immer als zielführend – es können trotz klugem Handeln schwere Fehler unterlaufen (Sturma, 2005, S. 181) und mitunter können auch nicht kluge oder irrationale Entscheidungen zu positiven Ergebnissen führen.

Orientierungspunkte sind nur dann sinnvoll, wenn sie auch als solche erkannt werden. Dies setzt im äußeren Bereich ein Herausragen voraus und im Innern des Orientierungssuchenden die Fähigkeit, den Orientierungspunkt zu erkennen, einzuschätzen und richtig zu nutzen. Hierfür spielen Erfahrungswissen und die Fähigkeit dieses Wissen in rationale Handlungen zu überführen, eine große Rolle, die sich am besten mit dem Begriff der „Klugheit" charakterisieren lässt: Bei der Klugheit handelt es sich um weitaus mehr als um bloße maschinelle Rationalität, denn Klugheit schließt Dinge wie Intuition, Selbst- und Fremdkenntnis sowie Lebenserfahrungen ein.

Klugheit gewährt in sich bereits eine gewisse Orientierung, etwa das Vertrauen in die eigenen Erfahrungen und Wertmaßstäbe sowie die Verlässlichkeit des Handelns. Umgekehrt lässt sich Klugheit auch zur gezielteren Suche nach Orientierung nutzen: So steht mit wachsender Lebenserfahrung und besseren analytischen Kompetenzen eine erweiterte Orientierungsfähigkeit, ein größeres Potenzial an Orientierungsmitteln, und Orientierungsbereichen zur Verfügung und die Reflexion wird vertieft.

2.3 Fazit

Nach dieser Betrachtung der grundlegenden Begriffe und ihrer Beziehung zur Orientierung, können die Ergebnisse skizziert werden. Zur Frage „was ist Orientierung?" lässt sich bisher festhalten:
- Orientierung beinhaltet die Erfassung des eigenen Standpunkts und die Suche nach markanten Punkten, anhand derer sich ausgerichtet wird. Daher ist die Richtung, das „Wohin?" also zunächst abhängig von der Position, die sich aus der bis-

herigen Lebenserfahrung ergibt. Orientierung ist damit keine von anderen gelieferte, allgemeingültige Wegbeschreibung, sondern ein individueller Prozess, der eine gewisse Verinnerlichung voraussetzt.

- Orientierung, die in Kindheit und Jugend überwiegend unbewusst abläuft, soll bei der Zielgruppe der jungen Erwachsenen als eine bewusste Reflexion verstanden werden, also nicht bloß abstrakte Geistesübung sein. Dies bedeutet: Eine gelungene Orientierung führt mindestens zu einer Verbesserung der eigenen Fähigkeiten, beispielsweise Menschen einzuschätzen und sich auf sie zu beziehen. Sie kann darüber hinaus zum Leitbild des eigenen bewussteren Handelns, werden und beeinflussen, wie mit der eigenen Umwelt umgegangen wird.
- Orientierung findet nicht einmalig statt, sondern ist eine dauerhafte Entwicklung, wobei jeweils auf die gewonnenen Erkenntnisse aufgebaut wird. Hierbei besteht jedoch ein wesentlicher Unterschied zur geografischen Orientierung, bei der es nicht zielführend ist, die Richtung zu wechseln: Bei der gedanklichen bzw. emotionalen Orientierung kann auch ein Verharren oder gar eine Umkehr nach einer Selbstreflexion ein Gewinn sein. Dabei könnte das Bild einer Wendeltreppe helfen: Obwohl die Flächenkoordinaten sich nicht verändern, findet dennoch ein Ortswechsel, also eine Weiterentwicklung statt.
- Orientierung muss gerade in der heutigen, schnelllebigen Zeit sowohl Fix- und Ruhepunkte aufweisen (etwa Werte und Normen) als auch dem Mindestmaß an Flexibilität gerecht werden, wie es das Alltagsleben erfordert. Ein sinnvolles Orientierungsmodell sollte beidem Rechnung tragen und ein Abgleiten in die Extreme verhindern (als Beispiele seien hier religiöser Fanatismus auf der einen Seite und zielloses Umhertreiben, Egoismus oder ein Abgleiten in eine Sucht auf der anderen Seite genannt).
- Es wird zudem in der ethischen Ausrichtung der Orientierung darum gehen, eine Abwägung zwischen einer „Gesinnungsethik", die der Reinheit des eigenen Gewissens größte Bedeutung zumisst, und einer „Verantwortungsethik", die die sozialen Folgen des eigenen Handelns prognostiziert und reflektiert, (Weber, 2004 [1919]) herzustellen.
- Eine Orientierung kann sicherlich nur an dem erfolgen, was sich im Sichtkreis, und damit auch in einer gewissen Nähe zum Orientierungssuchenden befindet. Ohne ein Modell – bzw. eine Karte – und ohne einen Überblick ist Orientierung nicht möglich – niemand kann sich an der „Realität" selbst, an der unüberschaubaren Vielzahl von Vorgängen, orientieren. Stattdessen muss vereinfacht und maßstabsgerecht verkleinert werden, um sich mit einem begrenzten Fokus Übersicht verschaffen zu können.
- Orientierung soll als Prozess verstanden werden, der die eigene Person verortet und anhand markanter Punkte ausrichtet. Dabei wäre es Zeichen einer ungenügenden Orientierung, wenn diese rein gedanklich bliebe und keinerlei handlungsleitende Folgen hätte. Das Wissen über den eigenen Standpunkt ist nahezu unnütz, wenn es nicht dazu dient, eine Richtung einzuschlagen.

- Orientierung soll nicht als Wegbeschreibung hin zu einer maßlosen Selbstoptimierung verstanden werden, sondern als einen Prozess, der dabei hilft, die „Lebensführungskompetenz" der Orientierungssuchenden zu steigern. Klugheit mit ihren beiden Elementen „Erfahrung" und „Reflexionsvermögen" ist ebenso Teil davon wie die Kunst des Maßhaltens, die vor einem Abdriften in exzessives, die eigene Person oder das Umfeld schädigende Verhalten schützt.
- Orientierung bewegt sich zwischen den Polen des absoluten Opportunismus, d. h. der Anpassung an die konkreten Bedingungen des individuellen Lebens zum Zwecke ihrer Ausnutzung im eigenen Sinne und einer starren Prinzipientreue, wie sie etwa von religiösen Moralsystemen, aber auch beispielsweise vom kategorischen Imperativ eingefordert wird. Gerade hochgradig moralisch argumentierende Orientierungssysteme wie die Religionen erweisen sich trotz gegenteiliger Behauptungen zueinander als inkompatibel.

Die Frage, was Orientierung leisten können soll, ist bereits weitaus komplexer, da sie eine konkrete Zielvorstellung erfordert, die über den abstrakten Begriffsgehalt des „sich Orientierens", also des „sich Ausrichtens" hinausgeht: Wie oben gezeigt, soll unter Orientierung ein bewusster Prozess verstanden werden, der eine zielgerichtete Handlung auf Seiten des sich Orientierenden erfordert. Nun sind die möglichen Ziele extrem unterschiedlich – je nach Individuum, Situation und Bereich, in dem Orientierung gesucht wird. Fest steht lediglich, dass eine wie auch immer geartete Verbesserung am Ende des Orientierungsprozesses stehen sollte, wenn dieser als sinnvoll gelten soll.

Gemäß der allgemeinen Ausrichtung auf die Lebenserfahrungen geht es beim hier betrachteten Orientierungsbegriff um nichts weniger als um die Verbesserung der Fähigkeit zu einer „ernsthaften Lebensführung", für die mehrere Anforderungen gelten:

> Sie muss zum einen den Spielraum der Handlungsmöglichkeiten erschließen und zum anderen Formen der Selbstinstrumentalisierung aufspüren. Unter den Bedingungen gelungener Sozialisation und Bildung stehen Personen Entwicklungspotentiale zur Verfügung, die einen Spielraum von Handlungsmöglichkeiten eröffnen. Ernsthaftigkeit richtet sich auf diesen Spielraum, um im Sinne begründeter Selbstbestimmung, Handlungsentscheidungen zu treffen und die Potentiale personaler Existenz einzulösen, die sich signifikant von einem weitgehend fremdbestimmten Leben unterscheidet. Ernsthafte Auseinandersetzungen mit Handlungsoptionen lassen die Grenzen der Zumutbarkeit für sich und andere kenntlich werden. (Sturma, 2005, S. 197)

Legt man diese weitreichenden Ansprüche zugrunde, so ist bei der Konstruktion eines neuen Orientierungsmodells Folgendes zu beachten:
- Ein sinnvolles Orientierungsmodell kann nicht in Form strikter Regelvorgaben existieren, da die Komplexität der Lebenssituationen und Handlungserfordernisse in der heutigen Gesellschaft extrem groß ist. Besser erscheint eine pragmatische Herangehensweise, die den sich orientierenden die nötigen Mittel in die Hand gibt, eine Situation eigenständig zu bewerten, die individuellen Schlüsse und Handlungen daraus abzuleiten.

- Das Orientierungsmodell muss zu allen Wertedimensionen (Offenheit/Bewahrung, Selbstverbesserung/Selbsttranszendenz) und ihren Werten (Macht, Errungenschaften, Hedonismus, Stimulation, Selbstbestimmung, Universalismus, Gutmütigkeit, Tradition, Konformität und Sicherheit) Stellung beziehen (Schwartz 1994, S.20-24). Einerseits soll dies – um überhaupt als Orientierungspunkt gelten zu können – auf möglichst klare Weise geschehen, andererseits sollte ein abdriften in Extreme vermieden werden, weil dadurch die jeweils gegenüberliegenden Dimensionen vernachlässigt werden – eine strikt geschlossene, sicherheits- und machtorientierte Gesellschaft dürfte wenig Anreize für neues vermitteln und damit Werte wie Selbstbestimmung, Stimulation und Hedonismus ignorieren.

Der Orientierungsbegriff selbst ist zunächst ethisch neutral, da er nur einen nüchternen und noch nicht mit Inhalten gefüllten Vorgang beschreibt: Orientierungsprozesse können demnach ebenso zu Altruismus wie zu Egoismus, zu Offenheit oder Abschottung, zu Toleranz oder Intoleranz, zu sozial nützlichem wie zu schädlichem Verhalten führen, sie können weitere Orientierungsprozesse erleichtern oder erschweren, sie können den Horizont erweitern oder verengen.

Ein Orientierungsmodell, wie es hier entwickelt werden soll, kann sich eine derart ethische Neutralität sicherlich nicht leisten: Eine rein formale Beschreibung von Orientierungsmitteln wäre sicherlich eine rein akademische Übung ohne praktischen Nutzen. Will sich ein Orientierungsmodell gesellschaftlicher Akzeptanz erfreuen, so muss es zumindest die Extrempole des schädlichen, beispielsweise übermäßig opportunistischen oder egoistischen vermeiden. Ebenso kann es – der liberalen, rechtsstaatlichen Kultur Zentraleuropas verpflichtet – keine Inhalte akzeptieren, die zu einer Verengung der Wahrnehmungsmöglichkeiten führen und damit künftige Orientierungsprozesse erschweren oder gar verhindern: Demnach wären eine radikale, theologische Sichtweise, die eine Unterteilung der Welt in Gut und Böse vornimmt und sowohl die Wissenschaft wie auch die individuelle Entscheidungsfreiheit der Menschen kritisch betrachtet, kein Teil dieses Modells.

Aus einem anderen Grund scheidet auch eine rein opportunistische Haltung, die frei von ethischen oder sozialen Erwägungen ist, als Zielvorstellung dieses Modells aus: Denn diese würde gerade die emotionale Stabilität der Identität von Jugendlichen und jungen Erwachsenen untergraben. Darüber hinaus wäre eine Orientierung, die lediglich die tagesaktuellen Umstände sowie die eigenen Interessen einbezieht, kaum in der Lage, der Begriffsbedeutung von „Orientierung" gerecht zu werden: Denn so wechselhaft wie die aktuelle Situation wäre dann auch die Richtung, in die verwiesen würde: Es fehlte also nicht nur der markante, unverrückbare Punkt, der eine Orientierung erst ermöglichen würde, sondern auch die Möglichkeit zu einer Selbstverortung, zumal auch die eigene Interessenlage sich schnell ändern kann.

Eine der oben beschriebenen Vorstellung von „Klugheit zum Guten" (Marten, 2005, S. 174) basierende Orientierung geht also über die unmittelbare Hilfestellung zu einer kurzfristigen, „situations- und kontextsensitiven Handlungsrationalität" (Sturma, 2005, S. 181) hinaus und soll stattdessen zu einer gerade für Jugendliche und junge Erwachsene so nötige Vertiefung der emotionalen Stabilität und Fähigkeit zur Selbst- und Fremdeinschätzung führen.

Bei der Orientierung wurde bisher davon ausgegangen, dass zwei grundlegende Begriffe ineinandergreifen, die nicht definiert wurden: Sinn und Glück. So ist es die Basis jeder Orientierungssuche, der eigenen Existenz oder Tätigkeit einen Sinn zu geben, der sich etwa im Rahmen eines höheren Gutes (wie dem eigenen Glück, dem der Familie oder einer größeren Gemeinschaft) begründen lässt. Sinnstiftende Glücksvorstellungen reichen vom reinen egoistischen Hedonismus bis hin zum vollkommenen Altruismus – beide erfordern individuelle Arten der Orientierung und Bestärkung sowie Rechtfertigungen. Für den hier vorliegenden Zweck muss nicht auf den kommunikationswissenschaftlichen oder gar philosophischen Begriffsapparat zurückgegriffen werden, der zur Beschreibung von „Sinn" und „Glück" existiert, denn dies würde einerseits den Rahmen sprengen und würde sich andererseits als überflüssig erweisen, da der Alltagsgebrauch der Begriffe an dieser Stelle völlig ausreicht – Glück und Sinn sind zudem individuell konstruierte Inhalte und können sich von Mensch zu Mensch massiv unterscheiden. Es bleibt also festzuhalten, dass Orientierung kein Selbstzweck ist, sondern immer einem Ziel dient, dass sich individuell als sinnvoll oder glücksverheißend darstellt.

Eine Frage wird sicherlich darin bestehen, zu prüfen, inwieweit sich angesichts der gesellschaftlichen Komplexität überhaupt noch an Orientierungen festhalten lässt, wenn sich die Folgen von Aktionen kaum noch überblicken lassen bzw. sogar kontraproduktiv sein können, wenn sie der Absicht des Handelnden entgegenstehen: Allerorts werden unerwünschte „Nebeneffekte" beklagt, die den Zielen von politischen oder wirtschaftlichen Programmen entgegenstehen. Eine ähnliche Logik ergibt sich auch für den persönlichen Bereich: Eine Liebe, die zu stürmisch verkündet wird, bleibt einseitig, eine Investition, die den Reichtum mehren soll, war eine Spur zu gewagt und führt zu Verlusten und häufig kann gerade die Absicht, alles richtig machen zu wollen, als sicheres Zeichen für aufkommende Probleme gelten. In immer kürzeren Abständen erweist sich das angesammelte Wissen über die Welt, ihre „Moral", die Zusammenhänge, die Prozesse und Strukturen als nutzlos – die Technik schreitet weitaus schneller voran und überfordert damit vielfach die Veränderungsbereitschaft vieler Menschen: „Die Schere von Herkunftshorizont und Erwartungshorizont, von Handlungen und ihren unabsehbaren Folgen, von Natürlichem und Künstlichem – und vieles mehr ließe sich anführen – geht immer weiter auseinander." (Elm, 2005, S. 79)

Die Frage, was unter Orientierung verstanden werden sollte, kommt in ihrer Grundsätzlichkeit wie auch Komplexität der Frage nach dem, was ein Mensch sei und wodurch diese ausgemacht werde, nahe.

Aus der modernen pädagogischen Anthropologie lassen sich zumindest einige Hinweise ableiten, auf welche Weise sich der Mensch sich im Hinblick auf die Orientierung verstehen lässt: Einerseits ist der Mensch ein Wesen, das auf Erziehung angewiesen ist, das sich andererseits aber auch ab einem bestimmten Reifegrad selbst erzieht. Ähnliche Voraussetzungen gelten für das Bedürfnis zu lernen, das Bildungsbedürfnis allgemein und die Fähigkeit, sich zu sozialisieren und zu kultivieren (Wulf und Zirfas, 2014a, S. 14).

Orientierungssuche setzt, wie oben gezeigt, zunächst die Suche nach dem eigenen Standpunkt voraus. Weil dieser kulturell dominiert ist und von den Gesellschaften großer Wert auf die Ausprägung einer bestimmten Vorstellung von „Normalität" gelegt wird, muss auch diese Vorstellung in die Betrachtung einbezogen werden. Dies ist umso wichtiger, als gerade in der Zeit autoritärer Herrschaft eine strikte Idee des Normalen erfolgte, an die Menschen sich anzupassen hatten. Sofern diese Idee ignoriert oder verletzt wurde, kam es zu empfindlichen Sanktionen. Die Normalität ist damit eine Orientierungsinstanz, die, gleichgültig ob sie positiv (im Sinne einer willkommenen Handlungsanweisung) oder negativ (im Sinne einer Bevormundung) bewertet wird, nicht aus dem Orientierungsprozess wegzudenken ist.

3 Methodik

3.1 Vorbemerkung

Orientierungssuche und Orientierungslosigkeit als individuelle wie gesellschaftliche Massenphänomene weisen ein komplexes Beziehungsgeflecht mit der Kommunikation auf:

Die Wissenschaften bemühen sich gemäß ihrem Auftrag per se um die Schaffung von Erklärungsmodellen, die das jeweilige Fach strukturieren, verständlichen machen – und damit auch: eine Orientierung schaffen. Damit verkörpern die Wissenschaften die kognitive bzw. rationale Seite der gesellschaftlichen Suche nach Orientierungspunkten: Die Geschichtswissenschaften klären über die Tätigkeiten traditioneller, orientierungsstiftender Institutionen und Systeme wie Staat, Familie und Kirche auf, und können dazu beitragen, die aktuelle Situation besser zu begreifen. Fächer wie Philosophie und Psychologie geben, in ihren praktischen Varianten auch Aufschluss darüber, wie gesellschaftliche oder auch individuelle Orientierung entsteht oder geschaffen werden kann – sowohl in ihrer rationalen wie auch in ihrer emotionalen Komponente: Dies kommt etwa in Begriffen wie „Urvertrauen", „Sinnsuche", „Massenhysterie" oder „Weltanschauung" zum Ausdruck. Dort, wo wissenschaftliche Erkenntnisse gesellschaftlich aufgenommen und diskutiert werden, herrscht häufig ein Konflikt unterschiedlicher Interessengruppen. Dies ist gerade beim Thema Orientierung zu beobachten, um dessen politische, ethische und soziale Ausformulierung sich unterschiedliche Institutionen bemühen. Eine solche, mitunter konfliktreiche Diskussion, kann sowohl zu Orientierungsbildung wie auch Orientierungsverlust beitragen: Denn je nachdem, ob die Vielfalt der Lebensentwürfe als Freiheit oder als Bedrohung wahrgenommen wird, sind die unterschiedlichsten Reaktionen denkbar. Von einer enthusiastischen Teilnahme an gesellschaftlichen Institutionen oder Ereignissen bis hin zum völligen Rückzug. Dabei bleibt die Wissenschaft, die ihrem Wesen nach immer einem verhältnismäßig kleinen Anteil der Bevölkerung vertraut ist, auf die Medien angewiesen, die ihre Botschaft kommunikativ verbreiten und zugänglich machen; Eine im „Elfenbeinturm" betriebene Wissenschaft, eine Wissenschaft der verstaubten Bücherregale und Archivkisten ist für die gesellschaftliche Orientierungssuche nahezu nutzlos, für die individuelle Orientierungssuche kaum zugänglich.

Die Wissenschaften erlauben zudem nicht nur ein immer tieferes und detaillierteres Verständnis ihrer jeweiligen Fachbereiche, sondern sie prägen auch die gesellschaftliche Entwicklung, die immer mehr in eine technische übergeht: Ohne die umfassenden Kommunikationsmöglichkeiten, ohne die ständige, weltweite und allumfassende Erreichbarkeit wäre die Diskussion um Orientierungen weitaus ärmer, mit Sicherheit aber auch: entspannter. Es kommt nicht von ungefähr, dass totalitäre Regime ihren Bürgern die Teilnahmemöglichkeit am Internet, und damit die Zugehörigkeit zu einer in Ansätzen existierenden „Weltgesellschaft" verweigern und diese Art der Orientierungssuche mit Strafen belegen.

Das derzeitige Angebot an Orientierungsmodellen ist damit enorm vielfältig und umfasst, neben den Wissenschaften auch metaphysische Glaubensinhalte oder idealtypische Gesellschaftsentwürfe, die alle ihre eigenen Kommunikationsinhalte und eigenen Kommunikationsstile aufweisen.

Kurz zusammengefasst ergibt sich für das Beziehungsgeflecht zwischen Orientierung und Kommunikation damit folgendes Bild, das auch als Struktur für die Gliederung dient. Betrachtet werden sollen:

1. Die Erzeuger und Lieferanten von Orientierungsmodellen sowie ihre Kommunikationsinhalte und -stile. Dies betrifft etwa:
- Die Wissenschaften, die aufgrund ihrer immer detaillierteren, immer spezifischeren und immer umfassenderen Beschreibung der Realität, vom Atom bis zum Universum, auf eine Vielzahl von Arten Modelle erzeugen, die zur Orientierung dienen können. Gemäß der Ausrichtung dieses Buches steht die Kommunikationswissenschaft im Vordergrund, gefolgt von den Kommunikationsansätzen aus den Kulturwissenschaften. Dies stellt, angesichts der vielseitigen Anschlüsse, die sich zu anderen Wissenschaften ergeben, jedoch lediglich den Fokus der Untersuchung dar und ist keinesfalls als eine klare Abgrenzung zu verstehen – eine solche wäre ohnehin nicht zu leisten, da die Übergänge zwischen den Wissenschaften keine derart binäre Einteilung zulassen: Zugegebenermaßen wird also eklektizistisch gearbeitet, weil dies die einzige methodische Form ist, die dem Thema Orientierung (das wiederum von jeder Person individuell eklektizistisch behandelt wird) gerecht wird.
- Die biologischen und evolutionären Voraussetzungen des Menschen, mit dem immer auch eine Grundorientierung innerhalb der Natur verbunden ist, wobei die Sinn- und Orientierungssuche als verhältnismäßig junges – mit Sesshaftigkeit, Schriftlichkeit und einer anwachsenden Lebensspanne verbundenes – Element weit über die evolutionären Grundbedürfnisse hinausgeht und in Relation zu diesen gesetzt werden muss. Mit einigem Recht lässt sich so die Frage stellen, inwieweit die Suche nach Orientierung eine Überlebensnotwendigkeit darstellt, eine Suche nach Anpassung an die Widrigkeiten des Lebens oder der gesellschaftlichen Herrschaftsverhältnisse oder aber als philosophische Sinnsuche, die gerade in der Moderne für einige kaum mehr als ein unterhaltsames Spiel zu sein scheint, an dem es aus Gründen des sozialen Prestiges teilzunehmen gilt.
- Sicherlich sind zunächst, bevor eine bewusste Reflexion über moralische oder gesellschaftliche Orientierungen stattfindet, die biologischen, natürlichen Orientierungspunkte wie Hunger oder Sexualtrieb maßgeblich, die bereits lange vor dem Auftreten der Menschheit existierten. Diese Art einer biologisch erzwungenen Ausrichtung besteht weiter, in komplexen Gesellschafen wird das Ausleben von Trieben durch religiöse Moral, die Erzeugung von Scham oder rechtliche Re-

geln eingeengt. Tendenziell bieten jedoch auch die biologischen Imperative eine mögliche Orientierung gerade auch in modernen Gesellschaften, in denen beispielsweise Egoismus und Hedonismus nicht mehr in jenem Maße tabuisiert und sanktioniert werden (können), wie dies in der Vergangenheit geschah.
- Ältere, historisch gewachsenen Ordnungsmodelle, zu deren wichtigsten Aufgaben die strukturbildende Schaffung von Orientierungen zählte. Für Europa waren dies Staat und Kirche, die ihre Herrschaftsausübung teils mit-, teils aber auch gegeneinander betrieben und dabei auf ein absolutes Wahrheits- und Gewaltmonopol setzten, das seine Kontrolle über alle wesentlichen Bestimmungspunkte menschlicher Existenz auszudehnen versuchte: Dies betraf nicht nur die Gesellschaftsordnung und Rechtsprechung, sondern auch strikte Vorschriften zu Ernährung, Kleidung, Glaubensritualen, sozialem Verhalten und Sexualität. Diese Art von totalitären Ordnungsmodellen scheinen derzeit überwunden, ihre Urheber bemühen sich jedoch weiterhin – mit anderen Argumenten, anderen Legitimationen und weitaus milderer Wortwahl – um starken Einfluss nicht nur auf die Gesellschaft als solche, sondern auch auf das Leben jedes Einzelnen.
- Orientierungsmodelle, die sich erst in den letzten Dekaden entwickelt haben oder vor eine starke Verbreitung erfuhren. Damit sind jede Modelle gemeint, die sich erst nach einer weitest gehenden gesellschaftlichen Befriedigung der lebensnotwendigen Bedürfnisse entwickelt haben, wie sie in Westeuropa bald nach Ende des Zweiten Weltkriegs stattfand, als ein Großteil der Bevölkerung wieder über Nahrung, Wohnraum, Sicherheit und die Möglichkeit zum Aufbau von Wohlstand verfügte. Mit der zunehmenden technischen Erleichterung an Arbeitsplatz und Haushalt, mit der Option die wachsende Freizeit bzw. den Urlaub nach eigenen Vorstellungen gestalten zu können, wurde auch der Suche nach Orientierung neuer Raum eröffnet – man orientierte sich an dem, was persönlich orientierenswert erschien – ob es sich nun um den museumslastigen Bildungsurlaub in Florenz oder die feucht-fröhliche Tour zum Badesee als Ausdruck unbeschwerter Lebensfreude handelte. Auch das Aufkommen der Hippie-Bewegung ist ein Merkmal der um sich greifenden Suche nach Orientierung: Die alten Autoritäten erschienen aus dieser Sichtweise durch und durch diskreditiert, während ein buddhistisch angehauchter Lebensstil als Ausdruck fernöstlichen Strebens nach umfassender Weisheit und dem vollendeten Einklang mit dem Universum galt.
- Die jüngste Generation von Orientierungsmodellen, deren Bildungsprozess noch längst nicht abgeschlossen ist, entwickelte sich vor dem Hintergrund der zunehmenden Technologisierung, insbesondere des Internets und hierbei speziell seit Aufkommen der Sozialen Medien; Das Internet wies schon sehr früh Suchmaschinen wie Yahoo auf, die eine bestimmte Vorstrukturierung der großen und ständig weiter anwachsenden Datenmengen ermöglichte. Bald fanden sich zu allen erdenklichen Themen Webseiten. Spätestens mit dem Aufkommen der Wikipedia erwuchs den klassischen Enzyklopädien eine kostenlose (wenn auch nicht inhaltlich gleichwertige) Konkurrenz, die eine schnelle Orientierung und

Einordnung versprach: Ein großer Teil des Weltwissens war nur noch wenige Mausklicks entfernt, so dass sich auch die Notwendigkeit, umfangreiches Faktenwissen zu erlernen, zu erübrigen schien – alles war präsent und geordnet, wobei die Suchmaschinen einen immer größeren Teil der Strukturierung des Wissens übernahmen, indem sie die besten, informativsten Seiten höher stuften (genauso wie Seiten von Betreibern, die bereit sind, für die bessere Positionierung zu zahlen). Vom Nutzer weitestgehend unbemerkt flossen jedoch auch die persönlichen Daten, die Region, die Sprache, die in den „Cookies" hinterlegten Hinweise zum Surfverhalten etc. in die Erstellung der Trefferlisten ein. Die Folge: Der Nutzer bekam das präsentiert, was der Algorithmus aufgrund der vorliegenden Daten auswählte. Perfektioniert wurde diese Technik spätestens mit dem Durchbruch Sozialer Medien; Falls von diesen überhaupt noch eine Orientierungsfunktion erfüllt werden kann, dann jene, dass sich der Algorithmus an dem orientiert, was der jeweilige Nutzer in der Vergangenheit mit dem Like-Button bewertete, teilte oder kommentierte – eine höchst verführerische und individuell zugeschnittene Auswahl, deren extreme Selbstreferentialität kaum thematisiert wird, da die maschinellen Auswahlmechanismen nicht nur im Hintergrund arbeiten, sondern zudem extrem komplex und damit auch für Laien völlig undurchsichtig sind.

2. Die Orientierungssuche als Objekt der Wissenschaften und die Erkenntnisse daraus: Hierbei bildet die Kommunikationswissenschaft als solche den Schwerpunkt. Weitere wichtige Bestandteile bilden die kulturwissenschaftlichen Kommunikationsansätze sowie die Kommunikationskonzepte aus anderen Bereichen der Wissenschaft, etwa der Geschichte, der Soziologie und der Philosophie. Sicherlich gehört jede Wissenschaft zu den Orientierungslieferanten, gleichgültig mit welchen Themen sie sich auseinandersetzt: Es handelt sich immer um die Schaffung von Beschreibungen der Realität, die als Orientierung dienen können.

Der Fokus hier besteht aber in jenen Wissenschaften, die sich explizit mit Kommunikation und Kultur beschäftigen, da diese Art Orientierung eng mit der individuellen Sinnstiftung verbunden ist, während beispielsweise das Atommodell über physische Zusammenhänge aufklärt, aus denen sich nicht direkt eine Handlungsanleitung für das menschliche Leben erschließen oder ableiten lässt.

Selbstverständlich kommt auch das vorliegende Buch nicht ohne eine grundlegende Orientierung zustande. Betrachtet man das Grundthema der Kommunikation, das es zu einer eigenen, umfassenden Wissenschaftsdisziplin gebracht hat, so fallen hier die Begriffe wie Sender, Empfänger, Information, Rezeption ins Auge, die hier zum Thema in einen Bezug gesetzt werden müssen.

Letztendlich wird es auch um die Frage gehen, welche der zur Kommunikation genutzten Medien, welche Kommunikationsinhalte und -stile sich in welcher Weise auf die Suche nach Orientierung auswirken, wobei die Effekte von einer Entdeckung über eine Selbstbestätigung bis hin zu tiefgreifender Verunsicherung reichen können.

3.2 Forschungsfrage

Es wird sich mit folgender Hauptfrage beschäftigt

> Welche neuen Bildungsanforderungen leiten sich aus dem sich verändernden gesellschaftlichen und individuellen Orientierungsangebot ab und welchen Beitrag können die Kommunikationswissenschaft und die Kommunikationsansätze und -konzepte der Kulturwissenschaften dazu leisten?

Hierzu gehört:
- Die Festlegung eines Untersuchungszeitraums, in dem der Wandel deutlich wird. Hier ist es sinnvoll, die Zeit vor Aufkommen des Internet bis heute zu betrachten.
- Die Darstellung, wie sich das Orientierungsangebot im Untersuchungszeitraum verändert hat. Dies betrifft: Veränderung von Umfang, Inhalt und Form, also verstärkte Präsenz, neue Thematiken und Präsentations- und Kommunikationsformen. Ebenso gehört dazu: Wie kann das Orientierungsangebot überhaupt erfasst und definiert werden? (Individuell und gesellschaftlich).
- Eine Bestandsaufnahme der bisherigen Bildungsanforderungen, eine Identifizierung der fehlenden oder ergänzungsbedürftigen Anforderungen und der dafür verantwortlichen Gründe sowie ein Abgleich der existierenden mit den fehlenden Anforderungen.
- Die Suche: Wie findet man das, was fehlt, aus dem Orientierungsangebot? Ist es bereits ein versteckter Teil desselben oder muss das Angebot grundsätzlich erweitert werden? Kann dies mit den neuartigen Kommunikationsmitteln wie denen der sozialen Netzwerke geschehen?
- Wie kann angesichts der Veränderungen in Gesellschaft, Politik, Wirtschaft und Technologie eine Orientierung durch Ansätze aus der Kommunikationswissenschaft und den auf Kommunikation ausgerichteten Aspekten der Kulturwissenschaften gelingen?

Es wird zudem darum gehen, zu klären, was unter Orientierung zu verstehen sei und welche Leistungen von einem Orientierungsprozess erwartet werden können.

3.3 Vorgehensweise

Es werden die gegenwärtigen Orientierungsvorstellungen aus Kommunikations- und Kulturwissenschaften geprüft und im Lichte der neuen, durch Internet und soziale Medien drastisch gestiegene und beschleunigte Kommunikation, die die Arbeits- wie auch die grundsätzliche Lebenswelt des Menschen massiv verändert, untersucht.

Die in Kapitel 2 vorgenommenen Begriffsdefinitionen wie Orientierung, Kommunikation und Kultur sollen dazu beitragen, auf eine klare Art zu strukturieren, da die Begriffe teils von ihrem umgangssprachlichen Inhalt abweichen und nur ein Begriffsgebrauch in einer präzisen Art in Frage kommt, wenn es darum geht, die oben genannte Forschungsfrage zu beantworten, und hierbei den Beitrag der Kommunikationswissenschaft und der Kommunikationsansätze und -konzepte der Kulturwissenschaften einzuschätzen. Aus der Untergliederung der Forschungsfrage in ihre einzelnen Teilbereiche lassen sich zudem weitere Aspekte einer sinnvollen Vorgehensweise und Methodik ableiten.

Es werden die im weiteren Verlauf dieses Kapitels beschriebenen Basistheorien – die Systemtheorie sowie den Konstruktivismus – nutzen, um in Kapitel 4 gezeigten möglichen Erzeuger und Lieferanten von Orientierungsmodellen darzustellen. Diese Vorgehensweise bietet sich insbesondere aus mehreren Gründen an:

- Orientierung weist, wie oben gezeigt, immer einen starken kommunikativen, individuellen wie auch gesellschaftlichen Charakter auf: ein Orientierungssubjekt orientiert sich innerhalb eines Orientierungsbereichs durch ein Orientierungsmittel innerhalb eines Orientierungsprozesses an einer Orientierungsinstanz. Im Laufe dieses Prozesses nutzt es seine individuellen Orientierungsfähigkeiten (Luckner, Klugheit, 2005, S. 9f). Insgesamt ist der Orientierungsprozess also nur denkbar, wenn diese Voraussetzungen gegeben sind; Man orientiert sich immer an etwas Außenstehendem – eine Drogen- bzw. Rauscherfahrung wäre damit nicht als Orientierungsprozess zu verstehen, unabhängig davon, was die individuellen Motive gewesen sein mögen. Der Systemtheorie Luhmanns ist es zu verdanken, dass sie die hier zu betrachtenden Orientierungsinstanzen sowie Orientierungsbereiche klar beschreibt – wenn auch aus soziologischer, nicht primär aus kommunikationswissenschaftlicher Perspektive. Dieser Unterscheidung kommt jedoch nur eine untergeordnete Bedeutung zu, zumal soziale Systeme aus Kommunikation – und nur aus Kommunikation bestehen. (Luhmann, 1990a, S. 165).
- Der Konstruktivismus geht – je nach Radikalität seiner Ausdrucksformen – davon aus, dass keine von der Wahrnehmung unabhängige Realität existiert bzw. die Wahrnehmung immer konstruiert wird, genau genommen also im „Auge des Betrachters" liegt. Luhmann selbst baute auf die Erkenntnisse des Konstruktivismus auf. Er geht ebenfalls von dessen Prämissen aus, so dass sich Systemtheorie und (moderater) Konstruktivismus als kompatibel und ineinander greifend erweisen. Da der Schwerpunkt des vorliegenden Textes nicht auf der Erkenntnistheorie liegt, muss an dieser Stelle keine Aussage darüber gemacht werden, inwieweit von einer tatsächlichen, von der Wahrnehmung unabhängige Realität auszugehen ist bzw. welches die erkenntnisphilosophischen Grundlagen des Konstruktivismus sind.

Es bietet sich an, bei der Darstellung der Orientierungsbereiche und -instanzen, wie sie im Kapitel 4 beschrieben werden, zunächst die Systemtheorie als Ausgangspunkt zu nehmen und in einem zweiten Schritt die möglichen Folgen für die Konstruktion individueller Orientierungsprozesse zu zeigen. Die systemtheoretische Anlehnung an gesellschaftlichen Funktionsbereiche erfolgt aus dem Grund, dass jede weltanschauliche Orientierung sich notwendigerweise erst anhand sowie innerhalb einer Gesellschaft entfalten kann – ein von der Gesellschaft isoliertes Individuum wäre diesem Verständnis nach nicht in der Lage, einen kommunikativen, realistischen und handlungsleitenden Orientierungsprozess zu absolvieren.

Das Vorgehen sei im Folgenden am Beispiel des Bereichs „Religion" veranschaulicht: Für die Religion als einen der ältesten Orientierungsbereiche wäre dies etwa die Beschreibung ihrer Codes (etwa Diesseits/Jenseits), ihrer Institutionen (Heiligenstätten), Kommunikations-, Operations- und Reproduktionsmechanismen. In empirischen Teil wird dann die historische wie aktuelle Situation beschrieben, wie sie sich heutigen Orientierungssuchenden bietet. Die Nutzung der historischen Perspektive ist nötig, da sich gerade aufgrund der Umbrüche (etwa des Bedeutungsverlustes der Kirchen) Orientierungsverluste ergeben können; Jugendliche und junge Erwachsene, deren Eltern und Großeltern möglicherweise noch stark traditionell-kirchlich gebunden sind, erleben die heute lediglich als einen unter vielen gesellschaftlichen Akteuren. Demzufolge müssen sie ihre Position selbst bestimmen, wobei dies immer in Bezug auf die Einstellungen und Werte der Eltern geschieht, selbst dann, wenn diese Werte nicht geteilt werden.

Die Unterteilung der Orientierungsbereiche erfolgt, so weit möglich, innerhalb eines groben chronologischen Rasters (historisch, modern und seit Aufkommen des Internet). Dadurch wird die extreme Beschleunigung deutlich: Während nationale oder religiöse Systeme in der Vergangenheit dazu tendierten, über Jahrhunderte relativ stabil zu bleiben – und damit: einer umfangreichen Orientierungsfunktion gerecht wurden – ist die heutige Orientierung, sofern gewünscht, nur einen Klick weit entfernt, und konkurriert mit kommerziellen Angeboten, Weltanschauungen, politischen und religiösen Überzeugungen (teils auch extremistischer Natur) um Aufmerksamkeit.

Die getrennte Darstellung der Orientierungsbereiche darf jedoch nicht darüber hinwegtäuschen, dass alle die in diesen Bereichen vorhandenen Orientierungsmodelle gleichzeitig existieren, wenn auch in wechselnder Intensität: Religion als eines der ältesten Orientierungsmodelle existiert weiterhin, ohne von seinen „Mitbewerben auf dem Orientierungsmarkt", also etwa Staat und Wissenschaft verdrängt worden zu sein. Allerdings wächst die Konkurrenz der Orientierungsmodelle mit der Zahl der verfügbaren Medien und weltanschaulichen Meinungen. Ein weiteres Anliegen des Kapitels ist es, den gegenwärtigen Orientierungsdiskurs in den Wissenschaften zu betrachten.

Dabei wird auch ein Blick auf das relativ junge bzw. gerade erst im Entstehen begriffene Feld der Kommunikationskulturwissenschaften geworfen. Den Abschluss des Kapitels bilden Betrachtungen zur sich wandelnden Rolle der Medien und ein kurzes Zwischenfazit.

Eine zentrale Rolle bei der Orientierung spielen sicherlich Persönlichkeit, Orientierungsbedarf sowie die individuelle Befähigung zur Orientierungssuche:

Manche Arten von Orientierung – ausgehend von der kindlichen Bindung an eine Bezugsperson bzw. die Gewohnheiten und Werte der Eltern – werden gleichsam automatisch, ohne eigenes Zutun gewährt, während sich andere Arten erst durch intensives Nachdenken und eine bewusste Suche offenbaren. Hierbei spielt auch das individuelle Wohlbefinden eine Rolle: Oftmals erzeugen erst Schwierigkeiten, Probleme und nicht erfüllte Sehnsüchte den Wunsch nach Orientierung, bzw. den Zwang zur Orientierungssuche.

Kapitel 5 betrachtet Ansätze der Orientierungssuche, also individuelle Zugänge zum Thema. Dabei stehen der wechselseitig-prägende Bezug von Orientierung und Identität sowie die Orientierung an einem gesellschaftlich vorherrschenden Normalitätsverständnis im Vordergrund.

Die in diesem Kapitel genutzte idealtypische Perspektive beschreibt die Sichtweise eines hypothetischen, nach Orientierung suchenden Individuums im jungen Erwachsenenalter. Auch die gesellschaftliche Orientierungssuche, die sich etwa in der öffentlichen Diskussion um Werte wie Gerechtigkeit oder die Ausrichtung der Politik niederschlägt, wird untersucht.

Kapitel 6 beschäftigt sich mit dem Thema des Orientierungsverlusts sowie dessen möglicher Hintergründe, die mit den teils durch die Komplexität der modernen Gesellschaft verursachten Sinnkrisen zu tun haben.

Kapitel 7 zeigt einige Fallbeispiele, anhand derer sich die konkrete Wirkung von Orientierungsverlust oder Orientierungslosigkeit belegen lässt. Dabei werden reale Beispiele herangezogen und knapp anhand des theoretischen Instrumentariums des Buches analysiert.

Kapitel 8 bemüht sich, die bisherigen Erkenntnisse zusammenzubringen und die Voraussetzungen zu skizzieren, die bei der Entwicklung eines modernen Orientierungsmodells wirken. In diesem neuartigen Modell wird es darum gehen, die Fehler und Probleme bisheriger Modelle zu vermeiden; Es soll weder starre, letztendliche „Wahrheiten" verkünden noch darf es sich in Beliebigkeit verlieren. Es muss von Bedürfnissen des einzelnen Menschen wie auch den Anforderungen eines gesellschaftlichen Zusammenlebens ausgehen.

Die Ergebnisse dieses Kapitels werden dann auf den kommunikations- und kulturwissenschaftlichen Bereich übertragen und fließen in die Formulierung der Schlussfolgerungen für die Ergänzung von Bildungskonzepten in Kapitel 9 ein.

Das letzte Kapitel führt die Ergebnisse im Rahmen eines neu zu entwickelnden Orientierungsmodells zusammen. Dessen Eckpunkte lassen sich zwar bereits in Ansätzen erkennen, die tatsächliche Modellentwicklung bleibt dabei jedoch künftigen Arbeiten vorbehalten.

3.4 Die Basistheorien

3.4.1 Vorbemerkung

Es werden primär die Ergebnisse aus den Kommunikations- und Kulturwissenschaften betrachtet und wird zwei theoretische Strömungen als Grundlagen nutzen: Die Systemtheorie, die zwar soziologischer Natur ist, dabei aber ein umfassendes Modell von Kommunikation entwickelte, und den damit eng verwandten Konstruktivismus, der davon ausgeht, dass jedes Individuum sich ein eigenes Abbild von der Realität (sofern diese überhaupt als objektive „Wahrheit" begriffen werden kann) schafft. Beide Theorien haben umfangreiche Texte hervorgebracht, von den auf sie bezugnehmenden, zustimmenden oder kritisierenden Titeln ganz zu schweigen. Niemand kann heute behaupten, im Besitz auch nur einer annähernd vollständigen systemtheoretischen Bibliografie zu sein und die Aussicht, eine solche zu erstellen, würde den Rahmen nahezu jeder wissenschaftlichen Arbeit sprengen.

Für die hier vorliegenden Ausführungen soll es daher genügen, die Auswahl der beiden theoretischen Ansätze zu begründen, ihre Ideen zu skizzieren und für das Thema der Orientierung nutzbar zu machen.

3.4.2 Systemtheorie

Die Systemtheorie wurde schon im vorigen Kapitel, bei den Erläuterungen zu den grundlegenden Begriffen einbezogen, so dass an dieser Stelle der Versuch unternommen werden kann, eine zumindest knappe Schilderung ihrer Voraussetzungen und Thesen zu liefern – wenn dies auch bei einer hochkomplexen, mehrere tausend Seiten umfassenden Quellenlage nur sehr bedingt möglich ist. Die Übersicht konzentriert sich daher auf jene Aspekte, die für die vorliegende Untersuchung relevant sind.

Die soziologische Systemtheorie Niklas Luhmanns nutzt eine ursprünglich aus der Biologie stammende Theorie und bemüht sich darum, sie auf die Sozialwissenschaften zu erweitern.

Luhmann definiert die Gesellschaft als ein soziales System, das ausschließlich aus Kommunikation besteht und sich – wiederum durch Kommunikation selbst erhält und reproduziert (Luhmann, 1990a, S. 165). Die Systemtheorie erhebt den Anspruch, soziale Systeme sowie deren Beziehung zu ihrer Umwelt zu beschreiben. Die von der Systemtheorie benannten, konkreten gesellschaftlichen Teil- bzw. Funktionssysteme (wie etwa Religion, Politik, Wirtschaft oder Recht) überlappen sich mit den hier vorliegenden beschriebenen Orientierungsbereichen (wenn auch seit Luhmanns Analyse neue Medienformen und -bereiche hinzugekommen sind). Allerdings muss beachtet werden, dass nicht jeder der beschriebenen gesellschaftlichen Teilbereiche in gleicher Weise für die Orientierung im Sinne einer Ausrichtung von Werten und Weltanschauung geeignet ist.

Die Systemtheorie als extrem umfangreiche und wirkungsmächtige gesellschaftliche Selbstbeobachtung verfügt über ein eigenes Vokabular, das die Tätigkeit sozialer Systeme sowie ihre Beziehungen zur Umwelt beschreibt (Luhmann, 1997, S. 12):

- So bezeichnet der Begriff der Autopoiesis die Fähigkeit von Systemen zur Selbstreproduktion: Ein System besteht nur dann weiter, wenn es an vorangegangene Operationen anknüpfen kann. Im Beispiel eines Gesprächs (das sich ebenfalls als soziales System beschreiben lässt) wird etwa kommuniziert, bis keine Anschlusskommunikation mehr möglich ist bzw. gewünscht wird. (Luhmann, 1997, S. 182). Autopoietische Systeme sind einerseits kognitiv offen gegenüber ihrer Umwelt (da es diese beobachtet und damit Unterscheidungen bildet), sie sind jedoch gleichzeitig operativ geschlossen, da sie nur über ihren speziellen Code operieren können (Krause, 2005, S. 232f) – im Falle des Wirtschaftssystems bestünde dieser Code etwa aus den Unterscheidungen von Zahlungen und Nichtzahlungen, im Falle des politischen Systems wäre der Code die Unterscheidung von Macht und Machtlosigkeit.
- Der Begriff der „Beobachtung" besagt in erster Linie, dass Systeme Unterscheidungen feststellen, etwa zwischen sich und ihrer Umwelt. Diese Unterscheidungen werden jedoch nicht nur erkannt, sondern durch das Operieren – ein weiterer wesentlicher Begriff in der Systemtheorie – auch selbst erzeugt (Luhmann, 1997, S. 182).
- von „operativer Schließung" ist die Rede, weil das System nur an eigene Operationen anknüpfen kann, während die hierfür nötigen Informationen entweder ebenfalls aus der Selbstbeobachtung des Systems oder aus der Beobachtung der Umwelt stammen (Luhmann, 1997, S. 182).
- Die „doppelte Kontingenz" bezeichnet den Umstand, dass beim kommunikativen Austausch innerhalb eines sozialen oder zwischen zwei psychischen Systemen der „andere" immer unbekannt bleibt: Auf eine aus der unendlichen Vielzahl möglicher Aussagen herausgegriffene Einzelaussage kann wiederum jede mögliche Antwort erfolgen. Trotz der Schwierigkeit, überhaupt Punkte zu finden, an die gemeinsam angeknüpft werden kann, ergibt sich durch die gemeinsame Suche mitunter ein produktiver Austausch, weil die beiden Kommunikationspartner ihren Sinn aufeinander beziehen (Luhmann, 1984, S. 165).

Wendet man die Begrifflichkeiten Luhmanns auf das psychische System eines Menschen an – für das das jeweils zugehörige kognitive und biologische System wiederum „Umwelt" darstellt – so zeigt sich, dass der Gedanke der Selbstreproduktion auch hier angebracht erscheint: Die Suche nach einem wie auch immer gearteten Sinn und der Aufbau einer eigenen Identität können als Beispiele hierfür gelten: Das System reproduziert sich selbst über das Medium Sinn. Identität ist demnach auch eine Abgrenzungsleistung, so dass Luhmann der Ansicht ist, dass sich „alle Identität über Negationen" konstruiert (Luhmann, 1971, S. 60) – Eine Erfahrung, die sich sicherlich mit jenen der Entwicklungspsychologie deckt, wonach beispielsweise in der Pubertät viele Negations- und damit auch Abgrenzungsprozesse stattfinden.

Orientierung ist demnach die Beobachtung der Umwelt durch das psychische System auf der einen Seite, durch das kognitive System auf der anderen Seite. Beide Systeme sind aneinander gekoppelt und weisen zudem eine Kopplung an das biologische System auf. Sie beeinflussen sich gegenseitig; Gefühle können ebenso Gedanken hervorrufen wie dies umgekehrt möglich ist, und ein Signal des biologischen Systems wie es etwa im Auftreten von Hunger oder Kopfweh besteht, wird ebenfalls von den daran gekoppelten Systemen aufgenommen und in mittels ihrer internen Funktionen bearbeitet.

Möchte man die Systemtheorie konsequent hier auf die Fragestellung anwenden, so wären „Junge Erwachsene" in ihrer Eigenschaft als Mensch kein Thema; Vielmehr handelt es sich, wie oben beschrieben, um getrennte, psychische und kognitive Systeme, für die alles andere, also auch die überkomplexe „Realität", aus der die Informationen zur Orientierung entnommen werden, die Umwelt darstellt. Wenn dies auch zweifellos ein sehr durchdachtes Erklärungsmodell ist, das aus diesem Grund auch als Basistheorie gewählt wurde und in vielen Kapitel auftaucht, würde eine dauerhafte und konsequente Anwendung systemtheoretischer Begrifflichkeiten eindeutig auf Kosten der Lesbarkeit gehen.

Die Systemtheorie erweist sich gerade bei der Analyse jener gesellschaftlichen Teilbereiche als hilfreich, aus denen Orientierungen bezogen werden können. Es handelt sich die in Kapitel vier gezeigten Felder wie Religion, Recht, Wissenschaft etc. die alle als funktionale, gesellschaftliche Subsysteme interpretiert werden. Diese Felder werden auf ihre mögliche Bedeutung für die (weltanschauliche und lebenspraktische) Orientierungsfindung untersucht. Die Akteure in einigen dieser Bereiche bemühen sich explizit darum, Orientierungen für das individuelle Verhalten vorzugeben (etwa die Kirchen oder Staaten) oder aber Grundlagen zu schaffen, die optional für eine selbstständige Orientierungsfindung genutzt werden können (wie etwa die Wissenschaft, die Medien oder die Kultur).

3.4.3 Konstruktivismus

Eine Nutzung dieser Theorie erscheint sinnvoll, da der radikale Konstruktivismus sich durch mehrere, durchaus als positiv zu bewertende Merkmale auszeichnet:
- Er beruft sich nicht nur physiologische Erkenntnisse, sondern auch auf psychologische. Beide Bereiche werden in Beziehung zueinander gesetzt.
- Er bildet einen metatheoretischen Rahmen, der auch vor der Einbeziehung seiner eigenen Methoden und Erkenntnisse nicht Halt macht: Damit betrachtet er notwendigerweise auch die Instrumente und Ergebnisse des Konstruktivismus als „konstruiert".

- Er basiert auf dem Gedanken einer grundsätzlichen Autonomie. Das bedeutet, dass eine Diskussion aus seiner Sicht nicht durch Begriffe wie „Macht" oder „Unterwerfung" geprägt ist, sondern sich idealerweise so gestaltet, dass die Teilnehmer sich der Tatsache bewusst sind, dass ihre eigenen Wirklichkeitsmodelle genauso konstruiert sind, wie die der anderen. Dieses Gemeinsame Bewusstsein schafft Raum für Akzeptanz (Kruse und Stadler, 1994, S. 41).

Der radikale Konstruktivismus als Theorie, die durchaus multidisziplinär agiert, die Schlussfolgerungen aber vereinheitlicht ist damit für die Untersuchung des Themenkomplexes Orientierung – eine Untersuchung, die wiederum viele Fachbereiche umfasst – durchaus geeignet. Durch die enge Verbindung zur Systemtheorie wird zudem eine Grundlage geschaffen, die ebenso kohärent ist wie es diese beiden Theorien sind.

Die gesellschaftliche Realität wie auch natürliche und technische Umwelt ist auf zweifache Weise konstruiert. Einerseits greift der Mensch konstruierend ein und verändert die Gegebenheiten, andererseits ist auch jede Reflexion über die Realität notwendigerweise vom jeweiligen Betrachter konstruiert (Kepplinger, 2011, S. 7).

Kepplinger führt die Aussagen seines Buches „Realkultur und Medienkultur" aus dem Jahr 1975 auf folgende Punkte zurück:

1. Es gibt keine objektive Erkenntnis. Jede Erkenntnis hängt vielmehr von den Voraussetzungen ab, unter denen sie gewonnen wurde.
2. Es gibt keine objektive Realität. Jede Beschreibung von Realität stellt vielmehr eine subjektive Konstruktion dar.
3. Alle Realitätskonstruktionen sind gleich richtig oder falsch, angemessen oder unangemessen.
4. Vergleiche zwischen Realität und Darstellungen sind nicht möglich, weil es jenseits der Darstellungen keine Realität gibt, mit der man sie vergleichen könnte. (Kepplinger, 2011, S. 10)

Anders ausgedrückt würde dies bedeuten, dass jeder Versuch einer Beschreibung der Realität eher über seine Prämissen, Grundbegriffe und Analysemethoden Aufschluss gibt als über die Realität selbst. Während eine voraussetzungslose Wissenschaft unmöglich wäre, und jede wissenschaftliche Aussage eine Konstruktion darstellt, so wäre es dennoch falsch, daraus zu schließen, alle Methoden und Schlüsse seien hinfällig oder zumindest gleichwertig. Denn die Auswahl wissenschaftlicher Instrumente erfolgt nicht willkürlich, sondern sie bemüht sich darum, unhaltbare Voraussetzungen zu beseitigen (Kepplinger, 2011, S. 10–12).

Die konstruktivistische Sichtweise Kepplingers führt also keineswegs zu der paradoxen Erkenntnis, dass keine Erkenntnis möglich wäre. Sie warnt nur davor, dem Glauben an eine umfassende und wirklichkeitsgetreue Abbildung der überkomplexen Realität zu verfallen.

3.5 Zwischenfazit

Die Systemtheorie beinhaltet wegen ihres kommunikativen Schwerpunktes die gesamte Begrifflichkeit, die zur Selektion von Orientierung nötig ist: Orientierung ist Kommunikation, ist damit anschlussfähig und setzt sich durch Kommunikation fort. Orientierung basiert auf der Suche nach Sinn, hier verstanden als „Selektionszwang" bzw. Verweisungsüberschuss (Luhmann, 2000b, S. 236f): Eine Operation innerhalb des Orientierungssystems reduziert die Anzahl der Möglichkeiten, als Selektion aus der unübersichtlichen Vielfalt reduziert sie gleichzeitig die Komplexität, reflektiert dabei aber auch immer die jeweils andere Möglichkeit – wer sich beispielsweise für den Katholizismus als Orientierungssystem entscheidet, ist sich immer bewusst, damit andere, konkurrierende religiöse Ansätze auszuschließen.

Insgesamt geht es um die Frage nach Sinn und Grundlagen von Orientierung: Denn auch eine Orientierung am bereits Bekannten und Erfahrenen, ja am eigenen Standpunkt scheint möglich zu sein, sofern dieser als positiv wahrgenommen wird.

Was wäre demnach eine positiv verlaufende Orientierung? Die Hinführung zu einem allgemeinen, gesellschaftlich als „klug" anerkanntem Ideal? Das Erlangen der Fähigkeit zur Verwirklichung individueller Ansprüche?

Orientierung bezeichnet zunächst, wie oben beschrieben, einen wertfreien Sachverhalt, ähnlich der Suche nach geografischen Anhaltspunkten; Orientierung ist also ein Prozess, für den moralische Maßstäbe wenig Sinn ergeben: Zwar wäre eine Verortung auf der Achse von „gelungener" und „misslungener" Orientierung möglich, dies besagt jedoch nichts über deren Resultate. Erst diese lassen sich einschätzen, wenn auch nicht klar messen.

Als Vergleichsmaßstab bietet sich die vorige Situation des sich orientierenden Individuums sein. Dabei spielen eine Rolle: Das Selbstwertgefühl, die Beziehung zu anderen, die Kontrolle über das eigene Leben sowie die Zufriedenheit damit. Eine Steigerung der Lebenszufriedenheit ist allerdings nicht automatisch als positives Resultat eines Orientierungsvorgangs zu sehen, sondern muss im Kontext betrachtet werden: Bei einer Person, die beispielsweise unter Antriebslosigkeit leidet, ist ein Anwachsen der Lebenszufriedenheit eher dann positiv, wenn gleichzeitig auch diese Problematik entschärft wird.

Möglicherweise hilft hier die umgekehrte Herangehensweise einer negativen Definition: Die Frage, was unter einer negativ verlaufenden Orientierung zu verstehen ist, erweist sich als etwas zielführender:

Gescheiterte Orientierung wäre beispielsweise dann festzustellen, wenn der Orientierungsprozess ein Ergebnis hat, dass dem sich Orientierenden eine schlechtere Position verschafft. Diese wäre dann erreicht, wenn:
- die Kontrolle über das eigene Leben schwindet
- die Schwächung von Identität und Selbstwertgefühl

- die Fähigkeit zu weiterer Orientierung eingebüßt wird
- persönliche (materielle, psychische) oder soziale (mitmenschliche) Probleme entstehen.

Orientierung, ob bewusst oder nicht, ist in diesen Fällen eher als Irre- oder Verführung zu sehen. Eine solche Umschreibung erlaubt es bereits, eine größere Zahl von realen Fällen zu beschreiben. Gelungene Orientierung wäre dann in einer Minimaldefinition die Umkehr der oben genannten Punkte, also die Ausweitung der Kontrolle über das eigene Leben, die Stärkung der Identität und des Selbstwertgefühls, die Verbesserung der Fähigkeit zur weiteren Orientierung sowie die Reduktion persönlicher oder soziale Probleme.

Erst ein gewisses Maß an Lebensklugheit und kommunikativem Austausch mit anderen erlaubt es, den immerwährenden Angriffen negativer Orientierungsangebote zu widerstehen und selbstständig positive Angebote zu suchen und wahrzunehmen.

So wie Aristoteles den Menschen als soziale Kreatur beschrieb, ist auch die Orientierung nur innerhalb und anhand einer Gemeinschaft möglich, wobei der kommunikative Austausch über das Medium Sprache wirkt. So schreibt Marten über den Menschen: „Als politisches und sprachliches Wesen um seine Selbstherstellung und Selbstbestimmung besorgt, braucht er die Konkurrenz, braucht er Macht und Gegenmacht, braucht er den Bürgerkrieg des Verstehens: Braucht er Klugheit – sc. Kluge, sich wechselseitig bedingende Klugheit zum Guten." (Marten, 2005, S. 180).

Der Orientierungsvorgang ist in gewisser Weise auch ohne einen gelungenen Abschluss sinnvoll und kann zu einer Erweiterung des persönlichen Horizonts führen – selbst wenn am Ende der Orientierung kein Weg bewusst eingeschlagen wird, ist die Erweiterung der eigenen Wissensbasis sowie der Selbstkompetenz im Umgang mit Gefühlen und Gedanken in der Regel positiv zu bewerten und kann dazu beitragen, die Erfolgschancen weiterer Orientierungsprozesse zu verbessern.

4 Orientierung

4.1 Die Erzeuger und Lieferanten von Orientierungsmodellen

Wer seine Zeitgenossen betrachtet oder die Wertvorstellungen und Verhaltensweisen seines eigenen Lebens kritisch hinterfragt, wird zu dem Schluss kommen, dass die Orientierung – möglicherweise aber auch: der Mangel an Orientierung – prägend ist; So oder so, man kommt um das Thema nicht herum; Ob Egoismus oder Altruismus, ob Ökonomie oder Ökologie, ob Genuss-, Willens- oder Geistesmensch: Die Orientierung gibt Halt und Sicherheit, schafft Rituale und Gewohnheiten.

Unbestreitbar sind zunächst nur die biologischen Notwendigkeiten – Atmen, Essen und Trinken, das Fortpflanzungs- und das Erholungsbedürfnis, die die teils unbewusste, aber absolut drängenden Prioritäten für Menschen vorgeben. Diese Bedürfnisse sind jedoch, soweit sie nur in ihrer biologischen Komponente betrachtet werden, keine Orientierungen: Erst wenn bewusst reflektiert wird, wenn die Bedürfnisse und Notwendigkeiten des Lebens in den größeren Bezugsrahmen eines Nachdenkens über Moral, Kultur oder Vernunft gestellt werden, kann eine bewusste Auswahl getroffen werden – weniger darüber, *ob* man atmet oder isst, sondern darüber, *was* man isst. Mit wem eine Partnerschaft eingegangen wird, wie ein Arbeitsplatz beschaffen sein sollte, und ob und inwieweit man kulturelle oder moralische Verpflichtungen als bindend ansieht und strikt befolgt.

Das Aufkommen von Glaubensvorstellungen, insbesondere der monotheistischen, führte zu einer besonderen Art von Orientierung: Da verkündet wurde, alles sei von Gott geschaffen, und der einzelne Mensch habe innerhalb dieser Weltordnung seine Pflicht zu erfüllen, und da alle wesentlichen Lebensentscheidungen und -Phasen der Zustimmung der kirchlichen Autoritäten bedurften, blieb lediglich in der Entscheidung zu einer Heirat ein gewisses Maß an persönlicher Autonomie erhalten (wenn auch hierbei die Kirche entschieden mitredete).

Heute ringen mehr Akteure als je zuvor, die jeweiligen Orientierung von Jugendlichen und jungen Erwachsenen zu prägen: Dies betrifft nicht nur die großen weltanschaulichen Fragen, sondern zahlreiche spezialisierte Gebiete: Welche Partei soll ich wählen? Welches Auto kaufe ich mir? Wo buche ich den nächsten Urlaub?

Ökonomische oder politische Orientierungsinstanzen lassen kaum etwas unversucht, um die Menschen zu beeinflussen und zu dem jeweils gewünschten Handeln zu veranlassen. Meistens geht es direkt um greifbare Profite, etwa wenn Produkthersteller Bedürfnisse bei ihren potenziellen Kunden wecken oder Parteien oder Verbände ihre Hilfskräfte zu einem ehrenamtlichen Engagement aufrufen.

Die Gruppe möglicher Orientierungsinstanzen hat sich gerade mit dem Aufkommen des Internet stark erweitert, zumal über E-Mail und Foren eine prinzipiell unbeschränkte Kommunikationsmöglichkeit mit allen dort tätigen Nutzern bestand. Eine zweite Phase bestand im Aufkommen sozialer Netzwerke, da die Kommunikationsangebote nochmals stark ausgeweitet und vereinfacht wurden. Die Orientierung am (teils virtuellen, teils realen) Freundeskreis sorgte für eine zusätzliche Orientierungsmöglichkeit, die gerade für junge Menschen sicherlich auch zum Teil mit einem gewissen Gruppendruck verbunden ist.

Alle diese Orientierungsmodelle und -instanzen bestehen heute parallel. Anzunehmen ist, dass es gerade die unglaubliche Vielfalt dieser Instanzen ist, die zu einer Desorientierung oder zu individueller Überlastung führen. Denn die Orientierungsinstanzen konkurrieren miteinander, zerren quasi von allen Seiten am bedrängten Individuum und wollen zunächst Aufmerksamkeit, danach eventuell Mitarbeit oder Geld, wobei sie Produkte, Beratungen oder schlicht Gefühle verkaufen.

4.1.1 Bedeutungsverlust und Bedeutungswandel historischer Orientierungsmodelle

Religion

Nach Niklas Luhmann bildet die Religion zunächst eine „Sinnform", deren Umfang zunächst bestimmt werden muss: Denn so sehr die Alltagsbedeutung des Religionsbegriffs klar schein, so wenig lässt sich der detaillierte Inhalt dessen festlegen, was zur Religion bzw. zur religiösen Kommunikation gehört und was nicht (Luhmann, 2000a, S. 7). Vor einem ähnlichen Problem stehen auch andere Autoren: Denn religiöse Kommunikation ist durch die Besonderheit gekennzeichnet, dass sich ihr Repertoire nur zum Teil auf gesellschaftliche, sicht- und erlebbare Dinge und Prozesse bezieht, ein anderer Teil sich aber der Transzendenz und dem Jenseitigen widmet, dass sich einer unmittelbaren Sinneswahrnehmung entzieht. Religion will in den Alltag hineinwirken, nutzt dabei aber auch die bewusste Abgrenzung zum Alltäglichen, indem sie beispielsweise das Sakrale Element stilisiert (Knoblauch, 1995, S. 211).

Religiöse Kommunikation basiert zwar teils auf individuellen oder kollektiven Erfahrungen, sie schafft aber auch Deutungsmuster, die dann die Erfahrungen prägen oder leiten: So können religiöse Personen ihr subjektives Empfinden an diesen Deutungsmustern ausrichten. Kommt es zu religiösen Erfahrungen, und werden diese mit anderen geteilt, so resultiert daraus eine religiöse Form der Kommunikation, die auch Ähnlichkeiten mit dem Begriff des „Magischen" anderer Kulturen aufweist: Die Religion vermittelt ihre Deutungsmuster über die Kultur. Waren in der Vergangenheit, als religiöse Kommunikation noch sehr stark institutionalisiert und zentriert ablief, noch einigermaßen zuverlässige Beziehungen zwischen der Konfession eines Menschen und seinem gesellschaftlichen Verhalten möglich, so hat sich dies im Zuge der Ausdifferenzierung religiöser Vorstellungen stark relativiert (Knoblauch, 1995, S. 213).

In der systemtheoretischen Perspektive Luhmanns bildet der Gottesbegriff eine „Kontingenzformel", einen Sinnbezug, der allerdings nicht ohne die bereits existierende Fähigkeit eines Beobachters, nämlich Sinn zu erkennen bzw. zu unterscheiden, auskommt. Diese Fähigkeit setzt eine eigene Sinngebung voraus (Luhmann, 2000a, S. 147).

Um eine Orientierung aus der religiösen Kommunikation zu gewinnen ist es sicherlich nicht nötig, sich ihre metaphysischen Aussagen zueigen zu machen, denn auch das bloße Nachdenken über Dinge wie Gottes Wirken in der Welt kann auch für Atheisten oder Agnostiker wertvolle Erkenntnisse, Selbsterkenntnisse und einen philosophischen Gewinn – kurz: eine vertiefte Orientierung – mit sich bringen. Allein das Wissen über Religion, religiöse Rituale und Botschaften bildet bereits einen wichtigen Teil des gesamten Weltverständnisses, insbesondere dann, wenn man sich die historische Rolle der Religionen bei der Ausprägung gesellschaftlicher Strukturen betrachtet.

Lässt man sich aber auf die monotheistisch-religiöse Argumentation ein, so müssen verschiedene, sehr paradox erscheinende Prozesse akzeptiert werden:

> Gottes Ratschluss wird als unerforschlich angesehen. Er gibt zwar das Gesetz, er offenbart sich selbst, belastet aber zugleich die Menschen dermaßen mit Sünde, dass man letztlich doch nicht weiß, ob man den Anforderungen genügt oder nicht, oder ob einem die Gnade zuteil werden wird, die zum Ausgleich von Defiziten erforderlich ist, oder nicht. (Luhmann, 2000a, S. 169).

Selbst wenn diese Aussagen in der Vergangenheit stärker – und damit für die Gläubigen weitaus belastender – vermittelt wurden, so sind sie auch in der heutigen religiösen Kommunikation noch präsent. Es steht Orientierungssuchenden allerdings freier als je zuvor, sich aus dem großen und teils widersprüchlichen Fundus religiöser Aussagen zu bedienen – eine große Konfession wie der Katholizismus bemüht sich, auf einer möglichst breiten Basis zu operieren, so dass sich unterschiedlichste Lebensentwürfe einbeziehen lassen – die äußerst strenge, an religiöser Moral angelehnte und möglicherweise auch lustfeindliche Lebensführung wie auch ein exzessiver Hedonismus im Vertrauen auf Gottes Vergebung; Zumindest die Kirchensteuer dürfte in beiden Fällen gleichermaßen willkommen sein.

Religiöse Orientierungssuche zeichnet sich gerade durch den Glauben an das Ungewisse und Unbeweisbare aus. Im idealtypischen Wertesystem der christlichen Religionen ist es gerade die von den Priestern oder Gläubigen ausgestrahlte „Glaubensgewissheit", die als besonders wertvoll angesehen wird. Gleichzeitig kann niemand prüfen, ob diese Art der religiösen Kommunikation aufrichtig ist, also tatsächlich intensiv an die Wahrhaftigkeit der verschlungenen Pfade religiöser Argumentationen geglaubt wird. Hier ergeben sich zweifellos Widersprüche zu einem rational-wissenschaftlichen Weltbild; Die schwer zu charakterisierende, schwer zu begreifende heilige Dreifaltigkeit, die Gottesebenbildlichkeit des Menschen, die Jungfrauengeburt und die Überwindung des Todes bilden Elemente, die sich kaum rational verstehen lassen und die ihre Faszination gerade wegen dieser Tatsache ausüben.

Ein Punkt, der heutige religiöse Kommunikation von der vergangener Zeiten unterscheidet, besteht darin, dass die alten Bilder und Zeichen (etwa die Erschaffung der Welt in sieben Tagen oder die Geschichte von Adam und Eva), die zunächst als wahrhaftige und konkrete Glaubensbeweise gehandhabt wurden, heute nur noch als Symbole oder narrative Formen genutzt werden. Die wörtliche Interpretation der heiligen Schrift weicht damit einer metaphorischen Auslegung. Sieht man von Versuchen wie dem des Kreationismus ab, lässt sich so ein Bogen zur modernen Wissenschaft schlagen, wobei Gott in der Religion als Ausgangs-, in der Wissenschaft jedoch als Endpunkt für Unerklärliches gesetzt wird.

Soll Religion als Orientierungsbereich gelten, so wären die einzelnen Konfessionen oder Glaubensrichtungen in Konkurrenz zueinander – gleichzeitig verbietet sich aber, wegen des universal-transzendentalen moralisch-diesseitigen Anspruchs jedes Glaubens eine Auswahl nach rationalen oder gar emotionalen Kriterien – Wer sich eine Religion nach eigenem Gutdünken, nach rationalen Erwägungen oder der Aussicht auf persönliche Vorteile aussucht, dürfte kaum die damit verbundenen Glaubensinhalte ernst nehmen. In diesem Fall ist auch die Orientierungsfunktion der Religion äußerst dürftig.

Paradoxerweise bietet die Religion also insbesondere dann eine befriedigende Orientierungsfunktion, wenn sie entweder seit der Kindheit als bekannt und vertraut gilt – und der Orientierungssuchende ohnehin in diese Richtung geht – oder aber, wenn sie aufgrund eines „Erweckungserlebnisses" entdeckt und verinnerlicht wird. Umgekehrt ist gerade dann, wenn Menschen unvoreingenommen nach religiöser Orientierung suchen, damit zu rechnen, dass keine Orientierung erfolgen kann, weil ihr die Basis (also eine religiöse Erziehung oder ein tiefes, als religiös interpretiertes Erlebnis), fehlt. Religion kann damit nur auf vorhandener Akzeptanz oder zumindest der Bereitschaft dazu aufbauen.

Die Religiosität moderner Gesellschaften ist deutlich geringer als jene ihrer historischen Vorgänger. An die Stelle des Glaubens an das Übersinnliche und Mythische, der in früheren Zeiten das Leben der Menschen beeinflusste und dominierte, ist heute gerade in westlichen Staaten ein deutlich geringeres Ausmaß der Religion, des religiösen Einflusses und der religiösen Alltagspraktiken zu beobachten. Auch das Rechtswesen – das etwa durch kirchliche Institutionen wie die Heirat geprägt war, ist der religiöse Einfluss zugunsten des staatlichen zurückgedrängt worden. Christliche Kirchen haben heute wenig mit den mittelalterlichen gemeinsam; dies betrifft nicht nur die Struktur, den damaligen strikt hierarchischen und autoritären Aufbau, sondern auch die Wandlung der Botschaften: So sind hier nicht mehr die Einheit der Christentums oder der Kampf gegen „das Böse" oder „die Ungläubigen" das Hauptthema, sondern ein humanistisches Verständnis der Welt, indem auch der zornige und strafende alttestamentarische Gott kaum noch einen Platz und einer Botschaft von Frieden gewichen ist.

Das Digitale Zeitalter könnte eine weitere Verwandlung kirchlicher Strukturen und auch Botschaften mit sich bringen; Denn es steht jungen Menschen trotz Taufe und Bestimmung der Konfession durch die Eltern frei, ob und inwieweit sie die religiösen Autoritäten anerkennen und wertschätzen; Ist die kirchliche Bindung nicht im Familien- oder Freundeskreis präsent, so könnte die religiöse Botschaft nur eine unter einer Vielzahl von anderen sein, die über Internet abgerufen werden können und die vielfach nach bloßen Äußerlichkeiten wie dem Unterhaltungswert beurteilt werden.

Nation

Die Nation, zunächst verstanden als ein kulturell oder ethnisch fundiertes Gebilde, bezeichnet einen Staat, wie er in Europa zuerst in der griechischen Antike auftrat. Mit dem Aufkommen des Christentums und der territorial-personalen Herrschaft des Mittelalters wurde der Versuch unternommen, die Nachfolge des Römischen Reichs anzutreten und einen Staat mit religiöser Einheit zu schaffen.

Nationen bemühten sich historisch um die Herstellung von Frieden im Innern und Sicherheit im Äußeren und folgten dabei verschiedensten Modellen, um kulturelle, religiöse oder auch ethnische Einheit zu schaffen und ihren Machtbereich auszudehnen.

Die uns bekannten Staatsvorstellungen reichen von der losen Herrschaft über unterschiedlichste Personen und bis hin zur totalitären und auf gewaltsamer Durchsetzung basierenden Vision eines vollkommen homogenen Volksstaats.

Die Nation bzw. der Staat wurde historisch, neben der Religion, zu einer der stärksten Orientierungsinstanzen, da er insbesondere seit dem Aufkommen von Medien wie Zeitung oder Radio in der Lage war, seine Botschaften, seine Ordnungsvorstellungen und seine Ideologie zu propagieren. Darüber hinaus erwies sich der Dienst am Staat oder im Staat, als Beamter oder Militär, lange Zeit als eine wesentliche Sozialisationsinstanz mit prägender Wirkung. Staaten operieren auf politische Art, wobei ursprünglich jede Politik auch Staatspolitik, also vom Staat ausgehend oder auf den Staat bezogen, war: „Weltpolitisch gesehen nimmt der Staat die politische Verantwortung für ein Territorium wahr. Innerhalb eines solchen Territoriums ist er aber nur eine Organisation, die als Orientierungszentrum aller politischen Organisationen dient – einschließlich der Staatsorganisation selbst." (Luhmann, 2000b, S. 244)

Politik als funktionales gesellschaftliches Teilsystem operiert mit dem Medium der „Macht", der sicherlich in der heutigen Diskussion teils, wenn nicht sogar überwiegend negativ wahrgenommen (Luhmann, 2000b, S. 18), und daher vermieden wird – so sprechen Träger politischer Macht in der Regel eher von „Verantwortung" oder „Gestaltungsmöglichkeiten".

Das politische System operiert unter den Bedingungen „selbsterzeugter Unbestimmtheiten" – die Entscheidungen werden damit immer unter der Voraussetzung unvollständiger Informationen getroffen, ihre Folgen lassen sich innerhalb der Komplexität des Gesamtsystems kaum prognostizieren (Luhmann, 2000b, S. 18f).

Der Staat als konstitutionelles System koppelt das Rechtssystem mit dem politischen. Er ist Adresse wie auch Autor politischer Kommunikation (Krause, 2005, S. 228)

Diese hat das Medium „Macht" zum Inhalt und Ziel, ist notgedrungen kontrovers: Regelmäßig schreibt sich die Regierung größte Erfolge zu, während die Opposition von Fehlschlägen spricht. Gerade im Wahlkampf, in dem sich die Teilnehmer der politischen Kommunikation der medialen Wahrnehmung meist genau bewusst sind, kommt es dazu, dass sich Schönfärberei und vernichtende Kritik des gleichen Sachverhalts direkt gegenüberstehen. Die daraus für Einzelpersonen resultierende Orientierung kann nur darin bestehen, einer der beiden Seiten mehr oder weniger Glauben zu schenken oder aber das politische System als unaufrichtig, wenn nicht gar verlogen anzusehen. Damit würde die Orientierung am Kommunikationssystem nicht dazu dienen, sich an dieses System anzunähern, sondern sich davon zu entfernen – gerade wenn die politische Kommunikation an moralischen Maßstäben und Werten gemessen wird, wie sie für individuelles Handeln gelten sollten, dürfte diese Art negativer Orientierung einsetzen.

Ein weiterer Grund, warum das politische Kommunikationssystem nur sehr bedingt zur Orientierung taugt, ist derjenige, dass seine Teilnehmer auf strikte und professionelle Weise unterscheiden, was und in welcher Weise kommuniziert wird und was nicht. Unvorteilhafte Ereignisse für die eigene Seite werden regelmäßig ignoriert oder heruntergespielt, während dieselben Ereignisse vom politischen Gegner entsprechend wirkungsvoll kommuniziert werden. Parteien leben von der Mobilisierung ihrer Mitglieder und Wähler und greifen dabei häufig auf stark emotionale Überzeugungsmechanismen wie Empörung zurück. Mit dem Aufkommen des „Wutbürgers" und der zunehmend aggressiver werdenden politischen Auseinandersetzung in den sozialen Medien gewinnen zwar bestimmte Akteure ein schärferes ideologisches Profil und verbessern damit auch ihre Möglichkeit, als Orientierungsmittel zu dienen, andererseits verliert das gesamte politische Kommunikationssystem möglicherweise auch an Ansehen bzw. als Bereich, in dem bewusst Orientierung gesucht wird.

Politische Kommunikation ist immer auf die mediale Möglichkeit ihrer Vermittlung angewiesen, daher arbeiten politische Akteure eng mit den medialen zusammen.

Demokratie, also die vom idealtypisch freien Spiel der Meinungen geprägte Legitimations- und Herrschaftsform, will ihre Orientierungsfunktion gerade dadurch erfüllen, indem sie keine zu strikten politischen Vorgaben macht, also den Bürgern private wie politische Gestaltungsspielräume offenlässt, während die konkrete Ausgestaltung der zulässigen und verbotenen Bereiche der Rechtsstaatlichkeit überlassen wird. Demokratische Staaten würden ihrem Selbstbild zuwiderhandeln, wenn sie in die propagandistische Mobilisierungstätigkeit verfielen, wie sie von totalitären oder autoritären Systemen bekannt ist. Dennoch sollen, im größeren Rahmen, Demokratie, Rechtsstaatlichkeit und die damit assoziierten Werte wie Toleranz, Liberalität und Gewaltfreiheit vermittelt werden und als Orientierung dienen.

Wie auch die Religion hat der Staat einen erheblichen Teil seiner Macht über die Bürger verloren. Damit ist auch ihre Fähigkeit geschwunden, bewusst verbindliche Orientierungspunkte zu schaffen, die die Bürger (zuvor Untertanen) in die (gesellschaftlich, machtpolitisch, wirtschaftlich oder religiös) gewünschte Richtung lenken sollten.

Wer sich heute auf weltanschauliche Orientierungssuche begibt, wird den Staat nur als einen von zahlreichen Akteuren erleben, die sich alle um die Vermittlung ihrer Sichtweise bemühen.

Dennoch bietet die Geschichte als solche bereits eine extrem starke Orientierungsfunktion:

> Die Orientierung am Gewesenen kann daher die Welt vereinfachen und verharmlosen. Man unterstellt, dass das Vertraute bleiben, das Bewährte sich wiederholen, die bekannte Welt sich in die Zukunft hinein fortsetzen wird. Und diese Unterstellung hat im Großen und Ganzen Erfolg, da alle Menschen auf sie angewiesen sind und niemand in der Lage ist, alles auf einmal anders zu machen. Die Menschheit kann das, was sie durchlebt hat, nicht der Vergangenheit überlassen. Sie muss es in wesentlichen Zügen sich als ihre Geschichte laufend vergegenwärtigen, weil Geschichte ihr wichtigstes Mittel der Reduktion von Komplexität ist. Auf diese Weise löst die Zeitdimension ein Problem, das eigentlich in die Sozialdimension gehört: unerwartetes Handeln auszuschließen. (Luhmann, 2014, S. 23)

In Deutschland wird eine Identifikation mit Begriffen wie Volk, Nation oder auch nur dem Staat aufgrund des medial vermittelten Geschichtsbildes massiv erschwert. Kaube schreibt, bezugnehmend auf eine Bemerkung Heinz Schlaffers in dessen „kurzer Geschichte der deutschen Literatur", dass es selbstverständlich erscheine, wenn Studenten der Romanistik oder der Sinologie ihre Liebe diesen Disziplinen bekundeten – bei der Germanistik sei dies jedoch anders: „Schon auf der Schule lerne man hierzulande, dass es das Deutsche nicht gibt, weil es ein Klischee ist – und sollte es das Deutsche doch geben, dann handele es sich jedenfalls um nichts Gutes. Sondern um etwas Verspätetes, dem Untertanengeist Nahes, historisch Verschuldetes." (Kaube, 2007, S. 49).

Politik und Medien bemühen sich derzeit, die bisher dem Nationalstaat geltende Loyalität der Bürger auf die übergeordnete Einheit „Europa" zu übertragen, die im medialen Diskurs immer wieder als Synonym zur EU genutzt und in ein positives Licht gerückt wird.

Recht

Das Recht stellt einen „prototypischen Fall der Anwendung einer verbindlichen praktischen Norm" dar (Hesse, 2005, S. 172).

Aus systemtheoretischer Sicht lässt sich behaupten: „Das Recht agiert in der Gesellschaft, vollzieht diese, erfüllt dabei eine gesellschaftliche Funktion und ist dabei zu eigener autopoietischer Reproduktion ausdifferenziert." (Luhmann, 1993, S. 550) Dem Recht kommt damit die Rolle eines „nachgeschalteten Systems zu, das bei Störungen im gesellschaftlichen Prozess eingreift und diese reguliert, wenn Probleme auftreten. Insgesamt tritt das Recht in Erscheinung, um die gesellschaftliche Anpassung an ihre Umwelt zu unterstützen. Dem Rechtssystem kommt insbesondere dann Bedeutung zu, wenn andere Anpassungsmechanismen (wie etwa die Preisbildung am Markt, die demokratische Abstimmung oder die empirische nicht ausreichen oder versagen. Bezeichnenderweise setzt Luhmann übrigens hierbei das Wort „empirisch" in Anführungszeichen setzt, zumal eine Ausrichtung an der überkomplexen Realität immer fragwürdig erscheint. (Luhmann, 1993, S. 550)

Als System, das in den Codes von „Recht und Unrecht" operiert, schafft das Recht einen Rahmen, der erwartbare Ergebnisse erzielt und die Kontingenz reduziert bzw. ausschaltet. Gesetze bilden innerhalb des Systems eine Art konditional bedingter Programmierung, die beispielsweise bestimmte, feststehende Strafen für bestimmte Vergehen oder Verbrechen vorsieht. Dabei ist das Rechtssystem nicht frei von politischen oder gesellschaftlichen Einflüssen, die aufgenommen und in der rechtsinternen Diskussion verarbeitet werden. (Krause, 2005, S. 238)

Dabei zeichnet sich gerade das hochspezialisierte Rechtssystem dadurch aus, dass moralische Begriffe – zu denen auch die Gerechtigkeit gehört – zwar vorkommen, nicht aber als Codes wie Recht und Unrecht gelten. (Luhmann, 1993, S. 216f)

Die technische wie soziale Entwicklung erfordert immer neue Ausdifferenzierungen und Anpassungsleistungen vom Rechtssystem: Die komplexe Thematik des Internetrechts, das sich in den letzten Jahrzehnten beständig weiterentwickelt hat, ist ein Beleg hierfür: Dennoch hinken rechtliche Maßnahmen in der Regel der schnellen technischen Entwicklung weit hinterher. Immer wieder können Situationen entstehen, dass faktisch kriminell gehandelt wird und (noch) keine Sanktionsmöglichkeit bzw. keine rechtliche Handhabe besteht.

Die Orientierungsfunktion, die vom Recht ausgeht, ist sicherlich eher durch die gesellschaftliche Diskussion um eine gerechte Ausgestaltung von Gesetzen und Rechtsprechung geprägt als durch den Katalog der zu erwartenden Maßnahmen bei Straftaten. Nicht umsonst legt der Staat großen Wert darauf, als „Rechtsstaat" zu gelten und sich so gegen den Verdacht staatlicher Willkür zu wehren.

Die Problematik, das Recht kaum als funktionierendes Orientierungssystem nutzen zu können, ergibt sich aus der begrenzten Außenperspektive: Medien thematisieren insbesondere spektakuläre, „ungerechte" Urteile, wodurch sich mitunter das Bild eines verzerrten Rechtssystems ergibt. Urteile wie Strafzuweisungen können nur sehr bedingt auf die gesellschaftlichen Werte eingehen, da sie eine gewisse Kontinuität und Sicherheit aufweisen müssen: „Das Prinzip der Entscheidungskonsistenz ist abgekoppelt von sonstigen in der Gesellschaft kursierenden Werturteilen, zum Beispiel abgekoppelt von der Frage, ob die Beteiligten reich sind oder arm, einen einwandfreien moralischen Lebenswandel führen oder nicht, auf Hilfe dringend angewiesen sind oder nicht." (Luhmann, 1993, S. 227)

Blickt man die Gruppe derjenigen Jugendlichen und jungen Erwachsenen, die in Kapitel sieben betrachtet werden und die am stärksten unter einer mangelnden oder fehlgeleiteten Orientierung leiden und teils auch zu delinquentem Handeln neigen, so wirkt das Recht als eine disziplinarische Maßnahme, deren Orientierungsfunktion zwar intensiv geltend gemacht wird (etwa durch Haftstrafen). Diese Entwicklung kann jedoch kaum mit dem Prozess einer eigenständigen, bewussten Orientierungssuche verglichen werden.

Unterschiedliche Kulturen haben, nicht nur in historischer, sondern auch in aktueller Perspektive unterschiedlichste Rechtssysteme hervorgebracht, in denen sich unterschiedliche Moralvorstellungen manifestieren: Man denke hier an den Unterschied zwischen theokratischen und diktatorischen Regimen und liberalen, rechtsstaatlichen Systemen.

Insgesamt gilt für das Verständnis des Rechtssystems als Orientierungsmittel, dass es zu kurz greifen würde, das Recht als direkte Orientierung oder gar allgemeine Regel zur Lebensführung herangezogen werden. Die Ergebnisse wären sehr dürftig, ähnlich jenen, die ein Schachspieler mit perfekter Regelkenntnis, aber ohne jede Erfahrung erreichen würde: Sinnvoller ist hier ein direkter Blick auf die moralischen Normen und Werte, also jene Bedingungen, die die Schaffung eines Rechtssystems erst ermöglichen. Gesetzeswerke alleine schaffen sicherlich auch bei größten Orientierungsanstrengungen keine Gewissheiten, keine verbesserte Selbsteinschätzung und erst recht keine Lebensklugheit, wie sie am Ende eines Orientierungsprozesses stehen sollten.

Interessanter und gleichzeitig auch bedeutender für die Lebenspraxis der meisten Menschen dürfte also weniger der Straftatenkatalog sein, der bei Vergehen droht, als vielmehr die Rechte, die sich aus einer bestimmten Lebenssituation ergeben (etwa bei Erreichen des Wahlalters, der Rolle als Autofahrer, Mieter, Beitragszahler etc.).

Das Bewusstsein, über diese Rechte zu verfügen, trägt zumindest in Bezug auf die eigene Lebenssituation zu einer Orientierung bei, die sich zwar nicht mit einem bewusst gesuchten Orientierungsvorgang vergleichen lässt, allerdings durchaus zur positiven Selbstidentifikation oder zur Lebenszufriedenheit beitragen kann.

Ein weiterer rechtlicher Aspekt, der der groben gesellschaftlichen Orientierung dienen kann, besteht in der Absolutheit und Striktheit des Rechtssystems: Dort, wo das Recht – als angenommene Verkörperung des „volonté générale" genutzt wird, um die Position des Individuums gegenüber Staat und Gesellschaft zu schwächen, entstehen sicherlich andere soziale Beziehungen und andere Selbstbilder als in einer offenen Gesellschaft, in der auch der Staat an das Recht gebunden ist und das Individuum einen umfassenden Schutz genießt.

Die Orientierung am Recht war in der Vergangenheit so selbstverständlich, dass sie nicht einmal als solche in Erscheinung treten oder explizit genannt werden musste; Der Rechtsstaat erschien als Garant nicht nur des individuellen und kollektiven Rechts, sondern auch als Bewahrer der staatlichen Ordnung. Das Digitale Zeitalter hat jedoch – zusammen mit den supra- und transnationalen Tendenzen der letzten Jahrzehnte – der Öffentlichkeit vor Augen geführt, dass nationales Recht alleine kaum in der Lage ist, Probleme des Internets zu behandeln. Zudem wären Strafverfolgungsbehörden völlig damit überfordert, alle Grauzonen und Rechtsverstöße im Internet (etwa die Verbreitung von Raubkopien, Aufrufe zur Gewalt, Beleidigungen etc.) festzustellen und zu ahnden – vor allem auch, weil das Netz seinen Nutzern die Möglichkeit gibt, anonym und gleichzeitig weltweit zu agieren. Was in einem Staat legal ist, kann in einem anderen illegal sein, zudem lässt sich kaum prüfen, ob die Urheber von Rechtsverstößen Staatsbürger sind.

Markt

Der Markt bietet eine ökonomische Orientierungsfunktion, die spätestens seit Beginn der Sesshaftigkeit des Menschen massiv auf dessen Leben einwirkt: Ob in einer primitiven Tauschwirtschaft oder einer hochgradig arbeitsteiligen Ökonomie – die Teilnahme am Marktgeschehen prägte Lebenswege, Erfahrungswelten, Einstellungen und Orientierungen der Menschen: Ob verhasster Beruf oder willkommene Berufung – die tägliche und auf wirtschaftlichen Erwerb ausgerichtete Beschäftigung mit Menschen, Gütern, Geldern und Dienstleistungen hinterlässt Spuren auch im generellen Weltbild, mit dem zahlreiche Anknüpfungspunkte existieren; Dies kann etwa die religiöse Vorgabe sein, sich „die Welt untertan" zu machen, die gesellschaftliche Aufforderungen zu Fleiß und Sparsamkeit oder die schlichte Überlegung, dass etwa für schlechte Zeiten zurückgelegt werden müsse. Die Werke, die sich einer genauen Analyse wirtschaftlicher Prozesse und ihren Beziehungen zu Kultur und Psychologie widmen, gehören zu den wichtigsten wissenschaftlichen Arbeiten der Neuzeit – man denke an Max Webers „Protestantische Erwerbsethik" oder „Das Kapital" von Karl Marx.

Die eigene berufliche Funktion prägt zunächst die individuelle Sichtweise auf Marktprozesse und erlaubt in der Regel zumindest einen sehr begrenzten Einblick in ein Produktions- bzw. Marktsegment. Gleichzeitig ist jeder Marktteilnehmer, auch der selbstständige Unternehmer und Handwerker zudem auch Konsument der von anderen erstellten Güter und Dienstleistungen.

Zunächst einmal gibt der Markt Orientierung auf eine äußerst nüchterne und kaum philosophische Weise, nämlich über die Preisbildung, die sich gerade in der heutigen, stark beschleunigten Phase des täglichen Wirtschaftens in Echtzeit – auf den Anzeigetafeln der Börsen – nachverfolgen lässt. Aus der Sicht der Systemtheorie kommt der Markt einem Spiegel nahe, „der sowohl Selbstbeobachtung als auch Fremdbeobachtung im Modus der Beobachtung zweiter Ordnung ermöglicht". (Luhmann, 1994, S. 81).[1]

Es ist ein Kennzeichen des Markts als soziales System, dass er sich in der Währung der Preise ausdrückt und in den Codes von „Zahlung" und „Nichtzahlung" operiert: Beide nehmen dabei wichtige Strukturierungsfunktionen ein, zumal über einen hohen Preis eines Produkts auch Käufer abgehalten werden. Gleichzeitig reduziert der Markt über die Preisbildung die Informationsvielfalt. Heute wird weitestgehend anonym gehandelt, wobei der Preis das einzige Kriterium ist – damit verschwinden so-

---

[1] Luhmann hat die Metapher des Spiegels von C. White: Where Do Markets Come From. In: American Journal of Sociology 87 (1981), S. 517–547 übernommen. Die „Beobachtung zweiter Ordnung" ist die Beobachtung eines Beobachters, im Falle des Marktes also der anderen Marktteilnehmer, die die Preisbildung bewerten, aber auch durch ihre Aktionen dazu beitragen.

ziale Faktoren der Ausdifferenzierung, wie sie etwa die Märkte der Vergangenheit dominiert haben; Es kommt nicht darauf an, wer der Käufer ist, ob er einer bestimmten Ethnie oder einem sozialen Stand angehört, sondern nur darauf, ob er bereit ist, den Preis einer Ware oder Dienstleistung zu bezahlen (Luhmann, 2015, S. 17–19); So bleibt der Erwerb von Luxusimmobilien nicht mehr dem Adel vorbehalten und auch die Konfession von Käufer und Verkäufer ist weitestgehend aus dem wirtschaftlichen Prozess verdrängt.

Der Preis einer Ware schafft eine extreme Übersichtlichkeit, die sich sogar in mathematischen Faktoren ausdrücken lässt: So sind etwa Vergleiche wie jener möglich, dass eine Handwerkerstunde ebenso viel kostet wie eine Kaffeemaschine, während ein Rechtsanwalt den zwanzigfachen Stundenlohn einer Putzfrau veranschlagt etc. In einer Gesellschaft, in der Wohlstand und Einkommen vielen als zentrales Merkmal der Lebensqualität gilt, kann dies massive Folgen für das Selbstvertrauen und die Wertschätzung des eigenen Tuns haben.

Die Diskrepanz zwischen Bezahlung und gesellschaftlichem Nutzen wird an ihren Extrempolen deutlich; So herrscht ein krasser Gegensatz zwischen einer nicht bezahlten (Vollzeit-)Tätigkeit als „Hausfrau und Mutter" und der bestens honorierten, völlig unproduktiven, möglicherweise sogar gesellschaftsschädigenden Spekulation mit Aktien oder Währungen ist hier offensichtlich. Die Tätigkeit eines Hedgefondsmanagers, der etwa die Wohnungsnot oder das Bedürfnis nach Medikamenten für seine Zwecke nutzt, ist finanziell deutlich ertragreicher als die Tätigkeit eines Altenpflegers. Auch umfangreiche ehrenamtliche Arbeiten werden finanziell nicht honoriert.

Die aktive Teilnahme am Marktgeschehen, der sich selbst der Selbstversorger in der Waldhütte kaum entziehen kann, hat zahlreiche moralische Bezüge und Wirkungen: Jeder Mensch muss, neben einer wie auch immer gearteten moralischen Orientierungsfindung auch ökonomisch aktiv sein und hierbei diverse Entscheidungen treffen:

– Die erste betrifft den Stellenwert der Märkte an sich. Wer in westlichen Überflussgesellschaften aufwächst, hat meist den Luxus, selbst entscheiden zu können, wie er dies handhabt. Wer dagegen täglich um das Überlebensnotwendige kämpfen muss, verfügt nicht über diese Entscheidungsfreiheit.
– Die zweite Entscheidung betrifft die Frage, inwieweit und zu welchem Preis man sich am Erwerbsleben beteiligt, sprich: Seine Arbeitskraft, seine Lebenszeit, seine Gesundheit einsetzt, um Gewinne zu erwirtschaften.
– Schließlich gehört es ebenfalls dazu, über die Verwendung dieser Gewinne zu entscheiden, also wofür jene Gelder eingesetzt werden, die über das zum Leben nötige hinausgehen – die Spannbreite reicht hier von einer weiteren Investition bzw. Kapitalakkumulation (über Bankzinsen oder Aktienkäufe) über die Anschaffung von Luxusgütern bis hin zur Spende für humanitäre und wohltätige Zwecke.

Wenn es auch möglicherweise wünschenswert erscheinen mag, dass diese Entscheidungen in die generelle Orientierungsfindung einfließen – nötig, gar überlebensnotwendig ist es sicher nicht: Denn in der modernen, hochgradig ausdifferenzierten und arbeitsteiligen Gesellschaft ist es kaum noch möglich, konsequent zu handeln – egal, wie „grün" das eigene Gewissen, auf den Flug in den Urlaub wird in der Regel nicht verzichtet. Egal, wie sehr Massentierhaltung abgelehnt wird – die wenigsten sind bereit, einen Aufpreis zu zahlen oder gar auf Fleisch zu verzichten. Egal, wie sehr gegen die menschenfeindlichen Arbeitspraktiken asiatischer Textilhersteller agitiert wird – das billigste T-Shirt ist dennoch ein willkommenes Schnäppchen.

Es würde sicherlich an dieser Stelle zu weit führen, eine Skizze der philosophischen Betrachtungsweisen der Märkte bzw. Wirtschaftsordnungen liefern zu wollen. Stattdessen werden einzelne Themen und Autoren betrachtet, die in besonderer Weise Aufschluss über die Orientierungsfunktion, die die Märkte bieten, geben. Denn zweifellos beeinflusst die Art und Weise, wie das wirtschaftliche Umfeld und die eigene Rolle darin betrachtet werden, die Orientierung erheblich, zumal gerade die letzten Jahrzehnte von einer immer stärkeren Dominanz wirtschaftliche Fragen gekennzeichnet waren. Damit hat die Wirtschaft längst auch Bereiche durchdrungen, die früher als völlig separat eingestuft wurden.

Der US-amerikanische Philosoph Michael J. Sandel, der sich insbesondere mit Fragen der Moralphilosophie beschäftigt, gibt in seinem Buch „What Money Can't Buy" eine äußerst aufschlussreiche Auflistung jener Dinge, die sich inzwischen mit Geld kaufen lassen.

Dazu gehören etwa:
- Das „Upgrade" einer Gefängniszelle; Häftlinge, die keine Gewaltverbrechen begangen haben, können sich so eine Zelle leisten, die sich fernab der Zellen für andere Häftlinge befindet. Dieser Service wird z. B. in Santa Ana, Kalifornien, angeboten.
- Zugang zu bestimmten Verkehrsverbindungen: Personen, die einzeln im Auto sitzen, können sich in Minneapolis und anderen Städten trotz angespannter Verkehrslage für 8 Dollar Zugang kaufen.
- Das Recht, in die Vereinigten Staaten einzuwandern: Für ein Investment von 500.000 Dollar und die Schaffung von mindestens 10 Arbeitsplätzen bekommen Einreisewillige diese Option, die ein dauerhaftes Aufenthaltsrecht einschließt.
- Das Recht, ein Exemplar des vom Aussterben bedrohten schwarzen Nashorns zu schießen. Dieses Recht, das für 150.000 Dollar vergeben wird, soll paradoxerweise den Erhalt dieser Art sichern, da es für die südafrikanischen Rancher einen großen Anreiz darstellt, diese Tiere zu züchten und zu schützen.
- Das Recht, den Leibarzt rund um die Uhr – auf dem Smartphone – erreichen zu können – ein Recht, das sich Personen für circa 1.500 Dollar sichern können.
- Verschmutzungsrechte, die für 13 Euro pro metrische Tonne CO_2-Ausstoß zu haben sind.
- Zugang zu Eliteuniversitäten – Diese sind auf die Spenden wohlhabender Bürger angewiesen und nehmen in diesen Fällen auch weniger begabte Studenten auf (Sandel, 2013, S. 3f).

Der Markt dehnt sich also auf Kosten von weniger begüterten Menschen bzw. der gesellschaftlichen Gerechtigkeit aus, während Wohlhabende, die ohnehin über starken ökonomischen Einfluss verfügen, nun auch in vielen anderen Gesellschaftlichen Bereichen an Bedeutung gewinnen.

„Today, the logic of buying and selling no longer applies to material goods alone but increasingly governs the whole life. It is time whether we want to live this way." (Sandel, 2013, S. 6)

Die Möglichkeit, Gewinne zu erzielen, prägt die Art der Werbekampagnen – die Pharmaindustrie bildet hierbei keine Ausnahme. Nicht ohne spöttischen Unterton stellt Sandel fest:

> If you've ever seen the television commercials on the evening news in the United States, you could be forgiven for thinking that the greatest health crisis in the world is not malaria or river blindness or sleeping sickness, but a rampant epidemic of erectile dysfunction. (Sandel, 2013, S. 7)

Wer allem einen Preis zuweist, bewertet zwar, er entwertet jedoch gleichzeitig jene Dinge, die man nach allgemeiner Überzeugung eben nicht kaufen kann. Märkte stellen diese Fragen nicht, sondern nur jene nach dem Preis. Falls also zwei Erwachsene bereit sind, einen Handel wie „Geld gegen Sex" oder „Geld gegen eine Niere" abzuschließen, stellt sich, aus Sicht des Marktes keinerlei moralische Frage hierbei. (Sandel, 2013, S. 14)

Der Markt, als Ganzes betrachtet hat über lange Zeit hinweg nur eine Orientierung geboten, nämlich die am eigenen Vorteil, wie er sich in niedrigen Einkaufs- und hohen Verkaufspreisen niederschlägt. Die oben beschriebene und offenbar weiter zunehmende gesellschaftliche Tendenz, allen Dingen einen Preis zuzuweisen kann durchaus dazu führen, dass Personen diese Art Bemessung auch auf sich selbst und ihre Arbeit beziehen. Diese Art der Verallgemeinerung kann dann zu entsprechenden Konsequenzen für das Selbstbild führen; Schlecht bezahlte Tätigkeiten könnten dann zu einem geringeren, hoch bezahlte Tätigkeiten zu einem gestiegenen Selbstvertrauen führen – unabhängig davon, inwieweit die Tätigkeit gesellschaftlich nützlich oder notwendig ist.

Damit sendet das soziale System des Marktes, das seine Kommunikation über Zahlungen regelt und nicht nach ethischen Gesichtspunkten fragt, mitunter fatale Signale für die Orientierung. Hierzu trägt sicherlich auch die Verbrämung mit der Thematik der „Würde" bei, wie sie etwa bei der Diskussion um die Höhe der Gehälter zum Ausdruck kommt: Es ist in der gesellschaftlichen Debatte nicht elegant, direkte materielle Forderungen zu stellen – will eine Gewerkschaft höhere Löhne erstreiten, dann geschieht dies auch unter Einbeziehung der „Menschenwürde"; Die Folge: Würde und Ansehen werden implizit mit der Höhe der Zahlungen gleichgesetzt, folglich leidet das Selbstwertgefühl der Geringverdiener, während umgekehrt ein hohes Einkommen das Selbstwertgefühl stärkt.

Der Markt führt auch zu paradoxen und stark vom Eigeninteresse geprägten Argumentationsmustern:

> Der eigene Lohn ist zu niedrig, gemessen an eigenen Leistungen und eigenem Interesse. Gleichzeitig wundert man sich, dass bestimmte Waren in Deutschland nicht mehr hergestellt werden können, weil die Löhne zu hoch sind. (Luhmann, 2015, S. 40)

Ein weiteres Merkmal einer Orientierung am Markt ist die Rückwirkung auf die eigenen Möglichkeiten: Das vorhandene Vermögen bedeutet immer auch die Wahlfreiheit, es für bestimmte Güter oder Dienstleistungen zu nutzen. Ausreichend wohlhabende Personen sind in der Lage, ihre Arbeits- und Lebenszeit nicht für den weiteren Erwerb von Geldern einsetzen zu müssen. Wer Geld gegen Güter tauscht, eine bestimmte Option also verwirklicht, dessen Wahlfreiheit nimmt entsprechend ab. (Luhmann, 2015, S. 53) Umgekehrt ist auch zu beobachten, dass bestehendes Vermögen reinvestiert wird, also dazu genutzt, weitere Werte zu akkumulieren.

Durch die technologischen Umbrüche, allen voran die fortschreitende Digitalisierung, aber auch durch die sozialen Veränderungen wie den sich vertiefenden Grenzüberschreitenden Handel ändert sich der Markt intensiver und schneller als andere gesellschaftliche Funktionsbereiche. Eine gute Idee, die konsequent umgesetzt wird und in einem neuen Angebot mündet, kann sich heute über das Internet extrem schnell verbreiten. Jedes digital verfügbare Angebot, etwa ein Buch oder eine Musik-CD muss nicht mehr physisch verkauft werden, sondern kann millionenfach aus dem Netz bezogen werden.

Genau genommen handelt es sich bei der Digitalisierung damit auch um eine Entmaterialisierung, deren Ausmaß dann offensichtlich wird, wenn man bedenkt man, dass eine Festplatte heute in der Lage ist, Daten im Umfang einer prallgefüllten, mehrstöckigen Bibliothek zu speichern.

Der heutige Markt ist vom Zerfallen klassischer Kunden- oder Käufergruppen gekennzeichnet. Wo früher die fordistische Massenproduktion genügte, um eine Grundversorgung mit bestimmten Produkten herzustellen, sind Güter wie Dienstleistungen heute auf hochgradig individuelle Bedürfnisse zugeschnitten – dies zeigt sich bereits bei einer Bestellung im Internet: Im modernen, äußerst datenhungrigen Versandhandel wird das Angebot auf die Interessensgebiete jedes Einzelkunden hin optimiert: Algorithmen stellen fest, welche Angebote in Frage kommen und heben diese hervor. Jeder Klick verfeinert die Auswahl, liefert neue Daten und beeinflusst so auch die Filterblase, die Kunden um sich herum schaffen.

Betrachtet man den heutigen, extrem ausdifferenzierten und zudem im schnellen Wandel begriffenen Markt, fällt es schwer, sich eine über die Preisdifferenzen hinausgehende Orientierungsfunktion vorzustellen. Umgekehrt ist aber die enorme Breite des Güter- und Dienstleistungsangebots dazu in der Lage – die jeweilige Kaufkraft vorausgesetzt – auch höchst individuelle Bedürfnisse zu befriedigen. Eine Orientierung ist, im oben beschriebenen Sinne, aber nicht an sich selbst möglich, sondern nur aus der Nutzung externer Orientierungspunkte. Markthandeln im klassischen Sinne ist prinzipiell zunächst egoistisch, weil Personen um Finanzen und Güter konkurrieren, der Vorteil eines Akteurs also zu Lasten von anderen Akteuren geht. Erst in jüngerer

Zeit haben wirtschaftsethische Projekte an Zulauf gewonnen, die auf Nachhaltigkeit, regionale Erzeugung und lokale Wirtschaftskreisläufe setzen.

Wie kann nun Orientierung an einem derartig vielfältigen Markt aussehen? Zunächst wird es – wie in der Vergangenheit – um die Befriedigung eigener Bedürfnisse gehen. Dies setzt deren genaue Bestimmung voraus: Wieviel Arbeits- und Lebenszeit soll dem Erwerb materieller Güter geopfert werden? Bin ich bereit, Geld für gesunde Ernährung auszugeben? Benötige ich eine Yacht, eine Villa und mehrere Autos? Wie wichtig sind mir Reisen etc.?

Es sind bei der Betrachtung des Marktes mehrere Orientierungsrichtungen denkbar. Die erste Richtungsentscheidung betrifft die direkt die eigene Lebensgestaltung und den Umgang mit Gütern: Hier existieren zahlreiche Modelle, von totaler Askese bis hin zum Schwelgen im Überfluss. Grundfragen sind hier: Wie gestalte ich mein Leben, was benötige ich dazu, wieviel Zeit und Arbeit investiere ich in die materielle Ausstattung mit Gütern, mit welcher Qualität gebe ich mich zufrieden?

Die zweite, daraus abgeleitete Entscheidung betrifft das Konsumverhalten:
- Eine klassisch-materialistische Art sähe eine Gewinnmaximierung vor, die wenig Rücksicht auf ethische Erwägungen nimmt.
- Eine wirtschaftsethische Orientierung sähe vor, Aspekte wie Arbeitsbedingungen, faire Preise und nachhaltiges Wirtschaften zu bevorzugen. Eine derartige Orientierung widerspricht derjenigen an der Gewinnmaximierung, da nicht mehr die niedrigsten Preise und die maximale Wertschöpfung im Vordergrund stehen.

Das Reflexionsniveau zu wirtschaftlichen Fragen kann dabei enorm abweichen.

Für eine handlungsleitende Orientierung in wirtschaftlichen Fragen bleibt festzuhalten, dass diese nicht aus sich selbst heraus entsteht, sondern auf dem grundlegenderen Wertesystem eines Menschen basiert.

Der soziologische Beitrag zur Arbeit wurde bereits in den Ausführungen zur Systemtheorie deutlich, er ist damit jedoch noch nicht abgeschlossen. Die Soziologie versteht es, Gesellschaften mit charakteristischen Attributen zu versehen: So existierten in der Vergangenheit „Agrargesellschaften", die sich später zu „Industrie-" und heute zu „Dienstleistungs-" oder „Informationsgesellschaften" entwickelten. Auch die grundlegende Philosophie oder jeweilige Ideologie fand Eingang in diese Begrifflichkeiten: So lässt sich die heutige, nach ökonomischer Effizienz strebende Gesellschaft durchaus auch als eine „Leistungsgesellschaft" verstehen: Der Leistungsgedanke bildet eine, von Staat und Wirtschaft erwünschte Zielvorstellung: Wer viel leistet, kann sich viel leisten, er arbeitet ebenso hart, wie er konsumiert und Steuern zahlt. So sieht es das Leitbild der Gesellschaft wie auch das politische Vokabular insbesondere der Liberalen vor, dass einige, wenige „Leistungsträger" die Entwicklung voranbringen, etwa indem sie Firmen gründen und Arbeitsplätze schaffen. Dabei ist das Verhältnis von Leistung und ökonomischer Effizienz keineswegs so klar, wie es anfangs scheint: Denn individuelles Leistungsempfinden, sozusagen die Befriedigung eines entsprechenden Bedürfnisses, ergibt sich nicht immer aus den Kriterien wirtschaftlicher Sinnhaftigkeit: Man kann mit extremen körperlichen Einsatz eine Grube ausheben oder aber einen Bagger nutzen. Der wirtschaftliche Gewinn wird davon abhängen, was zeitlich und finanziell günstiger erscheint. Man kann sich ein Vermögen durch harte Arbeit aufbauen, man kann es ebenso gut erben oder durch geschickte Spekulationen an der Börse erwirtschaften. Der Reichtum verrät seine Herkunft nicht und schon im alten Rom war bekannt, das Geld nicht stinkt, egal woher es kommt und welchen Preis sein Besitzer (besonders aber dessen Sklaven) dafür zu zahlen hatten.

Die marktwirtschaftliche Durchdringung der Gesellschaft hat zu einem Phänomen geführt, das sich als das „Unternehmerische Selbst" bezeichnen lässt: Dabei zeigen Menschen ein Selbstverständnis, das dem von Unternehmen ähnelt:

> Die Individuen verstehen sich zunehmend als Akteure, die sich – ähnlich wie Firmen – permanent auf dem Markt bewähren müssen. Es gilt, das eigene Humankapital, das Portfolio der Talente und Begabungen so zu entwickeln und zu präsentieren, dass die Nachfrage maximal groß wird. In dieser Situation reicht es nicht länger, ‚nur' ein netter Kollege oder ein Arbeitstier zu sein, man muss das eigene Vorankommen strategisch vorbereiten. Dazu gehören mikropolitische Anstrengungen (die richtigen Netzwerke, Koalitionen und Seilschaften, das Ausstechen von Konkurrenten, das Signalisieren von Aufstiegsambitionen, aber auch die Fähigkeit, andere von der eigenen Kompetenz und Leistungsfähigkeit wirkungsvoll zu überzeugen. (Mau, 2012, S. 139)

Der Markt stellt zweifelsohne auch heute – gerade heute – eine wichtige Orientierungsinstanz dar. Eine Orientierungsinstanz, die sich jedoch, wie andere auch, im Digitalen Zeitalter grundsätzlich gewandelt hat: Denn Angebot und Nachfrage sind heute von einem sehr präzisen und hochaktuellen Informationsaustausch geregelt, zumal es im Internet keinen Ladenschluss gibt.

4.1.2 Aufkommen und beschleunigter Wandel moderner Orientierungsmodelle

Wissenschaft/Bildung

Die Wissenschaft, die in Teilen als Konkurrent der Religion auftrat, hat, von allen gesellschaftlichen Bereichen die größte Mühe darauf verwendet, nachvollziehbare Kriterien für ihr Vorgehen zu schaffen und ihre Erkenntnisse zu belegen – oberflächlich betrachtet, die beste Voraussetzung dafür, Orientierung zu schaffen, sowohl im wörtlich-geografischen Sinne wie auch bezüglich eines Weltbildes und der individuellen Verortung darin.

Aus Sicht der Systemtheorie ist die Wissenschaft allerdings nicht nur mit der Vermittlung und dem Nachweisen simpler „Wahrheiten" beschäftigt, sondern auch mit sich selbst: Jede Literaturschau stellt eine Beobachtung der Wissenschaft dar, wie sie selbst ihre Gegenstände beobachtet. In keiner umfangreichen Arbeit darf der aktuelle Forschungsstand ausgeklammert werden – seine Nennung und Beschreibung gehört zum wissenschaftlichen Stil. (Luhmann, 1994, S. 81f)

„Zweckrationalität" und „Rational Choice" sind jene Begriffe, die die wissenschaftliche Suche nach rationalen Handlungsansätzen kennzeichnen: Dabei wird davon ausgegangen, dass Menschen auf eine Weise agieren, die sich in der Regel nachvollziehen lässt und deren Einflussgrößen sich zumindest in der Theorie erkennen lassen.

Die Wissenschaft hat, insbesondere seit der Renaissance, die religiös verkündeten „Wahrheiten" infrage gestellt und ein eigenes Orientierungsmodell geschaffen, in deren Zentrum die immer weiter zu verfeinernde Suche nach Zusammenhängen in Natur, Technik, Philosophie und Gesellschaft stand. Gemäß ihrer Ausrichtung, die jeweiligen Aussagen auch nachweisen zu können, gestalten sich wissenschaftlich-weltanschauliche Theorien sicherlich problematisch und müssen notwendigerweise die großen Fragen nach dem Sinn der Existenz, nach Gott und dem Ursprung des Universums unbeantwortet lassen – Fragen also, die die Religion für sich beansprucht. Die Wissenschaft kann also nicht jene Sicherheiten und Sinnstiftungen vermitteln, die sich möglicherweise bei einer konsequenten Ausübung des Glaubens ergeben – egal, wie subjektiv und realitätsfern diese auch sein mögen.

Während die Wissenschaft sich also um die Vermehrung ihres ureigensten Gegenstandes, des Wissens bemüht, sieht Ulrich Beck gerade im „Nichtwissen" ein Kennzeichen für moderne Gesellschaften sowie einen Schlüsselkonflikt der reflexiven Modernisierung. Für das Nichtwissen legt Beck einen ganzen Typenkatalog vor: Von bloßer Unkenntnis über das Nicht-Wissen-Wollen, das unreflektierte Nichtwissen (man weiß nicht, was man nicht weiß), das reflektierte Nichtwissen (das Wissen über das eigene Nichtwissen) bis hin zum „nicht gewussten Nicht-Wissens-Könnens", das unter Umständen zahlreiche Überraschungsmomente bereithält (Beck U., 2007, S. 230f) – als Beispiel für die praktische Anwendung sei hier auf eine Äußerung des ehemaligen US-Verteidigungsministers Donald Rumsfeld verwiesen, der zur Rechtfertigung des Irakkrieges von der von „Unknown Unknowns" ausgehenden Gefahr sprach. Vermittelt werden sollte die Aussage, die US-Regierung kalkuliere mit der größten denkbaren terroristischen und militärischen Gefahr und antworte entschlossen darauf – ein Rezept, das sich bei der staatlichen wie auch der individuellen Orientierungssuche innerhalb der Weltrisikogesellschaft kaum als hilfreich erweisen wird: Die bloße Reflexion über das eigene Nichtwissen wird zu dem Ergebnis kommen, dass sich kaum etwas ausschließen lässt: Jeder kann heute zum Ziel eines Terrorangriffs werden. Es kann ein plötzlicher Herztod eintreten und binnen Minuten können Atomraketen starten und nahezu die gesamte Zivilisation auslöschen. Derlei düstere Szenarien bieten allerdings kaum Orientierung für das individuelle Handeln, sofern nicht dem Motto des „Lebe jeden Tag als sei es Dein letzter" gefolgt wird – ein Motto, das sicherlich kaum als langfristig angelegtes Lebensrezept taugt und eher für Katerstimmung sorgen dürfte als für Zufriedenheit.

Für das Erziehungssystem hat Luhmann – neben der eigentlich systemtheoretischen Beschreibung – auch spöttische – aber keineswegs ungerechtfertigte Bemerkungen, die sich, bei genauerem Hinsehen als durchaus treffend und wegweisend für die Resultate im Bereich Orientierung erweisen:

> Im Erziehungssystem muss die Kontingenzformel Lernziele vorgeben – sei es in der Form eines an Inhalte gebundenen Bildungskanons, sei es in Form des Lernens von Lernfähigkeit; und dabei muss ausgeschlossen oder ungenannt bleiben, dass man in der Schule auch anderes lernt, zum Beispiel Gewöhnung an Stumpfsinn oder: dass es im Leben mehr auf Täuschung als auf Fleiß ankommt. (Luhmann, 2000a, S. 149)

Überhaupt bröckelt das althergebrachte Leistungsideal – das ebenfalls zur zielgerichteten Orientierung bzw. Konditionierung von Arbeitern genutzt wurde. Einerseits wuchs das Bewusstsein dafür, dass Arbeitszimmer immer auch Lebenszeit ist, andererseits zeigte sich, dass unproduktive oder gar unsoziale Tätigkeiten mitunter einträglicher waren als die geregelte Arbeit.

Im wirtschaftlichen Modell gehören Spekulanten zu den großen Gewinnern, während selbst der größte Fleiß kaum noch dazu beitragen kann, die Situation von Arbeitskräften im Niedriglohnsektor tatsächlich zu verbessern. Mehr und mehr erscheint das Versprechen, wonach Leistung sich auszahlt, als falsch – selbst der „amerikanischer Traum" steht allenfalls nur theoretisch offen: In der falschen Stadt, in der falschen Familie geboren zu sein ist oftmals lebenslang prägend.

Politische Öffentlichkeit
In der politischen Öffentlichkeit fällt die Orientierung – insbesondere für Laien – extrem schwer: Denn die Kommunikationsanstrengungen der Parteien bestehen vor allem darin, ihre Tätigkeit positiv, die Tätigkeit der anderen Parteien negativ darzustellen. Gerade im Wahlkampf reicht dies bis hin zur offenen Empörung und Beleidigung des politischen Gegners – der ebenfalls vor diesen Methoden nicht zurückschreckt. Die Folge ist ein chaotisches Stimmengewirr, bei der die Tatsachen kaum noch eine Rolle spielen, zumal sich politische Erfolge kaum messen und bestimmten Parteien oder Personen zuordnen lassen, sondern völlig willkürlich und jeweils unterschiedlich interpretiert werden.

Dies gilt insbesondere für den Umgang mit jenen politischen Bereichen, die medial vermittelt und diskutiert werden – etwa die Flüchtlingskrise, die Wirtschaftspolitik und den Bereich der Sicherheit. Alle diese Bereiche sind aufs Engste mit den Wertedimensionen (Schwartz, 1994, S. 24) verbunden: Es geht um die großen Fragen der Beziehung zur Gesellschaft und des richtigen Maßhaltens zwischen Bewahrung und Offenheit/Veränderung.

Die Öffentlichkeit besteht sicherlich nicht als idealtypischer Ort einer rationalen Auseinandersetzung – denn die moderne Medienlandschaft wie auch die Akteure in Politik und Wirtschaft sind hochgradig spezialisiert, sie analysieren ihre Zielgruppen sehr genau und richten ihre Kampagnen und Public-Relations-Tätigkeiten sehr effizient darauf aus. Die Inhalte sind weniger als umfassende Orientierung gedacht (im Sinne der Stärkung längerfristiger Überzeugungen) als vielmehr auf einen schnellen Erfolg (bei Wahlen oder Verkaufszahlen) ausgerichtet.

Die politische Öffentlichkeit, die im Idealfall einer der besten Orte wäre, um gesellschaftliche Orientierungsmöglichkeiten und zu einem liberalen und Diskurs zu finden, droht im schlimmsten Fall zu einer Abschottung unterschiedlicher Splittergruppen zu werden, die unfähig sind, sich auch nur auf eine gemeinsame Sprache in der Auseinandersetzung zu einigen. Die Tendenz hin zu einer gewalttätigen politischen Sprache hat in den letzten Jahren an Deutlichkeit gewonnen – die politischen Lager, insbesondere jene, die sich nicht der bürgerlichen „Mitte" zurechnen, rekrutieren dabei ihre Anhänger auch mit kämpferischer Rhetorik, während die sozialen Netzwerke ein Übriges tun, die Diskussion einerseits lauter, andererseits aber inhaltsleerer zu machen. Politik, die einmal als Abstimmung unterschiedlicher Positionen und als sachliche Aushandlung von Kompromissen galt, wird so zu einem Spektakel aus zweckdienlich vorgetäuschter Empörung und Verletzung.

Kunst/Kultur
Die kulturelle Prägung eines jeden Menschen ist heute offensichtlich – egal, welche biologischen Gemeinsamkeiten existieren, die Kultur entscheidet (wie in Kap. 4 gezeigt) als „Software of the mind" (Hofstede, Hofstede und Minkov, 2013) über die normativen Vorstellungen, über die Orientierungsobjekte und die Handlungsweise von Menschen. Die Kultur einer Gemeinschaft wird aufgesogen, lange bevor den Kindern dieser Prozess bewusst wird und ein selbstständiges kulturelles Lernen einsetzt. War es in der pädagogischen Vorstellung der Vergangenheit noch normal, von universellen Maßstäben auszugehen (etwa von einer männlichen, weißen, europäischen, vernünftigen, bürgerlichen, gesunden und gebildeten Person), so existiert heute eine Vorstellung, die derartige Idealtypen relativiert und hinterfragt (Wulf und Zirfas, 2014a, S. 11)

Obwohl die Kunst schon seit „Menschengedenken" eine Rolle spielt – so beispielsweise bei naturreligiösen Ritualen – ist sie erst in jüngerer Zeit zu einem eigenständigen Pol von Orientierungssuche geworden. Während die Kunst vor dem 20. Jahrhundert vor allem ein Phänomen war, dem sich nur einzelne verschrieben, ist der Kunst heute, im abgesicherten Markt westlichen Typus und größten medialen Verbreitungsmöglichkeiten durchaus eine Orientierungsfunktion zuzugestehen – Jugendliche machen, etwa durch Musik oder Literatur, durchaus prägende Erfahrungen und erkennen möglicherweise auch Seelenverwandtschaften zu bestimmten Künstlern.

Die Art und Weise des ästhetischen Empfindens führt für Jugendliche durchaus zu einer Orientierung, etwa wenn sie sich in einer Gruppenzugehörigkeit äußert, die auf einer bestimmten Musik- oder Moderichtung basiert. (Knoblauch, 1995, S. 310)

Wie auch für zahlreiche andere gesellschaftliche Subsysteme bemühte sich Niklas Luhmann darum, die Kommunikation und Funktion der Kunst zu ergründen. Er verortet die Ursprünge dessen, was heute als Kunst gilt, in der fernen Vergangenheit, wobei damals die Kunst nicht als Selbstzweck galt, sondern ihre Legitimation aus der Stützfunktion für andere gesellschaftlichen Funktionskreise bezog: So ging es um den Ausdruck religiöser Inhalte oder auch schlicht um ein „spielerisches Überschreiten des Notwendigen beim Anfertigen alltäglicher Gebrauchsgegenstände". (Luhmann, 1995a, S. 226)

Demnach kam es erst lange nach dem Auftreten dieser Art Kunstformen zur Ausprägung eines eigenen Funktionsbereichs: So begann vermutlich erst im antiken Griechenland die Kunst, ihre Eigendynamik zu entwickeln, indem sie stärker auf sich selbst, also auf eigene, vorausgegangene Kunstwerke und Kunstformen Bezug nahm. Kunst ist auf die Wahrnehmung ihres Publikums angewiesen; Ihre – eben künstlich hergestellten – Produkte führen dazu, dass die individuelle Wahrnehmung, die nach systemtheoretischer Ansicht nicht kommunizierbar ist, in den gesellschaftlichen Kommunikationszusammenhang eingebunden wird; Die Kunst regt zum Nachdenken an und drückt dabei mehr aus, als es Sprache oder Schrift alleine könnten. Die Kunst weist, indem sie reale Objekte schafft, die über die natürliche Realität hinausgehen, auf eine Beobachterperspektive außerhalb dieser Realität hin und weist dabei auch gewisse Gemeinsamkeiten mit den von der Sprache oder der Religion geschaffenen „Realitätsverdopplungen" von Sprache und Religion auf. Kunst zielt also darauf ab, den Beobachter als Individuum anzusprechen und es ihm zu ermöglichen, sich seiner Rolle als Beobachter bewusst zu werden. (Luhmann, 1995a, S. 226–230)

Es wäre falsch, die Funktion der Kunst schlicht in ihrem „positiven Codewert" zu Suchen – etwa der Produktion von „schönen", „gelungenen" oder „auffallenden" Dingen. Stattdessen zielt sie auf eine veränderte Wahrnehmung der Realität. (Luhmann, 1995a, S. 231)

Um die Zugehörigkeit eines Bereichs zum gesellschaftlichen Subsystem „Kunst" überhaupt festzustellen, ist ein Code „Kunst/Nichtkunst" nötig, der Unterscheidungscode des Kunstsystems wird von Luhmann, trotz aller möglicher Defizite und Unzulänglichkeiten, noch immer in der binären Logik von „schön/hässlich" gesehen. (Luhmann, 1995a, S. 307f)

Geht man von dieser Beschreibung der Funktionen und Operationen der Kunst aus, und überträgt diese auf die Beobachtung durch jüngere Menschen, so ergibt sich durchaus eine sehr relevante Orientierungsfunktion, die allerdings gezielt gesucht werden muss, und die sich nur verwirklicht, insofern sie individuelle zugelassen wird:
- Die Beschäftigung mit Kunst bietet die Möglichkeit, die gesamte Umwelt „mit anderen Augen" zu betrachten: Die Realität, die als unmittelbar wahrgenommen wird, kann durch die Kunst als etwas völlig fremdes, Irrationales erscheinen. Diese Wirkung kann bereits durch eine Karikatur erreicht werden, die das Alltägliche neu bewertet. Auf besondere Weise kommt der Verfremdungseffekt beispielsweise auch in den surrealen Werken Magrittes zum Ausdruck.
- Kunst kann nicht nur nachdenklich machen, sondern auch neugierig, sie kann unterhaltsam sein, positive, aber auch negative Gefühle wecken, sie kann Menschen im Innersten berühren und nicht zuletzt auch als Flucht aus dem bedrohlichen Alltag verstanden werden. Sie kann Zufluchtsort sein, sie kann gerade Jugendlichen das Gefühl geben, verstanden zu werden.
- Eine pauschale Orientierung an „der Kunst" kann sicherlich nicht erfolgen, vielmehr sind es einzelne Kunstwerke oder Ausdrucksweisen – ein Lied, ein Roman, ein Bild, eine Skulptur – die als Orientierungsinstanzen genutzt werden können.

Dabei ist die Orientierung zunächst vielfach als gewollte Desorientierung zu verstehen, als Störung der alltäglichen Abläufe, als Neubewertung dessen, was als „normal" oder „abnormal" zu gelten hat. Gerade darin liegt jedoch die Stärke der Kunst: Denn nichts ist schädlicher für die eigene Orientierung als die vollständige, nicht hinterfragte Akzeptanz des eigenen Alltags, des eigenen Umfelds und der darin stattfindenden Prozesse.

Alleine Warhols Ansatz, das Alltägliche zur Kunst zu machen – einfach, indem es als Kunst deklariert und behandelt wird – bietet genügend Reflexionsfläche, Altbekanntes zu überdenken. Wer die Desorientierung durch derartige Kunst positiv bewältigt und den ersten Anflug von Unsicherheit übersteht, dem werden zukünftige Orientierungsvorgänge erleichtert, auch weil er die Mechanismen von Orientierung selbst erkennt und zu hinterfragen lernt.

Die Codierung von schön/hässlich, die Luhmann unter großen Mühen für die Kunst nachzuweisen versuchte, erscheint in ihrem Bezug auf Orientierungssuchende Jugendliche eher als Codierung von Bestätigung/Verunsicherung: Der ältere Teil der Kunst, der im Sinne des „Wahren", „Schönen", und „Guten" wirkte, sollte meist direkt positive Gefühle wecken, Weltbilder bestätigen oder einen Macht- und Herrschaftsanspruch dokumentieren. Er wirkte in dieser Weise stabilisierend, während die heutige Kunst stärker schockieren und aufwühlen möchte. Die Beschäftigung mit Kunst kann folgt meist einem emotionalen als einem rationalen Muster und kann gerade aus diesem Grund für jüngere Menschen besonders intensiv sein. Echte Orientierung geht dann daraus hervor, wenn die Beschäftigung mit Kunst dazu anregt, mehr erfahren, mehr lernen und das Kunstwerk in seinem Gesamtzusammenhang besser begreifen zu können. Die in der Kunst geschaffenen Orientierungsvorgänge können – eben wegen der Vielfalt der künstlerischen Bereiche und Ausdrucksmöglichkeiten – auf die Orientierung in allen anderen gesellschaftlichen Bereichen wirken – von der Politik über die Wirtschaft bis hin zur Religion – aber auch intensive individuelle Nachdenklichkeit und Verhaltensänderungen zur Folge haben. Auch kann der Orientierungsprozess eine Anregung darstellen, sich selbst künstlerisch zu betätigen und nach eigenen Formen zu suchen, Gefühle und Gedanken zu transportieren und anderen zugänglich zu machen. Dies führt zu einer Auseinandersetzung mit den eigenen Kommunikationsfähigkeiten und den dafür zu nutzenden Kommunikationsmitteln, Botschaften etc.

Die Kunst verfügt über ein eigenes Instrumentarium, ihre Aussagen zu verbreiten – während die Wissenschaft ihrem Stil und Anspruch nach nüchtern sein sollte und ihre Erkenntnisse auf rational-logische Art präsentiert, stehen der Kunst andere Mittel zur Verfügung; Gerade durch die Einbindung von Gefühlen kann ein intensiverer Effekt erzielt werden. So drückt möglicherweise ein philosophischer Roman deutlich mehr aus, als was die Wissenschaft der Philosophie sagen kann. Er ist darüber hinaus leichter zugänglich und eingängiger, was gerade beim jüngeren Lesepublikum eine große Rolle spielt.

Massenmedien

Zweifellos spielen Massenmedien eine starke Rolle bei der politischen und persönlichen Orientierung: Sie bringen „die Nachrichten" in die Haushalte, wobei sie ihre Selektionsmechanismen meist nicht offenbaren oder diese sich nur über eine wissenschaftliche Untersuchungsmethode erschließen lassen.

Luhmann sieht die Ausdifferenzierung des Massenmedialen Systems in der Entwicklung der entsprechenden Technologien begründet. Hierzu gehört die Schrift selbst noch nicht, da sie zunächst nur als Gedächtnisstütze wirkte und erst mit der Erfindung des Buchrucks zu einem Massenkommunikationsmittel wurde. Code des massenmedialen System ist die Unterscheidung Information/Nichtinformation, wobei die Information wiederum genaueren Spezifikationen, etwa die Aufteilung in die verschiedenen Nachrichtenressorts „Politik", „Wirtschaft", „Unterhaltung" etc. unterliegt. (Luhmann, 1995b, S. 26–29)

Luhmann sagt über die Massenmedien: „Das System ist, trotz riesiger Speicherkapazitäten, eingestellt auf schnelles Erinnern und Vergessen." (Luhmann, 1995b, S. 26) – Ein Satz, der sich mit ähnlicher Berechtigung auf das neuartigste der Massenmedien, das Internet anwenden ließe.

Es ist dabei zu beachten, dass Informationen zwar ein allgegenwärtiges Medium von Bewusstsein wie auch Kommunikation ist, dass sie jedoch niemals unabhängig von ihrem Nutzer zu betrachten ist und nur durch dessen Wahrnehmungsmechanismen zur Information wird – ein simpler 1:1-Transfer eines (atomaren) Informationsteilchens von einem System zum nächsten ist daher nicht möglich, weil die Systeme erst die Information, den damit verbundenen Informationsgehalt bzw. Sinn für sich selbst konstruieren. (Luhmann, 1995b, S. 28f)

Luhmann (1995b, S. 30) geht sogar noch weiter und greift dabei auf den Informationsbegriff Gregory Batesons zurück, wonach eine Information sich erst dadurch definiert, dass sie einen „Unterschied" darstellt, „der bei einem späteren Ereignis einen Unterschied ausmacht". (Bateson, 1981, S. 488)

Analog zur hier vorgelegten, handlungsorientierten Orientierungsdefinition kann also für den Orientierungsvorgang, begriffen als Sinnbezug eines spontanen oder auch länger anhaltenden sozialen Systems (dessen Kommunikationsgehalt in einem Telefongespräch, aber auch in einem jahrelangen Studium bestehen kann), Folgendes festgestellt werden:

- Die Massenmedien liefern Daten und Informationen, die zur Orientierungssuche genutzt werden und oftmals den Anstoß für weitere Orientierungsvorgänge geben dürften. Dies trifft auf einen Veranstaltungskalender ebenso zu wie auf eine Fernsehsendung, die beispielsweise Geschichte auf spannende Art darstellt, oder einen Zeitungsartikel zu einer Sportart. Alle diese Informationen gelangen durch den Filter der Massenmedien an die Zuschauer und Leser, und werden wiederum deren subjektiven Filtermechanismen unterworfen. Es erfolgt eine Selektion dessen, was als emotional oder kognitiv relevant angesehen wird, am Ende dieses Selektionsprozesses steht ggf. eine weitere, intensivere Beschäftigung mit dem Thema.

– Die Informationen, die im Rahmen eines Orientierungsvorgangs gesucht, gesammelt und verarbeitet werden (und erst dadurch subjektiven Wert erhalten), wirken auf spätere Gedanken, Gefühle und Handlungen ein und erzielen dadurch ihre Relevanz. Informationen, die während des Orientierungsvorgangs zwar erkannt, nicht aber für relevant gehalten oder direkt übergangen werden, erzielen dagegen keine derartige Wirkung.

Massenmedien wirken sicherlich nicht nur individuell, sondern können in der Gesamtheit einen erheblichen Einfluss auf die öffentliche Meinung – und damit auf die innergesellschaftliche Orientierung – ausüben. Ihre langfristige Ausrichtung entscheidet mit darüber, wie sich die Gesellschaft selbst sieht und beschreibt: So sind seit langen Wirkungen wie jene bekannt, wonach eine Zunahme der Berichterstattung über Kriminalität dazu führt, dass in der Gesellschaft eine Zunahme der Kriminalität selbst vermutet wird – selbst dann, wenn diese rückläufig sein sollte. Die vermeintliche Objektivität medialer Berichterstattung wie den als äußerst seriös wahrgenommen „Acht-Uhr-Nachrichten" suggeriert dem Betrachter, ein objektives Abbild der Realität zu liefern, selbst wenn dies – den hier genutzten Erkenntnissen des Konstruktivismus nach (vgl. Kap. 3.4.3) unmöglich ist.

Bevor Massenmedien also ungeprüft als Orientierungsmittel genutzt werden, lohnt es sich, einen Blick auf ihre grundlegenden Mechanismen – allen voran die Nachrichtenauswahl – zu werfen (vgl. Abb. 4.1). Kepplinger sieht hier zwei mögliche Erklärungsmuster, das akteursorientierte und das variablenorientierte.

Geht man von diesen Dynamiken aus, so wären die hier vorgestellten Einflussfaktoren als eine gesellschaftliche Meta-Orientierung zu verstehen, da sie die Richtung vorgeben, an der sich die „richtungsweisenden" Medien orientieren und damit ein Orientierungsangebot an ihre Zuschauer, Zuhörer und Leser richten – ein Orientierungsangebot übrigens, das im Gegensatz zu anderen nicht erst mühsam gefunden und studiert werden muss: Gerade die öffentlich-rechtlichen Medien liefern ein Angebot, das täglich rund um die Uhr ins Haus kommt, das relativ einheitlich und seriös erscheint und das nur das Einschalten des Fernsehers erfordert. Im Gegensatz zur Beschäftigung mit einem Internetangebot oder Buch lässt sich der Fernsehzuschauer in der Regel „berieseln", da seine Aktivität sich auf Ein-, Aus- oder gelegentliches Umschalten beschränkt, dementsprechend keine bidirektionale und vor allem zeitnahe Interaktion mit dem Medium möglich erscheint.

Massenmedien eröffnen dem Zuschauer, Zuhörer oder Leser einen Blick „über den Tellerrand", sie gehen über das unmittelbare, persönlich Erlebte hinaus. Während sich jedoch zumindest die Kommunikationswissenschaftler über die massenmedialen Dynamiken bewusst sein dürften, kann dieses Wissen bei Laien nicht vorausgesetzt werden: Möglicherweise kommt es zu einer unkritischen Medienrezeption und der unbewussten Annahme, wonach das jeweils gezeigte (und hierbei bewahrheitet sich, dass ein Bild mehr sagt als tausend Worte) nicht nur als „Wahrheit" angenom-

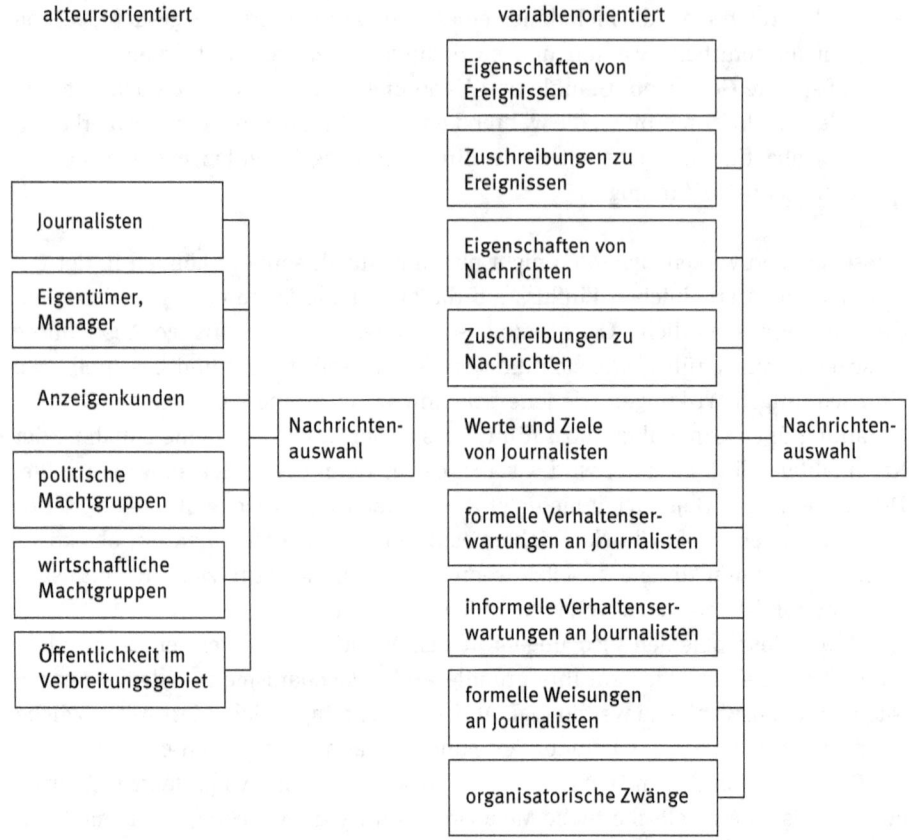

Abb. 4.1: Einflüsse auf die Nachrichtenauswahl, Quelle: Kepplinger, 2011, S. 52.

men wird: Es fehlt das Wissen über die Selektion von Nachrichten, über den jeweils beabsichtigten Sensationswert etc.

Medien sind derzeit vom Trend der Boulevardisierung gekennzeichnet, dem Trend zu Skandalen, Sensationen und dem Blick ins Privatleben Prominenter; Wie insbesondere seit dem Aufkommen des Privatfernsehens in Deutschland zu beobachten war, wurden die einstmals als „seriös" geltenden Nachrichten mehr und mehr verdrängt, sie mußten „Promi-News", Skandalen, Modeerscheinungen oder seltsamen Begebenheiten weichen, über die berichtet wurde – Ein Trend, der längst auch vom öffentlich-rechtlichen Rundfunk kopiert wurde.

Operiert wird gemäß einer altbekannten Medienweisheit, wonach es keine Nachricht sei, wenn ein Hund einen Mann beiße – umgekehrt dagegen schon. Die Folge: Der Platz des „Gewöhnlichen", der Platz der „Normalität", des Langweiligen, des Nicht-unterhaltsamen schwindet. Berichtet wird über das Gegenteil, das Ausgefallene, Unglaubliche, Absonderliche, dessen Nachrichtenwert ungleich höher veranschlagt wird. Der Boulevard bevorzugt also Abweichler oder Minderheiten (Kaube,

2007, S. 22). Der Nebeneffekt besteht sicherlich darin, dass unbedarfte Zuschauer dies für ein maßstabsgetreues Modell der Gesellschaft halten könnten – je „normaler" sie sich fühlen, umso größer wird der Abstand zu dem medial vermittelten Bild – und möglicherweise auch das Gefühl der Ausgeschlossenheit: Wer einer geregelten Erwerbstätigkeit nachgeht, wer die längste Zeit seines Arbeitslebens im Büro verbringt und Steuern zahlt, könnte wenig Verständnis dafür aufweisen, dass sich Sozialhilfeempfänger in Talkshows lauthals brüsten, sie hätten noch nie gearbeitet und würden es auch in Zukunft nicht tun.

Die Vielfalt der für die individuelle Sinnsuche zur Verfügung stehenden Medien und Medieninhalte verblasst vor der Frage, wie und zu welchem Zweck Medien genutzt werden: Zahllose Umfragen künden vom Mediennutzungsverhalten, von Einschalt-, Zuhör- und Lesegewohnheiten. Sie dokumentieren, dass Medien (die in der klassischen Perspektive der Büroarbeit selbstverständlich nicht während der Dienstzeiten konsumiert werden dürfen), vor allem zur Freizeitgestaltung genutzt werden. Diese Nutzung zeichnet sich überwiegend durch Passivität aus (bei Fernsehen, Zeitung und Radio) und ist auch beim Medium Internet eher auf Konsum denn auf Produktion von Inhalten gerichtet: Im Zweifelsfall „schaut" man eben Internet (Videos auf YouTube) und ist damit Empfänger, nicht Sender von Kommunikation (sofern man von den so erzeugten Metadaten, die die Internetkonzerne von ihren Kunden erheben, absieht). Eine derartige Mediennutzung dient der Entspannung und Unterhaltung, wobei allerdings die Übergänge zur orientierenden Sinnsuche fließend sein können.

Sicherlich „stellt das Mediennetz kultursoziologische Fragen" (Pross, 1996, S. 17), weil die Kultur im Wesentlichen auch dadurch bestimmt ist, wie Menschen miteinander kommunizieren, wobei die Kommunikation heute stärker als je zuvor medial geprägt ist: Medien vermitteln Zeichen und schaffen kollektive Ordnungen.

Der kulturelle Wandel, der sich alleine in der Fernsehgeschichte zeigte – und auch durch das Fernsehen selbst dokumentiert wurde – ist augenscheinlich: Die Sendungen der 50er und 60er Jahre weisen kaum noch Gemeinsamkeiten mit dem heutigen Programm auf – das eine immense Beschleunigung und teilweise auch starke Verflachung zeigt und darüber hinaus in Konkurrenz zu Medien wie YouTube steht, deren Inhalte sich nicht nach Sendezeiten richten, sondern rund um die Uhr abrufbar sind und die genauen persönlichen Präferenzen der einzelnen Nutzer widerspiegeln.

Die Ausrichtung am Selbst
Die Selbstverwirklichung als Orientierung erfolgt zunächst an jenen Werten, die bisher verinnerlicht wurden – sie weicht daher von Individuum zu Individuum stark voneinander ab, sie kann sich im Extremsport äußern, in Hedonismus, in der Suche nach Reichtum, Macht und Einfluss sowie im Bestreben, anderen Menschen zu helfen oder die Welt zu verbessern. Die Ausrichtung am selbst kann, im wirtschaftlich erwünschten Sinne zur Selbstoptimierung werden – zur Anpassung an die jeweiligen Erfordernisse des Unternehmens oder Marktes sowie im Extremfall zur Selbstausbeutung.

Anders als andere Orientierungsinstanzen weist die Ausrichtung an der eigenen Person einen Blick nach innen auf – wobei dies der eigentlichen, bisher genutzten Metapher der geografischen Orientierung widerspricht, so dass fraglich ist, ob überhaupt von einem Orientierungsvorgang gesprochen werden kann, wenn keine äußere Orientierungsinstanz existiert oder wenn diese Instanz (etwa ein Vorbild, das durch seine Lebensführung die „Geltung" der jeweiligen Werte bestätigt) sozusagen nur bei Bedarf herangezogen wird, um die bereits verinnerlichten Werthaltungen von außen vor sich selbst zu legitimieren.

Das Risiko, bei der Orientierung an der eigenen Person, Fehler zu begehen und dadurch Probleme zu verursachen, ist allerdings immer gegeben – möglicherweise in einem stärkeren Maße als bei anderen, stärker nach außen gerichteten Orientierungsvorgängen: Wo die Besinnung auf andere, die Verortung des eigenen Selbst fehlt, leidet die Urteilsfähigkeit, kann es leichter zu Fehleinschätzungen – etwa nach dem Motto „Je mehr, desto besser" kommen – ohne äußere Kontrollinstanz dürfte die Gefahr des Abdriftens in ein Extrem größer sein – analog zu dem Problem der Echokammern in den sozialen Netzwerken, die weiter unten behandelt werden.

Gemeinsam mit anderen Orientierungsvorgängen ist der Selbst-Orientierung allerdings, dass keine Art der bewussten Orientierung ohne bereits existierende Orientierung auskommt und dass es immer zu einem Wechselspiel von Impulsen und deren Reflexion kommt.

Die Egozentrik und der Egoismus können beide Folgen einer starken Ausrichtung am eigenen Selbst sein. Auch können bestimmte Wünsche, Eigenschaften oder auch Süchte dann besonders hervortreten, wenn die eigene Person die oberste Orientierungsinstanz darstellt.

4.1.3 Zwischenfazit

Eine ehrliche Bestandsaufnahme der untersuchten Orientierungsmodelle wird zweifellos zu dem Schluss kommen, dass sie vor allem deswegen zum Gegenstand dieses Buchs wurden, weil sie sich einer großen medialen Reichweite erfreuen und weil sie in Westeuropa leicht zugänglich sind. Die Arbeit, die selbst eine starke kulturelle Prägung aufweisen dürfte, ohne sich dessen letztendlich bewusst zu sein, muss notwendigerweise jene Orientierungsmodelle ignorieren, die außerhalb ihres Gesichtskreises sind: Ob vergessene Klosterregeln zur Selbstkasteiung, ob antike Religionsrituale oder Perlen schintoistischer Weisheit, ob strikter nationalsozialistischer Lebensentwurf oder leidenschaftlicher Einsatz für das Endziel des Weltkommunismus: Alle diese Vorstellungen existieren zwar, sie erhalten hier jedoch nicht den Raum, den sie bei einer anderen historisch-politischen Entwicklung bekommen hätten. Denn aus heutiger Sicht, aus der Sicht, der sich dieses Buch nicht entziehen kann, gelten diese Modelle vor allem als Fanatismus oder politische oder religiöse Verirrung, die es abzulehnen gilt.

Orientierung bedeutet zunächst Selbstverortung, das Finden und Einnehmen des eigenen Standpunkts, der erst das bewusste Einschlagen einer Richtung ermöglicht. Bezogen auf weltanschauliche Fragen befindet sich dieser Standpunkt demnach innerhalb einer Gesellschaft, die vor allem die Werte der Menschenrechte, der Demokratie, des Liberalismus und des Rechtsstaats vertritt – Werte, denen aus heutiger Sicht zu universeller Gültigkeit verholfen werden soll, die jedoch, bei historischer oder weltpolitischer Betrachtung, alles andere als universell sind.

So gilt es bei dieser Arbeit zu beachten, dass auch sie einer Orientierung bedarf, die zunächst den eigenen Standpunkt finden muss: Dieser kann niemals absolut und niemals gänzlich außerhalb des Untersuchungsobjekts sein. Die Arbeit betrachtete nicht das Treiben der Menschen auf einem unbedeutenden Planeten im Universum, sie weist keine Meta-Perspektive auf, die alle Orientierungsmodelle und -versuche über einen Kamm scheren könnte. Selbst wenn Außerirdische sich an einer derartigen Bestandsaufnahme der Menschheit versuchten – auch sie wären, bewusst oder unbewusst, von eigenen Wertvorstellungen, kulturellen Gewohnheiten oder impliziten perspektivischen Verzerrungen geplagt.

Es wäre also wenig sinnvoll, sich um eine – nie erreichbare – absolute Objektivität zu bemühen:

> Will eine Philosophie der Orientierung wirklich an der Orientierung festhalten, dann darf sie gerade keinen ‚Blick von Nirgendwo‘, keine letztbegründende Totalübersicht einfordern, da dies die Emanzipation von den partikularen Bindungen und Bedingungen erforderte, durch die wir und kraft deren wir uns überhaupt orientieren. [...] ‚Orientierung durch Übersicht‘ muß dann aber notwendigerweise Orientierung durch begrenzte Übersicht sein und Orientierung in Horizonten bleiben. (Elm, 2005, S. 79)

Gerade für die Anthropologie gilt es, die nötige Selbstreflexivität im Auge zu behalten:

> Wie kaum in einer anderen wissenschaftlichen Betrachtungsweise ist in der Anthropologie der Forschende mit sich selbst konfrontiert, gehen der Forscher und seine Gegenwart in die pädagogisch-anthropologische Forschung mit ein. Damit handelt man sich das Problem ein, dass der Anthropologe selbst zur Instanz von Frage und Antwort wird. (Wulf und Zirfas, 2014a, S. 11)

Dementsprechend sei darauf hingewiesen, dass selbstverständlich auch die kulturwissenschaftlich-anthropologischen Erkenntnisse der Arbeit dieser kritischen Hinterfragung bedürfen – würde der Text aus dem US-amerikanischen oder einem der asiatischen Kulturkreise stammen, so wären vermutlich andere Ergebnisse, möglicherweise auch die Anwendung anderer Methoden zu verzeichnen. Das Buch widmet sich auch der Orientierung durch Kultur und ist dabei niemals frei von eigenen kulturellen Wertvorstellungen. Sofern diese bewusst existieren, wird darauf aufmerksam gemacht, es ist jedoch zudem auch davon auszugehen, dass möglicherweise der größte Teil unbewusst ist. Aus diesem Grund kann dem wissenschaftlichen Ideal, wonach sich bei der Anwendung gleicher, nachvollziehbarer Methoden die gleichen Ergebnisse einstellen, nur bedingt entsprochen werden und dies vor allem für den europäischen Kulturkreis gilt. Die Arbeit ist damit nur so gut wie ihre Quellen es sind – Quellen, die wiederum subjektiv und kulturell geprägt sind und von einem bestimmten Menschenbild und bestimmten Werthaltungen ausgehen.

Orientierung in sozialen Systemen ist möglich, wenn der damit verbundene Kommunikationsprozess fortgesetzt wird: Diese Fortsetzung erfordert die Bildung von Differenzen, also Unterscheidungen zwischen Mitteilungen und Informationen. Kommunikation erweist sich nur dann als anschlussfähig, wenn gerade keine Verständigung zustande kommt, zumal Verständigung das Ende des Kommunikationsprozesses wäre (Luhmann, 1997, S. 229). Dasselbe gilt für das Problem der Orientierung, die nur im Rahmen eines Kommunikationsprozesses entstehen kann – auch eine so intensiv „nach innen" gedachte, auf starken logischen oder moralischen Prämissen aufbauende Orientierung wie jene von Kant käme nie ohne externe Bezugspunkte (die Ethik, die Pflicht gegenüber der Gesellschaft oder die Wunschvorstellung des ewigen Friedens) aus.

Somit bleiben folgende, auf systemtheoretischen Überlegungen fußende Ergebnisse festzuhalten:
- Orientierung ist ein Kommunikationsprozess innerhalb eines sozialen Systems.
- Dieser Prozess muss anschlussfähig bleiben, solange die Orientierungssuche andauert – ein völliges „Verständnis" wäre ebenso ein Ende dieses Prozesses wie die Selbstaufgabe der Orientierungsanstrengungen. Auf das konkrete Alltagsleben bezogen hieße dies, dass sich der Orientierungssuchende etwa ausreichend orientiert fühlt – wünschenswert wäre hierbei sicherlich, dass sich dieses Gefühl, wenn überhaupt, erst am Ende einer langen, bewussten Orientierungsphase einstellt, nicht aus der Bequemlichkeit heraus, sich mit oberflächlichen Orientierungsmustern (wie etwa dem von der Werbung propagierten „Stil") abzugeben oder aber dem Wunsch, nicht die Mühen des Suchens und Vergleichens auf sich nehmen zu müssen.
- Orientierungskommunikation findet in allen sozialen Funktionsbereichen und unter Einschluss aller Medienarten statt.
- Innerhalb der Orientierungskommunikation ist die Fähigkeit eines jeden Orientierungssuchenden gefragt, Differenzen zu bilden. Hierunter fallen auch die Prioritätensetzungen darüber, in welchen Bereichen und mit welchen Mitteln Orientierung gesucht wird.
- Orientierung als Anschlusskommunikation wird insbesondere dadurch ermöglicht bzw. erleichtert, dass Anschlusspunkte geschaffen werden: Je umfangreicher die eigene Orientierungssuche betrieben wird, umso mehr dieser Anschlusspunkte existieren. Dies würde, ebenso wie das geografische Argument einer erhöhten Aussichtsplattform stark darauf hinweisen, dass etwa eine bewusste Orientierungssuche, die aus dem Fundus einer umfangreichen Bildung schöpfen kann, eine weitaus intensivere Orientierungskommunikation ermöglicht.
- Orientierung in gesellschaftlichen Funktionssystemen wie der Wirtschaft oder der Politik ist bereits als Anschluss an jene Kommunikation zu betrachten, mittels derer das zuvor erfolgte, grundlegende Verständnis in diesen Bereichen gewährleistet wurde. Gleichzeitig ergibt sich eine polit- oder wirtschaftsethische Haltung nicht in erster Linie aus der Betrachtung dieser Systeme, sondern ist im tieferliegenden Wertesystem – einem einfachen Verständnis dessen, wie die Welt sein sollte – verankert. Dieses Verständnis, das auch eine starke kulturelle-philosophische Prägung aufweist, bedarf einer weiteren Betrachtung und soll in Kapitel 4.3 untersucht werden.
- Orientierungssuche als eigene Kommunikation ist doppelt kontingent: Aus einer beliebigen Anzahl von Möglichkeiten wird eine bestimmte Information herausgegriffen, die Anzahl der Reaktionen und möglichen kommunikativen Anschlussoperationen ist wiederum unendlich groß. Erfolgt

eine bewusste Suche nach orientierenden Informationen, so gilt es, diese Dynamik zu berücksichtigen; Die Orientierungssuche erfolgt möglicherweise anhand bestimmter Stichpunkte (wie „Moral" oder „Glückliches Leben"), sie weist jedoch keinen Königsweg, keinen vorgefertigten Verlauf auf. Ein Startpunkt lässt sich nur bei einer bewussten Suche feststellen, wobei jedoch die bereits in der Kindheit erworbenen Verhaltensmuster und Werthaltungen hineinwirken. Ebenso schwierig ist es, einen konkreten Zielpunkt dessen festzulegen, wozu die Orientierungssuche überhaupt dienen und ab wann sie als erfolgreich abgeschlossen gelten soll.
- Die leichteste Art, mit der Vielzahl der sich widersprechenden Orientierungsinstanzen umzugehen, ist zunächst „der Weg des geringsten Widerstands": Die Signale – die letztendlich immer auch Handlungsaufforderungen sind – werden dann nur unbewusst verarbeitet, es erfolgt keine bewusste Orientierungssuche und die Nähe und Intensität der Orientierungsinstanzen gibt schließlich Aufschluss über deren Wirksamkeit: Die lautesten, drängendsten Forderungen werden erfüllt, der Rest ignoriert. Dieser passive Umgang mit Orientierung ist sicherlich der einfachste und jener, der die wenigste Energie benötigt, so dass er für viele Jugendliche attraktiv sein dürfte, zumal er sich in der Regel gut mit einer Orientierung an den eigenen Interessen vereinbaren lässt.

Die Orientierungssuche ist seit jeher eine Suche nach den passenden Bildern und Geschichten. Bereits die frühen, stark religiös geprägten Gesellschaftssysteme bemühten sich, Orientierung über derartige Zeichen zu schaffen: Das Bild des sich am Kreuz opfernden Jesu, die Geschichten von Wundern und barmherzigen Taten, die Hoffnung auf ein in Kunst und Theologie durchaus konkret geschildertes, ewiges Leben im Paradies oder aber dauerhafte Höllenqualen trugen stark zu Verbreitung und Legitimation des Christentums bei. Nicht ohne Grund legte die Kirche großen Werte auf eine lebhafte Schilderung ihres Narrativs. Auch heute machen Bilder und Geschichten den Großteil von Orientierungsinstanzen aus – weitaus mehr noch als der konkrete, sachliche Informationsgehalt. Jeder Werbetreibende ist sich dieser Tatsache bewusst und ein Blick in einen beliebigen Katalog zeigt, dass den Bildern und den dadurch geweckten Gefühlen meist weitaus mehr Raum und Aufmerksamkeit zukommt als der schnöden Schilderung technischer Daten, die auf die Effizienz des Produkts schließen lassen.

Die alten Narrative, die Macht über die Bilder ist den ehemaligen Monopolisten längst abhandengekommen, wobei dieser Prozess, grob geschildert, mehrere Phasen umfasste:
- Die erste Phase bestand in der Schaffung von Bildern als Herrschaftsmittel: Die Kunst war stark kirchlich geprägt, die Monarchen und anderen Adligen ließen sich in kostspieligen Gemälden verewigen und Schlachtengemälde kündeten vom epischen Zusammenhalt der Nation.
- Der Buchdruck als zweite Phase schuf eine gewisse Waffengleichheit: So konnten auch Protestanten und Rebellen ihre Perspektive eindrucksvoll schildern und damit der kaiserlichen und päpstlichen Propaganda entgegenwirken.
- Fotografien schließlich konnten – echt oder gestellt – ganze Geschichten erzählen.
- Mit dem Aufkommen des Internet, speziell des „social web" erlangte jeder Nutzer die Verfügungsgewalt über das eigene Bild: Er konnte entscheiden, welche Infor-

mationen er welchen Freundes- und Bekanntengruppen – wahlweise auch dem ganzen Netz – zugänglich machte.

Die Bilder – auch die bewegten Bilder – umgeben uns inzwischen in nie gekanntem Ausmaß. Sie verlieren damit den Großteil ihrer ehemaligen Kraft, ihrer Neuheit und ihres Erlebniswerts. Nur selten gelingt es heute noch – in einer Welt, in der alle Bilder und Videos mit Sensationswert nur einen Klick entfernt sind – über ein Bild eine Geschichte zu erzählen oder eine Stimmung auszudrücken, die Menschen zu Handlungen bewegt. Zudem ist keinem Betrachter wirklich klar, wer der Urheber solcher Bilder ist, welche Ziele er damit verbindet und welche PR-Agenturen möglicherweise an der Verbreitung beteiligt waren, um gezielt Einfluss auszuüben. Gerade in Verbindung mit den Themen Krieg, Leid, Not und Hilfsbereitschaft werden Bilder und Narrative produziert, die Empörung hervorrufen und Menschen zu bestimmten Haltungen und Aktionen manipulieren sollen. Die Bilder aus dem Syrien- oder Irakkrieg, aus dem Konflikt in der Ostukraine oder zum Flüchtlingselend sind Beispiele hierfür: Nie kann der Betrachter sicher sein, nicht manipuliert zu werden. Längst hat eine starke Medienkritik eingesetzt, die sich gegen derartige Manipulationen wendet und Fragen wie jene aufwirft, warum Medien beispielsweise die Befreiung Mossuls feiern, während im Fall von Aleppo – mit stark ähnlichem Sachverhalt – vor allem das Leid der Zivilisten zum Thema der Berichterstattung wurde.

Es ist für ein wie auch immer geartetes, neues Orientierungsmodell daher dringend nötig, sich der medialen Dynamiken und ihrer gezielten Ausbeutung bewusst zu werden. Ein kritisches Verständnis wird zur unabdingbaren Voraussetzung für Orientierung.

4.2 Der gegenwärtige Orientierungsdiskurs in den Wissenschaften

4.2.1 Vorbemerkung

Den Kommunikations- und Kulturwissenschaften kommt innerhalb der Orientierungssuche, wie einleitend gezeigt, eine besondere Bedeutung zu. Daher werden hier deren wesentliche thematischen Beiträge benannt und im Hinblick auf ihren praktischen Wert (als gemäß ihrer Zugänglichkeit und direkten Nutzbarkeit) bewertet: Wie kommunizieren diese Wissenschaften, wie wird innerhalb dieser Wissenschaften kommuniziert? Wie sieht die Beziehung des gesellschaftlichen Teilsystems Wissenschaft zu anderen Teilsystemen und zur Gesamtgesellschaft aus? Gibt es Besonderheiten, Missverständnisse oder Probleme in dieser von Kommunikation geprägten Beziehung?

Es ist allerdings festzuhalten, dass die besondere Rolle der Wissenschaft sich nur durch subjektive Bedeutungszuweisung ergibt. So formulierte Èmile Durkheim in „Les formes élémentaires de la vie religieuse (Paris 1985, S. 626, hier in der Übersetzung von Hejl 1994, S 48): „Der Wert, den wir der Wissenschaft zusprechen, hängt von der Idee ab, die wir uns kollektiv von ihrer Besonderheit und ihrer Rolle im Leben machen, d. h. sie drückt einen jeweiligen Zustand der Meinung aus. Das bedeutet, dass alles im sozialen Leben, auch die Wissenschaft, auf Meinung beruht."

Wissenschaftliches Handeln richtet sich naturgemäß auf die Schaffung von Orientierungen technischer, aber auch sozialer und philosophischer Art. Anders als in den naturwissenschaftlichen Fächern lassen sich jedoch gerade in den Sozial- und Verhaltenswissenschaften keine unverrückbaren Gesetzmäßigkeiten ähnlich denen der Formeln zu Schwerkraft oder Energie ableiten.

4.2.2 Orientierung, Kommunikation und Vertrauen

Der Begriff der Kommunikation wurde bereits beschrieben (siehe Kap. 2.2.2) und als ein grundlegendes Merkmal von Orientierungsvorgängen betrachtet. Dabei wurde allerdings noch nicht genügend auf die kommunikationswissenschaftliche Perspektive eingegangen, die den Kommunikationsbegriff genauer untersucht und sich darum bemüht, Gründe für das kommunikative Gelingen oder Scheitern zu benennen und die Grundlagen von Wirklichkeitskonstruktionen zu erkennen.

In der Regel setzen die Sender innerhalb eines Kommunikationsprozesses stillschweigend voraus, dass ihre Nachricht genau so verstanden – und damit erfasst und interpretiert wird – wie sie selbst dies tun. Anders ausgedrückt: Die Information soll quasi in einen Container gelegt, transferiert und unverändert wieder ausgepackt werden, wobei jeder, die Information erhält, dieselbe Aussage daraus entnimmt. (Krippendorf, 1994, S. 98) Diesem idealtypischen Bild steht jedoch eine Realität entgegen, in der es vielfach zu Missverständnissen kommt, die entweder offensichtlich werden oder im Hintergrund wirken, ohne dass sich die Teilnehmer der Kommunikation dessen bewusst sind – die Folge sind Verzerrungen, die dann wiederum eine Interpretation oder Erklärung benötigen.

Drei der gängigsten Erklärungsansätze, bei denen der Kommunikator verantwortlich für die gescheiterte oder fehlerhafte Kommunikation gemacht wird, führen zu folgenden Strategien:
- Die erste Strategie besteht in der Abweisung: Dies bedeutet, dass die Wahrnehmungs-, Wissens- oder Interpretationsunterschiede als wie auch immer gearteter Fehler, als krankhafte Handlungsweise oder Bösartigkeit, oder aber als lustiges Paradox (und demzufolge als Bedeutungslosigkeit) eingestuft. Alle diese Einstufungen setzen allerdings voraus, dass der Empfänger der Kommunikation sich berufen fühlt, solche Urteile abzugeben – damit schätzt er den Sender als unfähig oder bösartig ein, während ihm die alleinige Interpretation zufällt. Gleichzeitig erlaubt er sich damit ein Urteil über die sinistren Motive oder die mangelnde Qualifikation des Kommunikators. Der Empfänger attestiert sich damit gleichzeitig die

Autorität, die Regeln und Wirkungsweisen normaler Kommunikation zu kennen, wenn er diese Abweichungen feststellt. (Krippendorf, 1994, S. 98)
- Die Deutungshoheit kann jedoch auch an den Kommunikator zurückgegeben werden, etwa durch eine Nachfrage nach der Klärung, Intention oder Interpretation seiner Botschaft. In einigen Fällen ist die Autorität auch institutionell bedingt, etwa wenn ein Wissenschaftler bestimmt, was als richtig zu gelten hat oder wenn ein Gericht den Ablauf der Fakten bestimmt. Es kommt also zu einer Vermittlung zwischen Kommunikator und Empfänger. (Krippendorf, 1994, S. 99)
- Im Extremfall kann die kommunikative Verzerrung sogar Gewalt hervorrufen, etwa wenn eine (familiäre, berufliche oder auch internationale) Autorität sich in Frage gestellt fühlt. (Krippendorf, 1994, S. 99f)

Kommunikative Verzerrungen tragen, wenn auch anders als vom Sender gewünscht, zu einer Orientierung bei: Wird der Sender für die missglückte Kommunikation verantwortlich gemacht, sei es aus einem fehlerhaften oder einem bewussten und zielgerichteten Manipulationsversuch heraus, so mindert dies seinen Status als vertrauenswürdige Orientierungsinstanz. Die Orientierung geht dann nicht hin zum Sender, sondern wird im Abstand zu diesem gesucht – ein Mechanismus, der sich beispielsweise im Vorwurf der „Lügenpresse" zeigt, die dann eines Korrektivs – etwa einer Medienlandschaft mit entgegengesetzten Botschaften und Narrativen – bedarf.

Der einer jeweiligen Orientierungsinstanz eingeräumte Vertrauensvorschuss ist abhängig von individuellen Sinnzuschreibungen – so muss eine Instanz bereits eine gewisse Akzeptanz genießen, um überhaupt als Orientierung in Erwägung gezogen zu werden: So dürften gewisse Medien, unabhängig von ihrem Wahrheitsgehalt, auch aus einer politisch-normativen Perspektive bewertet werden. Bestimmte, der eigenen Richtung zuwiderlaufende Ansichten werden dann beispielsweise überhaupt nicht mehr in Erwägung gezogen, weil sie individuell „keinen Sinn" ergeben:

> Was wir auch immer sagen, tun und sogar sind – wir können immer nur in der Wirklichkeit handeln, die wir verstehen und die uns unsere eigene Wahrnehmung sinnvoll macht. [...] Und die These lautet, dass jeder von uns immer so handelt, dass dieses Handeln sinnvoll erscheint, jedem und jeder für sich selbst, in der doppelten Bedeutung von ‚Sinn' als den Sinnen zugänglich und als bedeutungsvoll, verstehbar und verständlich. (Krippendorf, 1994, S. 103f)

Jegliche Kommunikation setzt zunächst zwei Arten von Konstruktion voraus: Die des Selbst und die des Kommunikationspartners. Beide Seiten müssen sich ergänzen, wenn sie sich auf Kommunikation einlassen möchten. So wird auch die Konstruktion des Selbst bzw. das eigene Rollenverständnis immer komplementär zum anderen empfunden: Menschen treten sich gegenüber, beispielsweise als Kinder und Eltern, Arzt und Patient, wobei eine Rolle nur mittels der anderen ermöglicht wird. Darüber hinaus ist es der Sprachgebrauch selbst, der die jeweils vom Individuum konstruierten sozialen Wirklichkeiten abbildet. Damit ist auch der Wissenserwerb über Sprache immer ein stark sozialer Vorgang. (Krippendorf, 1994, S. 106–108)

Es wurde bereits darauf hingewiesen, dass auch die Orientierung – als eine Form des Wissenserwerbs – untrennbar mit dem kommunikativen Orientierungsprozess verbunden ist. Eine gelungene Kommunikation ist ein Prozess, in dem eine individuelle Sinnzuschreibung vorgenommen wird: Die kommunizierten Informationen werden anhand des eigenen Filters bewertet. Insbesondere dann, wenn sie in das eigene Wahrnehmungsschema passen.

Passen die Informationen in das Schema und bauen sie auf bereits Bekanntem auf, so erhöht sich die Wahrscheinlichkeit, dass sie positiv aufgenommen werden. Umgekehrt sind Informationen, die den eigenen Lebenserfahrungen, dem eigenen Weltbild widersprechen, weitaus schwieriger zu bewältigen und könnten auf die oben skizzierten Abwehrmechanismen stoßen, wobei etwa dem Sender schlechte Absichten unterstellt werden.

Betrachtet man den Zusammenhang zwischen Orientierung und Kommunikation, so stößt man unweigerlich auch auf den Vertrauensbegriff: Eine Orientierungsinstanz wird grundsätzlich nur dann gewählt, wenn der Orientierungssuchende bereit ist, ihr, ihren Botschaften und Signalen ein Mindestmaß an Vertrauen entgegenzubringen, ihr also zuzugestehen, keine Absichten zu hegen, die beispielsweise den eigenen Interessen oder den Interessen der eigenen Identifikationsgruppe zuwiderlaufen.

Nun ist Vertrauen, genau betrachtet, weitaus mehr als ein zwischenmenschliches Gefühl: Luhmann beschreibt Vertrauen als eine Grundhaltung, ohne die das Leben in der modernen, von technischen, strukturellen und sozialen Abhängigkeiten geprägten Gesellschaft nahezu unmöglich wäre – Vertrauen bedeutet für ihn eben dies, was der Untertitel seines gleichnamigen Buches ausmacht: Einen „Mechanismus zur Reduktion sozialer Komplexität": Zwar gebe es, so Luhmann, Situationen, in denen bewusst über die Frage, ob und wem der Mensch Vertrauen schenken möchte, entschieden werden könne, „ohne jegliches Vertrauen aber könnte er morgens das Bett nicht verlassen. Unbestimmte Angst, lähmendes Entsetzen befielen ihn. [...] Solch eine unvermittelte Konfrontierung mit der äußersten Komplexität der Welt hält kein Mensch aus". (Luhmann, 2014, S. 1)

Es fällt auf, dass die Komplexität der realen Umwelt zu den Hauptinhalten von Luhmanns Perspektive zählt – eben jene Komplexität, die Orientierung nötig, gleichzeitig aber auch sehr schwer macht. Menschen wie auch Organisationen üben Funktionen aus, und bemühen sich, dabei die für sie jeweils wünschenswerte Zukunft zu planen und ihre Gegenwart demnach zu gestalten. Die funktionale Ausrichtung und die immer weiter vordringende Professionalisierung und Spezialisierung erzeugen dabei massive Probleme: „Das Vordringen instrumentell spezifizierter Orientierungen auf Kosten der Gegenwart ist eine Bedingung rationaler Leistungssteigerung. Es führt aber, wie in der Industriesoziologie durchgehend beobachtet wird, zu einer Sinnentleerung der Gegenwart [...]." (Luhmann, 2014, S. 16)

Luhmann weist darauf hin, dass eine der Antworten auf die übergroße gesellschaftliche und technische Komplexität, die Verflochtenheit von Gegenwart und Zukunft, die Abstimmung mit anderen und die Planung des eigenen Lebens in der Vertagung von Entscheidungen bestehen kann. Gemeint ist damit allerdings nicht eine ziellose Prokrastination, sondern eine durchaus sinnvolle Zurückhaltung: Denn die bewusste Vertagung einer Entscheidung führt dazu, dass Zeit gewonnen wird; Die Ereignisse, die bis dahin eintreten, können zu einer Reduktion der Komplexität für die Entscheidung führen Dies gilt im Großen wie im Kleinen: Ein Unternehmen, das eine Investition plant, vertagt diese, um mehr Zeit für Informationsgewinnung zu schaffen, ein Jugendlicher, der sich ein neues Smartphone kauft, kann ebenso dieser Strategie folgen – und vielleicht warten, bis ein besseres Modell zum gleichen oder gar günstigeren Preis erhältlich ist. Wie Geld-, so sind auch Macht- oder Wahrheitsentscheidungen (und damit: Orientierungen), die Luhmann als soziale Mechanismen beschreibt (Luhmann, 2014, S. 19), diesem Muster unterworfen: Niemand wird heute gezwungen, sich mit sofortiger Wirkung weltanschaulich festzulegen, einem bestimmten Handlungsmuster oder Wertesystem zu folgen oder sich für einen Partner zu entscheiden.

4.2.3 Orientierung und (Medien-)Öffentlichkeit

Historisch war die Kontrolle über Medien immer mit gesellschaftlichem Einfluss, vielfach auch mit Macht verbunden: Gleichgültig, ob es sich um das primäre Medium einer lauten Stimme (zusammen mit der Gabe der Rhetorik), später um die Verfügbarkeit eines Megafons handelte oder – in der heutigen Zeit – um die Möglichkeit, auf Knopfdruck und mittels Überweisung von Geld an Google oder Facebook „Likes", hohe Ränge bei Suchtreffern oder andere Arten der Aufmerksamkeit zu schaffen. Auch der kunstvoll entfachte und bewusst provozierte mediale „Skandal" der die Verkaufszahlen eines Produkts in die Höhe treibt oder der „Shitstorm", der über den Gegner hereinbricht, sind ein mediale Mittel der Einflussnahme. Eine ganze Industrie arbeitet derzeit daran, die verschiedenen Einflusswährungen (medial, politisch, ökonomisch) ineinander umzuwandeln: Der Geschäftsmann möchte sein Geld für politischen Einfluss ausgeben, der Politiker sucht nach Finanzierungsmöglichkeiten für seine Projekte.

Orientierungssuchende sind diesem Treiben meist schutzlos ausgesetzt, zumal es in der Regel eines abgeschlossenen medienwissenschaftlichen Studiums und einer gehörigen Portion Spürsinn bedarf, die verborgenen Mechanismen der Einflussnahme zumindest erahnen zu können und sich der Konstruiertheit der Nachrichtenwelt bewusst zu werden, anstatt sie einfach als Abbild der „Realität" anzuerkennen.

Jugendliche und junge Erwachsene, denen es an Lebenserfahrung und dem Wissen um politische wie ökonomische Prozesse und Abhängigkeitsstrukturen mangelt, sind bei ihrer Orientierungssuche in einer wenig beneidenswerten Lage: Sie suchen Sinn und bereits die Bekundung einer solchen Absicht wird von Werbetreibenden ausgenutzt: Wer immer sich beispielsweise mit einer ethischen Frage beschäftigen möchte und die nahezu allmächtige Suchmaschine befragt, wird eher auf Angebote von Büchern oder Seminaren stoßen als auf aussagekräftige Antworten. Zudem wird die

Aufmerksamkeit gezielt, professionell und unter Zuhilfenahme zahlreicher im Hintergrund wirkender Algorithmen auf die ökonomische verwertbaren Aspekte der Sinnsuche gelenkt – und damit auch von ihren geistigen Ursprüngen abgebracht: Verlockender als ein Blick in die frei zugänglichen Quellen, in die Aristoteles- oder Kant-Texte, erscheint es, eine Neuerscheinung zum Thema zu bestellen und sich hierbei von weiteren Werbeanzeigen ablenken zu lassen, die überhaupt nichts mehr mit dem Ausgangsthema zu tun haben.

Das Internet scheint nicht die gerade in den Anfangsjahren vielgepriesene Demokratisierungsmaschine zu sein, sondern gehorcht einer stark ökonomischen Struktur. Seine Herrscher heißen Facebook, Google und Amazon – Akteure, die sich derzeit anschicken, auch den klassischen Markt für Zeitungen durcheinanderzuwirbeln, wie sich etwa beim Kauf der Washington Post durch Amazon-Gründer Jeff Bezos im Jahre 2013 zeigte. (FAZ vom 10.05.2015)

Die Medienöffentlichkeit ist sicherlich eine Orientierungsinstanz, teils allerdings ohne als solche wahrgenommen zu werden: Sie wirkt nicht nur unmittelbar, sondern auch längerfristig, indem sie bestimmte Geisteshaltungen oder Einschätzungen gesellschaftlicher Themen transportiert und damit ihre Leser oder Zuschauer in die Lage versetzt, ähnliche Einschätzungen selbst vorzunehmen und zu begründen. Langjährige Leser einer Zeitung mit linker Ausrichtung dürften gesellschaftliche Themen anders bewerten als Leser von konservativen oder liberalen Blättern. Eine Orientierung an der Medienlandschaft setzt jedoch zunächst eine Einschätzung – und damit eine vorhergehende Orientierung – voraus: Welcher Zeitung traue ich zu, die überkomplexen Strukturen und Prozesse der „Realität" auf möglichst „realitätsnahe" Weise abzubilden? Die plakative Ausdrucksweise sei an dieser Stelle verziehen, denn die wenigsten Leser dürften einem konstruktivistischen Ansatz folgen, der solcherlei Abbildungen generell sehr kritisch sieht (siehe Kap. 3.4.3).

Eine Orientierung an der Medienöffentlichkeit, die heute, zumindest was die Anzahl der Medien betrifft, vielfältiger ist als je zuvor, setzt also frühere Entscheidungen darüber voraus, welche Zeitung abonniert oder welches Internetmedium standardmäßig zur Nachrichtenbeschaffung genutzt wird. Auch die Entscheidung, keine Entscheidung zu treffen, kann hierbei erfolgen, etwa wenn ein generelles Desinteresse an gesellschaftlichen Fragen besteht. Auch ein solcher Rückzug ins Private bleibt für Jugendliche zunächst ohne spürbare Folgen, besteht er doch lediglich aus einem Verzicht auf Urteilsfähigkeit, dessen Konsequenzen, wenn überhaupt, erst später im Leben deutlich werden.

Die Orientierung an der Medienöffentlichkeit ist immer hochgradig individuell und folgt keinem pauschalen Muster – ob es nun die von den Eltern abonnierte Zeitung ist, die die Neugier weckt oder der sorgfältige Vergleich und die zielgerichtete Auswahl, bleibt den Jugendlichen selbst überlassen. In jedem Fall ist die Orientierung an der Medienöffentlichkeit immer auch durch die eigenen Interessen und Emotionen geprägt und bildet möglicherweise Strukturen wie die Treue zu einem bestimmten Medium aus, die lebenslang anhalten.

Es ist zunächst festzuhalten, dass die größten Akteure innerhalb der Medienlandschaft die Vermittlung von Nachrichten und anderen Informationen als Geschäft betreiben. Ziel ist es daher nicht, die Menschen mit einem wie auch immer gearteten Sinn oder einer Orientierungshilfe auszustatten, vielmehr erfolgt dies, wenn überhaupt, nur zum Zwecke des Erwirtschaftens von Profiten. Diese Dynamik sollte bei der Gesamtbetrachtung nicht außer Acht gelassen werden: Verkauft sich ein Ratgeber, eine Lebenshilfe oder eine Schrift zur Orientierung besonders gut, so kommt mit dem Erfolg auch der weitere Erfolg: Der Einzug in die Bestsellerlisten, die Berichterstattung über die zahlreichen Verkäufe sowie die mediale Diskussion über das Werk. Dies ließ sich besonders gut am Beispiel von Thilo Sarrazins „Deutschland schafft sich ab" beobachten, das nicht ohne Grund auch von Links Betrachtungen zum Normalismus, die überdies den Untertitel in Klammern gesetzten Untertitel „Mit einem Blick auf Thilo Sarrazin" (Link, 2013) trägt, eingehender untersucht wird. Sarrazins Buch ist aus einem weiteren Grund ein ergiebiges Thema, zumal es durchaus den Anspruch erhebt, Orientierung zu vermitteln – und gleichzeitig ältere, als sicher betrachtete Orientierungsmuster angreift. Ein weiterer Grund sind die beiden Themen Normalität und Kultur, zumal sie jene unmittelbaren (wenn auch sicherlich konstruierten) Orientierungsinstanzen darstellen, die auf die Menschen wirken: Gleichgültig ob man sich der subjektiv wahrgenommenen „Normalität" und ihrer kulturellen Ausprägung anschließt oder sich bewusst von ihr abgrenzt, die zentrale Wirkung auf die Orientierung bleibt bestehen.

Medien vermitteln immer das Bild einer bestimmten Normalität, das gerade angesichts ihrer Ausrichtung auf das „nicht normale" offensichtlich wird: Der Nachrichtenwert des Abstrusen und Verrückten ist in der Regel weitaus höher als jener von alltäglichen Vorgängen. Gerade durch diese Konzentration auf den boulevardistischen Unterhaltungseffekt erfolgt jedoch sozusagen die Konstruktion einer „Normalität" – die sicherlich nur in Umrissen ersichtlich wird, da sie selbst kaum charakterisiert, sondern nur durch die Auslassungen spürbar wird: Normal ist das, über das nicht berichtet wird, Normal trägt den faden Beigeschmack des langweiligen, des Alltäglichen, das kaum noch in die bunte und sensationsheischende heutige Medienlandschaft passt. Die Digitalisierung verstärkt diesen Effekt und auch einstmals als seriös geltende Medien entziehen sich nicht mehr dem Drang, durch selbstgemachte Sensationen, durch Berichterstattung über die Peinlichkeiten Prominenter oder die Sexualisierung von Themen ihre Klickraten und Einkünfte zu erhöhen. Dies ist etwa beim „Spiegel" zu beobachten, der mit seinen Kategorien bzw. Unterportalen („einestages", „bento") neue Nutzergruppen zu erschließen sucht und sich dabei auch vom früheren journalistischen Anspruch verabschiedet.

Eine Orientierung an „den Medien" ist allenfalls ein Rahmen und führt eher zum Bewusstsein bestimmter Regeln der Öffentlichkeit, der sozialen Erwünschtheit von Äußerungen oder der Kommunikationskultur an sich. Betrachtet werden muss dabei immer auch die Orientierung an *einem* bestimmten (Leit-)Medium, das individuell ausgewählt wird und sich durch eine besondere Nähe zu den Positionen, Meinungen und Werthaltungen des jeweiligen Lesers oder Zuschauers auszeichnet.

Die weit verbreiteten, aus den klassischen Zeitungen der Bundesrepublik hervorgegangenen Medienportale wie Spiegel oder Zeit bemühen sich alle darum mit eigens dafür gestalteten Angeboten, Nachwuchsleser – Jugendliche allgemein oder Studenten im Besonderen -anzuwerben. Dabei werden gezielt Themen gesucht, von denen man eine besondere Wirkung auf diese Zielgruppen annimmt – häufig ist damit auch eine weitere Boulevardisierung verbunden, wenn es etwa um die Themen Aussehen, Ernährung, Sport, Sexualität oder die Eskapaden von Prominenten geht.

Jugendliche, die derartige Medien als Orientierung nutzen, finden sich unter Umständen in einer Welt, die von vorwurfsvollen Imperativen geprägt ist, die weitaus stärker zur Verunsicherung sensibler Personen beitragen als zur Stillung von Informationsbedürfnissen: Schlankheits-, Schönheits- und Fitnesskonzepte zeichnen das Bild einer Welt, wobei hin und wieder auch der Typus des Rebellen, des Aussteigers aus der Enge des Alltags auftaucht: Der Minimalist, der mit nur wenigen Gegenständen auskommt, der Couchsurfer, der nirgends wirklich zuhause ist, der radikale Veganer, der urbane Graffiti-Sprayer etc.

Dabei werden, auch dies der Mediendynamik geschuldet, vor allem ausgefallene Charaktere mit höheren Nachrichtenwert beleuchtet, wodurch gezielt auch die Sehnsüchte der Jugendlichen nach einer Abkehr von alltäglichen Normalitätsvorstellungen genutzt werden. Auf diese Weise entsteht das Bild einer starken Gegenkultur, die sich in Abgrenzung zur als spießig verstandenen Alltagskultur präsentiert: Wer sich allerdings mit einem Medium identifiziert, dass auf diese Weise arbeitet, sollte sich der Tatsache bewusst sein, dass es sich um kommerzielle Angebote handelt, die jeder Nachricht und jedem Artikel den Wert beimessen, der sich aus den erwarteten Klickzahlen und Werbeeinnahmen ergibt. Das Verhalten der Nutzer fließt dabei in die zukünftige Gestaltung der Seiten und Berichte ein: Zeichnet sich etwa ab, dass ein Thema besonders gut bei der Nutzergruppe ankommt, so wird es bevorzugt platziert und entsprechend ausgeweitet. Der Leser, Zuschauer und User – so antikapitalistisch, rebellisch oder distanziert er sich auch gebärden mag – macht sich zur mit seinem Verhalten zur Ware, während die Webseiten zum Experimentierfeld für die menschliche Psyche umgestaltet werden.

Längerfristig herrscht bei dieser Art der medialen Orientierung als eine Orientierung am Verhalten der Nutzergruppe des jeweiligen Webauftritts, in das auch das eigene Verhalten einfließt. Je nach Güte der verwendeten Software, der Cookies und Internet-Überwachungsmechanismen der Seitenbetreiber kann auch der Besuch der Seite zu einem hochgradig individuellen Erlebnis umgestaltet werden: Ähnlich der Filterblase oder Echokammer auf Facebook bestehen auch bei Nachrichtenseiten keine technischen Hindernisse mehr, genau jene Nachrichten und Meldungen zu präsentieren, an denen der einzelne Nutzer vorab Interesse bekundet hat; Wer bevorzugt auf sensationsheischende Überschriften klickt, die zu Artikeln niederer journalistischer

Qualität führen, dem fehlt die Legitimation, sich über die Hinwendung der Medien zum Primitiven zu empören.

Die Philosophie als sehr breit angelegte Wissenschaft beschäftigt sich auf viele Arten mit Orientierung, mit Fragen der Moderne und jenen des „Zeitgeistes" – eines Begriffs also, der sich mangels sinnvoller Übersetzungsmöglichkeit auch in englischsprachigen Philosophietexten wiederfindet.

Insbesondere der moralphilosophische Teil der Wissenschaft – und die aristotelische Grundfrage nach dem „Guten" an sich können hier dazu beitragen. Auch die Frage, ob und mit welchem Anspruch Orientierung einem endgültigen, nicht mehr hinterfragbaren Ziel gelten sollte, ist nicht nur von der Religion, sondern auch von Seiten der Philosophie thematisiert worden, ebenso wie die praktischen Aspekte einer Orientierung zur besseren (d. h. sinnstiftenden, ruhigen, kontrollierten, sicheren, moralischen) Bewältigung des Alltagslebens.

Auf die philosophischen Grundlagen (insbesondere die Deutung des Orientierungsbegriffs und die komplexen Probleme, die sich hierbei ergeben) wurde bereits im theoretischen Teil verwiesen. Es ist an dieser Stelle wichtig, zu zeigen, dass sich die Orientierung auch als ein Zirkel begreifen lässt, der sich vor jeweils offenen Horizonten entwickelt und an jeder Stelle und mit jeder neu erlangten Erkenntnis wiederum einer neuen, kreativen Orientierungsstiftung bedarf und der sich damit gleichzeitig auch als ein „Erfahrungszirkel" begreifen lässt. (Elm, 2005, S. 101f)

4.3 Die philosophischen Ansätze von Orientierungssuche

Die Wissenschaft, zu deren Kernaufgaben die Suche nach Orientierung gehört – die Philosophie – hat aufgrund ihres verhältnismäßig hohen Alters und der durchgehenden Beschäftigung mit diesem Thema eine Fülle von unterschiedlichen Orientierungsangeboten hervorgebracht. Dies gilt sowohl für das individuelle Leben – die Suche nach Sinn und Glück – sowie für das Zusammenleben der Menschen und die Ordnung ganzer Gesellschaften.

Die von der Philosophie geschaffenen Orientierungsangebote lassen sich in die beiden Bereiche „Erkenntnisphilosophie" und „praktische Lebensphilosophie" teilen, wobei der erste Bereich bereits über den Konstruktivismus angerissen wurde und bei der Orientierungsphase, wie sie Jugendliche und junge Erwachsene durchlaufen, wenn überhaupt, eine nur sehr untergeordnete Rolle spielen dürfte, zumal die wenigsten Orientierungsvorgänge sich mit derart grundlegenden Fragen beschäftigen und vielmehr praktische Hinweise zur Lebensführung oder eine weltanschauliche Perspektive gefragt ist. Aus diesem Grund – und weil die Basisperspektive des Buchs in der Kommunikations- und der Kulturwissenschaft liegt – konzentrieren sich die folgenden Kapitel auf die praktischen Aspekte und lassen weitere, philosophischerkenntnistheoretische Punkte außer Acht. Ebenso soll die von Russel aufgeworfene Frage, inwieweit die Ethik (ein mögliches Ziel des Orientierungsvorgangs) überhaupt der Philosophie als praktischer, wissensbasierte Disziplin zugeordnet werden kann, nicht gestellt (bzw. stillschweigend positiv beantwortet) werden, da dies zu weit in die Logik des Fachs führen und die Gefahr eines Verlusts des kommunikationswissenschaftlichen Fokus mit sich bringen würde.

Die folgende Auflistung skizziert – in sehr knapper Form – einige Lebensentwürfe und -perspektiven, die gleichzeitig auch die Hauptströmungen der philosophischen Ethik bilden, wie sie beispielsweise auch im Schulunterricht behandelt wird und damit als Grundlage jenes Wissens dient, das Kinder, Jugendliche und junge Erwachsene erwerben. Entsprechend der kultur- und kommunikationswissenschaftlichen Ausrichtung werden die unterschiedlichen philosophischen Perspektiven nur die sehr überschaubare Anzahl von Entwürfen reduziert, wie sie sich den Heranwachsenden bieten – ausgenommen sind religiöse philosophische Perspektiven, die an anderen Stellen behandelt werden.

Im Folgenden werden also die Grundideen jener Philosophien behandelt, die auch heute noch als lebenspraktische Ratgeber verbreitet werden

4.3.1 Erfüllung im „guten Leben"

Wie bei so vielen Wissenschaften gilt Aristoteles auch in der Philosophie als einer der ersten systematischen Vertreter dieses Fachs. Im Denken des Aristoteles nimmt die Frage nach dem „Guten" – im Sinne von vollkommenen und glücklichen Leben – einen zentralen Platz ein.

In der „Nikomachischen Ethik" gibt Aristoteles Hinweise auf Lebensentwürfe, die sich auch heute noch als grobe Richtungsangaben nutzen lassen. Er unterscheidet:
- ein primitives Leben, das dem reinen Lustprinzip folgt und daher auf einer Ebene mit dem Leben von Tieren ist,
- ein politisches (d. h. ehrenvolles, tugendhaftes und tatenreiches) Leben und
- ein philosophisches, d. h. betrachtendes, nach Wahrheit und Erkenntnis strebendes Leben.

Der letztgenannte Entwurf genießt bei Aristoteles die höchste Anerkennung (EN I 3 und 6, X6–9), bietet allerdings Raum für Diskussionen, zumal zu hinterfragen ist, ob gemeint sein könnte, dass die Betrachtung wertvoller ist als eine aktive Teilnahme am Leben und die Sorge um andere Menschen. So würde nach moderner Lesart die Moral mit einem rein theoretischen Leben kollidieren (Kullmann, 2010, S. 260).

Das gute, glückliche Leben ist dennoch untrennbar mit einem Leben in der Gemeinschaft, genauer: einem Leben innerhalb eines Staates, verbunden: So gelte es, das Glück für den Staat als vollkommenes Ganzes anzustreben; nur dort, wo sich dies nicht verwirklichen lasse sei, solle dem individuellen Glück Vorrang gegeben werden. Der Staat selbst allerdings ist dabei angehalten, seinen Jugendlichen eine Erziehung zur Tugend zukommen zu lassen (NE X10). Eine solche Förderung der Tugend hat weniger den privaten Nutzen zu Ziel als vielmehr den gemeinsamen Nutzen des Staates bzw. der Polis (Pol. III 7). Dabei entsteht tugendhaftes Handeln durch eine Kombination aus Gewöhnung, Erziehung und Einsicht.

Die Nikomachische Ethik erhebt durchaus den Anspruch, eine praktische, handlungsleitende Philosophie zu sein (EN I 1, 1095a 5f). Normatives Leitprinzip ist, wie oben gezeigt, das Glück, das durch tugendhaftes Streben – und nicht durch die „Launen des Glücks" oder die eine göttliche Glückseligkeit erreicht wird. (Höffe, 2003, S. 128–130)

Hier sind also Elemente der Tugend und Moral und des individuellen wie auch des gesamten (im Sinne eines gemeinschaftlichen oder staatlichen) Glücks verwoben.

Aristoteles' Gedanken haben sich in auch der neuzeitlichen Grundanschauung des Neo-Aristotelismus erhalten – Ideen sind hier das vollkommene Leben, wie es beispielsweise von Philippa Foot beschrieben wird: Dementsprechend bleibt ein Leben, in dem sich die biologischen Potenziale (etwa die Fähigkeit, Kinder zu bekommen), nicht verwirklichen, immer unvollständig. Alle Dinge, die der Mensch zum Glücklichsein benötige, sind nach Foot bereits biologisch vorgegeben und können analog zum Tierreich gelten. Sie müssen auf die richtigen, natürlichen Rahmenbedingungen stoßen, um ihr Potenzial zu verwirklichen. Dies bedeutet, dass es eine Art festgelegte und klar definierbare Idee dessen gibt, wie Menschen „sein sollten". (Foot, 2004, S. 32–49)

Folgt man dieser Neo-Aristotelischen Spielart, gibt er durchaus eine klare Orientierung vor, die sich aus der Natur wie auch aus der Veranlagung des Menschen ableitet. Kurz gesagt, handelt es sich um die Bildung von Gemeinschaften und das Streben nach Glück – das, wie bei Aristoteles, jedoch weder in einem egoistischen und unsozialen Handeln besteht noch aus dem schlichten und zufälligen „Glück haben" – solche Arten von Glück wären, sofern man überhaupt diesen Begriff nutzen kann, kaum als vollkommen zu bezeichnen, da zum vollkommenen Glück auch das Streben nach tugendsamen, moralischen Handeln gehört.

Gegen die Überlegungen Foots lässt sich sicherlich einwenden, dass moralisches Handeln sich nicht einfach zur biologischen Programmierung des Menschen gehört und sich auch nicht daraus ableiten lässt. Begreift man moralisches Handeln als eine Sache, die aus einer entsprechenden Erziehung und späteren Einsicht erwächst, so gibt die Natur hier zunächst nur den Überlebens- und Fortpflanzungstrieb vor, der sich auf subjektiv zugeschriebene moralische wie auch unmoralische Arten manifestieren kann. Die Vielfalt menschlicher Lebenssituationen lässt sicherlich Raum für unterschiedlichste Arten von Verhalten – wie auch für die Ausprägung völlig verschiedener Arten von moralischen Werten.

Das gute – also tugendhafte, glückliche und vollkommene Leben nach der aristotelischen Vorstellung – stößt heute auf eine Vielzahl komplexer Entscheidungen: Ein vollkommenes Leben – das zur Zeit des Aristoteles überdies nur dem wohlhabenden Bürger offenstand – muss sich heute mit den schwierigen Anforderungen des beruflichen und privaten Alltags auseinandersetzen: Auch Fragen der Tugend lassen sich angesichts der Vielzahl von Handlungsmöglichkeiten und auch den sich widersprechenden Werteüberzeugungen kaum noch einfach beantworten.

4.3.2 Gelassenheit als Basis von Zufriedenheit

Die antike philosophische Schule der Stoa bildete eine Geisteshaltung aus, die durchaus an bestimmte Überzeugungen des Buddhismus erinnert: So etwa die Ansicht, dass das Wollen bzw. Begehren als Wurzel von menschlichem Leiden angesehen wird. Der Stoiker zeichnet sich durch seine sprichwörtliche „stoische Ruhe" aus.

Der römische Kaiser Marc Aurel gilt als der letzte maßgebliche Vertreter dieser philosophischen Richtung.

Die Annahmen der Stoa weisen gerade heute – in einer Zeit, in der das ständige „Mehrhabenwollen" als dringend nötige Antriebsfeder der Wirtschaft gilt, und in der Werbestrategen damit beschäftigt sind, täglich neue Bedürfnisse zu predigen, deren Erfüllung alleine ihr Produkt verspricht – eine gewisse Attraktivität auf, verspricht sie doch genau das, was vielen der durch die Wirtschaft, aber auch ihre privaten Ansprüche Gehetzten fehlt: Gelassenheit und die Fähigkeit, auch schwierige Phasen im Leben zu ertragen. Eine Orientierung an der stoischen Schule ist mehr als der Erwerb von Informationen, da es um die Ausprägung einer handlungsorientierten und praktischen Lebensphilosophie geht.

Stoische Betrachtungsweisen überschneiden sich heute mit der Formulierung der „Entschleunigung" und einer Rückbesinnung bzw. Refokussierung auf ein stabiles Wertefundament. Sie stehen damit im Gegensatz zur ständig eingeforderten Flexibilität, Reaktionsschnelle und einer rein kommerziellen Ausrichtung der Gesellschaft.

In der modernen Psychologie wird unter dem Begriff der „Resilienz" die Fähigkeit von Gruppen oder Individuen verstanden, mit krisenhaften Entwicklungen umzugehen und diese zu bewältigen.

4.3.3 Hedonismus

Der Hedonismus als Lehre vom guten, glücklichen Leben, hat heute den Beiklang einer sinnentleerten Suche nach dem schnellen Spaß – wobei die antiken Wurzeln dieser Philosophie in eine völlig andere Richtung verweisen: So ist es eben nicht die Steigerung von Emotionen, sondern deren Unterordnung unter ein durchaus rationales Verhalten; Glückliche Menschen zeichnen sich nach Epikur, einem Philosophen des 3. vorchristlichen Jahrhunderts vor allem dadurch aus, frei von schlechten Gefühlen zu sein. Seine Definition des Guten ist also negativ ausgerichtet: Glücklich ist nicht der, der emotionale Lust sucht, sondern der, der frei von „Unlust", also Ärger, Leiden und vor allem von Ängsten ist; Hierzu zählen insbesondere die Angst vor dem Schicksal bzw. den Göttern, die Angst vor dem Tod, die Gier und der physische Schmerz. Auch die Gleichsetzung von Hedonismus mit Egoismus verweist im Falle der antiken Philosophie in eine falsche Richtung: Denn es geht darum, rational und überlegt zu handeln, um Schaden von sich und anderen abzuwenden. (Hossenfelder, 2016, S. 179f)

In der heutigen Diskussion über Moral oder die gesamtgesellschaftliche Ethik wird ein Übermaß einer anderen Spielart von Hedonismus kritisiert: Dieser wirkt sich durch seine grundsätzliche Ausrichtung auf ein stark egoistisches Verhalten negativ auf andere aus; Die eigene Bedürfnisbefriedigung wird zur obersten Handlungsmaxime und der eigene Vorteil wird auch auf Kosten anderer gesucht. Gesellschaftlich erweist sich ein solches Verhalten als negativ, zumal es die Grundlagen menschlichen Zusammenlebens und die Solidarität innerhalb einer Gesellschaft gefährdet.

4.3.4 Aufklärung

Immanuel Kant ist der Ansicht, dass die Orientierung im menschlichen Leben sich strikt an der Moral auszurichten habe, wobei diese einer hedonistischen Lebensweise, die das eigene Glück als Inhalt hat, diametral entgegengestellt ist – der ethische Grundsatz, nach moralischer Vervollkommnung zu streben hat dabei stärker das Wohlergehen der anderen im Sinne als das eigene. Der Wunsch nach Glück als übergreifendes Lebensziel ist für ihn so selbstverständlich, dass er generell vorausgesetzt werden kann – dieser Wunsch sei also nicht mit einer bloßen, nutzbringenden oder funktionalen Absicht gleichzusetzen, sondern sei jedem denkenden Wesen inhärent. (Horn, 2015, S. 879f) Wenn es im kantianischen Gedankengebäude also eine naturgegebene Orientierung gibt, dann diese. Gleichzeitig geht es jedoch auch um gesamtgesellschaftliche Fragen, nämlich darum, wie das Individuum mit seiner moralischen Pflichterfüllung zum Aufbau einer gerechten und friedlichen Gesellschaft beitragen kann.

Die Orientierungsperspektive, die Kant liefert, kommt also auf radikale Weise zustande; Sie richtet sich auf die moralischen Tugenden, wendet sich gegen ein Handeln aus Eigennutz und möchte dabei einen umfassenden Respekt vor den Mitmenschen erzielen.

Kants Gedanken weisen in eine Richtung, in der eine Gesellschaft des „ewigen Friedens" entstehen kann, in der sich Menschen ganz ihrer Pflichterfüllung – und gleichzeitig auch: Vervollkommnung – widmen können.

Der kategorische Imperativ als zentrales Element der allgemeinen Kant-Rezeption gibt den Anspruch wider, den jeder Mensch ans sich selbst haben sollte: „Handle nur nach derjenigen Maxime, durch die du zugleich wollen kannst, dass sie ein allgemeines Gesetz werde." (GMS 52).

Wenn auch zu befürchten ist, das mitunter eine Vereinfachung und Verfälschung von Kants Appell wahrgenommen wird (etwa in der Richtung „Was Du nicht willst, was man dir tu', das füg auch keinem andern zu", die jegliche moralische oder pflichtgemäße Auslegung vermeidet und sich quasi nur auf den Eigennutz konzentriert), so bilden diese Gedanken dennoch ein extrem wertvolles Angebot bzw. Potenzial, das allerdings von jedem selbst wahrgenommen werden muss; Heute aufwachsende Jugendliche dürften allerdings, wenn überhaupt, im Philosophie- oder Religionsunterricht mit Kants Ideen konfrontiert werden – inwieweit hier eine Verinnerlichung erreicht wird – oder auch nur erwünscht ist – lässt sich sicherlich nicht beantworten. Es ist jedoch zu vermuten, dass in der heutigen, schnelllebigen Zeit, in der Medien auf eine schnelle Befriedigung des Unterhaltungsbedürfnisses Jugendlicher setzen, kaum ausreichend Zeit und Konzentrationsfähigkeit für eine eingehendere Beschäftigung mit dem etwas sperrigen Gedankengut Kants existieren – eine Vermutung, die selbstverständlich auch für die anderen, hier skizzierten philosophischen Orientierungsansätze gilt.

Eine moderne, kommunikationswissenschaftliche Orientierungsperspektive sollte sich daher bemühen, die Gedanken Kants, die extrem viele Anknüpfungspunkte an äußerst moderne Fragestellungen bieten, auf eine vorsichtige Weise zu aktualisieren und Jugendlichen nahezubringen – ein Projekt, das nur dann erfolgreich sein dürfte, wenn die richtige Balance gefunden wird:

- So darf die Behandlung nicht zu trocken sein, da dies, langweilig oder gar abschreckend wirken kann (etwa durch die zu frühe Behandlung längerer Originaltexte oder metaphysischer Fragen, die keinen direkten Bezug zur Lebenswelt junger Menschen aufweist.
- Andererseits sollten die grundlegenden Gedanken durchaus vermittelt werden, ohne in ein unterhaltsames, aber wenig lehrreiches „Infotainment" abzugleiten.

Es liegt an den jeweiligen Lehrern, Eltern oder anderen Vertrauenspersonen, wie mit diesem Spannungsverhältnis umgegangen wird und ob das richtige Maß gefunden wird – zumal sich dies immer nach den Orientierungssuchenden, deren Voraussetzungen, Fähigkeiten und Interessen richten sollte.

4.3.5 Konsequenzialismus/Utilitarismus

Dieter Birnbacher beschreibt die beiden Entwürfe als hierarchische Ordnung: Während der Konsequenzialismus den Oberbegriff darstellt, ist der Utilitarismus nur eine, wenn auch die bekannteste Spielart dieser Denkrichtung. Der Konsequenzialismus beurteilt Handlungen nach ihrer moralischen Zulässigkeit und versucht, daraus Pflichten zu definieren (Birnbacher, 2015, S. 52)

Dabei gilt Theoretikern wie Jeremy Bentham das Glück der großen Zahl als ein wichtiges Kriterium: Im Zweifel heiligt der Zweck die Mittel, und es sind auch moralisch als negativ zu bewertende Handlungen legitim, wenn dadurch das Ziel für eine größere Gruppe von Personen erreicht wird – dies wird quasi durch eine Art virtueller Rechnung nachgewiesen, wobei die Anzahl der Personen sowie deren durchschnittliches Glück einfließen – je mehr Personen und je glücklicher diese Personen sind, umso erfolgreicher bewertet der konsequenzialistische Ansatz die bestehende Ordnung. (Birnbacher, 2015, S. 54)

Der Utilitarismus strebt, ausgehendend von seinem namensgebenden Begriff des „Nutzens", eine Gesellschaftsordnung an, die das möglichst große Wohlergehen einer möglichst großen Anzahl von Personen zum Ziel hat. Dies bedeutet unter Umständen auch, dass individuelles Wohlergehen zum Erreichen dieses Ziels zurückgestellt und vernachlässigt werden darf. Der Nutzen besteht dabei in der Erfüllung von Wünschen. (Birnbacher, 2015, S. 55f)

Die Denkrichtung des Konsequenzialismus bzw. Utilitarismus muss sich mit der Kritik auseinandersetzen, nicht ausreichend auf Einzelschicksale zu achten, da das Wohlergehen des Einzelnen nur insofern eine Rolle spielt, als es zum allgemeinen Wohlergehen beiträgt. Zudem erfolgt – auch dies ein Kritikpunkt – die Begründung der Moral einer Handlungsweise nicht in einer dem Menschen inhärenten moralischen Verpflichtung, sondern leitet sich nur aus ihrer moralischen Zielsetzung ab – eben dem Glück einer großen Anzahl von Menschen. (Birnbacher, 2015, S. 55f)

4.3.6 Das Modell des „homo oeconomicus"

An dieser Stelle ist es sinnvoll, das Modell des „homo oeconomicus", also des wirtschaftlich rational und damit auf eigenen Vorteil bedachten Menschen einzugehen, wie ihn die liberale Tradition entworfen hat: Hierbei äußert sich die ihm unterstellte „Klugheit" darin, das wirtschaftliche Eigeninteresse zu verfolgen, während andere Aspekte des Lebens meist ausgeblendet bleiben. Sturma hält dieses Modell für weitaus zu simpel, um den komplexen Anforderungen des menschlichen Lebens, dem Wechselspiel von Motivationen und Bedürfnissen und insbesondere dem sozialen Aspekt, der sich im Umgang mit anderen äußert, gerecht zu werden. Ein menschliches Leben lässt sich kaum durch die Auflistung seiner Präferenzen beschreiben. Auch erscheint die Begrifflichkeit des Selbstinteresses zu eng gefasst, wenn es nur eine egoistische oder hedonistische Art der Lebensführung beinhaltet. So können auch altruistische Handlungsweisen unter Umständen dem Selbstinteresse dienen. (Sturma, 2005, S. 184f)

Es ist abzusehen, dass ein Modell wie das des homo oeconomicus schnell an seine Grenzen kommt, wenn es um den Aufbau einer Gemeinschaft geht – rational handelnde Egoisten folgen ihren Interessen und dürften sich vor allem auf sachlicher Ebene mit anderen streiten oder einigen, während der tatsächliche, tiefere Blick für das Gegenüber und dessen Anerkennung fehlt. Eine geschäftliche Beziehung auf Gegenseitigkeit ist etwas grundsätzlich anderes als ein respektvoller, anerkennender Umgang miteinander. Ein weiterer Aspekt, den Sturma anspricht, besteht darin, dass menschliches Leben immer zeitabhängig ist und sich zwischen „Gegenwart" und „Zukunft" abspielt. Handeln im Moment muss immer mit den Folgen für die Situation und das Handeln in der Zukunft abgewogen werden. Personen, die sich von völlig von Zukunftsvorstellungen, von Erinnerungen an die Vergangenheit oder dem gegenwärtigen Moment gefangen nehmen oder dominieren lassen, gelten als pathologische Fälle und sicherlich nicht als Beispiele für kluge Lebensführung. (Sturma, 2005, S. 189–194)

Es genügt hier, festzustellen, dass das Modell des homo oeconomicus maximal als grobe Richtlinie wirtschaftlichen, nicht aber sozialen oder gar lebensklugen Handelns angesehen werden kann, zumal es für die Frage der Orientierung keine bedeutende Rolle spielt: Erstens wegen seiner oben angesprochenen Defizite, zweitens auch wegen seiner unbedingten Ausrichtung auf die Umstände – eine rein am wirtschaftlichen Vorteil ausgerichtete Orientierung würde kaum über einen bloßen Preisvergleich und eine Entscheidung zu Arbeitsplatz, Kauf- und Verkaufszeitpunkten hinausgehen und könnte damit sicherlich nicht als Richtschnur eines umfassend erfüllten Lebens in seiner ganzen Breite gelten. Dennoch ist zu befürchten, dass sich die marktwirtschaftlichen Prozesse, die nach und nach in alle Bereiche des Lebens vordringen und von den verlockenden Verheißungen der Werbewirtschaft begleitet werden, vielfach mit einer echten Orientierung verwechselt werden können. Geschieht dies, so kann dies fatale Folgen haben, etwa eine Reduktion von menschlichen Beziehungen auf vorteilhafte Geschäftsprozesse und eine Verarmung des sozialen Lebens, die durch die Konzentration auf materielles Erwerbsstreben entsteht.

4.3.7 Lebensorientierung im Spiel der Gegensätze

Die philosophisch-religiöse Suche nach Glück, Sinn und Erfüllung hat neben einer Flut unterschiedlichster Entwürfe auch die oben beschriebenen Ansätze hervorgebracht. Wenn diese auch nicht losgelöst vom zeitlichen Horizont ihrer Entstehung gesehen werden, so vermitteln sie doch zumindest Grundhaltungen gegenüber den Unwägbarkeiten des Lebens: Ruhe, Vernunft, Besonnenheit, Pflichterfüllung, Freude und, daraus resultierend, schließlich Erfüllung. Auch aus moderner Perspektive erscheint eine Beschäftigung mit diesen Themen lohnend, zumal sie menschliche Grundbedürfnisse reflektieren, die auch dem Miteinander innerhalb einer Gesellschaft zugutekommen. Zugleich zeigen sie auch das Spannungsfeld zwischen Egoismus und Altruismus auf, das sich in vielen Lebensentscheidungen ergibt. Insofern bilden diese Entwürfe durchaus Punkte, die der Orientierung dienen und die eigenen Entscheidungen beeinflussen können – vorausgesetzt, diese Entwürfe werden von Jugendlichen oder jungen Erwachsenen überhaupt entdeckt und genutzt – in der schnelllebigen, heutigen Zeit sicherlich keine Selbstverständlichkeit mehr, zumal Bücher und längere Texte heute immer der ständigen Aufmerksamkeitskonkurrenz mit YouTube-Videos ausgesetzt sind und auch an Universitäten ein Rückgang der Konzentrationsfähigkeit zu verzeichnen ist. Aus diesem Grund sollte der Versuch unternommen werden, auch die älteren Orientierungsentwürfe wiederzuentdecken und auf eine einfache Art zugänglich zu machen, ohne dabei dem Trend eines oberflächlichen „Infotainment" zu folgen.

Gerade aus kulturwissenschaftlicher Sicht ist es sinnvoll, sich eingehender mit diesen Entwürfen zu beschäftigen, da sie einen starken Einfluss entfaltet haben, der sich nicht allein auf das Feld der Philosophie beschränkt, sondern auch auf die konkrete Arbeitsethik und das Selbstverständnis der eigenen Rolle innerhalb einer Gemeinschaft.

4.4 Biologische und evolutionäre Voraussetzungen von Orientierung

Die Kulturtheorie hat einige evolutionstheoretische Ansätze hervorgebracht, die insbesondere bei der Betrachtung traditioneller Gesellschaftsformen Anwendung finden: Hierbei wird die Weitergabe kulturellen Wissens im Prozess des sozialen Lernens untersucht – ebenso wie in der Biologie Gene vererbt werden, so werden auch Wissensbestände tradiert und von Generation zu Generation weitergegeben. Jeder Mensch damit in eine Gesellschaft hineingeboren, in der sich längst schon soziale Mechanismen und kulturelle Rituale herausgebildet haben. Es kommt im Laufe der Erziehung und Sozialisierung zu einer Anpassung, die zunächst unbewusst – etwa durch das Nachahmen – erfolgt und später auch durch bewusste Lernprozesse gesteuert werden kann. (Hejl, 1994, S. 53)

Fest steht, dass sich „die Bedingungen für die Weitergabe und Erzeugung sozialen Wissens im Prozess des Übergangs von traditionellen zu modernen Gesellschaften fundamental verändert hat, gerade in jenen Zeiten, die, nach Durkheim, den Übergang von „Gemeinschaft" zu „Gesellschaft" bedeutet haben. (Hejl, 1994, S. 53)

4.4.1 Wahrnehmung als Konstruktion von Wirklichkeit

Wie oben gezeigt, besteht die theoretische Basis der Arbeit aus den beiden verwandten Ansätzen der Systemtheorie und des Konstruktivismus. Jedes anspruchsvolle Kommunikationsmodell, das der Komplexität zwischenmenschlicher Beziehungen gerecht werden will, muss sich mit der Frage der Wahrnehmung auseinandersetzen. Dies soll im Folgenden aus Sicht des radikalen Konstruktivismus geschehen.

Die erkenntnistheoretische Frage, auf welche Weise Menschen ihre Umwelt wahrnehmen – und überhaupt: wahrzunehmen in der Lage sind – ist weitaus mehr als eine philosophische Spielerei. Denn der Mensch verfügt über die Möglichkeiten, sich der Tatsache bewusst zu werden, dass sein eigener Erkenntnisapparat keine wie auch immer geartete „Wahrheit" vermittelt, sondern die Sinneseindrücke vorstrukturiert und filtert. Aus dem, was übrigbleibt, wird dann – in einem komplexen Zusammenspiel von emotionalen und kognitiven Prozessen ein Bild konstruiert, das sich möglicherweise erheblich von jenen Bildern, die von Mitmenschen konstruiert wurden, unterscheidet.

In die Theorie des radikalen Konstruktivismus als einer psychologischen Metatheorie sind Erkenntnisse aus Philosophie, Psychologie und Biologie eingeflossen; Obwohl diese theoretische Strömung keineswegs die Existenz einer „objektiven" Realität abstreitet, vermeidet sie Aussagen über die Ähnlichkeit von dieser Realität mit der individuellen Erlebniswelt von Menschen. Konstruktivistische (allerdings nicht radikale) Wahrnehmungstheorien definieren Wahrnehmung als „Kategorisierung" (Jerome S. Bruner), als „Hypothesenbildung" (Richard L. Gregory), als einen Zyklus unterschiedlicher Phasen (Ulric Neisser) oder als Problemlösungskonzept (Irvin Rock). (Kruse und Stadler, 1994, S. 21–25)

Das Problem der Wahrnehmung, das der radikale Konstruktivismus sieht, besteht darin, dass niemand (auch nicht der radikale Konstruktivist selbst) aus seiner Haut (also aus den Begrenzungen seines Wahrnehmungsapparates entfliehen kann. Auf den Punkt bringt dies beispielsweise Wolfgang Metzger in seinem Buch „Psychologie", Dresden 194, S. 239f (hier zitiert nach Kruse und Stadler 1994, S. 27):

> Wir können nicht aus unserer Wahrnehmungswelt heraus; wir können niemals das andere Glied des Vergleiches, den ‚wirklichen Sachverhalt' selbst in die Hand bekommen und ihn neben seine Wahrnehmungserscheinungen halten, um deren Übereinstimmung unmittelbar festzustellen [...] Nur unser Handeln spielt sich jenseits unserer Wahrnehmungswelt ab. [...] In einem etwas mechanistisch klingenden, stark vereinfachenden Bild: das Drehen der Hebel und die selbsttätige Rückmeldung über die dadurch veranlasste Tätigkeit der durch sie in Gang gehaltenen Geräte.

Ergebnisse aus der Experimentalpsychologie deuten zudem darauf hin, dass keine scharfe Grenze zwischen Wahrnehmung und Vorstellung existiert: Wahrnehmungen lassen sich suggerieren, ohne dass sie stattgefunden hätten, zudem kommt es auch zu Fällen, wo Vorstellungen für Wahrnehmungen gehalten werden – die extremeren dieser Fälle sind als Schizophrenie oder Halluzinationen einzustufen. (Kruse und Stadler, 1994, S. 37)

4.4.2 Ernährung

Ein wesentlicher Teil der Orientierungssuche von Jugendlichen und jungen Erwachsenen ist die Suche nach der „richtigen" Ernährungsweise, die unheimlich viele Vorteile verspricht, allen voran ein gesundes, aktives Leben sowie Stärke und ein besseres Aussehen. Diese Suche verläuft vielfach problematisch, etwa wenn sie in einen Kontrollzwang ausartet: Statt informiert auszuwählen und zu genießen werden Kalorien gezählt, Vitamingehalte verglichen und es wird Verzicht geübt – auf Kohlenhydrate und Fette, die als schädlich gelten.

Die massive Orientierungslosigkeit wird durch Werbung und vermeintlich harmlose Ernährungstipps in allen Medien sowie durch die unendlichen Auswahl- und Kombinationsmöglichkeiten verschärft: Lebensmitteltechnik und -chemie ermöglichen es, die natürlichen, regionalen und saisonalen Begrenzungen des Nahrungsmittelangebots zu ignorieren: Das Repertoire der Lebensmittel ist ständig im Überfluss verfügbar, zudem drängen weitere, exotische Nahrungsmittel auf den Markt – frisch, abgepackt, in Dosen oder Gläsern, gezuckert, mit Vanillegeschmack oder „Bio", geröstet, geschält, gesalzen, eingelegt oder gekühlt. Hinzu kommt der Aspekt der Nachhaltigkeit: Ist es ethisch vertretbar, tierische Lebensmittel zu konsumieren? Ist es vertretbar, Dinge zu essen, die um die halbe Welt gereist sind, dabei wertvolle Ressourcen verbraucht haben, vielleicht mittels Ausbeutung von Landarbeitern geerntet wurden? Selbst der Gedanke der Klimaerwärmung kann heute mühelos mit der persönlichen Art, sich zu ernähren, verknüpft werden. Im Zweifelsfall wird dann der selbst auferlegte Verzicht, der sich, zumindest in der Vorstellungswelt von Jugendlichen, bestens mit dem Wunsch nach Gesundheit und Schönheit vereinbaren lässt, zur Orientierung. Umgekehrt bietet auch die entgegengesetzte Position durchaus Halt: „Ich esse, was mir schmeckt, und lasse mich überhaupt nicht auf weitere Gedanken ein, ansonsten dürfte ich ja überhaupt nichts mehr zu mir nehmen."

Der Imperativ der zahllosen Kochshows prallt mit Wucht auf jenen der völligen Askese: Wohlschmeckendes wird zur Sünde am eigenen Körper verklärt, während sich gerade nahezu völlige Verzicht auf hochkalorische Nahrung als Jungbrunnen erscheint. Hinzu kommt, bei allem Überangebot, der Umstand, dass die zeitlich wie örtlich streng geregelte Arbeit meist wenig Platz für die Durchführung komplexer Ernährungsstrategien hat: Der Weg führt in die Kantine, wo es nur eine äußerst begrenzte Auswahl gibt – Dennoch ein bequemer Kompromiss für die meisten, die sich nicht die Mühe machen, ihre Ernährung selbstständig zu kontrollieren.

Die strikt durchorganisierte Arbeitswelt der Büros prägt noch immer stark das Ernährungsverhalten der Mitarbeiter: Hunger und Sattheit sind keine sporadisch auftretenden Gefühle mehr, wenn der eigene Biorhythmus im Sinne des Arbeitgebers ignoriert werden muss: Man hat eben dann Hunger, wenn es etwas zu essen gibt, und das ist von 12–13 Uhr, das darauf als „Schnitzelkoma" einsetzende Schlafbedürfnis wird ebenso verdrängt wie der mangelnde Appetit zuvor und der soziale Kontakt beschränkt sich vorwiegende auf die vorgegebenen Pausenzeiten.

Der Psychologe Paul Verhaeghe, der sich intensiv mit dem Phänomen der Identität und seiner Stellung in der modernen Welt beschäftigt hat, stellt fest, dass die früheren, körperlichen und ernährungstechnischen Verbote inzwischen einer Reihe von Geboten gewichen sind: „Was Essen, Trinken, Sex und Körperpflege angeht, sollen wir genießen bis zum Umfallen." (Verhaeghe, 2013, S. 227)

In der Tat stehen viele Menschen vor dem Problem, gerade bei der Ernährung das richtige Maß zu finden, ohne in eines der beiden Extreme (der Völlerei auf der einen und der asketischen Disziplinierung, die bald in Richtung Magersucht geht) zu verfallen. Die Flut der digital verfügbaren Informationen zu Kalorien, Vitaminen und anderen Daten sowie die Möglichkeit, das eigene Essverhalten einer strikten Überwachung zu unterziehen, eröffnet gerade für Kontrollfanatiker neue Möglichkeiten schafft und potenziert damit möglicherweise den Schaden, den sie in ihrem Körper anrichten.

4.4.3 Partnerschaft

Die zunehmende Ökonomisierung und die Einschätzung des Selbst als die eines „Unternehmers" führen auch bei der Partnerwahl zu den aus der Wirtschaft bekannten Mustern: Werbung, Selbstvermarktung, eine kritische Prüfung des „Angebots" auf dem „Heiratsmarkt" etc. Die Anzahl der Optionen scheint – nicht zuletzt auch wegen der Partnervermittlungen oder des Social Web – ins Unermessliche gestiegen zu sein. Gleichzeitig hat sich der Druck zu einer frühen Heirat und Familiengründung stark verringert: Die Partnerwahl erscheint nicht mehr als schicksalhafte Entscheidung zu einem lebenslänglichen Zusammensein. Auch in dieser Frage gehen Ökonomen von einem nutzenmaximierenden Modell aus: Der Nutzen einer Partnerschaft wird demnach in „Entlastung bei der Hausarbeit, emotionalem Wohlbefinden, Statusgewinn, materieller Sicherheit, sexueller Erfüllung usw." gesehen. „Aus dieser Perspektive suchen Menschen so lange nach dem passenden Partner, bis der erwartete Nutzen die Investitionen in die (weitere) Suche übersteigt bzw. eine weitere Optimierung unwahrscheinlich erscheint." (Mau, 2012, S. 149f)

Aus dieser auf die Ökonomie Perspektive erweisen sich Gefühle weniger als eine wundervolle Emotion und vielmehr als Störfaktor, der die rationale, abwägende und genau prüfende Entscheidung für einen Partner behindert und somit den Markt verzerrt.

Die Selbstpräsentation im Internet wird für viele Menschen zu einem sehr wichtigen Bestandteil der Partnersuche: Es muss also über die Selbstinszenierung und das Selbstmarketing nachgedacht werden, wobei das traditionelle Muster durchbrochen wurde, wonach eine Asymmetrie in der Beziehung herrscht und der Mann höher gebildet und besser materiell abgesichert, die Frau dagegen jünger und attraktiver war und aus einer niedrigeren sozialen Schicht stammte. Heute folgt die Partnerwahl in immer weniger Fällen diesem Muster – eine Beziehung von zwei Personen mit ähnlichem oder gleichen Status ist inzwischen genauso denkbar wie eine Partnerschaft, in der die Frau ein deutliches höheres Einkommen erzielt oder besser gebildet ist als der Mann (Mau, 2012, S. 151) – ebenso werden gleichgeschlechtliche Partnerschaften heute stärker respektiert als in der Vergangenheit.

4.4.4 Sozialverhalten

Da sich Orientierung immer an etwas oder jemandem ausrichtet und häufig kulturelle Ziele und ihre soziale Umsetzung anstrebt, kommt dem Sozialverhalten einer Person eine hohe Bedeutung zu: Losgelöst von einer Gesellschaft kann kaum eine kommunikative Orientierung stattfinden oder müsste sich, wie bei einem Eremiten, nur auf eigene Überlegungen stützen – und würde damit kaum dem Orientierungsbegriff gerecht.

Es besteht kein Zweifel daran, dass das Sozialverhalten im Wesentlichen von jenem Umfeld geprägt wird, den es auch selbst adressiert: Eltern, Schule, Freundeskreis, Lebenspartner. Hier werden Vorbilder betrachtet und bereits frühe Handlungen von Kleinkindern imitieren das Verhalten und die Sprache der Eltern.

Das sich entwickelnde Sozialverhalten von Jugendlichen ist Thema einer unüberschaubaren Bandbreite psychologischer, sozialwissenschaftlicher, biologischer und auch kultureller Studien.

Es ist bezeichnend, dass mit der Formulierung der „Sozial Schwachen" nicht etwa eine Problematik im zwischenmenschlichen Bereich ausgedrückt wird, sondern ein Mangel an finanziellen Ressourcen; Dennoch existiert hier durchaus ein Zusammenhang, denn weniger Wohlhabende sind kaum in der Lage, sich auf ausgiebige Weise am gesellschaftlichen Leben zu beteiligen.

Das Sozialverhalten selbst – also die direkte Interaktion mit anderen – nimmt höchst unterschiedliche Züge an und reicht von einem hedonistisch oder kommerziell orientierten, absoluten Egoismus auf Kosten anderer bis zur Selbstaufopferung. Dabei spielen sowohl individuelle genetische Eigenschaften wie auch die soziale und die Werteprägung eine große Rolle. Innerhalb unterschiedlicher Kulturen kann zudem eine große Bandbreite zwischen akzeptablem und inakzeptablem Verhalten herrschen.

Das Sozialverhalten hat mindestens zwei Komponenten (nämlich das Verhalten gegenüber dem direkten persönlichen Umfeld und das Verhalten gegenüber der Gesellschaft an sich), bei genauerer Betrachtung kann auch das Sozialverhalten eines Menschen gegenüber jedem einzelnen anderen voneinander abgegrenzt werden.

Die Gesellschaft kann versuchen, die Unterschiedlichkeit der Menschen, die auf unterschiedlichen körperlichen und geistigen Fähigkeiten, unterschiedlicher materieller Ausstattung etc. beruht, zu relativieren, etwa durch sozialstaatliche Lösungen – sie kann die Ungleichheiten selbst jedoch nicht beseitigen. Sie kann allerdings auch versuchen, die Ungleichheiten zu instrumentalisieren oder gar zu verschärfen – etwa durch eine starke Wettbewerbsorientierung, in der die Menschen gezwungen sind, miteinander in scharfe Konkurrenz zu treten.

Diese Konkurrenz wird besonders dort deutlich, wo es darum geht, sich beispielsweise zukünftigen Arbeitgebern zu präsentieren – im Zeitalter der modernen Medien sind dies etwa Berufsportale wie LinkedIn oder Xing, auf denen sich insbesondere Freelancer anpreisen und für ihre Dienstleistungen werben.

Orientierung im Sozialverhalten geht von den oben beschrieben Orientierungsinstanzen wie Elternhaus, Freundeskreis, Schule, aber auch übergeordneten Institutionen wie auch Staat, Kirche oder Rechtssystem, etc. aus. Alle diese Instanzen machen jedoch – nur Angebote und solange es beim eigenen Verhalten nicht zu einer Verletzung rechtlicher Normen kommt, herrscht keine tatsächliche Sanktionsmöglichkeit. Letztendlich kommt es darauf an, dem Sozialverhalten von Jugendlichen, das auf ihrer immensen und mit dem Erwachsenenalter nochmals gesteigerten Freiheit von Auswahlmöglichkeiten beruht, Richtung zu geben – wenn möglich auf eine Art, die dazu beiträgt, verantwortungsbewusste Menschen aus Ihnen zu machen. Wenn auch die

individuellen Grenzen und Einschätzungen für das, was einen solchen Menschen auszeichnet, voneinander abweichen mögen, so liegt doch die Überlegung nahe, dass es hierbei vor allem die Ausgewogenheit ist – wie sie bereits Aristoteles als Grundelement eines glücklichen Lebens beschrieb – die im Zentrum steht. Ausgewogenheit ist hier in mehrfacher Hinsicht zu verstehen, nämlich vor allem als Balance zwischen:
- zu egoistischem und zu altruistischem,
- zu angepasstem und zu rebellischem und
- zu zurückhaltendem und zu risikoreichem

Verhalten. Hinzu kommen weitere Felder, die „im Lot" sein sollten und praktisch alle Handlungen und auch Gedanken und Gefühle umfassen; Die Achtung gegenüber sich selbst und dem anderen, der Umgang mit Menschen, Tieren und Ressourcen, die Einschätzung von Sachfragen etc.

4.4.5 Sicherheit

Das menschliche ordnet sich in einen Zyklus der Zeit ein – Gesellschaften waren in der Vergangenheit auf das Verständnis des Jahres- und damit des Erntezyklus angewiesen, Individuen verfügen über einen Biorhythmus, der zwar insbesondere durch Aktivität, Licht und Ernährung beeinflusst wird, aber bei jedem Menschen unterschiedlich ist. Die moderne Technik, die Existenz von Schichtdiensten in vielen Berufsfeldern sowie beliebige Austauschbarkeit von Nacht und Tag mittels Abdunkelung oder elektrischem Licht kann zu einem Verlust der chronischen Sicherheit führen: In schlimmsten Fall unterscheidet sich das Los eines Schichtarbeiters kaum noch von dem eines in Guantanamo festgehaltenen „enemy combatant", der den so genannten „robusten" Verhörmethoden seiner Peiniger ausgesetzt ist: Hierzu gehört das ständige Unterbrechen des natürlichen Schlafzyklus durch grelles Licht oder sehr laute Dauerbeschallung. Die Folgen: Der Gefangene verliert das Gefühl für die Zeit und für sich selbst, er pendelt in einem Zustand zwischen Schlaf und Wachsein und bei jedem Aufwachen beginnt der Albtraum erneut. Die völlige Verunsicherung und Erniedrigung ist hierbei das wünschenswerte Ziel, da dies offenbar dazu beiträgt, dass umso leichter Geständnisse erpresst werden können.

Wem auf diese Art eine der natürlichsten und ursprünglichsten Orientierungsmöglichkeiten genommen wird, zeigt bald eine erhöhte Anfälligkeit für psychische Probleme.

Mit der neueren Forschung – insbesondere zum Biorhythmus – verbindet sich auch eine gesellschaftliche Sensibilisierung für diese Thematik: Auch hier wird Orientierung versprochen, wie die Flut von mehr oder minder sinnvollen Ratgebern beweist: Wer im Einklang mit seinem Biorhythmus lebt, stärkt sich ungemein, nicht nur gesundheitlich, sondern auch von der Leistungskraft her.

Orientierung an sich ist ein Prozess, der neben der Bildung von Identität auch nach und nach Sicherheit schafft bzw. eine Verbesserung der Sicherheit anstrebt; Das bisher erworbene Wissen wird durch Orientierungsversuche erweitert, neues Wissen an älterem verankert, geprüft und bestätigt oder erneuert. Wo anfangs die bloße physische Sicherheit des Überlebens herrscht, wird je nach Gesellschaft, persönlicher Stellung und individuellen Bedürfnissen nach weiteren Sicherheiten gesucht; Es genügt dann nicht mehr, momentan über Nahrung, Unterkunft und die Freiheit von existentiellen Bedrohungen zu verfügen, sondern es wird angestrebt, dies auch für die Zukunft zu erwerben. Finanzielle Sicherheit soll garantieren, dass der Lebensstandard gehalten oder verbessert wird, Rechtssicherheit schafft einen verlässlichen Rahmen für alle Aktivitäten.

Für Kinder ist die Sicherheit – das Urvertrauen – ein wesentlicher Faktor in ihrer Entwicklung und mit zunehmendem Alter kommen weitere Bereiche der Sicherheit hinzu. Sicherheit entsteht, wie auch die Orientierung selbst, aus der Kommunikation mit anderen. Nur ein umfangreiches Vertrauensverhältnis stärkt das individuelle Sicherheitsgefühl. Aus diesem Grund sind Angehörige oder Freunde hierfür weitaus wichtiger als virtuelle Bekanntschaften. Anders sieht es aus, wenn Eltern und Freunde nicht in der Lage sind, eine vertrauensvolle und sicherheitsstiftende Atmosphäre zu schaffen; Das Sicherheitsbedürfnis muss dann auf andere Art befriedigt werden, die Sicherheitsorientierung andernorts stattfinden. Dies birgt sicherlich Gefahren wie die, dass die Orientierungssuche fehlgeleitet wird und es beispielsweise zu einer Radikalisierung kommt.

4.5 Orientierung und Kultur

4.5.1 Hofstedes Kulturdimensionen

Es ist offensichtlich, dass das kulturelle Umfeld, also die innerhalb einer Kultur bzw. einem Kulturkreis existierenden Haltungen, Handlungen und Werte, einen starken Einfluss auf die Entwicklung von Kindern und Jugendlichen hat und auch auf das Wertesystem im späteren Leben wirkt.

Inzwischen existieren zahlreiche Werke, die sich explizit mit dem Zusammenhang zwischen Kultur und menschlicher Prägung beschäftigen, zumal das Forschungsfeld insbesondere für die interkulturelle Wirtschaftskommunikation eine entscheidende Rolle spielt und noch immer massive Probleme auftreten können, wenn Menschen aus unterschiedlichen Kulturen zusammenarbeiten.

Die Forschung hat sich bemüht, verschiedene Modelle zu schaffen, die die Wirkung von Kultur auf Werthaltungen und Handlungen erklären und veranschaulichen sollen.

Zu den Forschern, die sich mit dieser Thematik beschäftigen, gehört der Niederländer Geert Hofstede, der mit einer Studie zu internationalen Mitarbeitern des IBM-Konzerns begann und seine Theorie seit den späten 60er Jahren nach und nach aus-

differenziert hat. Er bemüht sich, Kultur anhand verschiedener Dimensionen darzustellen. So lässt sich eine Kultur wie folgt beschreiben:
- Machtdistanz („Power Distance"): Diese Dimension bezeichnet die Stärke der Hierarchie von Macht bzw. Autorität. Konkret handelt es sich hierbei um die „emotionale Distanz", die Untergebene zu ihren Vorgesetzten aufweisen – hier unterscheiden sich die Kulturen von Unternehmen bzw. Angestellten aus verschiedenen Staaten enorm voneinander, so dass Hofstede dazu überging, einen „Power Distance Index" zu erstellen, in dem sich diese Merkmalsausprägung widerfindet. (Hofstede, Hofstede und Minkov, 2013, S. 53–88)
- Eine weitere Kulturdimension besteht in der Achse Individualität-Kollektivität: Personen in individualistischen Kulturen tendieren eher dazu, sich einen Beruf zu wählen, der ausreichend Freizeit für Privates und Familie lässt, die Unternehmen in individualistischen Kulturen geben ihren Mitarbeitern in der Regel mehr Freiheiten bei der Arbeitsmethodik. Weitere Merkmale individualistischer Kulturen bestehen in der Suche nach individuellen Herausforderungen am Arbeitsplatz (also Aufgaben, durch die eine persönliche Weiterbildung ermöglicht wird), in der Bereitstellung einer sinnvollen Trainingsumgebung, guten Arbeitsbedingungen und der Möglichkeit, persönliche Stärken und Vorteile in den Arbeitsprozess einzubringen. (Hofstede, Hofstede und Minkov, 2013, S. 89–134)
- Die nächste Dimension betrifft eine Verortung der Kultur auf der Achse von „männlich" und „weiblich", denen die Werte von „Durchsetzungsvermögen" und „Bescheidenheit" zugeschrieben wurden. Der aktuellen Kritik aus der Genderforschung begegnet Hofstede mit einer Beschreibung dieser Eigenschaften als Geschlechterrollen, die sich allerdings aus der menschlichen Biologie – etwa der Notwendigkeit für die Mutter, den Säugling aus ihrer Brust zu nähren, oder die traditionelle Rolle des Vaters als aktiver Jäger und Nahrungsbeschaffer. Hofstede ist daher der Ansicht, dass sich in allen Kulturen Belege dafür finden, dass Männlichkeit stärker mit selbstsicheren, aktiven Handlungen, Weiblichkeit eher mit Zurückhaltung zu tun hat. Maskuline Eigenschaften in einem Arbeitsverhältnis bzw. einer Kultur drücken aus, dass die Mitarbeiter die Gelegenheit haben, hohe Gehälter zu erreichen, dass die berufliche Stellung mit viel Ansehen verbunden ist, dass große Karrierechancen und umfangreiche persönliche Herausforderungen und Gestaltungsmöglichkeiten existieren. Im Gegensatz dazu wäre ein weiblich ausgerichtetes berufliches Umfeld weniger kompetitiv und von guter Kooperation, guten Beziehungen zu Kollegen und Vorgesetzten und Arbeitsplatzsicherheit geprägt. (Hofstede, Hofstede und Minkov, 2013, S. 135–186)
- Eine weitere von Hofstedes Kulturdimensionen beschäftig sich mit dem etwas sperrigen Begriff der „Unsicherheitsvermeidung", die Hofstede ebenfalls in einem gleichnamigen Index („Uncertainty avoidance index"/UAI) zusammenfasst. Dieser Wert drückt die kulturelle Neigung aus, Unsicherheiten abzulehnen bzw. mit Regeln zu minimieren: Menschen aus Kulturen mit hohem UAI tendieren also

dazu, Risiken zu umgehen und stattdessen auf feste Regeln und Gewohnheiten zu vertrauen. Die zugehörigen Eigenschaften sind etwa das Festhalten an strikten Unternehmensregeln und die Ablehnung von unsicheren Aufgaben und Stress. (Hofstede, Hofstede und Minkov, 2013, S. 187–234)
- Die langfristige Orientierung („long-term orientation"/LTO) drückt aus, inwieweit Angehörige einer Kultur bei ihren Planungen und Aktionen zu einem größeren Zeithorizont tendieren: Bei einem niedrigen LTO würden also vor allem kurzfristige Erfolge im Vordergrund stehen. Auch dies wirkt auf alle Lebensphasen wie auch auf die zentralen gesellschaftlichen Funktionsbereiche: In kurzfristig orientieren Kulturen herrscht eine größere Bedeutung von sozialem Status (der notfalls auch mit größeren Ausgaben erkauft wird), die Heirat ist eher eine moralische als eine pragmatische Angelegenheit, Kinder erhalten Geschenke eher zum Spaß – anders als in längerfristig orientierten Kulturen, die bei Geschenken eher auf einen Lerneffekt achten. Im wirtschaftlichen Umfeld bedeutet eine längerfristige Orientierung, dass der Zukunftshorizont eine stärkere Bedeutung hat und nicht nur auf sofortige Gewinne geachtet wird. (Hofstede, Hofstede und Minkov, 2013, S. 235–276)
- Die letzte von Hofstedes Kulturdimensionen drückt das Verhältnis von „Genuss" und „Zurückhaltung" („indulgence vs. restraint"/IVR) aus. Dabei handelt es sich um eine Auswertung einer Studie, in der die Bereiche individuelles Glücksempfinden, Kontrolle über die eigene Lebensgestaltung sowie die Bedeutung von Freude und Spaß untersucht wurden: Kulturen, die zu einem hohen IVR-Indexwert neigen, weisen tendenziell eine größere Anzahl sehr glücklicher Bürger auf, verfügen über eine offenere Gesellschaftsform und bewerten Disziplin als weniger wichtig. Darüber hinaus sind solche Kulturen von einem höheren Optimismus geprägt und neigen weniger zu Todesfällen durch Herzerkrankungen. (Hofstede, Hofstede und Minkov, 2013, S. 277–298)

Hofstede weist auf die Tatsache hin, dass die heutige Zeit sehr schnelllebig und von zahlreichen intensiven Veränderungen geprägt ist. Dennoch geht er davon aus, dass sich bezüglich der Machtdistanz keine schnellen internationalen Anpassungs- bzw. Konvergenzprozesse ergeben: So sei diese Kulturdimension so stark und tief im kollektiven Bewusstsein verwurzelt, dass die diesbezüglichen nationalen Unterschiede sogar in den kommenden Jahrhunderten erhalten bleiben dürften. (Hofstede, Hofstede und Minkov, 2013, S. 87)

Hofstedes Kriterien wurden von der nachfolgenden Forschung aufgegriffen und teils weiterentwickelt. So finden sich etwa in der GLOBE-Studie neun Kulturdimensionen, die sich weitgehend mit jenen Hofstedes decken, aber auch darüber hinausgehen. (House, Hanges, Mansour, Dorfmann und Gupta, 2004)

Hofstede kritisiert allerdings die Herangehensweise der GLOBE-Forscher, da diese seiner Ansicht nach bei der Befragung sich nicht auf die Umgangssprache der Befragten eingelassen hätten. So hätte die GLOBE-Studie bei ihrer Umfrage ein zu stark auf die Forschung ausgerichtetes Vokabular genutzt und es damit den Befragten erschwert, den Sinn der Fragen zu erfassen. Zudem seien Hofstedes Kategorien nicht korrekt wiedergegeben worden – obwohl die GLOBE-Studie auch das Thema Machtdistanz einbezog, hätten einige der Fragen eher zu einer anderen Dimension, nämlich jener der Unsicherheitsvermeidung, gepasst. (Hofstede, Hofstede und Minkov, 2013, S. 63) Im Unterschied zu Hofstedes einheitlichem Individualismus-Index findet sich in der GLOBE-Studie eine Unterteilung dieser Dimension in einen „institutionellen" Kollektivismus und einen Kollektivismus innerhalb einer Gruppe. (Hofstede, Hofstede und Minkov, 2013, S. 101)

Wie lassen sich Hofstedes Kulturdimensionen nun für die Frage der individuellen Orientierung nutzen?

- Zum einen spielt der IVR-Index, der über die gesellschaftliche Bedeutung von allgemeiner Zufriedenheit sowie individuellem Glück und Kontrolle über das eigene Leben Aufschluss gibt, eine wichtige Rolle, weil es sich bei diesen Aspekten auch um jene Punkte handelt, die als erwünschte Ziele eines erfolgreichen Orientierungsprozesses angesehen werden.
- Zum anderen sticht vor allem der Unsicherheitsvermeidungsindex hervor, da er die Hinwendung einer Kultur zu strengen Regeln beschreibt, wie sich auch bei der Orientierungssuche eine große Rolle spielen. Aus diesem Grund lohnt sich ein genauerer Blick auf diese Kulturdimension. Wie auch die anderen Dimensionen Hofstedes ist der UAI tief in der Gesellschaft und ihrer Alltagspraxis verwurzelt. Dies bedeutet auch, dass bereits früh im Elternhaus ein Lerneffekt eintritt, der sich in Schule, Arbeitsplatz und zahlreichen anderen Bereichen des Lebens, etwa die Beziehung zum Staat, die Aufgeschlossenheit gegenüber Fremden (und dem Fremden an sich), das Spar- oder Konsumverhalten etc. (Hofstede, Hofstede und Minkov, 2013, S. 195–213)
- Auch die Betrachtung der Individualität und Kollektivität erweist sich als Aufschlussreich für das Thema der Orientierung im Digitalen Zeitalter: Denn je stärker eine Kultur als individualistisch gilt, umso größer ist der von jungen Menschen empfundene Handlungsspielraum bei der Erkundung neuer Medien und der Gewinnung von orientierungsrelevanten Informationen aus diesen Medien. Umgekehrt gilt, dass in stark kollektivistischen Kulturen eine verstärkte Orientierung am Verhalten anderer bzw. an dem von Staat und Gesellschaft vorgegebenen Ideal herrscht.

Das Digitale Zeitalter hat seine wesentlichen Entwicklungen den westlichen Staaten, genauer: den USA zu verdanken. Hier wurden die Grundlagen des Internets geschaffen, ebenso stammen zahlreiche Innovationen und große Technologiekonzerne aus diesem Kulturkreis, in denen die individuelle Freiheit einen hohen Wert genießt. Die Möglichkeiten der Digitalisierung, die theoretisch jedem Staat zur Verfügung stehen, werden jedoch stark unterschiedliche genutzt; letztendlich spielt immer die Frage, wer auf die Daten zugreifen kann, eine wesentliche Rolle.

Aus individueller – aber durchaus kulturell geprägter Sichtweise – erscheinen die technischen Möglichkeiten höchst kontrovers; während viele junge Menschen in westlichen Staaten in der Nutzung der Dating-Plattform „Tinder" eine höchst willkommene Unterstützung bei der Suche nach Flirts oder One-Night-Stands sehen, dürfte sich die Anwendungen in strikt islamischen Gesellschaften als moralisch höchst verachtenswert, wenn nicht gar illegal sein. Wird darüber hinaus von politischen oder religiösen Würdenträgern das gesamte Internet als Verkommen oder als westliche Verschwörung zur Zersetzung der islamischen Moral angesehen, fällt es Jugendlichen in solchen Gesellschaften sicherlich schwerer, ein ungezwungenes Verhältnis zu diesem Medium zu entwickeln. Der Zugang – und der für die Orientierung so wichtige eigene, stark kulturell dominierte Standpunkt, ist also ein völlig anderer.

Da das Zeitalter der Digitalisierung Menschen mehr denn je eine Abkehr von ihrer gewohnten Lebensweise, ja sogar vom natürlichen Umwelterleben abverlangt, weil einerseits physische Dinge wie Bücher oder Filme mehr und mehr digitalisiert und damit virtualisiert werden, andererseits die ständige Datenflut eine schnelle Auswahl, Einschätzung und Reaktion erfordert. Definierte sich die nationale Kultur eines Staats in der Vergangenheit auch über dessen Produktionsweise und -niveau, über die Tätigkeit seiner Händler auf den Märkten und war auch ein gewisser Stolz auf das die Tradition, auf das Funktionieren, die Effizienz und den Fortschritt zu verzeichnen, so ist mit dem Aufkommen digitalisierter Weltmärkte eine bisher nie dagewesene Vereinheitlichung erreicht worden; Im Namen der Effizienz verdrängen neue Methoden, Dienstleistungen und Produkte und die wirtschaftliche Interaktion erfolgt zumeist vollkommen anonym: Kaum jemand beschäftigt sich noch mit der Herkunft der zahllosen Produkte, die er kauft und konsumiert, stattdessen ist der niedrigste Preis zu einem der größten Faktoren bei der Kaufentscheidung geworden.

Die von der Digitalisierung befeuerte globale Handelskultur – die die Lebenskultur vieler Menschen beeinflusst und auch eine gewisse Anpassung an den rund um die Uhr und weltweit agierenden Märkte erzwingt – erlaubt einen Hochfrequenzhandel auf den Rohstoff-, Währungs-, Aktien- und neuerdings auch auf den Kryptowährungsbörsen, der nur noch von den physischen Limits der ausführenden Hardware begrenzt wird; Im Sekundenbruchteil können so zahlreiche Informationen eingeholt, verglichen, bewertet und in Handelsorders umgesetzt werden.

Diese Art der Geschäftskultur nimmt keine Rücksicht auf die Herkunftskulturen der Beteiligten; Dies wäre angesichts der Tatsache, dass diese sich nicht persönlich kennen und der Markt keine persönlichen Sympathien oder Antipathien kennt, ohnehin nicht mehr möglich. Das Digitale Zeitalter zwingt die Menschen unterschiedlichster Herkunftskulturen also in eine von Effizienz, Konkurrenz, Arbeitsdruck und Geschwindigkeit geprägte Umwelt, die große Teile ihres Arbeitslebens ausmacht. Es ist daher davon auszugehen, dass sich die Kulturen selbst und ihre tief liegenden Dynamiken und Wertvorstellungen (wie sie auch von Hofstede untersucht wurden) langsam verändern und an die globale Geschäftskultur anpassen, auch wenn ein

Nachweis derartiger Veränderungen, die in nur sehr kleinen Schritten stattfinden, sicherlich nicht leicht zu bewerkstelligen ist und erst dann erfolgen kann, wenn die Auswirkungen noch deutlicher zu sehen sein werden als heute.

Die Art, wie Menschen den Stressfaktoren Informationsflut, Geschwindigkeit und Konkurrenz ausgesetzt werden, ähnelt sich im Digitalen Zeitalter weltweit und wird sich mit Zunahme und Beschleunigung zukünftig noch stärker als bisher ähneln werden.

Den unterschiedlichen Kulturen auf der Welt kommt demnach mehrere Aufgaben bezüglich der Orientierung zu:
- Das statische Element der Aufgaben besteht darin, Menschen grundlegende Werteorientierungen mit auf den Weg zu geben und ihnen bei der Ausbildung einer verlässlichen kulturellen Identität zu helfen.
- Das dynamische Element der Aufgaben besteht dagegen darin, den Wandlungs- und Anpassungsprozess so zu gestalten, dass die kulturelle Identität erhalten bleibt, die Menschen aber dennoch gewinnbringend am internationalen Marktgeschehen teilhaben können, ohne die Technologie oder die Marktakteure zu fürchten, zu verteufeln oder Angesichts der weltweiten Angleichung und teilweisen Verschlechterung von Lebensbedingungen (etwa in rückständigen Staaten oder bildungsfernen Gesellschaftsschichten, deren Arbeitsleistung gerade in Zeiten der Robotik und Digitalisierung immer weniger benötigt wird) in Zynismus zu verfallen.

4.5.2 Kritik und Diskussion

Hofstedes Kulturdimensionen bieten nur eine Perspektive, zumal auch andere Arten von Kulturdimensionen existieren, etwa jene der GLOBE-Studie. Hofstedes Dimensionen haben zudem durchaus Kritik auf sich gezogen, einerseits wegen ihrer Methodik, andererseits wegen ihrer Inflexibilität bzw. idealtypischen Ausrichtung. (Dreyer, 2011)

Auf diese Kritik, deren Berechtigung oder die Legitimation der Kulturdimensionen soll an dieser Stelle nicht im Einzelnen eingegangen werden. Stattdessen werden Hofstedes Kulturdimensionen lediglich als Aufhänger für eigene Überlegungen genutzt, da sie zumindest Aufschluss über einige der kulturell unterschiedlichen Bereiche und Gewohnheiten geben – gleichgültig welchem Modell von Kulturdimensionen man anhängt, dürfte zumindest Einigkeit darüber herrschen, dass sie grob jene Themen reflektieren, die in unterschiedlichen Bereichen der Welt unterschiedlich gehandhabt werden und dass ein Aufwachsen innerhalb einer Kultur sich für weite Teile des Lebens als prägend erweisen kann, gerade weil es um die unbewusste „Programmierung" geht, die für die primäre Orientierung wie auch für die spätere Orientierungssuche eine extrem große Rolle spielt. Ähnliches trifft etwa für die berufliche Zusammenarbeit mit Menschen aus anderen Kulturen zu, die heute weitaus verbreiteter ist als in der Vergangenheit.

Die Inhalte der Anthropologie, der Wissenschaft vom Menschen an sich, die von Anfang an stark von einer biologischen Sichtweise geprägt waren, haben sich heute stark verändert. Dabei kommt dem Faktor der Kultur eine extrem große Bedeutung zu: Je mehr europäische und amerikanische Wissenschaftler die Welt erforschten, umso weniger Platz war für eine Sichtweise, die den kulturellen Faktor ignorierte oder als bloße Besonderheit einzelner Ethnien abtat: Die Kultur wurde zu einem zentralen Begriff, der Mensch immer mehr nicht nur als biologisches, sondern auch als kulturelles Wesen wahrgenommen.

War es in der Antike noch die Philosophie, die die Wissenschaft vom Menschen dominierte, so wurde sie im Mittelalter von der Theologie abgelöst und muss sich heute damit auseinandersetzen, dass eine Reihe von weiteren Wissenschaften hinzugekommen sind, die alle einen Anspruch darauf erheben, dass ihre Erkenntnisse in die Anthropologie einfließen: Die Geschichtswissenschaft, die Ethnologie, die Biologie, die Psychologie, die Ästhetik und viele weitere. (Wulf und Zirfas, 2014a, S. 10)

4.6 Orientierung und Handlung

Eine gelungene Orientierung macht sich zunächst in einem veränderten – oder erhöhten – Bewusstsein bemerkbar. Dies sagt noch nichts darüber aus, ob dadurch auch eine Veränderung der Handlungsweise bewirkt wird. Das Wissen über die umweltschädigende Wirkung eines Produkts oder seiner Herstellung führt nicht automatisch zum Kaufverzicht, weil es möglicherweise im Konflikt mit Konsumbedürfnissen etc. steht.

Handeln findet in der Regel im Bewusstsein von Alternativen statt. Es beansprucht Zeit und Raum und findet vor dem Hintergrund statt, dass es, so zielgerichtet es auch sein mag, immer das Risiko birgt, eine nicht erwünschte, kontraproduktive Wirkung zu entfalten (Hesse, 2005, S. 155).

Die Orientierung, die zu einer Handlung führt, berücksichtigt die bisherigen guten und schlechten Erfahrungen mit ähnlichen Fällen, wobei auch selbstgesetzte Regeln existieren, die jedoch nie für alle Einzelfälle gelten können (Hesse, 2005, S. 156).

4.7 Fazit

Es ist fraglich, ob sich die heute aufwachsende Generation im Streit unterschiedlichster Interessen und bei ständiger Verfügbarkeit von Informationen tatsächlich in einer besseren Lage zur eigenen Orientierung befindet als vorangegangene Generationen. Denn die Mittel, die zur Orientierung genutzt werden können, sind extrem umfangreich – man denke an jene Art von Verwirrung, die sich beim Blick in einen „Schilderwald" auftut: Symbole, Zeichen, Bedeutungen, Botschaften treten nicht einzeln, sondern gebündelt auf, sie deuten in unterschiedliche Richtungen und widersprechen sich damit. Statt eines markanten Berggipfels, der zur Orientierung genutzt werden kann, findet sich nur eine Ebene voller Zeichen.

Der Begriff der Kommunikationskultur findet derzeit keinen einheitlichen Gebrauch. Was darunter verstanden werden soll, beschränkt sich auf den jeweiligen Fachbereich – etwa die Politik – und erscheint weitaus weniger klar, als die Definition durch das Gegenteil: so wird oft eine mangelnde Kommunikationskultur beklagt, wenn es innerhalb einer Diskussion weniger um die Sache zu gehen scheint, als um persönliche Auseinandersetzungen und Beleidigungen; Damit gerät die Kommunikationskultur offenbar erst dann in den Fokus der Betrachtung, wenn sie verlorengegangen ist.

Das Aufkommen neuartiger Orientierungsmodelle verhält sich analog zum Aufkommen neuer Medien, die den Gebrauch der älteren oft schmälern, selten aber zum Erliegen bringen: Auch das Internet als neues Medium hat keinesfalls das Fernsehen oder das Radio verdrängt, ebenso wie Radio und Fernsehen nicht zum Aussterben der klassischen Zeitung geführt haben; So wie diese Medien in wechselnden Größenordnungen koexistieren, kommt es auch zu einem Nebeneinander alter und neuer Orientierungsmodelle: Das wissenschaftliche-rationale Welterklärungsmodell steht neben dem mythischen Narrativ der Religion. Diese Verbindung hat eine eigene Sparte an populärer Literatur hervorgebracht, in der um die Vereinbarung oder Aussöhnung beider Modelle geht.

Hofstedes Kulturdimension der „Machtdistanz" erweist sich auch aus dem Grund als ergiebig, da er davon ausgeht, dass die bei Unternehmen und Staaten beobachteten Unterschiede ihre Wurzeln bereits in der familiären Prägung der Menschen haben. So sei es in Kulturen mit hoher Machtdistanz üblich, Kinder stärker autoritär zu erziehen, während Eltern in Kulturen mit niedriger Machtdistanz eher als Freunde erziehen, denen nach und nach auch Widerspruch sowie die Freiheit, selbst zu experimentieren und eigene Erfahrungen zu sammeln, zugestanden wird. Die so erzeugte Dynamik setzt sich auch in den nächsten Lebensphasen eines Kindes fort, zumal die Machtdistanz auch in den weiteren Sozialisationsinstanzen wie Schule und Arbeitsplatz und der jeweiligen Beziehung zu Lehrern und Vorgesetzten bestehen bleibt (Hofstede, Hofstede und Minkov, 2013, S. 69–75).

5 Orientierung im Digitalen Zeitalter

5.1 Orientierung am, im und über das Internet

Das Internet ist ein derartig vielfältiges Medium, dass eine Klassifizierung im Hinblick auf die Orientierung schwerfällt; Nicht nur finden sich alle Arten von älteren und modernen Orientierungsinstanzen mit ihren jeweiligen Botschaften dort, das Medium erlaubt zudem nicht bloß eine technische, sondern auch eine soziale Netzwerktätigkeit, bei der Orientierungsentwürfe gezielt gesucht und mitgeteilt werden.

Betrachtet man das Modell Luckners, so lässt sich das Internet mehreren Funktionen zuordnen:
– Das Orientierungssubjekt, das im Netz Orientierung sucht, findet eine große Bandbreite unterschiedlichster Angebote. Im übergenommenen Sinn kann auch das Internet, verstanden als eine Aggregation von kollektivem Bewusstsein, selbst als ein Orientierungssubjekt gelten: Es existiert niemals Stillstand, denn ständig werden neue Inhalte publiziert, kommen neue Perspektiven und Trends zustande, die ihrerseits erneut in das kollektive, technische Bewusstsein einfließen.
– Der Orientierungsprozess im Netz verläuft zwar sehr individuell – nämlich durch das konkrete Such- und Klickverhalten, dabei bemühen sich jedoch zahlreiche Akteure um Aufmerksamkeit – die Suche nach Orientierung wird hier teils von der Werbeindustrie in ihre Kanäle umgeleitet, aus der Suche nach Sinn und Erfahrungen wird die Suche nach Produkten und Dienstleistungen.
– Auch wenn „das Internet" selbst nur sehr begrenzt als Orientierungsinstanz taugt – etwa als Lifestyle-Phänomen der so genannten digitalen Nomaden – so bietet es einen Überblick über alle denkbaren Orientierungsangebote: Die religiösen und politischen Institutionen und Richtungen bemühen sich hier ebenso um die Verbreitung ihrer Botschaft wie wirtschaftliche Akteure. Auch die Kritik am Internet, an der Dominanz der digitalen Kultur im Alltagsleben der Menschen käme niemals ohne die Nutzung dieses modernen Mediums aus.
– Das Gleiche gilt für die denkbaren Orientierungsbereiche: Es ist heute vielfach zu beobachten, dass jedes Problem, jede Frage zunächst in eine Suchmaschine eingetippt wird, von wo aus binnen Sekunden Texte oder gar Anleitungsvideos abgerufen werden können. Wie auch in der Rolle als multiple Orientierungsinstanz bietet das Netz eine Übersicht über alle möglichen Orientierungsbereiche, von der Gesundheit über Partnerschaft und Handwerkstechniken hin zu Politik, Religion, Wirtschaft oder auch völlig ausgefallenen Hobbies.
– Als Orientierungsmittel ist das Netz, technisch betrachtet, lediglich als die auf dem Monitor oder den Lautsprechern dargebotene Information wahrnehmbar. Auch hierbei gilt jedoch eine hohe Individualisierung: Jeder Nutzer wählt sich seine Inhalte aus – dabei spielt es zunächst keine Rolle, wie sehr er sich der

im Hintergrund agierenden Algorithmen und wirtschaftlichen oder politischen Interessen bewusst ist.
- Die Orientierungsfähigkeiten, die beim Umgang mit dem Internet genutzt werden, sind ebenfalls stark heterogen ausgeprägt und basieren auf persönlichen Faktoren wie Intelligenz, den Schlüsselfertigkeiten und Kompetenzen beim Umgang mit der verfügbaren Technologie. Angesichts der Leichtigkeit, mit der sich heute alle zur Orientierung nötigen Informationen aufzuspüren lassen scheinen – nämlich durch eine einfache Google-Suchanfrage – erscheint möglicherweise eher eine pessimistische Sichtweise angebracht. Denn die Orientierungsfähigkeiten, die früher einmal ein ganzes Spektrum an Wissensbeständen, Erfahrungen, detektivischem Spürsinn und strategischen Analysemethoden darstellten, könnten heute durchaus verkümmern und statt tiefergehender Orientierung eine oberflächliche Schein-Orientierung an jenen Resultaten erzeugen, die gerade von den entsprechenden Algorithmen nach oben gespült werden – weil die Seitenbetreiber das beste Marketing haben oder die höchsten Beiträge für Werbung zahlen; Musste in den 80er und frühen 90er Jahren noch zum Telefon oder Lexikon gegriffen, um Informationen einzuholen, und musste der Rat im Gespräch mit einem Experten gesucht werden, so gestaltet sich die Informations- und Orientierungssuche grundsätzlich anders; So finden sich Texte, Ratschläge und Hinweise unterschiedlichster Herkunft und Qualität zu allen Lebensbereichen, selbsternannte Autoritäten erläutern ihre Positionen und nutzen dabei alle Mittel, um seriös und glaubhaft zu wirken. Für den Webseitenbesucher ist es kaum möglich, Informationen und Hintergründe zu den Betreibern zu finden, ihre Legitimation, Fachkenntnis oder ideologische Absicht zu beurteilen. Unter Umständen erreichen auch Scharlatane mit professionell gemachtem Internetauftritt ein weitaus größeres Publikum als etwa seriöse Wissenschaftler, die vorsichtig und weniger unterhaltsam formulieren und nicht alle Register des Web-Marketing ziehen.

Das Netz ist eine Art Rahmen oder Container für sämtliche, die Orientierung betreffenden Subjekte, Prozesse, Instanzen, Bereiche, Mittel und Fähigkeiten. Ein Problem, das im Zusammenhang mit neuen Medien immer wieder genannt wird und das auch unmittelbar mit dem modernen Internet verbunden ist, wie es sich spätestens seit dem Auftauchen von Videos und Animationen aller Art darbietet, ist das der Reizüberflutung. Der kanadische Kommunikationstheoretiker Marshall McLuhan zeigte, dass die diesbezügliche Diskussion zumindest bereits bis in die frühen 50er Jahre zurückreichte, als das Buch „The African Mind in Health and Disease" erschien. (J. C. Carothers, 1953)

Darin wird unter anderem der Einbruch der westlichen Zivilisation in afrikanische Kulturen beschrieben und auch die Brücke zu den (damaligen) modernen Medien geschlagen. McLuhan schlussfolgert daraus:

Ein Beispiel dafür ist der Beduine auf dem Kamel mit seinem Kofferradio. Die Eingeborenen mit einer Flut von Begriffen zu überschwemmen, auf die sie in keiner Weise vorbereitet sind, ist die normale Wirkungsweise unserer ganzen Technik. Aber mit den elektrischen Medien erlebt der westliche Mensch dieselbe Überflutung wie der ferne Eingeborene. Wir sind in unserem alphabetischen Milieu nicht besser auf eine Begegnung mit dem Radio oder Fernsehen vorbereitet, als der Eingeborene von Ghana fähig ist, mit dem Alphabetentum fertigzuwerden, das ihn aus der Welt der Stammesgemeinschaft herausreißt und in der Absonderung des Einzelmenschen stranden lässt. (McLuhan, 1992, S. 27)

Heute ist die Gefahr der Reizüberflutung nochmals gewachsen, wird aber auch dadurch relativiert, dass viele Heranwachsende schon sehr früh mit der Technik konfrontiert werden und daher besser mit der Flut an Bildern und Informationen umgehen können.

Die „Digitalen Nomaden", deren Arbeitsplatz aus der eigenen Wohnung, aus einem Coworking-Space, einem Ferienhaus, Zug oder aus der Umgebung besteht, wo immer ihr Notebook aufgeschlagen wird, erlangen selbstverständlich nicht die Sicherheit und Struktur im Leben, die von einem der früheren, festen Büroarbeitsplätze und einem bleibenden Stamm von Kollegen ausging. Aus diesem Grund kann die Arbeit nicht als strukturelle Orientierung dienen, sondern lediglich im Hinblick auf die Forderungen nach Flexibilität und lebenslangem Lernen orientieren: Nicht die Perfektion eines über Jahre und Jahrzehnte eingeübten Arbeitsrhythmus – dessen Tugenden wie Fleiß, Genauigkeit oder Ausdauer möglicherweise auch auf das Privatleben übertragen wird, steht im Vordergrund, sondern die ständige Erneuerung von Wissensbeständen – die dominierende Rolle der Software in der digitalen Welt, die das immer unfertige, dauerhaft zu ergänzende Programm mehr und mehr vermietet als verkauft und zahllose Patches, Hotfixes und Updates aufspielt, wird zur Lebensphilosophie; Das Selbst, die eigene Identität, die früher im dörflichen Leben verwurzelt war und durch die wenigen, dafür aber sehr intensiven Sozialkontakte bestärkt wurde, ist dem heutigen „Ich" als einer kontinuierlichen Projektarbeit gewichen, bei der es gilt, die eigenen Fähigkeiten durch harte Arbeit an sich selbst zu erweitern – immer in der Furcht, dass das Erlernte schon bald überholt sein könnte.

Noch ist nicht einmal in Ansätzen abzusehen, was diese Art von Arbeitswelt bewirkt, wie diese Art von Persönlichkeitsentwicklung die menschliche Psyche beeinflusst. Es ist jedoch davon auszugehen, dass die beschleunigte Arbeitswelt eine neue, möglicherweise noch stärkere Abweichung von der natürlichen, menschlichen Lebensweise darstellt. Unter Umständen wird dies auch mit einer Zunahme von psychischen oder allgemeingesundheitlichen Problemen erkauft werden. Bezüglich der Orientierung bedeutet dies: Je mehr der niemals ruhende Datenfluss, der von technischen Neuheiten und Durchbrüchen geprägte Arbeitsalltag zum Leitmodell wird, je mehr Aufmerksamkeit auf die Analyse und Interpretation großer Datenmengen verwendet wird – umso weiter rückt die tatsächliche, persönliche, von der Suche nach Lebensweisheit geprägte Orientierung in den Hintergrund – und umso wichtiger werden Ruhepunkte oder Merkmale, an denen sich das flüchtige Leben der Digitalen Nomaden noch festmachen lässt.

Die Digitalisierung ist eine Ausweitung der technischen Optionen – wie bei vielen anderen Neuerungen sind auch damit unterschiedlichste Folgen verbunden – nicht alle davon dürften für die betroffenen positiv sein; während zahlenden Kunden alle Vorzüge zur Verfügung gestellt werden, eignet sich die neue Technik ebenso zur verbesserten Überwachung, zur verborgenen Datensammlung und zum Eindringen in die Privatsphäre.

Die Digitalisierung verändert die Kommunikationsgewohnheiten intensiv und ist daher von besonderem Interesse für die Kommunikationswissenschaft: Mehr und mehr wird die direkte, zwischenschliche Kommunikation des Gesprächs durch eine indirekte, vermittelte Kommunikation mit technischen Geräten ersetzt. Ein Großteil der Kommunikation – genau genommen: fast die gesamte Internetkommunikation – findet nicht mehr zwischen Menschen statt, sondern zwischen Maschinen: Ein Programm wird gestartet, es durchsucht Webseiten vollautomatisch nach Schlüsselbegriffen, erstellt selbstständig Hypertext-Dokumente, die auf einen Server hochgeladen werden, der wiederum die Suchanfragen anderer Programme bedient.

Das heutige Internet ist voll von so genannten SEO-Texten und Hinweisen, wie SEO-Texte sich am wirkungsvollsten einsetzen lassen. Der Titel SEO (search-engine optimized) deutet bereits an, dass es bei diesen Texten nicht in erster Linie darum geht, menschliche Leser mit Informationen zu versorgen. Stattdessen sollen die Artikel so strukturiert sein, dass Suchmaschinen – allen voran Google – sie schnell erfassen, indizieren, verschlagworten und katalogisieren können. Da derartige Suchmaschinen derzeit noch nicht in der Lage sind, Bedeutungen zu erfassen, komplexe Satzstrukturen aufzuschlüsseln und die Qualität der angebotenen Texte zu bewerten, entsteht auf diese Weise ein ungewöhnlicher Textmarkt: Es handelt sich um Texte, die eher kurz als lang, eher zahl- als inhaltsreich, eher gut verlinkt statt gut argumentierend und eher gut bebildert als gut verständlich sind; Solche Texte erzielen bei Suchanfragen das höchste Ranking und sind damit am besten geeignet, Werbeeinnahmen zu generieren.

Die Internet-Werbewirtschaft hat dabei auch so genannte „Clickbaits" geschaffen; Hierbei handelt es sich um verblüffende Überschriften, um spannungsgeladene Bilder oder rätselhafte „Teaser" eines Artikels, die dem Leser kaum verraten, worum es eigentlich geht – wer mehr wissen möchte, muss auf den Link klicken und kann damit auf der neu aufgerufenen Seite mit neuen Werbeanzeigen konfrontiert werden, während sein Klickverhalten durch den Einsatz von Trackern genauestens erfasst, gespeichert, bewertet und kommerzialisiert wird.

Ohne es zu ahnen, dürften also die meisten Internetnutzer eine Welt vorfinden, die weniger auf ihre Bedürfnisse zugeschnitten ist, als vielmehr auf die kommerzielle Nutzung dieser Bedürfnisse und die zielgerichtete Schaffung neuer Bedürfnisse durch den Einsatz modernster Werbe- und Beeinflussungsstrategien.

Nahezu alle im Internet unternommenen Orientierungsschritte dürften auf einen unsichtbaren Gegner stoßen, der sich bemüht, die Orientierungssuchenden in die von ihm gewünschte Richtung zu lenken und zum Kauf bestimmter Produkte oder Dienstleistung, zumindest aber zum Besuch der Werbefinanzierten Webseiten zu bewegen. Dabei hat die Werbewirtschaft längst das Potential erkannt, das sich mobilisieren lässt, wenn der Freundes- und Bekanntenkreis der entsprechenden Personen einbezogen wird: „Patrick hat bei Spiel XY eine Punktzahl von 100,000 erreicht – kannst Du ihn schlagen?"/„Deinen Freunden gefällt dieser Film ..."/„Du hast Dir ein Yoga-Buch bestellt – möchtest Du das auf Facebook teilen?" etc. etc.

Durch die weitreichenden Befugnisse sichert sich Facebook beispielsweise das Recht, derartige Werbungen zu schalten – für unsichere Jugendliche, deren Persönlichkeitsentwicklung noch am Anfang steht und die weder die nötige Lebenserfahrung noch das Wissen über die Strukturen und Mechanismen der modernen Internetwirtschaft aufweisen, kommt eine solche Art der Aufforderung durchaus einem gewissen sozialen Druck gleich, der weit über das hinausgeht, was beispielsweise bereits im bekannten Media-Markt Werbeslogan „Ich bin doch nicht blöd!" anklingt. Die Botschaft ist klar: Alle Deine Freunde machen es so, warum Du nicht auch? Willst Du im sozialen Abseits stehen?

Der biologische Mechanismus des „Herdentriebs", der auch tief in der menschlichen Psychologie verankert ist, wird dabei äußerst professionell und effektiv kommerziell ausgenutzt, der Nutzer bezahlt entweder mit Geld oder seinen Daten – und bekommt dabei nicht mit, dass er auch mit Lebenszeit bezahlt und seine Aufmerksamkeit letztendlich auf völlig belanglose Dinge richtet.

5.2 Orientierungsmodelle seit Aufkommen des Internet

Betrachtet man die oben beschriebenen, alten und historisch äußerst wirkmächtigen Orientierungsmodelle, so war lange Zeit kaum zu erwarten, dass diese ihre Rolle entweder verlieren oder aber einen grundlegenden Bedeutungswandel erfahren würden. Genau dies geschieht jedoch derzeit, wobei die Konsequenzen dieser Entwicklung erst in Ansätzen erkennbar sind. Alles erscheint im Wandel und Umbruch, alles muss sich der modernen und beschleunigten Diskussion stellen – an dieser Stelle nur zwei Beispiele, zumal die anderen Ordnungsmodelle auch in ähnlicher Weise von einem Umbruch gekennzeichnet sind:
- Die in bestimmten historischen Phasen stark technikfeindliche christliche Religion hat das Monopol über die Lebensführung, die Moral und das „Seelenheil" verloren. Ihr Angebot, das früher nur vom Staat selbst herausgefordert werden konnte, muss sich heute stärker mit anderen Orientierungsmodellen, darunter auch weitere religiöse Angebote messen.
- Der Staat ist durch die zunehmende Globalisierung und die Aufweichung seiner Grenzen (in Europa etwa durch die zunehmende Europäisierung, den Aufbau von

supra- wie subnationalen Entscheidungsebenen) und den Bedeutungsverlust seiner Regelungskompetenz und Kontrollgewalt, der sich am deutlichsten im Bereich des Internet zeigt, das keine nationalen Grenzen respektiert und dessen Informationsflut sich nur mittels drastischer Maßnahmen, wie sie vor allem von autoritären Regimen kommen, aufhalten lässt.

Derzeit bilden sich die mit dem Internet, spätestens jedoch mit den sozialen Medien aufgetauchten Orientierungsmodelle weiter heraus. Diese Modelle unterscheiden sich massiv von ihren historischen Vorgängern, weil sie deren Intensität, Verbindlichkeit und klare Ausrichtung vermissen lassen und das Individuum und seine Kommunikationsgewohnheiten extrem stark mit sich selbst konfrontieren, dabei auch teilweise den kulturellen oder gesellschaftlichen Bezug vermissen lassen. Gemeint sind die im Folgenden beschriebenen Faktoren wie die „Community" und die „Filterblase". Genau genommen könnte sogar die Anwendung des Begriffs „Orientierungsmodell" für diese Themen hinterfragt werden, denn es handelt sich eher um Rahmenbedingungen oder Meta-Orientierungsmodelle, wobei die individuelle Auswahl dem Nutzer, seiner psychischen und intellektuellen Verfassung oder momentanen Stimmungslage überlassen bleibt. Wer sich mittels der „Community", der Gemeinschaft anderer Nutzer sozialer Netzwerke oder Foren orientiert, auf den färben die Kommunikationsgewohnheiten, die Ansichten und Werte dieser Gemeinschaft meist ab, gleichgültig welcher Umgangston, welche Zielsetzung oder Ideologie dahintersteht. Im Zweifelsfall kann es auch zu einer vom Umfeld kaum bemerkten Selbstradikalisierung kommen.

Das Internet kann anonym genutzt werden – auch wenn die Anonymität zunehmend von der Datensammelwut großer Unternehmen und Geheimdienste eingeschränkt wird, besteht zumindest die Möglichkeit, sich vor den meisten anderen Nutzern zu verbergen. Das Netz ist daher ideal zur Verbreitung von Positionen, die ansonsten im gesellschaftlichen Dialog ungehört bleiben würden, es bietet zudem die Möglichkeit, zu Straftaten aufzurufen oder kriminelle Inhalte zu verbreiten. Wer abseits der großen Medienseiten im Netz surft, wird nahezu alles finden, was er sucht – kaum aber eine echte Orientierungshilfe. Denn die Seite, die göttliche Erlösung oder ewiges Leben verspricht, ist nur einen Klick vom Satanistenkult oder dem Musikangebot einer Band entfernt. Millionenfach versuchen Seitenbetreiber, mit allen Mitteln um Aufmerksamkeit zu werben.

Damit eine Seite mit Lebensweisheiten zu einer Hilfe bei der Orientierung werden kann, muss sie zunächst gefunden, begutachtet und bewertet werden – bei der heutigen Informationsflut längst keine Selbstverständlichkeit mehr.

5.2.1 Die „Community"

Das Internet hat die Möglichkeit geschaffen, schnell und ohne nennenswerten Aufwand Gleichgesinnte, Geschäftspartner oder neue Freunde zu finden. Die Community, die Gemeinschaft der Nutzer macht es möglich: Webseiten stellen Tipps und Anleitungen zur Verfügung, in Foren werden Antworten auf die drängenden Fragen gegeben und häufig finden sich bereits Lösungen zu oft auftretenden Problemen. Die Kehrseite der Medaille besteht sicherlich darin, dass auch die schlechten Eigenschaften zutage treten: Jeder Klick wird auf seine ökonomische Verwertbarkeit geprüft, mitunter reagieren die berüchtigten „Internettrolle" sehr gereizt auf harmlose Fragen oder gefallen sich darin, andere Nutzer zu provozieren.

Wie kann nun eine Orientierung an dieser oder durch diese diffuse Gruppe erfolgen?

Einerseits erlaubt die Beobachtung der Verhaltensweisen und Interaktionen zahlreiche Rückschlüsse auf den Umgang der Nutzer miteinander und damit auch die menschliche Gesellschaft selbst. Anderseits kann gezielt nach Orientierung in einem bestimmten Bereich oder auch Lebenshilfe und Beratung gesucht werden.

Wer sich in ein Netzwerk, eine Gruppe oder ein Forum begibt, lernt die dort herrschende Kommunikationskultur kennen und wird mit den Ansichten, Werten und Ideen der anderen Teilnehmer konfrontiert, kann diese mit den eigenen Vergleichen und sich auf diese Art orientieren.

Problematisch ist sicherlich, dass große Portale alle Äußerungen, alle „Likes" und jeden Kontakt auf die ökonomische Verwertbarkeit prüfen: So wird punktgenaue Werbung eingeblendet, es werden Kontakte mit ähnlichem sozialen, regionalen oder beruflichen Hintergrund oder ähnlichen Überzeugungen vorgeschlagen, so dass es unter Umständen zum Aufbau einer Filterblase kommt, wie sie im nächsten Kapitel beschrieben wird.

Geht man von einer durchschnittlich großen, privat geführten Internetseite aus – etwa zum Orientierungsbereich der Philosophie, so kann sich durchaus ein fruchtbarer Austausch wie auch ein privates Kennenlernen der anderen Nutzer innerhalb der „Community" ergeben. Je nach Ausrichtung und intellektuellem Anspruch wird die Diskussion auf unterschiedlich hohem Niveau geführt werden. Dort, wo es zu persönlichen Angriffen kommt, kann der Seitenbetreiber durch Sanktionen oder eine Moderation eingreifen.

Das Internet wird teils auch als Konzentrationspunkt von „Schwarmintelligenz" begriffen; Dies trifft sicherlich zu, wenn es darum geht, eine schnelle Antwort auf eine Frage zu erhalten – die Wahrscheinlichkeit, dass ein Mitglied des Forums schon einmal mit einem ähnlichen Problem konfrontiert war und einen Rat bereit hat, ist hoch, und das Internet vergrößert die Reichweite.

Bei Entscheidungsfindungen muss die Logik der Schwarmintelligenz jedoch nicht zutreffen; Gerade politische oder weltanschauliche Diskussionen werden oft sehr emotional geführt und die Kraft rationaler Argumente und logisch strukturierter Beiträge ist vergleichsweise gering.

5.2.2 Die „Filterblase"

Neue soziale Medien wie Facebook stellen sicherlich ein umfangreiches Feld für eine systemtheoretische Analyse bereit, zumal die Kommunikation – als Grundelement jedes sozialen Systems – in diesen Medien eine explosionsartige Entwicklung durchmacht: Im Takt von Sekunden prasseln Nachrichten aus dem Freundeskreis ein, der Nutzer erhält die Information, dass ein Bekannter diese oder jene Seite mag, eine Veranstaltung besucht hat oder einen Kommentar zu einem umstrittenen Thema verfasst hat. Die oben vorgestellte „doppelte Kontingenz" reicht kaum noch aus, um die beschleunigte und vervielfachte (und vielfach verflachte) Kommunikation auf einem sozialen Netzwerk zu beschreiben. Kommuniziert wird zwischen zwei Parteien, aber auch zwischen einer Partei und der diffusen Gruppe der „Freunde", an die eine Nachricht oder Statusmeldung gesendet wird, ein Großteil der übermittelten Information geht vermutlich verloren, weil andere Nutzer lieber selbst „posten" als die Beiträge anderer zu lesen. Soziale Systeme entstehen und vergehen im Minutentakt und es kommt zur Ausbildung von individuellen „Echokammern", in denen die Meinung einer Person durch ähnliche Beiträge verstärkt und legitimiert wird, während die Betreiber der Netzwerke nach undurchsichtigen Regeln Beiträge bewerten, filtern, verbreiten oder beliebige sozial-kommunikative Experimente durchführen, um das Verhalten ihrer Nutzer noch besser zu erforschen und vermarkten zu können (Schulz, 2013).

Unbedarfte Gemüter, die sich der Dynamik von Filterblase und Echokammer nicht bewusst sind, neigen dann dazu, sich eine Komfortzone aus Bekannten zuzulegen, mit denen sie viele Ansichten teilen: Es entstehen mitunter abgeschottete Gruppen, die Meinungen ohne eine echte Diskussion propagieren, die Mitglieder werden in ihren Ansichten bestärkt und es entsteht ihnen mitunter beiläufig der Eindruck, dass die eigene Meinung in der gesamtgesellschaftlichen Mehrheit ist. Stehen diese Meinungen im Widerspruch zu dem, was über die Mainstream-Medien verbreitet wird, so äußert sich dies im Vorwurf einer verzerrten oder verlogenen Berichterstattung.

Die sich aus den Echokammern ergebende Orientierung wird teilweise nicht als bewusster, aktiv gesuchter Prozess wahrgenommen, sondern sie erfolgt möglicherweise schleichend. Ihre Instanzen bleiben – bis auf die Nutzernamen – verborgen, was sicherlich die Gefahr einer Manipulation durch politische oder ökonomische Interessengruppen erhöht.

Die Filterblase erweist sich noch aus einem anderen Grund als gefährlich, möglicherweise sogar für die Demokratie selbst: Denn Demokratie setzt eine Diskussion voraus, bei der auch die Perspektive des Gegenübers eingenommen wird. Genau diese Dynamik wird jedoch von den Filterblasen in den sozialen Netzwerken verdrängt: Es erscheint schlicht nicht mehr nötig, sich mit anderen Meinungen auseinanderzusetzen, weil es bequemer erscheint, sich die eigene Meinung durch das Umfeld bestätigen zu lassen. Die Nutzer sind sich wohl kaum der Tatsache bewusst, dass sie mit jedem Klick und jedem Like dazu beitragen, dass die Betreiber der sozialen Netzwerke zusätzliche Daten erhalten, mit denen sie die individuellen Filterblasen detaillierter einstellen können. Damit verstärkt sich der Effekt, je mehr Daten ein Nutzer über sich preisgibt. Die Filterblase selbst bleibt dabei jedoch immer unsichtbar, zumal die Netzwerke ihre Algorithmen nicht veröffentlichen und zudem häufig ändern – ebenfalls ohne dies bekannt zu geben (Schweiger, 2017, S. 88f).

Aus der Forschung vor dem Aufkommen sozialer Netzwerke war bereits bekannt, dass innerhalb von Kommunikationsnetzwerken (etwa einem Dorf) die Tendenz vorherrscht, sich mit Personen ähnlichen Alters, eines ähnlichen sozioökonomischen Status etc. zu umgeben, eine Tendenz, die auch in den sozialen Medien zu beobachten ist (Schweiger, 2017, S. 89f).

Diesem theoretischen Fundament der Filterblase steht die Netzwerktheorie gegenüber; Diese geht davon aus, dass die persönlichen Online-Netzwerke ohnehin größer sind als direkte Beziehungen und dadurch quasi automatisch ein heterogenisierender Effekt eintritt. Beide Theorien haben sicherlich eine bestimmte Plausibilität, wobei ihre Erklärungsreichweite je vom Einzelfall abhängt: jüngere Personengruppen beispielsweise verfügen tendenziell über größere Facebook-Netzwerke als ältere, so dass hier der heterogenisierende Effekt deutlicher zum Tragen kommen dürfte. (Schweiger, 2017, S. 92f).

Eines der Hauptprobleme der Filterblase besteht darin, dass sie durch ihre individuelle Anpassung an die jeweilige Person kaum erkennbar ist: Wessen Suchverlauf bei Google die Relevanz bestimmter Themen offenbart, der wird bei nachfolgenden Suchen mit höherer Wahrscheinlichkeit auf die Bedeutung dieser Themen hingewiesen, ohne dass er sich der Tatsache bewusst ist, selbst für diese Gewichtung verantwortlich zu sein. Auf Facebook gilt eine ähnliche Dynamik, die suggeriert, dass die persönlich präferierten Themen auch für die Allgemeinheit einen höheren Stellenwert haben: Im schlimmsten Fall trägt die Filterblase dazu bei, eine krasse Fehleinschätzung der Umwelt – gerade beim Thema Meinungen – zu erhalten; Wer vor allem Nachrichten liest, die Politiker einer Partei in ein schlechtes Licht rücken – seien es nun reale Vorkommnisse oder Fake News – der wird nach und nach zu der Überzeugung gelangen, dass die Medienlandschaft generell von derartigen Berichten gekennzeichnet ist, dass auch zahllose andere dies wahrnehmen und eine entsprechende Meinung entwickeln. Damit wird die vor dem Aufkommen der Sozialen Medien beobachtete „Schweigespirale", wonach die Anhänger vermeintlich unpopulärer Meinungen dazu neigen, diese Meinungen nicht zu äußern, außer Kraft gesetzt; auch kleine und radikale Gruppen finden nun Anhänger, die sich austauschen und organisieren können und die aufgrund gleicher Informationsversorgung zu ähnlichen Schlüssen zu politischen, gesellschaftlichen oder wirtschaftlichen Themen kommen.

5.2.3 Die statistische Normierung

Mit überragendem Scharfsinn erfasste Marshall McLuhan bereits lange vor dem Aufkommen der modernen Digitalisierungsprozesse die Konsequenzen, die sich aus

Technologie und der stark erweiterten Fähigkeit zur Sammlung von Informationen ergeben. Dementsprechend treffsicher ist auch seine Prognose:

> Unser Datensammeln hat einen ähnlichen Grad erreicht, wenn jedes Päckchen Kaugummi, nach dem wir greifen, von irgendeinem Elektronenrechner genau notiert wird, der unsere nebensächlichste Geste wieder in eine Wahrscheinlichkeitskurve oder irgendeinen Parameter der Sozialwissenschaften überträgt. Unser Privat- und Gemeinschaftsleben ist zu einem Informationsprozess geworden, eben weil wir unsere Zentralnervensysteme mit der Technik der Elektrizität nach außen verlegt haben. (McLuhan, 1992, S. 69)

Eine der größten Veränderungen des Alltagslebens, die sich seit dem Aufkommen des Internet und der zunehmenden Digitalisierung ergeben haben, liegt in der allgegenwärtigen Verfügbarkeit von Daten, die bei der Bewältigung der beruflichen oder privaten Aufgaben nötig sind: Gleichgültig ob eine Telefonnummer oder ein Kochrezept, ein Thema für ein Referat, ein antikes Buch oder ein heiratswilliger Kandidat gesucht wird: Die Antworten und Lösungen kommen zu einem immer größer werdenden Anteil nicht mehr aus Büchern oder Telefonaten, aus dem Fernsehen oder Radio, sondern aus dem Netz. Dies betrifft auch die Wissenschaft, die alle Bereiche des Lebens, der Natur und der Technik beobachtet und beschreibt: So verbreiten sich auch die Daten dazu, wie der Mensch lebt, wie er sich ernährt, wieviel er verdient, wie groß er ist, ob er Sport treibt, ob er alleine oder in Partnerschaft lebt. Im Blickpunkt dabei immer der hypothetische „Otto Normalverbraucher". Die Einsicht in diese Daten, ob nun aus Neugier, aus wissenschaftlicher Beschäftigung oder anderen Gründen, erlaubt es damit jedem Mitglied einer Gesellschaft, sich mit dem Durchschnitt zu vergleichen. Dies kann gerade bei Jugendlichen oder jungen Erwachsenen, die ihren Platz in der Gesellschaft noch nicht gefunden haben, als ein nicht zu unterschätzender Einflussfaktor gelten, der auch intensiv auf die Psyche wirken kann, zumal oft eine grundlegende Unsicherheit, die sich mit der Frage „bin ich normal?" verbindet, existiert:
- Abweichungen vom „Body-Mass-Index" weisen auf Unter- oder Übergewicht hin und können dabei im Widerspruch zum selbst empfundenen Körpergefühl stehen.
- Daten zum Durchschnittseinkommen bestimmter Berufsgruppen können Neid oder Zufriedenheit auslösen.
- Daten zum Ernährungs-, Gesundheits- oder Sexualverhalten geben Aufschluss darüber, inwieweit das eigene Verhalten als „normal" oder „abweichend" gilt.
- Der „normale" Intelligenzquotient (IQ) – der durchschnittliche Indexwert von 100 – zeigt, wo Menschen sich einordnen können.

In diesen Bereichen erfolgt die Entscheidung, dessen, was als normal angesehen wird, über die simple Bildung eines Durchschnitts. Im Alltagsgebrauch findet sich der Begriff sehr oft, auch in Formulierungen wie „normalerweise".

Von der unmittelbaren Nachkriegszeit bis heute hat sich der gesellschaftliche Anspruch, Normalität zu definieren, zwar erhalten, allerdings hat sich eine Veränderung ergeben: Die Glockenkurve, welche die Normalität definiert (die Mitte als normal, die Ränder als abweichend) hat ihre Form geändert und die Zone der Normalität ausgeweitet (Link, 2013, S. 13). Erfolgte früher eine strikte Vorgabe dessen, was beruflich, privat oder familiär zu Geschehen hatte, so hat die Ausweitung gesellschaftlicher Toleranz nun dazu geführt, dass sich auch ehemalige Außenseiter zur Normalität zugehörig fühlen können.

Wo früher der Gewinn der Normalen bzw. der Mittelschicht direkt in ökonomischen Profit mündete, kann heute mit der Anzahl unterschiedlichster Lebensentwürfe und Konsumgewohnheiten kaum noch von „Otto Normalverbraucher" gesprochen werden, Unternehmen arbeiten derzeit daran, jeden Kunden mit passgenauen Angeboten zu ködern, wobei die enorme statistische Datensammlung im Internet sehr hilfreich ist.

Die Normalität – bzw. die Frage, was gesellschaftlich als normal angesehen wird – ist ein zentrales Merkmal einer Kultur ausgeweitet (Link, 2013, S. 15), gleichgültig ob es sich um eine nationale oder eine Unternehmenskultur handelt. (vgl. Kapitel 2.2.3)

Link spricht in diesem Zusammenhang von einer „verdateten Gesellschaft", also einer Gesellschaft wie den modernen, westlichen, in denen „ein „Wille" zur möglichst totalen statistischen Selbsttransparenz herrscht". (Link, 2013, S. 21)

Ein Blick auf die Zahlen mag hilfreich oder belastend sein, wenn es darum geht, die eigene Lage mit dem „Durchschnittsdeutschen" zu vergleichen. Es existieren allerdings auch Normalitäten, die sich nicht so leicht messen lassen wie Körpergröße oder die tägliche Kalorienzufuhr. Normalitäten, deren Definition umstritten ist, weil sich damit immer auch eine Machtausübung oder die Chance auf ökonomische Vorteile verbindet, wenn der sozial und biologische gewachsene Gruppenzwang einsetzt; Die Normalität, ein Auto zu besitzen, die Normalität, Schuhe zu tragen, die Normalität, bestimmte Werteüberzeugungen oder politische Positionen zu teilen, die Normalität, den Rasen zu mähen. Der soziale Anpassungsdruck oder das „Herdenverhalten" ist heute sicherlich nicht mehr so groß wie in den 50er Jahren, er ist jedoch noch immer existent und es erfordert mitunter Mut, gegen die Konventionen des Normalen zu verstoßen.

Gerade in der Pubertät gehört es dazu, das „Normale", d. h. die von den Eltern vorgelebte Praxis zu überdenken und eigene Standpunkte zu entwickeln, die von einer Anpassung bis hin zur Auflehnung reichen können. Die Orientierung am Normalen (das von jedem Menschen bzw. von jeder Familie oder Gruppe selbst definiert wird) ist für Heranwachsende also zunächst nicht zu vermeiden – gleichgültig, ob die damit vermittelten Werte schließlich geteilt oder abgelehnt werden. Je besser es gelingt, eine eigene Haltung zu entwickeln und diese zu Verteidigungen, umso erfolgreicher ist dieser erste große Orientierungsvorgang, der sicherlich auch stark beispielgebend für die späteren Orientierungsprozesse im Leben ist.

Betrachtet man sich die oben gezeigten Orientierungsinstanzen, so zeigt sich, dass diese historisch durchaus erfolgreich waren, die Menschen in die engen Grenzen der festgelegten Normalität zu zwingen: Diese Normalität bestand in einer absoluten

Unterordnung unter die staatliche und religiöse Obrigkeit, die oft auch das Opfer des eigenen Lebens umfasste, während Abweichungen und Zuwiderhandlungen mit strengsten Strafen belegt wurden; So war die Kirche in der Lage, die Schreckensvision ewiger Verdammnis heraufzubeschwören, die als weitaus schlimmer empfunden wurde als der bloße Tod.

Mit der Konstruktion und Vermittlung von Normalität ist also ein extrem großer Einfluss verbunden, der Menschen dazu bringt, das erwünschte Verhalten zu zeigen. Dementsprechend bemühen sich zahlreiche Institutionen und Personen darum, anderen ihre Version der Normalität nahezubringen oder sogar aufzuzwingen:

- In der Wirtschaft finden sich mit großer Regelmäßigkeit Werbeaktionen nach dem Motto „Ganz Deutschland genießt dieses Produkt!". Die jeweils wünschenswerte Normalität – wirtschaftlicher, kulinarischer und erotischer Erfolg – wird mit der Nutzung eines Parfums, eines Autos oder eines bestimmten Lebensmittels verknüpft.
- In der Politik herrscht bekanntlich ein Drang zur Mitte – wem es gelingt, die eigene Position als allgemeinverbindlich, die eigene Partei als „Volkspartei" und die gegnerischen Kräfte als Randerscheinung darzustellen, kann auf Wahlerfolge hoffen.
- In Unternehmen gelten die Vorstellungen der Chefs als die jeweilige Normalität, wobei durchaus auch die schwere Sanktion einer Entlassung möglich ist, wenn gegen diese Normalität verstoßen wird.
- In Familien entscheiden die Eltern, welches Verhalten ihrer Kinder sie gutheißen, welches sie tolerieren oder sanktionieren. Daraus erwächst für die Kinder, zunächst noch unbewusst und unreflektiert, die erste Konfrontation mit der Normalität.

Die Suche nach Normalität durchzieht gerade in Deutschland alle Lebensbereiche, zumal das Land eine stärker kollektivistisch geprägte Geschichte hat als etwa die Vereinigten Staaten (die wiederum häufig als kultureller oder politisch und wirtschaftlich liberaler, jedoch meist nicht als sozialer „Orientierungspunkt" genannt werden); Was ist normal in Deutschland, was bedeutet es deutsch zu sein? Sind die Deutschen ein normales Volk? (eine Frage, die bei der Historikerdebatte um den „deutschen Sonderweg" gestellt wurde).

Die Konturen der gesellschaftlichen Diskussion um die Normalität werden umso schärfer, wenn man ihre Wirkung auf Heranwachsende bedenkt: Sie verfügen noch über keine Lebenserfahrung, kein gefestigtes Weltbild und keine kritische Haltung gegenüber den zahlreichen irreführenden Verlockungen der Werbung und den ebenso irreführenden Versprechungen der Politik. Kinder und Jugendliche werden damit einem ungefilterten Informationsstrom ausgesetzt, der auch gerade wegen der selbstständigen Beschäftigung mit dem Medium Internet Gefahren, aber auch die Chance birgt, ebenso wie die Chance, Wissen und Erfahrungen zu erwerben.

Im Laufe des Lebens entwickeln sich dann eigene Vorstellungen von Normalität wie auch vom Umgang mit Menschen und Meinungen, die außerhalb dieser Normalität stehen. Diese selbst entwickelten Vorstellungen bilden schließlich den Ausgangspunkt für die späteren, stärker bewusst ablaufenden oder gar gezielt gesuchten Orientierungsvorgänge.

Die unterschiedlichen Normalitätsvorstellungen prallen in der gesellschaftlichen Diskussion aufeinander, ihre Vertreter verurteilen sich gegenseitig und werfen sich schlechte Eigenschaften wie Eigennutz, unmoralisches Verhalten, Naivität und Unkenntnis vor. Der Umgang mit derart unterschiedlichen Normalitäts- und Wertvorstellungen und damit die Teilnahme an der Diskussion muss für Jugendliche zunächst eingeübt werden; denn wer nicht in der Lage ist, unterschiedliche Standpunkte auszuhalten und sich bei unliebsamen Argumenten abschottet, schließt sich aus der Diskussion – die ja bereits einen hohen gesellschaftlichen Wert an sich genießt – aus, während ein Zuhören, eine Teilnahme und eine Reflexion fremder Gedanken immer auch in den eigenen Erfahrungsschatz einfließt, zur Weiterbildung und damit möglicherweis auch zur zukünftigen, aktiven und erfolgreichen Teilnahme an der Diskussion ermutigt und so ein dauerhafter, sehr lehrreicher Orientierungsprozess eingeleitet wird.

Setzt sich dagegen der Gedanke fest, selbst nicht „normal" zu sein, so kann dies eine Quelle von starkem Leidensdruck sein – gerade dann, wenn die Gesellschaft stark von der technischen Metapher des „Funktionierens" geprägt ist: Psychische Probleme werden dann als Defekte empfunden, die es wie auch immer zu reparieren gilt, um die Leistungsfähigkeit und damit die Teilnahme am – vor allem wirtschaftlich definierten – Leben wiederherzustellen.

Die Normierung bzw. Selbstnormierung äußert sich auch darin, dass weite Teile der Gesellschaft sich zur „Mittelschicht" rechnen – wobei sich selbst Soziologen äußerst schwertun, diese Mittelschicht zu definieren und die Rolle von Einkommen, Bildung, sozialer Teilhabe etc. dabei festzulegen (Mau, 2012, S. 13–18). Dennoch besteht kaum ein Zweifel, dass es gerade die Mittelschicht ist, die sich zumindest in ihrer subjektiven Selbstbeschreibung den Gefahren der Globalisierung, der Unsicherheit und des Verlustes von Wohlstand ausgesetzt sieht:

> Die Mittelschicht war an der Verbreitung marktbasierter und individualisierter Formen des Sozialen nicht ganz unbeteiligt, geriet aber angesichts flexibilisierter Betriebsamkeit und kalter ökonomischer Leidenschaften zunehmend unter Druck. Statuspanik und Anpassungsstress haben zugenommen, dasselbe gilt für die Notwendigkeit, sich im gesellschaftlichen Positionsgefüge zu behaupten. Viele Menschen treibt die Sorge um, durch neue Gefährdungen in Nachteilslagen zu geraten, den gewohnten Wohlstand nicht mehr halten oder den eigenen Kindern keinen Aufstieg ermöglichen zu können. (Mau, 2012, S. 9).

Diese Stimmung wird sicherlich vielfach von den Eltern auf die Kinder übertragen und kann dort ebenfalls zu Unsicherheiten und Ängsten führen.

5.3 Das Internet und die klassischen Orientierungsentwürfe

So freiheitlich und egalitär wie das Internet erscheint – schließlich kann zunächst jeder mit Zugang seine Ideen, seine Gefühle und Werke teilen – so sehr versuchen die Träger älterer Orientierungsentwürfe, ihre Dominanz auch auf diese Medium auszudehnen: Der Staat geht gegen illegale Inhalte vor – auch, wenn sie aus dem Ausland stammen – und betreibt seine Netzauftritte mit großem personellem und finanziellem Aufwand. Dennoch scheint zumindest ein wichtiger Schritt in Richtung „Waffengleichheit" getan: Jeder Bürger kann sich heute an Diskussionen beteiligen, kann Kommentare schreiben und direkt mit den twitternden oder auf anderen sozialen Plattformen agierenden Politikern und Beamten in Kontakt treten.

Für die Institutionen, die es in der Vergangenheit gewohnt waren, Orientierung zu geben – notfalls auch durch die absolute Dominanz ihrer Wertvorstellung – ist die technische Entwicklung Fluch und Segen zu gleich: Einerseits können so neue Zielgruppen erschlossen werden, andererseits ist auch der Kritik Tür und Tor geöffnet.

Daher bemühen sich die Strategen hinter den Netzauftritten großer Organisationen mit hohem Aufwand darum, ihre Botschaften mit maximaler Effizienz zu verbreiten und arbeiten daran, diese so zu verpacken, das sie beim individuellen Empfänger auf fruchtbaren Boden fallen – die Datenflut macht eine derartige Feinjustierung möglich, da sie Aufschluss darüber gibt, wer für welche Inhalte, wer für welchen Stil empfänglich ist.

Bezeichnenderweise kann heute, im Zeitalter der Digitalisierung niemand mehr sicher sein, auf welche Weise die an ihn gerichteten Botschaften zustande gekommen sind, welcher Klick oder welches „Like" die entsprechenden Algorithmen zu einer bestimmten Nachricht oder zu einer bestimmten Themenauswahl veranlasst hat. Damit schiebt sich der eigene Wahrnehmungsfilter – auf nicht erkennbare Art, und genau dies ist das Problem – vor die Auswahl der Orientierungsangebote.

Im US-Wahlkampf ist es bereits seit längerem verbreitet, individuelle Nachrichten zu verschicken, die genau jene Themen behandeln, die dem einzelnen Wähler besonders am Herzen liegen. Auch in der Bundesrepublik ist diese Art des Wahlkampfs längst im Gange; Es braucht nicht viel Fantasie, um sich eine Zukunft vorzustellen, in der opportunistische Parteien ihre Botschaften noch detaillierter Anpassen und jedem Wähler genau das Versprechen, was er sich von der Politik erhofft.

5.4 Der Einfluss der Digitalisierung

Der Begriff der „Digitalisierung" erlebt derzeit eine inflationäre Verbreitung und wird, zusammen mit dem der Industrie 4.0, genutzt, um gezielt Stimmungen zu beeinflussen. Mehr noch als eine sachliche Analyse geht es um die großen Pole Angst und Hoffnung, die mit diesem Begriff verbunden werden, um wirtschaftliche oder politische Interessen durchzusetzen; Einerseits wird die Hoffnung auf eine Zukunft voller faszinierender technischer Möglichkeiten und massiver Zuwächse im Bereich wirtschaftlicher Effizienz beschrieben, andererseits wird vor massiven Arbeitsplatzverlusten gewarnt, die nahezu alle Industrialisierungsschübe der Vergangenheit in den Schatten stellen.

Der Begriff ist so weit verbreitet und verbindet so viele unterschiedliche Aspekte, dass eine Definition schwerfällt – dies auch und vor allem, weil ein Großteil der Literatur sich der wirtschaftlich-technischen Seite widmet und die individuelle Betroffenheit ebenfalls mit wirtschaftlichen Begriffen beschreibt, also aufzählt, welche Menschen, Branchen-, Bildungs- oder Berufsgruppen profitieren oder verlieren werden.

Im Gegensatz dazu wird den sozialen oder psychologischen Folgen des Digitalisierungsphänomens kaum Beachtung geschenkt. So ist die Frage, wie die mediale Berichterstattung über das Thema auf Heranwachsende wirkt, noch weitestgehend ungeklärt:
- Herrscht eine Verunsicherung aufgrund der pessimistischen Prognosen zu drohenden Arbeitsplatzverlusten?
- Wird die Digitalisierung als technikeuphorische Hoffnung und Chance für die Gestaltung der eigenen Zukunft wahrgenommen?
- Inwieweit wirken diese Wahrnehmungen als handlungsleitende Orientierung, die die Auswahl der Bildung und des Arbeitsplatzes beeinflussen?

Es ist davon auszugehen, dass die unterschiedlichen Gruppen von Jugendlichen (je nach Ausrichtung an konservativen, materiellen, pragmatischen oder erlebnisorientierten Werten) auch unterschiedliche Perspektiven und Interpretationen zur Digitalisierung entwickeln werden – was für die einen eine kalte und menschenverachtende Technologie darstellt, könnte von anderen als wunderbare Erleichterung oder, bei technischen Interessen, Karrierechance wahrgenommen werden.

Die Digitalisierung durchzieht Berufs- wie Privatleben, wobei sie im beruflichen Bereich nicht optional ist, sondern vom ökonomischen Effizienzgedanken diktiert wird:
- Im Berufsleben werden alle Bereiche, in denen Rechnertechnik schneller, sicherer und effizienter agiert als menschliche Arbeitskraft, entsprechend umgestellt. Mit zunehmend verbesserter Künstlicher Intelligenz (KI) umfasst dies nicht nur Datenverarbeitung und Digitalisierung analoger Bestände, sondern mehr und mehr auch Entscheidungsfunktionen, die zuvor Managern und Beamten der unteren und mittleren Ebenen überlassen waren. Diese Entwicklungen werden im nächsten Kapitel eingehender betrachtet.
- Im Privatleben können Personen – zumindest in der Theorie – selbst entscheiden, wie weit sie an der Digitalisierung und den damit verbundenen Bequemlichkeiten teilnehmen. In der Praxis wird jedoch häufig mangels Reflexion keine bewusste Entscheidung getroffen, sondern es werden die von den großen Konzernen gemachten Angebote angenommen, ohne weiter über Dinge wie den Datenschutz

nachzudenken. Technikeuphoriker, die keine Scheu haben, ihre Daten zur Verfügung zu stellen, können praktisch alle Lebensbereiche digitalisieren: Wearables, die Pulsschlag oder die zurückgelegte Strecke messen und aufzeichnen, haben längst Eingang in den Sportalltag vieler Menschen gefunden und erleichtern die persönliche Übersicht, aber auch das Geschäftsgebaren ihrer Hersteller und Softwaredienstleister.

Darüber hinaus verändert die Digitalisierung nicht nur diese beiden Bereiche, sondern stellt auch die Rolle von Bürgern und Konsumenten auf eine neue Grundlage, zumal sich sowohl Staaten wie auch Konzerne bemühen, ihr Handeln zu optimieren, wobei die Daten der Zielgruppe wie auch der technische Fortschritt eine wesentliche Rolle spielen.

Längst existieren warnende Stimmen, die sich nicht mit dem bloßen Hinweis auf die gleichrangige Existenz von Vor- und Nachteilen der Entwicklung begnügen:

> Es wäre naiv, wenn man meinte, diese neuen Technologien hätten nichts mit der Förderung bestehender sozialer Zielsetzungen zu tun – denen des Staates, von Unternehmen, von sozialen Bewegungen. Wer zum Beispiel meint, ein ausgefallenes System zur biometrischen Identifizierung könne für gute und schlechte Zwecke eingesetzt werden, und zwar mit gleicher Wahrscheinlichkeit für beide Szenarien, der gibt sich einem heimtückischen Wunschdenken hin und tut so, als wüssten wir nichts vom Expansionsstreben des Sicherheitsstaates, von der Behandlung der Migranten durch diese Staaten und von der Logik des Datensammelns, die die biometrische Industrie antreibt. (Morozov, 2015, S. 25)

Wer sich anhand von Digitaltechnik orientiert, ist sicherlich gut beraten, sich zunächst über diese Technik und ihre enorme Reichweite zu informieren.

Das starke Anwachsen digitaler Technologien wird von Jugendlichen aus den unterschiedlichen Referenzgruppen (Siehe Kap. 5.2.) nicht nur als audiovisuelle Option oder interaktive Option zur Freizeitgestaltung, sondern durchaus auch als ein Problem erkannt. Zwar werden die Möglichkeiten, die die Vernetzung durch Plattformen wie Facebook oder Messengerdienste geboten werden, genutzt, allerdings schätzen einige der in der SINUS-Studie zitierten Jugendlichen sich so ein, dass sie in Zukunft ihre Nutzungsgewohnheiten ändern werden: Ein 14-Jähriger, der der Gruppe der „Adaptiv-Pragmatischen" zugerechnet wird, sagt beispielsweise: „Es wird immer so sein, dass ich mit Freunden schreibe. Und das mit YouTube, das wird sich alles wieder legen, das wird irgendwann nicht mehr sein, auch das mit den Spielen." (Calmbach, Borgstedt, Borchard, Tomas und Flaig, 2016, S. 212)

Die Digitalisierung an sich ist im Hinblick auf Orientierungsmodelle als äußerst ambivalent zu bewerten: Sie lässt die für die Orientierung zur Verfügung stehende Datenbasis auf ein nie zuvor dagewesenes Maß anschwellen, mit der Freiheit schafft sie jedoch auch vielfach Unübersichtlichkeit, Unsicherheit und den Zwang, selbst die passenden Orientierungsinstanzen auszuwählen, was angesichts der Vielzahl von Fakten, Werten und Ansichten gerade für jüngere Menschen alles andere als leicht ist. Beim Orientierungsvorgang ist nicht nur Wissen und analytisches Denken gefragt, sondern auch die Fähigkeit zu selektieren, zu kommunizieren, sowie die in Erfahrung gebrachten Fakten zu kombinieren und zu interpretieren.

Eine Seite der Digitalisierung, die derzeit verstärkt medial betrachtet wird, ist die Entwicklung von allgemein anwendbarer KI, die nach Ansicht von Forschern in den nächsten Jahrzehnten eine Vielzahl menschlicher Aufgaben übernehmen und hierbei überragende Leistungen erzielen kann.

Die Digitalisierung wird künftig noch stärker als bisher auf zahlreiche direkte und indirekte Orientierungsvorgänge einwirken:
- Durch die bevorstehenden, massiven Umbrüche in vielen Wissensbereichen, insbesondere durch die Möglichkeit, durch umfangreiche, selbstlernende KI-Systeme neue wissenschaftliche Erkenntnisse zu erzielen, wird sich das Wesen der Wissenschaft als Basis menschlichen Fortschritts massiv ändern. So wie der Computer seit Mitte der 80er Jahre Einzug in alle Arbeitsbereiche gehalten hat, so werden KI-Systeme Wissen generieren, teils ohne, dass ein menschliches Verständnis der zugrundeliegenden Algorithmen überhaupt noch möglich wäre. Dies kann auch zu einer Neudefinition der Rolle des Menschen an sich führen.
- Die innergesellschaftliche wie auch die weltweite Spaltung in jene, die sich den IT-Wissensvorsprung zunutze machen, und jenen, die dies nicht können, weil ihnen die Mittel oder die Bildung dazu fehlen, wird sich ausweiten und vertiefen.
- Unternehmen, die die Digitalisierung dazu nutzen, neue Kundengruppen zu erschließen, greifen mehr und mehr in die Privatsphäre ihrer Kunden ein, indem sie Daten erheben, vergleichen und aufgrund des Nutzerverhaltens immer detailliertere Persönlichkeitsprofile erstellen. Nur Personen, die über die nötige IT-Bildung und das entsprechende Problembewusstsein verfügen, können diese Prozesse nachvollziehen und sich ihnen verweigern.
- Auch die Fähigkeit, die neuen Medien sinnvoll für die Zwecke von Arbeit oder Privatleben einzusetzen, ist bei Menschen unterschiedlich stark ausgeprägt. In vielen Situationen ist Expertenwissen gefragt, über das nur wenige verfügen – dementsprechend genießen diese höheres Ansehen oder können Kapital aus ihren Fähigkeiten schlagen.
- Die mit der Ausbreitung von IT-Technik verbundene Cyberkriminalität, etwa der Diebstahl von Firmenwissen oder Identitäten, wächst ebenfalls stark an und kann zu einer Verunsicherung beitragen, die sich in extremer Zurückhaltung oder gar einer vollständigen Verweigerung der neuen Medien äußert. Damit scheidet auch die Möglichkeit aus, diese nutzbringend einzusetzen.
- Durch die Flut an digital erzeugten Inhalten, die bewusst im Kampf um Aufmerksamkeit und Klicks eingesetzt werden, entsteht das Bild des Internets nicht nur als einer immer verfügbaren Wissensmaschine, sondern auch als Mittel, um Emotionen zu beeinflussen. Musik, Videos und Bilder können je nach Stimmungslage abgerufen oder gezielt zur Herstellung bestimmter Stimmungen eingesetzt werden.

Ein Nebeneffekt der Digitalisierung und ihrer professionellen ökonomischen Verwertung besteht in der gezielten Ausnutzung von Bedürfnissen, Hoffnungen, Wünschen oder dem Schüren von Ängsten und Befürchtungen, etwa im Rahmen der Werbung oder der Aufmerksamkeitsökonomie von Webseiten. Kaum ein großes Portal, das nicht versucht, mit einem Rätsel, einem Quiz oder einem provokant geschriebenen Artikel auf sich aufmerksam zu machen. Dabei können sich Fragen wie „Wie gesund ernährst Du Dich?", „Hast Du schon die Bikini-Figur für den Sommer?" als äußerst belastend für sensible oder verunsicherte Jugendliche erweisen – die damit verbundene, Orientierungswirkung suggeriert Menschen, die nicht dem von der Werbeindustrie überzeichneten, vermeintlichen Idealbild von Gesundheit, Schönheit und beruflichem wie privatem Erfolg entsprechen, einen persönlichen Makel. Wer dieser Wahrnehmung folgt, dessen Selbstwertgefühl kann stark leiden. Durch die bloße Illusion sozialer Kontakte (die sich oft auf Chats mit virtuellen „Freunden" begrenzen), kann zudem eine emotionale Leere entstehen.

Wer das Internet, die dort angebotenen Informationen oder die sozialen Netzwerke tatsächlich als Orientierung nutzen möchte, sollte sich zunächst über die dort wirkenden Mechanismen und Dynamiken informieren. Nur wenn diese Kenntnisse existieren, kann es zu einem souveränen Umgang mit Themen wie dem Datenschutz kommen und es kann vermieden werden, dass aus Unwissenheit oder Leichtgläubigkeit gegen die eigenen Interessen verstoßen wird.

In einem Buch zu den Folgen der Digitalisierung heißt es: „So wie die soziale Marktwirtschaft dem ungezügelten Kapitalismus Grenzen aufweisen kann, so muss die Digitalisierung in soziale Bahnen gelenkt werden." (Wittpahl, 2017, S. 24)

Die enormen Datenmengen des Internet, die zur rationalen wie emotionalen Orientierungsfindung eingesetzt werden können, müssen zunächst einmal wahrgenommen und beherrscht werden: Wer die Auswahl über seine Orientierung an große Suchmaschinenbetreiber abgibt, die zudem bezahlte Werbung auf die vorderen Plätze bugsieren, hat bereits einen Teil seiner medialen Mündigkeit aufgegeben. Dasselbe gilt auch, wenn die aus unerklärlichen, unsichtbaren Algorithmen entstammenden „Freundesvorschläge" akzeptiert werden: Der Weg in die Filterblase ist schnell eingeschlagen, zumeist ohne sich darüber bewusst zu sein. (vgl. Abb. 5.1)

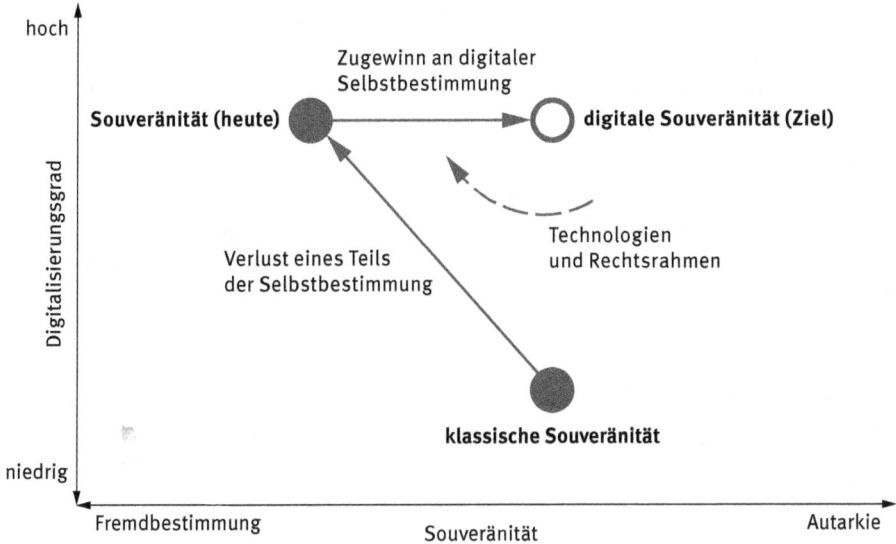

Abb. 5.1: Selbstbestimmung bei zunehmender Digitalisierung, Quelle: Wittpahl 2017, S. 24.

5.5 KI und die Zukunft der Arbeit

Die großen Trends, die die Zukunft prägen werden, eröffnen die Aussichten auf weitere, massive Umbrüche und wirtschaftliche Disruptionen:

- Die oben beschriebenen Möglichkeiten, umfassende Daten zu Nutzern von Produkten oder Dienstleistungen sowie zu ihren Wünschen und Gewohnheiten zu sammeln, nehmen weiter zu. An die Stelle der klassischen „Kundengruppen" tritt das individuelle Profil des einzelnen Kunden, der mit spezieller, passgenauer Werbung bedient wird.
- Die Fortschritte auf den Gebieten Mathematik, Physik und, in Folge davon auch Prozessortechnik führen zu immer umfassenderen Möglichkeiten, Daten schneller und genauer auszuwerten und zu berechnen.
- Die Schaffung von neuronalen Netzen eröffnet erstmals in der Geschichte die Aussicht auf die Schaffung einer KI, die mit größter Wahrscheinlichkeit der menschlichen zunächst ebenbürtig und später sogar überlegen sein wird. Dass dies geschehen wird, gilt als relativ sicher – lediglich der Zeitpunkt dieser Entwicklung ist umstritten. So gehen maßgebliche, beteiligte Forscher davon aus, dass das Aufkommen einer menschenähnlichen künstlichen Intelligenz spätestens in den Jahren 2040 bis 2075 stattfindet. (Bostrom, 2014, S. 19)
- Auch die Robotertechnik macht Fortschritte und kann mehr denn je menschliche Arbeitskraft ersetzen.

Wesentlich ist, dass alle diese Trends nicht isoliert zu sehen sind, sondern in eine gemeinsame Entwicklung einfließen und sich gegenseitig befruchten, so dass ungeahnte Wechselwirkungen auftreten können, die die ohnehin rasante Entwicklung nochmals beschleunigen könnten.

Obwohl die hier skizzierten Entwicklungen also noch einige Zeit beanspruchen werden, werfen sie ihre Schatten längst voraus: So gehen Experten davon aus, dass zahlreiche Berufsgruppen innerhalb der nächsten 20 Jahre eine große Wahrscheinlichkeit (ab etwa 70 %) dafür aufweisen, aufgrund von Automatisierung grundsätzlich verändert zu werden. Hierzu zählen die Brachen:
- Büro- und Sekretariatskräfte
- Verkauf
- Gastronomieservice
- Betriebswirtschaft, kaufmännisch und technisch
- Post- und Zustelldienste
- Küchenkräfte
- Bankkaufleute
- Lagerwirtschaft
- Metallbearbeitung
- Buchhaltung (Dettmer, Hesse, Müller und Schulz, 2016, S. 14)

Prinzipiell wird es also schwere Disruptionen in allen Bereichen geben, in denen es um (bald oder jetzt schon maschinell lösbare) Bewertungsfragen oder bloße technische Abläufe geht. Dies dürfte auch das Selbstverständnis der Menschen beeinträchtigen, deren Arbeitskraft dadurch überflüssig oder zumindest entwertet wird. Umgekehrt wird sich die digitale Kluft, die bereits jetzt ganze Gesellschaften spaltet und in größerem Maßstab auch das Wissensgefälle zwischen den fortgeschrittenen und den unterentwickelten Staaten kennzeichnet, weiter vertiefen. Dementsprechend werden die stark informationslastigen Berufe, die an der Spitze technologischer Forschung, Entwicklung und Anwendung stehen, an Bedeutung gewinnen; Informatiker, Datenanalysten etc.

Mit dem Aufkommen einer echten, allgemein anwendbaren künstlichen Intelligenz gerät das gesamte Rollenverständnis des Menschen ins Wanken, zumal er seinen Spitzenplatz in diesem Bereich einbüßt; In einer auf Arbeit, Leistung und Effizienz getrimmten Welt dürfte es für viele Menschen eine schwere Kränkung darstellen, von einer Maschine abgelöst zu werden, die die anfallenden Aufgaben weitaus schneller, genauer und frei von Emotionen oder Ermüdung löst und zudem noch deutlich weniger Kosten verursacht.

Allerdings wird sich menschliche Arbeitsleistung vor allem in den Bereichen halten, in denen diese vom Kunden bevorzugt oder explizit gewünscht wird. Dies ist etwa bei gewissen Dienstleistungen wie der Pflege oder der Beratung zu erwarten.

Nick Bostrom stellt in seinem Buch „Superintelligence" unter anderem die Frage, welche Rolle der Mensch in der zukünftigen Arbeitswelt einnimmt – eine Frage, von deren Beantwortung ein wesentlicher Teil der beruflichen Orientierung abhängt, die ihrerseits in der „Leistungs-" bzw. „Informationsgesellschaft" nach wie vor einen wichtigen Teil der allgemeinen Lebensorientierung ausmacht.

Der Wert von Arbeit, die sich extrem leicht kopieren oder maschinell durchführen lassen, werde die Löhne in diesen Bereichen stark drücken; Nur bei jenen Produkten und Dienstleistungen, bei denen menschliche Arbeitskraft noch bevorzugt wird, dürften sich die Arbeitsplätze halten. So wie heute die von indigenen Völkern hergestellte Kunst sehr geschätzt wird, könnten zukünftige Konsumenten ebenfalls den Faktor „Mensch" bevorzugen; So fiele es schwer, sich Roboter als Sportler, Künstler, Musiker, Liebhaber oder Entscheidungsträger bei großen gesellschaftlichen Fragen vorzustellen. Auch sind religionsähnliche Reaktionen auf die Flut von neuen maschinengemachten Gütern denkbar – so wie in einigen Religionen bestimmte Speisen als unrein gelten, könnte die übermäßige Anwendung von KI auch geächtet werden. (Bostrom, 2014, S. 160)

Das gesamte, faszinierende, gleichzeitig aber auch furchterregende Potenzial der KI lässt sich bisher nur erahnen: Es ist aber davon auszugehen, dass innerhalb der nächsten Jahrzehnte eine KI geschaffen wird, die der Intelligenzleistung von Menschen zunächst gleichkommt und sie später bei weitem übertrifft. Angesichts dieser Prognosen erscheint die Studien- und Berufswahl junger Menschen in einem völlig anderen Licht als noch vor zehn Jahren, als gerade Apples iPhone auf den Markt kam – dies vor allem, weil auch die spürbare Technologisierung des Alltags ebenfalls rapide voranschreitet und den Menschen zu einem wandelnden Datenproduzenten für verschiedenste Anwendung macht.

Die bevorstehenden Umwälzungen werden zudem die Lebenswege junger Menschen prägen, etwa bei der Wahl des Studienfachs. Während die Orientierung in einer von Maschinen bevölkerten und verwalteten Welt noch Zukunftsmusik ist, kommt es im Vorfeld bereits zu einer Orientierung an der Technik und ihren Möglichkeiten, deren Beherrschung beruflichen Erfolg verspricht.

Stellte die traditionelle Arbeitswelt die nach den Jahreszeiten bzw. Erntezyklen größte, festgefügte Orientierung im Leben der Menschen dar, so ist diese Dominanz gerade dabei, sich aufzulösen: Die wenigsten Arbeitskräfte werden heute noch ein Leben lang bei einem Arbeitgeber beschäftigt sein, geschweige denn den Beruf ihres Vaters ausüben. Stattdessen ist eine Flexibilität nötig, die für viele Menschen eher eine Belastung als eine Chance darstellt. Die Informationsgesellschaft stellt hohe Ansprüche und erfordert in vielen Branchen eine ständige Aus- und Weiterbildung. Auch dies gilt es, bei der Konzeption einer neuartigen Orientierungsvorstellung zu berücksichtigen.

Traditionelle Gesellschaften orientierten sich stark am Arbeits- und Leistungsethos, der sich sicherlich heute in dieser Pauschalität nicht mehr halten lässt, was angesichts unterbezahlter Pflegekräfte und übermäßig hoher Managergehälter deutlich wird; Leistung und deren finanzielle Würdigung stehen hier in einer massiven Diskrepanz.

5.6 Digitalisierte Kommunikationsformen

Geht man von den Überlegungen McLuhans aus, wonach das Medium die Botschaft sei, so geht es beim Aufkommen neuer Medienformen zunächst um eine „Ausweitung der eigenen Person". (McLuhan, 1992, S. 17) Allerdings ist das Internet mit kaum einem der von McLuhan untersuchten Medien vergleichbar; McLuhan unterscheidet „heiße" von „kalten" Medien; Ein heißes Medium ist eines, das nur einen der menschlichen Sinne erweitert; Hierunter fällt etwa das Radio, das hauptsächlich nur einen der menschlichen Sinne erweitert, dies aber mit viel Detailreichtum tut – Im Gegensatz dazu wäre das Telefon, das nur eine sehr rudimentäre Übertragung von Audiosignalen erlaubt, und eine stärkere persönliche Partizipation der Teilnehmer erfordert, „kaltes" Medium". (McLuhan, 1992, S. 35)

Das Internet ist ein Medium, das quasi allen bisherigen Medienarten, -formen und Inhalten Raum gibt; Es kann rein passiv „konsumiert" werden, allerdings auch zur aktiven, synchronen Kommunikation wie (Video-)Telefonie, Chats oder zur asynchronen Kommunikation über Mails und Forenbeiträge genutzt werden. Es kann ein YouTube-Kanal angewählt werden, der die Zuschauer im Stil des Fernsehens „berieselt", oder es kann an interaktiven Lernprogrammen oder Spielen teilgenommen werden. Anders als die klassischen Massenmedien Zeitung, Radio und Fernsehen, erfordert die Beschäftigung mit dem Internet eine Abfolge von Entscheidungen, Überlegungen und Aktualisierungen: Während eine einmal abonnierte Zeitung jeden Morgen ins Haus kommt und die Nutzung des Mediums Fernsehen sich meist auf die Festlegung des Zeitpunkts und des Kanals beschränkt, ist das Internet eine offene, immer bereitstehende Plattform für Inhalte aller Art, deren Abruf sich, je nach Nutzung, in unterschiedlichsten Zeithorizonten bewegt: Das Durcharbeiten eines wissenschaftlichen Artikels kann viele Stunden erfordern, während der Abruf eines kurzen Nachrichten- oder Comedy Videos nur wenige Minuten in Anspruch nimmt und anschließend überlegt werden kann, welche Inhalte als nächste abgerufen werden sollen.

Das Internet ist damit sowohl ein Ort für „heiße" wie auch für „kalte" Medien, es spricht Hören und Sehen an und kann mit extrem kargen oder aber extrem detaillierten Informationen aufwarten und es ist ein dauernd offenstehender Marktplatz für Produkte und Dienstleistungen aller Art. Mehr als bei jedem anderen Medium hängt die Art der Beschäftigung daher von den Präferenzen und Gewohnheiten der Nutzer ab.

Daher kann, anders als in der Vergangenheit, vor der Kommunikationsaufnahme zunächst zwischen zahlreichen unterschiedlichen Optionen gewählt werden. Inwieweit diese Auswahl den emotionalen persönlichen Präferenzen oder einer analytisch erarbeiteten Zielsetzung entspricht, ist dabei jedem Kommunikationsteilnehmer selbst überlassen, prägt aber auch den Einstieg in die gesamte Kommunikation. Aus diesem Grund ist es sinnvoll, die durch das Internet zur Verfügung stehenden Kommunikationsformen eingehender zu betrachten – vor allem vor dem Hintergrund, dass sie alle stark unterschiedliche Wahrnehmungen schaffen, die letztendlich auch auf die Kommunikationsinhalte wirken; Bereits die Auswahl der zur Verfügung stehenden Emoticons innerhalb eines Forums, eines Chat- oder Messenger Systems führt zu anderen kommunikativen Inhalten.

Weil das Internet ein Meta-Medium eigener Art darstellt, ist es sinnvoll, seine kommunikative Wirkung und Auswirkung auf die bisherigen Individual- und Massenkommunikationsformen zu betrachten.

Entsprechend der Ausrichtung auf die Frage der Orientierung, ist es sinnvoll, die folgenden Kapitel anhand der jeweils angestrebten Arten von Orientierung – der weltanschaulichen und der lebenspraktischen – zu gliedern.

5.6.1 Weltanschauliche Orientierung

Während eine grundlegende Orientierung zunächst in der Regel durch das Elternhaus vorgegeben wird, beginnt mit der Jugend eine Phase eigener Reflexion, in die alle Sinneseindrücke, Erlebnisse, Emotionen und Gedanken einfließen. Sobald eine selbstständige Beschäftigung mit digitalen Medien erfolgt, werden auch die persönlichen Interessensschwerpunkte darauf ausgedehnt: Gerade das Internet mit seiner immensen Vielfalt bietet zahlreiche Anreize, Informationen zu den Themen einzuholen, die Jugendliche bewegen – seien es Nachrichten, der Musikgeschmack, die neuesten Modeerscheinungen oder auch sehr persönliche und intime Fragen.

Eine grundlegende Betrachtungsweise, Weltanschauung, persönliche Werte oder erste religiöse Überzeugungen dürften bei Jugendlichen bereits lange vor der Beschäftigung mit digitalen Medien existieren und auch den Umgang mit diesen Medien prägen: Das, was gut und richtig erscheint, wird im digitalen Raum gesucht, um eigene Überzeugungen zu bestärken oder mit Gegenpositionen zu kontrastieren.

Es dürfte allerdings schon aufgrund dieser Vorprägungen ein absoluter Ausnahmefall sein, dass im Internet explizit nach einer Weltanschauung gesucht wird, die dann im freien Spiel der rationalen Argumente übernommen wird. Obwohl sämtliche im Internet zur Verfügung stehenden Medien zur Bestärkung von Überzeugungen genutzt werden können, liegt der Ursprung dieser Überzeugungen jedoch außerhalb seiner Reichweite: Religiosität beispielsweise entsteht nicht nur durch eine eifrige Internetrecherche, sondern durch die persönlich vorgelebten und von Kindern nachgeahmten Verhaltensweisen von Eltern, Lehrern oder Mitschülern.

Orientierungssuche im weltanschaulichen Bereich dürfte viel mit Vertrauen zu tun haben – eine Dynamik, die sich auch im Internet nicht ändert. So stehen hier persönliche Bekannte im Vordergrund, hinzu kommen wahrgenommene Autoritäten, denen vertraut wird, ohne sie persönlich zu kennen – diese werden je nach individueller Vorstellung ausgewählt. Es können Sportler oder Filmstars sein, ebenso Psychologen oder Priester, die zu bestimmten Themen sprechen und dabei Orientierung vermitteln; Sie kennen die meisten ihrer Anhänger oder Seitenbesucher nicht persönlich.

Die weltanschauliche Orientierungssuche ist in den meisten Fällen an Personen gekoppelt: Gesucht wird nicht eine trockene Ideologie oder Dogmatik, sondern die Weltanschauung erhält gerade aus der Sicht Jugendlicher ihre Attraktivität aus der Überzeugungskraft ihrer Fürsprecher sowie dem Vertrauen, das diesen entgegengebracht wird.

Daher kommt es gerade bei der Wertebildung darauf an, im eigenen Umfeld gefestigte Persönlichkeiten im eigenen Umfeld zu haben, die als Vorbilder wirken können.

Weltanschauliche Orientierung kann prinzipiell in allen im Internet angebotenen medialen Formen gesucht werden: In informativen ethischen und philosophischen Texten, in Video-Vorträgen und im direkten Austausch mit anderen, sei es über E-Mail, soziale Netzwerke oder Chats.

Die Tätigkeit Jugendlicher im Internet kann zu Dynamiken führen, die von den Eltern nicht erwünscht bzw. sogar sozial sehr schädlich sind (siehe hierzu die Beispiele in Kapitel 8.4). Dies gilt gerade dann, wenn Jugendliche sich selbst überlassen sind und durch die Eltern keine Begrenzung ihrer Internet-Aktivitäten auferlegt werden bzw. keine klärende Einordnung von den dort aufgefundenen Inhalten erfolgt.

Wie bereits gezeigt wurde, haben die alten Sinnstiftungsorganisationen einen Großteil ihrer Macht verloren. Auch die gesellschaftlichen Utopien die sich mit den Begriffen Sozialismus, Liberalismus, Nationalismus, Religion oder Konservatismus verbinden, haben viel von ihrer einstigen Zugkraft eingebüßt und finden sich nicht mehr als einheitliche ideologische Gedankengebäude, sondern, wenn überhaupt, als hochgradig fragmentierte Bestandteile des politischen Systems.

Heute hat der durch die Konsumgesellschaft geförderte Individualismus sowie der weit verbreitete allgemeine Wohlstand in westlichen Gesellschaften einen Teil der politischen und gesellschaftlichen Utopien und Ideen ersetzt; Mehr als die Sehnsucht nach einer gerechten oder gut geordneten Gesellschaft prägen die Überlegungen zum individuellen Wohlbefinden und zur Selbstverwirklichung die Gedanken.

Kinder und Jugendliche, die den Verlockungen der auf sie abgestimmten Werbemaßnahmen nahezu schutzlos ausgesetzt sind, laufen Gefahr, sich einer vordergründigen und materiellen Weltsicht hinzugeben, in der Individualisierung, Egozentrik und die Verwirklichung vermeintlicher Eigeninteressen auf Kosten anderer im Vordergrund stehen.

Die Ausbildung einer solchen Haltung stellt sicherlich auch eine Art Radikalisierung dar, wobei diese umso gefährlicher ist, als wichtige wirtschaftliche und gesellschaftliche Kräfte sie im Rahmen der allgegenwärtigen Wachstumsideologie unterstützen.

5.6.2 Lebenspraktische Orientierung

Das Internet ist für viele zu einer ständig verfügbaren Problemlösungs- und Antwortmaschine geworden, der auch intime Fragen zu Ernährungs- und Sexualverhalten sowie zu medizinischen Problemen anvertraut werden – zumeist auf Kosten des Datenschutzes.

Die private Suche nach dem richtigen Maß, dem richtigen Verhalten oder einer wie auch immer gearteten Normalität liefert konkrete Antworten, aber auch statistische Daten, die Jugendlichen gerade bei der entscheidenden Frage „bin ich normal?" unterstützen (wobei die individuell gewünschte Antwort völlig unterschiedlich ausfallen kann).

Lebenspraktische Orientierung betrifft insbesondere die in Kapitel 4.4 genannten Bereiche Ernährung, Partnerschaft, Sozialverhalten und – als Grundmotivation praktisch aller Orientierungssuchen – den Wunsch nach Sicherheit.

Die Problematik einer Internet-Suche nach Hinweisen auf ein angemessenes, sinnvolles und gesundes Verhalten liegt zunächst im bereits angesprochenen Vertrauensproblem: Jede Information und jeder Anbieter von Informationen wird zunächst nach seiner Vertrauenswürdigkeit bewertet, wobei dieser Bewertungsprozess nicht unbedingt bewusst ablaufen muss. Gerade bei der Orientierungssuche in den wichtigen Lebensbereichen stellen sich Fragen:
- Sind die Artikel eines Bloggers, der zum Thema „Vegetarismus" schreibt, vertrauenswürdig?
- Beeinflussen kommerzielle Interessen die Art und Auswahl der Informationen?
- Wie verhält es sich mit „Ratgebern", wie sie etwa von Prominenten oder Zeitschriften herausgegeben werden?
- Halten die Autoren oder Herausgeber sich an wissenschaftliche Standards?
- Sind die angebotenen Informationen überhaupt für mich relevant und geeignet, meine persönliche Situation zu verbessern?

Diese Fragen, von denen die meisten auch auf herkömmliche, nicht-digitale Medien angewendet werden können, erhalten innerhalb der digitalen Welt eine besondere Brisanz, denn die Urheber von Artikeln, Hinweisen und Ratgebern sind dem Leser meist nicht persönlich bekannt und agieren mitunter auch anonym unter einem Pseudonym, ihre Motive sind nicht immer klar und vielfach herrscht auch ein gezieltes Aufbauschen von Themen mittels provokant-sensationeller Überschriften, um damit als „Clickbait" zu wirken.

5.6.3 Form, Medium und Inhalt

Bei jeder Kommunikation wirkt das Kommunikationsmedium auf die Inhalte ein; eine SMS zwingt die Nutzer, sich kurz zu fassen, ein Chat erfordert das Ausdrücken von Gefühlen oder Stimmungslagen über Emoticons, und ein Telefongespräch hat selten die ungeteilte Aufmerksamkeit beider Partner, die sich in getrennten Umgebungen, möglicherweise abgelenkt von den Geschehnissen in Großraumbüros, befinden. Auch werden Kommunikationsmedien nach emotionalen oder rationalen Erwägungen gewählt; so fällt es leichter, eine unbequeme Absage möglichst unpersönlich über SMS oder Mail zu verschicken, während gute Nachrichten lieber persönlich überbracht werden.

Einige Medien erlauben es den Kommunikationspartnern, andere leicht zu täuschen. So sehr die Computertechnologie die Kommunikationsarten auch vervielfältigt und vereinfacht hat, so sehr hat sie auch eigene Problembereiche geschaffen. Wer auf eine umständlich zu handhabende Verschlüsselungs- und Authentifizierungssoftware verzichtet, kann nicht sicher sein, dass eine E-Mail auch tatsächlich von der betreffenden Person stammt; Niemand, der sich in einem Chat befindet, kann sich auf die Angaben der Kommunikationspartner verlassen.

5.6.4 Kommunikation mit Mensch und Maschine

Das Digitale Zeitalter hat, wie oben gezeigt, eine Fülle von neuartigen Kommunikationstechnologien und -formen hervorgebracht, die auch die eigene, menschliche Wahrnehmung zunehmend in Frage stellen; Wer heute eine simple Suchanfrage eintippt, dürfte sich kaum über die Komplexität der von ihm angestoßenen, maschinellen Kommunikation im Klaren sein: Der eigene Rechner verarbeitet die Informationen, sendet sie im Digitalformat in Sekundenbruchteilen um die Welt, startet Prozesse auf Servern mit unbekanntem Standort und erhält die aus den Algorithmen gewonnenen Daten in einem lesbaren Format auf dem Bildschirm präsentiert.

Während in diesem Fall die Verteilung der Rollen von Mensch und Rechner noch relativ klar ist, so ist bereits die Nutzung eines Kundensupports schwieriger zu beurteilen; Eine E-Mail-Anfrage, die dort eingeht, wird bei großen Firmen in der Regel von Software erfasst, auf Schlagworte hin untersucht, während der Mitarbeiter die Antwort oft nur aus einer Sammlung von Textbausteinen zusammenklickt. Der menschliche Anteil an dieser Art Kommunikation ist also nicht nur gering, sondern auch kaum noch zu ermitteln – letztendlich weiß der Kunde nicht mehr, ob an der Erstellung der Antwort überhaupt noch Menschen beteiligt waren oder ob sie nicht vollautomatisch erfolgte.

Mit der zunehmenden Verbesserung von KI werden auch Chatbots mehr und mehr in die Lage versetzt, vorzutäuschen, dass sich hinter ihnen menschliche Nutzer verbergen.

Die Suche nach Orientierungen und Erfahrungen im digitalen Raum kann verschiedene Formen annehmen, die sich vom Kommunikationsmuster her unterscheiden:
- Das Recherchieren zu einem Thema, wobei Informationen gesucht und verarbeitet werden. Hier sind von der gezielten, punktgenauen Prüfung bis hin zum mehr oder weniger freien „Surfen" zahlreiche Formen möglich, deren Gemeinsamkeit im Konsum von Informationen bestehen.

- Das aktive Einholen von Informationen mittels eigener Fragen: Diese können sich an Einzelpersonen (etwa im Chat) oder an eine diffuse Gemeinde (in einem sozialen Netzwerk oder Forum) richten.
- Die Produktion von Informationen als Ausgangslage für eine Reflexion durch andere und eine Diskussion, deren Aussagen in den Orientierungsprozess einfließen.

Voraussetzung und auch Ziel aller Orientierungssuche ist die Frage nach dem „richtigen" Maß, nach der „richtigen" Balance, wobei diese Begriffe immer individuell zu sehen sind und keinesfalls als allgemein gültiger Königsweg gelten können:
- Als Voraussetzung der Orientierungssuche prägt der persönliche Maßstab die Fähigkeit, abzuwägen, etwa, welchen Quellen vertraut wird, wie diese genutzt werden sollten und mit welchen Erwartungen an die Orientierungssuche herangegangen wird.
- Gerade bei der digitalen Orientierungssuche gibt die Affinität zum Technologiebereich ersten Aufschluss über Art, Umfang und Erwartungshaltung: Wer der digitalen Technologie ohnehin äußerst skeptisch gegenübersteht, wer darin kaum mehr erblickt ein gigantisches Netz von Kommerz, Betrug und Manipulation, wird zumeist darauf verzichten, gerade in grundlegenden Fragen weltanschaulicher Orientierung oder lebenspraktischer Hinweise Informationen aus digitalen Medien zu Rate zu ziehen. Diese Vorgehensweise verletzt die Balance ebenso wie ein völlig naives und blindes Grundvertrauen in die Möglichkeiten neuer Technologien, welches die Gefahren übersieht.

Orientierungswissen – wie auch das zur Orientierung nötige Wissen – umfasst, grundsätzlich ausgedrückt, ein möglichst umfangreiches Wissen nicht nur um offensichtliche Fakten, sondern um die Zusammenhänge, die sich aus der äußerst komplexen technischen und gesellschaftlichen Situation ergeben.

Eine Teilnahme an der modernen Orientierungssuche setzt Orientierung voraus. Dies gilt nicht nur für den persönlichen, sondern auch und gerade für den sozialen und politischen Bereich: Hier geht es um die Entwicklung eigener Standpunkte und Perspektiven, die eine Einordnung der Informationsflut erst ermöglichen: Egal, wie dieser Standpunkt individuell ausgeprägt sein mag, es kommt gerade auf die Individualität, das sich zu eigen machen von Ideen an. Dieses bewahrt davor, den psychologisch bestens erforschten Überzeugungs- und Manipulationsmethoden kommerzieller oder ideologischer Akteure zumindest eine eigene Reflexion entgegenzustellen.

Der am einfachsten zu schaffende und bequemste Zugang zu weltanschaulichen wie auch zu den meisten anderen Inhalten besteht in der Betrachtung bewegter Bilder, wie sie auf Videoplattformen wie YouTube zu finden sind: Mit einigen Klicks werden die Angebote aufgerufen und können, sollten sie sich als unbefriedigend oder langweilig herausstellen, ebenso leicht gewechselt werden.

Das gleiche gilt für die digitalisierte, interpersonelle Kommunikation, die sich auch zur Gewinnung von Orientierungsrelevanten Informationen aus dem (virtuellen) Freundeskreis eignet – und sei es nur anhand der Frage „Wie machst Du das so?"; Chats sind eine Art, mittels geschriebener Zeilen in Echtzeit zu kommunizieren. Dabei ergibt sich ein Bild der Gegenseite, das zunächst rein vom geschriebenen Wort und der Geschwindigkeit der Antworten ausgeht. Gefühle sind, anders als bei der verbalen Kommunikation, nicht direkt ersichtlich, da Gestik und Mimik fehlen. Eine Art, Gefühle zu umschreiben, besteht in der Verwendung von Emoticons, also stilisierten Gesichtern in Form von „Smileys", fröhlichen, verdutzten, neugierigen oder traurigen Computergrafiken.

Doch nicht nur die Gefühle des Gegenübers sind zunächst verborgen – kennen sich zwei Chatteilnehmer nicht persönlich, so kann es zu einer unbewussten oder aber auch gezielt herbeigeführten Täuschung kommen: Alter, Aussehen, Geschlecht und Absichten lassen sich auf beliebige Art verändern. Gerade in solchen Chaträumen, in denen junge Singles nach der großen Liebe suchen, kann es zu fatalen und zutiefst verunsichernden Fehleinschätzungen kommen.

Inwieweit im Chat tatsächlich bewusst Orientierung gesucht – oder unbewusst; einfach vermittelt wird – hängt von den individuellen Eigenschaften und Zielen der Gesprächspartner ab.

Die klassischen Massenmedien Zeitung, Radio und Fernsehen haben sich durch den massiven Anstieg der Internet-Bandbreite fundamental verändert; Sie stellen ihre Inhalte, teils kostenlos bzw. werbefinanziert, teils in unterschiedlichen Abonnements oder Einzelzahlungsmodellen, zur Verfügung und konkurrieren dabei stärker und direkter als in der Vergangenheit miteinander, wobei die Grenzen verschwimmen: Jedes größere Portal, das Neuigkeiten verbreitet, verfügt auch über Videos oder Podcasts, die – ähnlich wie das klassische Radio, nebenbei gehört werden können.

5.7 Fazit

Sich in einer Welt zurechtzufinden, in der sich durch den Druck eines Lichtschalters die Nacht zum Tage machen lässt, in der sich Konsumbedürfnisse mit einem Klick erfüllen lassen, in der feste private und berufliche Verhältnisse mehr und mehr zur Ausnahme werden, in der die Nutzung der eigenen Arbeits- und Lebenszeit nicht mehr durch die archaische Überlebensnotwendigkeit oder den Leistungsdruck der Industriegesellschaft diktiert wird, bedeutet, mehr denn je Entscheidungen treffen zu müssen.

Es wird hinterfragt werden dürfen, ob die von McLuhan festgestellte Ausweitung des Menschen bzw. seiner Sinne für den Fall des Internets überhaupt noch greift: Erlaubte es das Aufkommen des Medium „Zeitung" noch, Berichte aus allen Erdteilen schnell zugänglich zu machen und auch durch die Knappheit des Raums für Bilder die Neugier der Menschen eher zu beflügeln, so dürfte mit der massiven, immer verfügbaren Flut an Informationen, Bildern und Videos, die das Internet bietet, eher der gegenteilige Effekt verbunden sein: Das Interesse an allem, was nicht spektakulär auftritt, was nicht mit den professionell fabrizierten Szenen von Filmen und inzwischen auch Dokumentationen mithalten kann, gerät ins Hintertreffen und dürfte auf Jugendliche eher langweilig wirken. Die psychischen Auswirkungen einer auf Sensationen, Überraschungen und schnelle Klicks getrimmten Umgebung, die insbesondere die sozialen Netzwerke und in einem weiteren Sinne das gesamte Internet durchzieht, sind noch längst nicht abzusehen, es lässt sich jedoch ein eher negatives Bild vermuten, wenn es um die Bereiche Konzentrations- und Lernfähigkeit geht sowie um die Kompetenzen, sich auch jenseits des Cyberspace – in der sozialen und materiellen Welt zurechtzufinden.

Von dem neuen Orientierungsmodell, das hier in Ansätzen skizziert wurde, dürfen sicherlich keine Wunder erwartet werden; Denn es ist davon auszugehen, dass sich die gesellschaftliche Spaltung, wie sie sich etwa im materiellen und finanziellen Bereich darstellt, ihre Entsprechung im Digitalen Raum findet und sich auf absehbare Zeit noch verschärfen wird. Zu keinem Zeitpunkt war der Ausspruch, Wissen sei Macht, zutreffender als heute. Umgekehrt führt das „digitale Analphabetentum" zu einer Entfernung von Wissensquellen, von der Möglichkeit, sich selbst zielstrebig weiterzubilden und beruflich wie privat erfolgreich zu handeln – zumal selbst der Handwerksbetrieb heute in der Regel eine funktionierende Webseite benötigt, um überhaupt noch wahrgenommen zu werden.

Die DIVSI-Studie kommt zu folgenden Schlüssen und daraus abgeleiteten Handlungsempfehlungen:
- Digitale Teilhabe stellt heute eine wichtige Grundlage gesellschaftlicher Teilhabe dar. Jugendliche und junge Erwachsene mit einer formal niedrigeren Bildung gehen tendenziell davon aus, dass sie auch über eine geringere Internetkompetenz verfügen als Angehöriger höherer Bildungsgruppen. (DIVSI, DIVSI U25-Studie. Kinder, Jugendliche und junge Erwachsene in der digitalen Welt, 2014, S. 161)
- Jugendliche und junge Erwachsene zeigen durchaus ein relativ ausdifferenziertes Risikobewusstsein, wobei Jugendliche eher Cybermobbing, Beleidigungen, Belästigungen und Stalking fürchten, während junge Erwachsene Angst vor kriminellen Angriffen, einer Verletzung der Datensicherheit oder Schadprogrammen haben. Bezüglich der Legalität von Downloads und der Strafbarkeit von Urheberrechtsverletzungen ist die Wahrnehmung nicht klar, vielfach herrschen Unsicherheiten, inwieweit dies legal sei. (DIVSI, DIVSI U25-Studie. Kinder, Jugendliche und junge Erwachsene in der digitalen Welt, 2014, S. 161–163)
- Das Vertrauensverhältnis zu den Eltern wird durch den Prozess des Aufwachsens verändert. So kommen weitere Vertrauensinstanzen wie Freunde oder Bekannte hinzu, dies schlägt sich auch in der Internetnutzung nieder. Hierbei zeigt sich allerdings, dass die im Netz angebotenen Dienstleistungen selbst zwar sehr häufig in Anspruch genommen werden, ihnen selbst aber sehr wenig Vertrauen entgegengebracht wird. Umso wichtiger erscheint es von Seiten persönlicher Ratgeber

wie Lehrer oder Eltern, Vertrauen als Ansprechpartner zu schaffen. Auch sollten die Jugendlichen sich der Tatsache bewusst sein, dass sie selbst für den Umgang mit ihren Daten verantwortlich sind. (DIVSI, DIVSI U25-Studie. Kinder, Jugendliche und junge Erwachsene in der digitalen Welt, 2014, S. 165)

In einer weiteren Studie zur digitalisierten Gesellschaft schließ das DIVSI:

> Aufklärende Maßnahmen über Möglichkeiten aber auch Fallstricke künftiger Entwicklungen wären demnach wichtige Handlungsansätze, um möglichst viele Menschen als souveräne Akteure an der digitalen Welt teilhaben zu lassen. [...] Dabei wird deutlich, dass die Grenzen künftig immer weniger zwischen Onlinern und Offlinern verlaufen werden, sondern zwischen denjenigen, die den digitalen Wandel aktiv mitgestalten und denen, die daran teilhaben wollen, aber nicht können. (DIVSI, 2016a, S. 110)

Die BITKOM-Studie „Jung und vernetzt", die das Verhalten von Kindern und Jugendlichen in der digitalen Gesellschaft untersucht, kommt zu folgenden Handlungsempfehlungen:
- Sowohl Schulen wie Jugendeinrichtungen müssen insbesondere Eltern dabei helfen, ihre Kinder auf dem Weg in die „digitale Welt" zu unterstützen. Dies bedeutet zunächst eine gemeinsame Nutzung von Medieninhalten, später auch das selbstständige Surfen in abgesicherten Räumen sowie der Austausch über die Interneterfahrungen. (BITKOM, 2014, S. 40)
- Im Jugendalter soll dann Schritt für Schritt die Internetkompetenzen ausgeweitet werden. Dabei spielt die Aufklärung über Themen wie Privatsphäre, über Persönlichkeits- und Urheberrechte, über die pornografischen oder gewalttätigen Inhalte, über die mit dem Onlineshopping verbundenen Rechtsfragen eine besondere Rolle. (BITKOM, 2014, S. 40)

Um den reibungslosen Start der Kinder und Jugendlichen in die digitale Welt zu ermöglichen, sind also insbesondere die Eltern gefragt – wenn auch nicht ganz auf Hilfsmittel wie Kindersichtung, eine Zeitbegrenzung oder die Führung über Lesezeichen und Startseite verzichtet werden sollte. (BITKOM, 2014, S. 41f)

Insbesondere Jugendliche befinden sich in einem Prozess, der eine Balance erfordert, die vielfach zur Zerreißprobe wird – nicht nur für das eigene Wertesystem, sondern auch für den Umgang mit anderen;
- Die Pubertät mit ihrer Umstellung des Hormonhaushalts ist Auslöser zahlreicher Veränderungen – hierunter fällt insbesondere der Umgang mit der eigenen Sexualität.
- Es ist völlig offen und hängt von der Persönlichkeit der Jugendlichen ab, ob und in welcher Weise die Abgrenzungsprozesse von den Eltern (und damit auch von deren, als Orientierung dienendem Wertesystem) gestaltet werden. Dies kann etwa eine „Rebellion" umfassen, in deren Verlauf gegensätzliche Werte gesucht und verinnerlicht werden.

- Die Beendigung der Ausbildung und die berufliche Eingliederung, die heute alles andere als gesichert sind. Damit verbunden ist häufig der Umzug in eine andere Stadt und damit die Loslösung aus dem vertrauten Bereich.
- Die Suche nach einem Lebenspartner, die sich in Zeiten des Internets nicht immer nur auf den persönlichen Bekanntenkreis erstrecken muss – damit möglicherweise aber auch eine verstärkte Konkurrenzsituation bedeutet.

Sowohl die bewusste Orientierungssuche wie auch die unbewusste Aneignung bestimmter Orientierung werden von allen diesen Prozessen und einer Vielzahl weiterer Faktoren (etwa unmittelbare Stimmungen, ästhetische Präferenzen und der eigenen Persönlichkeit) beeinflusst.

Orientierung wird durch die Zugehörigkeit zu einer Gemeinschaft gestärkt. Daher gilt es, insbesondere jene, die ausgegrenzt sind oder sich subjektiv ausgegrenzt fühlen, zurückzuholen.

Hierzu gehören starke soziale Bindungen, die weit über die flüchtigen und oberflächlichen Online-Bekanntschaften hinausgehen.

Das Internet und die zunehmende Digitalisierung haben, wie oben gezeigt, extreme Veränderungen für die kommunikative Orientierung mit sich gebracht, wie sie größer und massiver kaum sein könnten. Aus diesem Grund fällt bereits auch nur die grobe Aufzählung der Veränderungen schwer und kann in dieser Zusammenfassung nur knapp skizziert werden: Verändert wurden und werden Orientierungsprozesse, Orientierungsinstanzen, Orientierungsmittel, Orientierungsbereiche, Orientierungsfähigkeiten und – was vielleicht die größte Revolution bedeutet: Vor allem auch die Orientierungssubjekte, also jene Personen, die Orientierung suchen. Dieser Veränderungsprozess kam sicherlich nicht plötzlich, er wird aber deutlich, wenn man sich vor Augen hält, wie die Informations- und Orientierungssuche in der Vergangenheit, vor Aufkommen des Internets ablief.

Hinzu kommt die Flüchtigkeit der Daten, die sich heute weitaus mehr auf den Festplatten großer Server, die sich an einem für die Nutzer nicht feststellbaren Ort befinden. War früher ein Buch noch ein materieller, das heißt fühlbarer, wahrnehmbarer Gegenstand, so ist ein E-Book lediglich eine aus binären Daten bestehende Struktur, die sich ohne die Nutzung von Wiedergabe bzw. Zusatzgeräten nicht wahrnehmen lässt. Dadurch wird der Mensch mehr und mehr aus seiner, vertrauten, materiellen Umgebung gerissen: Was früher eine Reihe von unterschiedlichen Beschäftigungen mit zahlreichen Gegenständen war – das Telefon, der Fotoapparat, der Plattenspieler, das Radio, der Brief, das Schwarze Brett, der Sprach- oder der Erste-Hilfe-Kurs, das Fernsehen, der Kaufladen, das Reisebüro, die Partnervermittlung, das Lexikon, die Bibel, ja ganze Bibliotheken etc. – ist heute in einem Gerät von der Größe einer Zigarettenschachtel untergebracht und lässt sich mit etwas Intuition steuern, bedienen, abrufen.

Da die Entwicklung insbesondere der sozialen Netzwerke noch sehr neu ist und sich erst innerhalb der letzten Dekade durchgesetzt hat, können kaum belastbare Aussagen zu den psychischen und sozialen Wirkungen gemacht werden, zumal die Fülle an Konsequenzen unüberschaubar ist: Wenn Schüler ihrer Lehrer auf Facebook erreichen können, verändert sich das Verhältnis der beiden Gruppen intensiv, und wenn Jugendliche auf eigene Faust Orientierung im Netz suchen, kann durchaus eine wie auch immer geartete Radikalisierung eintreten, die sich nicht immer erkennen und abfangen lässt. Die Gesellschaft muss Antworten auf derartige Fragen finden, sonst riskiert sie einen umfangreichen Zerfallsprozess.

Wer früher in ländlicher Umgebung aufwuchs – wie dies für Generationen von Menschen selbstverständlich war – hatte ein festes Umfeld, einen überschaubaren Kreis aus Familie, Verwandten, Freunden und Bekannten. Das Leben fand in einer materiellen Welt statt, in der gewisse Dinge vorhanden waren, andere eben nicht. Alle Belange des Lebens, die Ernährung, die Arbeit, die Partnersuche, und – soweit zugänglich – Kultur und Unterhaltung mussten weitgehend selbst organisiert und persönlich gehandhabt werden.

Mit dem Internet als scheinbare Antwort auf alle großen und kleinen Fragen des Lebens ist eine nie dagewesene Abhängigkeit des Menschen von der Technologie aufgekommen, die die Orientierungsfähigkeiten, eher hemmt als fördert – nicht obwohl, sondern gerade weil das Netz diese Flut an Orientierungsmitteln zur Verfügung stellt.

Ein Orientierungsmodell, selbst eines für das Digitale Zeitalter, kann sich selbstverständlich nicht alleine auf die neuen, digitalen Kommunikationsmöglichkeiten beschränken, denn dies würde die kulturellen Grundlagen (auf denen jegliche Kommunikation beruht, angefangen bei der Sprache) vernachlässigen. Es soll allerdings alle Möglichkeiten, auch die der fortgeschrittenen technischen Kommunikation nutzen dürfen, ohne sich davon abhängig zu machen: Die Orientierungsbemühungen sollten nicht durch einen Stromausfall zunichte gemacht werden.

Die Digitalisierung eröffnet, wie oben gezeigt, eine extreme Vielfalt neuer Optionen, sie kann innerhalb der individuellen Orientierungssuche immer nur Mittel, niemals Selbstzweck sein – auch dann, wenn eine ganze Industrie davon lebt, die mit den Begriffen der Digitalisierung oder der grenzenlosen Kommunikation verbundenen Zukunftshoffnungen zu verbreiten und eine Arbeitswelt als „Digital Native" prognostiziert, in der jeder extrem flexibel, anpassungsfähig und agil zu sein habe um nicht die neuesten Trends zu versäumen.

Das Bildungssystem steht vor der enormen Aufgabe, eine Balance herzustellen zu müssen: Einerseits muss in gewissem Maß auf die technischen Revolutionen – die vergangenen, gegenwärtigen und die zukünftigen – eingegangen werden, um nicht eine Generation weltfremder oder verunsicherter Menschen heranzuziehen, denen die digitalen Schlüsselkompetenzen und damit die Chancen auf eine erfolgreiche Partizipation an der modernen Arbeitswelt fehlen. Andererseits kann es ebenfalls nicht darum gehen, die Heranwachsenden zu digitalen Nomaden zu machen, die zwar die Technik beherrschen und die vollständig flexibel arbeiten, ohne dabei eine tatsächliche, von der Umgebung und der Familie geprägten Identität auszuprägen oder ihrem Leben einen Sinn geben zu können, der über die Jagd nach neuen Trends, nach technischen Spielereien und materiellen Gütern hinausgeht.

Wie oben gezeigt, ist eine Sinnzuschreibung immer subjektiv und kann nicht von einer Person auf eine andere, von einem Kulturkreis auf einen anderen übertragen werden, ohne sich dem Vorwurf eines zu starken kulturellen Universalismus oder gar eines kulturellen Imperialismus auszusetzen. Dementsprechend gibt es keinen überall und immer geltenden Lebensentwurf, der universelle Richtigkeit beanspruchen könnte, zumal diese Einschätzung wiederum aus nur aus einer bestimmten, kulturell geprägten Perspektive erfolgen kann, die ebenso subjektiv ist wie es die individuellen Sinnzuschreibungen sind.

Digitale Bildung kann nur ein Bestandteil eines übergeordneten Bildungsverständnisses sein, das eben nicht, wie es in der digitalen Welt üblich ist, veraltet oder gar obsolet wird; Bildung ist durch und durch ein kommunikativer, überwiegend zwischenmenschlicher Vorgang. Und eine Bildung ohne feste Verankerung in diesem Bereich wäre kaum wünschenswert und würde zu einem gesellschaftlichen Zerfall führen, in dem rein technische Lösungen Vorrang haben und ansonsten überwiegend nach egoistischen Kriterien gehandelt wird.

Eine digitale Bildung muss also in ein werteorientiertes Bildungsverständnis eingebettet sein, sie muss auf der Grundlage der zuvor erfolgten Identitätsentwicklung stattfinden. Sie kann nur insofern Orientierung gewähren, wie es die grundlegende Verankerung in ein Wertesystem zulässt, das die übergeordnete Perspektive für den Blick auf Kommunikation und Technik bildet. Fehlen eine festgefügte Identität und ein sicheres Wertesystem (die Rede ist vom vielzitierten „moralischen Kompass"), so werden die Chancen der Digitalisierung schnell als Bedrohungen aufgefasst, es entwickeln sich Versagensängste oder ein durch und durch zynisches Menschenverständnis, das durch die mediale Berichterstattung durchaus noch gefördert werden kann, zumal die Bildung einer subjektiven Filterblase heute schnell geschehen ist. Wer beim Thema Internet vor allem an Cyberkrieg, Spionage, Hackerangriffe, Spam, Kreditkartenbetrug und kriminelle Dienstleistungen im Darknet denkt, kann sich überall Bestätigung für dieses Bild holen, zumal Medien gerade von der Verbreitung sensationeller Katastrophennachrichten profitieren und mitunter dazu tendieren, einige Dinge etwas aufzubauschen, um damit eine höhere Reichweite, Auflage oder größere Besucherzahlen zu schaffen.

Für Europa und insbesondere Deutschland bietet sich als grundlegende Werteperspektive der digitalen Bildung der Humanismus an, in anderen Weltregionen könnten andere, möglicherweise stärker auf Kollektivismus oder die jeweiligen kulturellen oder religiösen Ausgangsbedingungen zugeschnittene Modelle sinnvoller sein.

Digitale Bildung muss sich um eine realistische Perspektive auf jene Fähigkeiten konzentrieren, die für die Bewältigung einer von Technik dominierten Zeit nötig sind:
- Die Fähigkeit, sich Wissen anzueignen; Hierzu gehört eine Recherchekompetenz, die über das bloße „Googeln" hinausgeht. Darüber ist Konzentrationsfähigkeit gefragt, die gerade in einem Umfeld wie dem Netz bedeutsam wird, wo zahlreiche

aufmerksamkeitsheischende Akteure Produkte oder Dienstleistungen verkaufen möchten und dazu unterschiedlichste Beeinflussungsstrategien nutzen.
- Eine gewisse Souveränität, die es erlaubt, die zentralen, sich ständig abwechselnden Trends gelassen zu betrachten und sich nicht von den jeweiligen „Hypes" oder den darauffolgenden Untergangsszenarien beeindrucken zu lassen. Eine solche Abfolge von Schwankungen ist nämlich ebenfalls medialen Dynamiken zu verdanken; je größer die einmal beschriebenen Hoffnungen, umso tiefer der Fall. Je stärker die Untergangsstimmung, umso nötiger die Hoffnung. Die Schilderung extremer Stimmungen verkaufen sich deutlich besser als eine nüchterne, ausgewogene – und von einem Betrachter, der die sensationelle Bilderflut des Internets gewohnt ist, als langweilig wahrgenommene – Schilderung von Fakten.
- Das Wissen um die wirtschaftlichen, politischen und rechtlichen Hintergründe und Rahmenbedingungen des Internet – und im weiteren Sinne des gesamten Medienbetriebs. Dies schützt vor Fehleinschätzungen und hilft, eine realistische Perspektive zu entwickeln.
- Digitale Bildung kann den Menschen nicht die Entscheidung abnehmen, wie sie konkret im Internet auftreten sollten, welche Dienstleistungen und Datenschutzbestimmungen sie in Anspruch nehmen möchten.
- Prinzipiell ist auch gerade im prägenden Kindesalter darauf zu achten, die vielfältigen technischen Möglichkeiten weder zu verteufeln noch zu euphorisch darzustellen. Gefragt ist vielmehr eine Internet-Bildung im Rahmen einer „Erziehung zur Realität – und zur Mündigkeit". (Langenau, 2015)

Es ist in diesem Kapitel deutlich geworden, dass das Internet einerseits mehr ist als ein Medium, andererseits aber auch mehr als eine Botschaft: So wies McLuhan darauf hin, dass die Analyse von Medieninhalten zu kurz greift, um die Wirkung eines Mediums zu beschreiben. So schreibt er: „Der Druck brachte im sechzehnten Jahrhundert den Individualismus und den Nationalismus hervor. Eine Analyse von Programm und „Inhalt" gibt keine Hinweise auf die Magie dieser Medien oder ihre unterschwellige Energie." (McLuhan, 1992, S. 31) Dies gilt in einem besonderen Maße für das Medium Internet. Für dieses Medium lässt sich heute noch keine längerfristige, allgemeine Wirkung auf das Individuum oder die Gesellschaft gesichert feststellen, von der Herausbildung eines wie auch immer gearteten „-ismus" einmal ganz abgesehen; Kulturpessimistische Prognosen einer allgemeinen „Verdummung", wie sie bereits dem Schundroman vergangener Zeiten, dem Fernsehen oder dem Comic zugeordnet wurden, haben ihren festen Platz in der Meinungsbildung, lassen sich aber zumindest in ihrer allgemeinen Form kaum halten; Eine sinnvolle Anwendung vorausgesetzt, ist das Internet alles andere als ein Mittel zur Massenverdummung – wer möchte, lernt durch die Nutzung dieses Mediums und seiner Inhalte weitaus schneller und effizienter, er erweitert seinen Horizont auf eine Weise, die früheren Generationen nicht zur Verfügung stand.

Ein neues Orientierungsmodell muss eine Didaktik und eine Pädagogik hierfür entwickeln, die die positiven, d. h. gesellschaftlich erwünschten Aspekte des Mediums bestmöglich ausnutzt, während die negativen und schädlichen Aspekte in ihrer Wirkung begrenzt werden sollten. Hierfür ist es wichtig, Geduld, Gelassenheit und Souveränität zu entwickeln, die sich auf ein fundiertes Wissen über das Medium und seine Möglichkeiten stützt.

Das Internet ist nicht nur seinem Entstehungsort nach, sondern auch nach seiner ganzen Sprache und Prägung nach zunächst ein US-amerikanisches Medium. Dies kommt besonders in einer Kultur wie der deutschen bzw. westeuropäischen, die einem starken amerikanischen Einfluss unterliegen, zum Tragen und wird etwa in den Fachsprachen für Werbung, Wirtschaft und Technologie deutlich – jenen Bereichen, die also mit dem Internet und der Digitalisierung verschmolzen sind und ein System aus Datensammlung, Überwachung, Geschäft und unterschwelliger Beeinflussung geschaffen haben.

Da die Kultur, wie oben gezeigt, als ein wesentlicher Teil der Identität gelten kann, stellt sich die Frage, wie eine sprachliche, wirtschaftliche und auch soziale kulturelle Anpassung an die USA auf die hier untersuchten Gruppen der Jugendlichen und jungen Erwachsenen wirkt und inwieweit dies bei der Entwicklung des Orientierungsmodells berücksichtigt werden muss.

Der Begriff „Amerika" dazu angetan, eine extreme Bandbreite von Gefühlen, Assoziationen und Gedanken auszulösen. Die Bandbreite entspricht dabei dem, was auch mit dem Begriff des „Internet" verbunden ist: Hoffnungen auf eine hoch technologisierte, bequeme Zukunft, die von Prosperität geprägt ist, und Ängsten vor dem Abgleiten in eine entsolidarisierte Gesellschaft, deren Gegner sich aus unterschiedlichen „Echokammern" heraus bekämpfen.

Es wäre stark kulturrelativistisch und zudem überheblich, wollte man die westlichen Kulturstandards – also jene Merkmale, an denen sich ganze Gesellschaften orientieren und die sie, mit Zwang oder Verlockungen, auch für die nächsten Generationen vorschreiben möchten – als verbindlich für die ganze Welt festlegen.

Kulturen sollten keinesfalls anhand der eigenen kulturellen Standards des Beobachters beurteilt werden. Dies ist sicherlich leichter gesagt als getan, denn kulturelle Standards sind, wie durch die Thesen Hofstedes gezeigt wurde, tief verankert und erscheinen uns so selbstverständlich, dass sie häufig nicht einmal wahrgenommen werden. Erst dann, wenn interkulturelle Missverständnisse oder Probleme auftreten, wird die eigene kulturelle Prägung reflektiert.

Gerade im Zeitalter vermeintlich konvergierender Digital- und Wirtschaftskulturen erweist sich die Fähigkeit von interkultureller Kompetenz als wesentlich – denn kaum ein Berufsweg, kaum ein Privatleben findet noch in einem abgeschlossenen Kulturraum statt, sondern kommt notwendigerweise mit Angehörigen anderer Kulturen in Kontakt.

Interkulturelle Kompetenz, wie sie von Bolten definiert wird, ist zu verstehen als ein „Zusammenspiel von individuellem, sozialem, fachlichem, und strategischem Handeln in interkulturellen Kontexten". (Bolten, 2007, S. 87) Dies umfasst ein ganzes Bündel an verschiedenen Fähigkeiten, von der Sprachkompetenz bis hin zur Anwendung kulturellen Faktenwissens und der Sensitivität, mögliche Probleme zu erkennen und zu lösen.

Das neue Orientierungsmodell muss daher eine beachtliche Balanceleistung erbringen – weder darf es kulturelles Orientierungswissen per se ausschließen noch darf es darauf verzichten, selbst Orientierungspunkte zu bieten; Ein kommunikatives Orientierungsmodell muss sich seinerseits orientieren, zumal es keine allgemeingültige Formel für das Verhalten von Menschen gibt und auch so grundlegende Begriffe wie „das Gute" in unterschiedlichen Gesellschaften mit unterschiedlichen religiösen oder philosophischen Inhalten belegt werden.

Dies betrifft beispielsweise auch Diskussion um die Frage einer „Verrohung" durch Medieninhalte: So meint Lars Langenau in der „Süddeutschen" zu den in seiner Kindheit und Jugend kursierenden Horrorfilmen:

> Schaute man dann diese Filme, fand man sie eh blöd. Aber manche unserer Lehrer dachten, wir würden später unseren Nachbarn verspeisen. Tun wir nicht. Genauso wenig wie Videospiele per se zu mehr Gewalt und Attentaten führen. Mag sein, dass Jungs von Ego-Shootern fasziniert und die Altersfreigaben fragwürdig sind. Automatisch zu Amokläufern werden sie deswegen nicht. (Langenau, 2015).

Es zeigt sich mehr und mehr, dass die neuen Kommunikationsmethoden im Digitalen Zeitalter mehr sind als vorübergehende kommunikative Schwankungen oder Störungen – offenbar verändern sich viele Kommunikationsformen nicht nur rasch, sondern auch dauerhaft; wegen der unglaublich bequemen Art, mit der heute Anrufe, Chats, SMS oder das posten und teilen in sozialen Netzwerken möglich ist, passen sich Menschen an diese Art des Informationsaustauschs an und geben im Gegenzug – oft unwissentlich – ihre Daten für die Nutzung durch große Konzerne frei.

Mit diesem Wandel sind massive Veränderungen, die sich auch psychologisch bemerkbar machen: Schnell erfolgt eine Gewöhnung an die Bequemlichkeit eines allgegenwärtigen Wissensspeichers, dem mehr und mehr vertraut wird – ohne dessen Quellen zu hinterfragen. Auch die bewusste, leichte und virtuelle Anbindung an eine Gemeinschaft gleichgesinnter – oder der unbewusste Aufbau einer Filterblase – sind neue Phänomene, deren Einfluss auf die Kommunikationskultur noch lange nicht abschließend geklärt ist. Fest steht, dass die übergroße kommunikative Optionsvielfalt – je nach psychischer Verfassung und Prägung – sowohl als hilfreich wie auch als belastend empfunden werden kann.

6 Ansätze der Orientierungssuche

6.1 Persönliche Ansätze

Lange bevor Menschen sich in Kindheit, Jugend oder im jungen Erwachsenenalter mehr oder weniger bewusst auf die Suche nach Orientierung begeben, befinden sie sich bereits in einem System, gewoben aus den Orientierungen anderer – der Eltern, der Lehrer und Mitschüler, des Freundeskreises etc.: Die Sozialisation bedeutet eine Anpassung an die in der Gesellschaft herrschenden Wirklichkeiten und das Erlernen des Umgangs mit ihnen. Die Anpassung findet nach und nach statt: Im frühen Kindesalter durch Nachahmung, später durch pädagogisch geplante und in einem organisatorischen Rahmen stattfindenden Lernprozesse. (Hejl, 1994, S. 53)

Der Begriff der Identität ist sicherlich keineswegs leicht zu definieren. Anstatt sich im Gewirr der unterschiedlichen Fachdefinitionen zu verlieren, genügt es, sich auf eine verhältnismäßig simple Formel einzulassen, die Identität, also das „Selbstsein", als jene Kombination von genetischen und persönlichen Merkmalen beschreibt, das einen Menschen ausmacht, das ihn von seinen Mitmenschen unterscheidbar macht. Dies schließt selbstverständlich nicht die Überlegung im Sinne des Konstruktivismus aus, wonach auch Identität konstruiert wird und sich nicht als immer feststehender Faktor zeigt:

> Unsere Identität ist kein tief in uns verborgener, gleichbleibender Kern. Im Gegenteil, Identität ist eine Ansammlung von Vorstellungen, die die Außenwelt uns auf den Leib geschneidert hat. Identität ist eine Konstruktion, und der Beweis dafür findet sich in einem Phänomen, das gewissermaßen als wissenschaftliches Experiment aufgefasst werden kann: Die Adoption. Holt man ein indisches Baby aus seinem Geburtsort Rajasthan und lässt es in Gent oder Amsterdam aufwachsen, nimmt es Genter oder Amsterdamer Identität an. (Verhaeghe, 2013, S. 13)

Identität ist damit für Kinder zunächst von außen vorgegeben; Es ist das, wofür die Eltern und Geschwister es halten und zu dem sie es machen. Erst mit einer späteren Reflexion über das eigene Selbst und seine Beziehung zu anderen, erfolgt eine bewusste Beschäftigung mit dem Thema der Identität. Diese lässt sich gleichzeitig als der wichtigste und dauerhafteste Orientierungsprozess beschreiben, den junge Menschen zu bewältigen haben.

Identitätsbildung erfolgt im Spannungsfeld der beiden Pole Identifikation (Gleichheit) und Separation (Verschiedenheit). (Verhaeghe, 2013, S. 202)

Gesellschaften haben die Tendenz, nicht nur die Grenzen dessen abzustecken, was als normal gilt, sondern neigen auch dazu, größere Abweichungen von dieser Normalität als krankhaft zu definieren; Wer sich in einem bestimmten Maße „abnormal" verhält, dem wird so beispielsweise auch eine psychische Erkrankung attestiert. Dabei zeigt sich jedoch, dass der Begriff des psychisch Abnormalen – eben die Abweichung von der Norm – nicht sinnvoll definiert werden kann, ohne das „Normale" an sozialen Kriterien zu verankern. (Verhaeghe, 2013, S. 102f).

Paul Verhaeghe stellt zum Wertewandel fest: „In Wirklichkeit führt ein radikaler Wandel der traditionellen Normen und Werte mitnichten zu vollkommener Freiheit und vernunftgesteuerten Beziehungen, sondern zu Chaos und Angst." (Verhaeghe, 2013, S. 101)

6.2 Orientierung durch die Umwelt und Umfeld

Die Gesellschaft als soziales System vereint derartig viele unterschiedliche Ideen, Überzeugungen, Kulturen und Wertevorstellungen, dass bereits die Suche nach einem übergeordneten, die Gesellschaft charakterisierenden Begriff schwerfällt:

> [...] Die Liste der „X-Gesellschaften" zwischen „Industriegesellschaft" und „Spaßgesellschaft" ist lang: „Massengesellschaft", „Arbeitsgesellschaft", „Wohlstandsgesellschaft", „Konsumgesellschaft", „Überflussgesellschaft", „Leistungsgesellschaft", „Verwöhnungsgesellschaft" (Peter Sloterdijk), „Multioptionsgesellschaft" (Peter Gross), „Erlebnisgesellschaft" (Gerhard Schulze), „Beratungsgesellschaft", „Risikogesellschaft" (Ulrich Beck), „Wissensgesellschaft", „Bildungsgesellschaft", Mediengesellschaft", „Google-Gesellschaft", „Disziplinargesellschaft" *(Michel Focault), „Kontrollgesellschaft" (Gilles Deleuze)*. (Link, 2013, S. 17)

Die staatliche Selbstverortung als demokratischer Rechtsstaat und das Bekenntnis zu einer freiheitlich-demokratischen Grundordnung ist die am weitesten verbreitete gesellschaftliche Selbstbeschreibung und soll gleichzeitig die erstrebenswerten Ideale ausdrücken. Andere Entwürfe, die jedoch diese Werte teilen, stammen von großen gesellschaftlichen Organisationen wie Kirchen, Parteien oder Verbänden. Dennoch ist es gerade das Merkmal einer freiheitlichen Gesellschaft, nur ein Mindestmaß an Richtung und damit: Orientierung vorgeben zu können – Autokratien verfügen über ein umfassenderes Potential, Ihre Ideologie in alle Schichten der Gesellschaften zu tragen, wobei die Opposition bzw. abweichende Haltungen als schädlich gebrandmarkt werden. Die oben aufgeführten Gesellschaftsbeschreibungen lassen sich auch auf unterschiedliche Werte und ein unterschiedliches Selbstverständnis zurückführen: Ein Anhänger der „Leistungsgesellschaft" dürfte andere Ansprüche an sich und sein Umfeld stellen, als ein Befürworter der „Erlebnisgesellschaft".

Wie oben dargelegt, ist der eigene Ausgangspunkt wesentliches Element einer gelungenen Orientierung. Zur Festlegung des jeweiligen Ausgangspunktes gehört es, Merkmale wie die Persönlichkeit, das kulturelle Umfeld und die bisherigen Werthaltungen einer Person zu berücksichtigen. Die Jugendstudie des SINUS-Instituts (Calmbach, Borgstedt, Borchard, Tomas und Flaig, 2016), die sich mit der Erforschung von Stimmungen, Meinungen und Werten von 14–17-Jährigen befassen, bilden, anders als quantitative Studien, auch die Eindrücke einzelner Jugendlicher ab.

Die Studie unterteilt die Jugendlichen nach ihren jeweiligen Lebenswelten in sieben Gruppen, die in den folgenden Kapiteln geschildert werden.

6.2.1 Konservativ-Bürgerliche

Entsprechend einem aus dem Jahr 2012 stammenden – und auch 2016 noch für gültig befundenen Modell der Jugendlichen Lebenswelten bilden die Konservativ-Bürgerlichen die erste Gruppe. Sie werden als „die familien- und heimatorientierten Bodenständigen mit Traditionsbewusstsein und Verantwortungsethik" beschrieben. Ihre Werte bestehen vor allem im sozialen Bereich und umfassen Gemeinschaft, Zusammenhalt, Hilfsbereitschaft, Familie und Geselligkeit. Besonders in den westlichen Bundesländern und unter muslimischen Jugendlichen kommen auch religiöse Wertvorstellungen dazu (etwa Glaube, Hoffnung, Demut, Mäßigung und Rechtschaffenheit). Weitere Werte sind auch Anpassungsbereitschaft oder eine eher autoritäre Auslegung der „Sekundärtugenden". (Calmbach, Borgstedt, Borchard, Tomas und Flaig, 2016, S. 38–40)

Hedonismus findet sich zwar auch innerhalb des Wertekanons der Konservativ-Bürgerlichen, allerdings wird ihm weniger Bedeutung zugemessen als dem umfassenden Wertekatalog von „Bodenständigkeit, Vernunft, Standhaftigkeit, Sachlichkeit, Beständigkeit, Bescheidenheit, Gewissenhaftigkeit, Zielstrebigkeit, Fleiß, Treue, Gehorsam, Disziplin, Pflichtbewusstsein, Pünktlichkeit, Zuverlässigkeit, Höflichkeit, Ordnungsliebe, Sauberkeit, Harmonie". Die Bewahrung der gesellschaftlichen Ordnung nimmt einen großen Raum ein, ebenso wird eine verhältnismäßig hohe Selbstdisziplin ausgeübt, die Konsumneigung ist mit am schwächsten ausgeprägt, es herrscht eine Bereitschaft zum Verzichten bzw. Sparen. (Calmbach, Borgstedt, Borchard, Tomas und Flaig, 2016, S. 40)

Konservative Jugendliche sehen sich selbst als häuslich, aber auch gesellig, ruhig, unauffällig und sozial. Sie bemühen sich darum, Maß zu halten und keine übereilten Entscheidungen zu treffen. Heimat nimmt in ihrer Lebenswelt einen großen Raum ein, es herrscht zudem ein Lokalpatriotismus. Das Streben nach Sicherheit und Ordnung, der Wunsch einer Planung des eigenen Lebens und der eigenen Karriere ist solchen Jugendlichen sehr wichtig, ebenso wie die Organisation des Alltags, der eine Vielzahl von festen Gewohnheiten und Ritualen aufweist. Die Jugendlichen orientieren sich an der Routine und verfügen über eine ausgeprägte Kontroll-Mentalität. Im Gegensatz zu Jugendlichen anderer Wertvorstellungen sind die konservativ-bürgerlichen durchaus geneigt, viel Zeit mit ihren Familien zu verbringen und dieses Verhalten keineswegs als „uncool" an. Abgelehnt dagegen werden Trenderscheinungen, Mode und der „Markenwahn" anderer Jugendlicher. Stattdessen hat die Kleidung vor allem praktisch und funktional zu sein, weniger den eigenen sozialen Status zu untermauern. Die Umgangsformen sind sehr höflich, teils auch in übertriebenem Maße. (Calmbach, Borgstedt, Borchard, Tomas und Flaig, 2016, S. 40–45)

Der Konservatismus der Jugendlichen schlägt sich auch darin nieder, dass sie ihren einmal etablierten Freundeskreis kaum mehr aufgeben oder verändern möchten. Sie vermeiden es, wenn möglich, sich auf neue Freunde und Bekannte einstellen zu müssen, und „Offline"-Freunde zählen für sie eindeutig mehr als Freunde auf sozialen Netzwerken. Sie grenzen sich bewusst von modernen Aspekten des „Lifestyle" ab und meiden in der Regel auch derartige Anglizismen. Aus diesem Grund nehmen sie auch nur zögerlich am gesamten jugendkulturellen Kosmos teil:

> Die Wechselhaftigkeit, Kleinteiligkeit, Widersprüchlichkeit, Unübersichtlichkeit, Veränderungsdynamik und der oft ungezügelte Hedonismus von Jugendszenen läuft dem Wunsch nach Ordnung, Eindeutigkeit, Ernsthaftigkeit und Beständigkeit dieser Jugendlichen zuwider. Entsprechend grenzt man sich auch von den „Rebellen" und „Störenfrieden" ab und bezeichnet sich selbst (leicht ironisch) eher als brave Schüler. (Calmbach, Borgstedt, Borchard, Tomas und Flaig, 2016, S. 56)

6.2.2 Adaptiv-Pragmatische

Diese Gruppe zeichnet sich durch Anpassungsbereitschaft aus. Dabei werden sowohl die bürgerlichen Werte und Tugenden einbezogen, allerdings auch die modernen, hedonistischen Vorstellungen. Ideologien werden in der Regel abgelehnt, ebenso eine zu starke Orientierung an Utopien – stattdessen steht Realismus sowie die Ausrichtung am Machbaren im Zentrum des Handelns. Die adaptiv-pragmatischen Jugendlichen streben zwar, ähnlich den Konservativen ein sicheres und geordnetes Leben an, sie erkennen aber gleichzeitig, dass dies auch die Fähigkeit zur Flexibilität und einem gekonnten Selbstmanagement erfordert. Der soziale Umgang ist nett und höflich, wobei die Jugendlichen auch versuchen, möglichst nicht anzuecken. Eine Suche herausragender Erlebnisse kommt zwar vor, wird aber nicht übertrieben. Sowohl überhöhter Konsum wie auch ein als zu geizig empfundenes Verhalten wird abgelehnt. Die Kleidung soll sowohl funktional als auch modisch sein. Politisch sind die adaptiv-pragmatischen tolerant, und auch Migranten aus diesem Bereich schätzen die Vorzüge der deutschen Teilhabemöglichkeiten, wobei auch die eigene Herkunftskultur, etwa wegen ihres engeren sozialen Zusammenhalts, als vorteilhaft betrachtet wird. (Calmbach, Borgstedt, Borchard, Tomas und Flaig, 2016, S. 59–63)

Adaptiv-pragmatische Jugendliche verwenden viel Energie darauf, vorausschauende und sinnvolle Entscheidungen zu treffen, etwa bei der Berufswahl und Familienplanung – wobei oftmals krisensichere Branchen bevorzugt werden. Allerdings erfolgt die Berufswahl nicht ausschließlich nach pragmatischen Nützlichkeitskriterien: So kommt es auch darauf an, neben einem guten Einkommen auch Spaß an der Arbeit zu haben. (Calmbach, Borgstedt, Borchard, Tomas und Flaig, 2016, S. 66f)

Die kulturelle Ausrichtung der adaptiv-pragmatischen Jugendlichen erfolgt an dem, was auch im Umfeld gesehen, gehört und konsumiert wird, also dem „Mainstream" von Filmen und Musik, die allerdings stärker erlebt als gekauft und besessen werden: Im Zweifelsfall zieht man Livestreams oder Internetdownloads dem Kauf von Musik vor. Sport nimmt unter den Hobbies dieser Gruppe von Jugendlichen eine herausragende Stellung ein, wobei teils der gesundheitliche, teils auch der optisch-ästhetische Aspekt, also die Wirkung auf das Aussehen, im Vordergrund steht. (Calmbach, Borgstedt, Borchard, Tomas und Flaig, 2016, S. 69f)

6.2.3 Prekäre

Diese Gruppe besteht aus jenen Jugendlichen, die aus Familien mit wenig materiellen Ressourcen stammen und daher tendenziell eher schwierige Startvoraussetzungen aufweisen – häufig kommt es zur Entwicklung einer „Durchbeißermentalität". In dieser Gruppe sind oftmals frühe und starke Brüche zu beobachten, die etwa mit problematischen Familienverhältnissen, psychischen Krankheiten oder sozialen Auffälligkeiten wie einem Schulverweis einhergehen. (Calmbach, Borgstedt, Borchard, Tomas und Flaig, 2016, S. 75)

Die meisten aus dieser Gruppe stammenden Jugendlichen stammen aus Elternhäusern, die mehrere Risikolagen aufweisen, daher ist ein Ausbruch aus solchen Verhältnissen mitunter sehr schwierig. Zu den Risikolagen gehören:
- ein bildungsfernes Elternhaus,
- Erwerbslosigkeit der Eltern,
- ein sehr geringes Familieneinkommen an oder unterhalb der Armutsgrenze,
- schlechte Aussichten auf das Erreichen eines Schulabschlusses und
- eine problematische Peergroup. (Calmbach, Borgstedt, Borchard, Tomas und Flaig, 2016, S. 76)

Obwohl viele der so geprägten Jugendlichen sich stark bemühen, diesem Teufelskreis zu entrinnen, herrscht ein Bewusstsein darüber, dass dafür schlechte Chancen bestehen. Die Schuld dafür wird entweder in der Struktur gesehen oder den eigenen Problemen (etwa dem Drogenkonsum, der Kriminalität oder schlechten Schulleistungen) zugeschrieben, es herrscht zudem oft Angst wegen der geringen Teilhabemöglichkeiten. (Calmbach, Borgstedt, Borchard, Tomas und Flaig, 2016, S. 76)

Im politischen Bereich stellt die SINUS-Studie bei der Gruppe der deutschen prekären Jugendlichen eine hohe Anfälligkeit für rechtes Gedankengut fest, während prekäre Jugendliche mit Migrationshintergrund ebenfalls zu „extremen politischen Positionen" tendieren (deren Hintergrund jedoch von der Studie nicht weiter erläutert wird). (Calmbach, Borgstedt, Borchard, Tomas und Flaig, 2016, S. 77f)

Die Gruppe der Prekären ist jene, die am häufigsten über eigene Gewalterfahrungen berichtet – sowohl in der Rolle von Tätern als auch in der von Opfern. Ein prekäres Umfeld behindert gerade bei Jugendlichen die Entwicklung von Selbstvertrauen, die Vorstellung der Selbstwirksamkeit und Stärke. Dies wirkt sich häufig auf den gesamten weiteren Lebensweg aus. Explizit erwähnt die Studie, dass diesen Jugendlichen zudem das Orientierungswissen insbesondere zum Zusammenhang von Schulabschluss und beruflichen Wahlmöglichkeiten fehlt:

> Die Traumberufe verweisen auf ein klares Dilemma zwischen Wunsch und Wirklichkeit: Ingenieur, Fußballprofi, Arzt, Anwalt oder Star würde man gerne werden. Wie eine Ausbildung zu einem solchen Beruf verläuft, welche Voraussetzungen dafür notwendig sind, oder wie genau das Berufsbild aussieht, wissen aber nur die wenigsten. (Calmbach, Borgstedt, Borchard, Tomas und Flaig, 2016, S. 78f)

Die Folge dieser Probleme besteht auch darin, dass die Jugendlichen stark verunsichert werden. Es herrscht durchaus ein Bewusstsein darüber, dass schulischer Erfolg auch eine gute Basis für die weiteren beruflichen Schritte ist, gleichzeitig wird aber aus dem älteren Freundes- oder Bekanntenkreis die Vorstellung vermittelt, dass auch eine abgeschlossene Ausbildung keine Festanstellung garantiert. Dies kann zu einer Resignation führen und die Frage auftun, wozu dann eigentlich eine derartige Ausbildung angetreten werden soll. Der Wunsch, eine eigene Familie zu gründen, ist bei der Gruppe der Prekären sehr stark ausgeprägt. (Calmbach, Borgstedt, Borchard, Tomas und Flaig, 2016, S. 82)

Die musikkulturelle Ausrichtung der prekären Jugendlichen zeichnet sich durch ein hohes Interesse an den Stilrichtungen Rap und Hip Hop aus, die mit ihren Texten zahlreiche Identifikationspunkte bieten. Auch der Musikgeschmack der eigenen Peer-Group wirkt hier vielfach prägend, während nur selten auch Musikinstrumente erlernt werden. Prekäre Jugendliche empfinden traditionelle Kulturveranstaltungen wie Theater, Oper oder klassische Musik eher als langweilig oder schlicht als sprachliche oder intellektuelle Überforderung. Die Jugendlichen sind es zudem nicht gewohnt, bei solchen Darbietungen ihre Aufmerksamkeit über einen längeren Zeitraum zu fokussieren und auftrechtzuerhalten. Vom Fernsehangebot werden bevorzugt Castingshows, „Scripted Reality" bzw. „Pseudo-Doku-Soaps" wahrgenommen – auch, weil diese einen Anknüpfungspunkt zur eigenen Lebenswelt und zum familiären Umfeld bieten. Dabei wird auch die eigene Lage relativiert, etwa dann, wenn erleichtert festgestellt wird, dass es in den gezeigten (allerdings fiktiven) Familienbeispielen deutlich schlimmer zugeht als in der eigenen Familie. Die von prekären Jugendlichen konsumierten Fernsehprogramme üben darüber hinaus eine strukturbildende Funktion aus, die so aus dem Familienalltag nicht bekannt ist. Gelesen wird eher weniger, wobei sicherlich auch der Mangel an Büchern im eigenen Haus wirkt. (Calmbach, Borgstedt, Borchard, Tomas und Flaig, 2016, S. 84f)

Zum Freizeitverhalten der prekären Jugendlichen stellt die Studie fest, dass sich dieses „zwischen Rückzug und Delinquenz" bewegt – nach der Schule geht man also hinaus, wo auch Erfahrungen mit Drogen, Drogenhandel, gewalttätigen Auseinandersetzungen oder verschiedenen Formen der Kleinkriminalität gemacht werden. Wer nicht in der Lage ist, sich in diesem harten Umfeld zu bewähren oder sich gegen das Mobbing und die Einschüchterungsversuche Anderer zur Wehr zu setzen, bleibt oftmals nach der Schule direkt zu Hause und vermeidet so den Kontakt mit dem Umfeld.

Computer oder Konsolenspiele erfreuen sich hoher Beliebtheit. In virtuellen Welten kommt es zu Erfolgserlebnissen, die den Jugendlichen im realen Leben eher verwehrt bleiben. (Calmbach, Borgstedt, Borchard, Tomas und Flaig, 2016, S. 85f)

Die als prekär bezeichneten Jugendlichen nehmen durchaus Sportangebote wahr und suchen sich auch in diesem Feld Anerkennung. Spitzenreiter bei den Sportarten für männliche Jugendliche sind Fußball sowie Kampfsport, weibliche Jugendliche bevorzugen Tanzen und Fitness-Training. Die Jugendlichen aus der prekären Lebenswelt nutzen Angebote der Jugendarbeit und werden auch oft durch Jugendsozialarbeit begleitet. Bildung gilt ihnen als eher fruchtlos oder gar als Zeitverschwendung, da keine schnelle, unmittelbare Anerkennung oder Belohnung verbunden ist. (Calmbach, Borgstedt, Borchard, Tomas und Flaig, 2016, S. 86f)

Eigene Erfahrungen mit kleinkriminellem Verhalten werden von den Jugendlichen auch mit einem gewissen Stolz auf die erbrachte „Leistung" – etwa bei Ladendiebstählen – kommentiert. Die Erfahrungen mit Ausgrenzungen sind ebenfalls oft vorhanden, die Peergroup erweist sich dabei als zentrale Instanz, weil eine Integration über die Institutionen wie Schule kaum möglich ist. Das Lebensumfeld, das häufig an sozialen Brennpunkten liegt, befindet sich teils im öffentlichen Raum, etwa in Jugendhäusern. (Calmbach, Borgstedt, Borchard, Tomas und Flaig, 2016, S. 88f)

6.2.4 Materialistische Hedonisten

Diese Gruppe von Jugendlichen legt großen Wert auf Repräsentation und Status, wobei ein ausgeprägtes, intensives Konsumverhalten vorherrscht: Es wird kaum gespart, stattdessen werden moderne Kleidung und Schmuck erworben, die Eindruck auf andere machen sollen. Dabei achten die Jugendlichen auch sehr auf eine Ausrichtung an bestimmten, derzeit angesagten Marken, die auch signalisieren sollen, dass man sie sich eben leisten könne. Auch Luxusgüter werden zum Zweck der Repräsentation angeschafft, wobei allerdings auch hin und wieder auf „Schnäppchen" oder auch auf gefälschte Produkte zurückgegriffen wird. (Calmbach, Borgstedt, Borchard, Tomas und Flaig, 2016, S. 91)

„Shoppen" gehört demnach, ebenso wie „Party" oder „Geld" zu den höher bewerteten Dingen, wobei auch der Spaßfaktor im Mittelpunkt steht, zumal das alltägliche Leben diesen Jugendlichen schnell langweilig zu werden droht. Im Gegensatz zu den hohen finanziellen und modischen Ansprüchen verfügen die materialistischen Hedonisten jedoch zumeist über nur sehr niedrige formale Bildungsabschlüsse, was ihnen durchaus zu schaffen macht. Sie streben danach, die ungeliebte Schule möglichst schnell verlassen zu können. Anstatt die Bildung verbessern zu müssen, glauben sie daran, dies durch Fleiß kompensieren zu können. Die Familie gilt als der zentrale Bezugspunkt und das Familienleben ist von zahlreichen gemeinsamen Aktivitäten und Ausflügen geprägt, wobei das traditionelle Familienmodell der Eltern als Vorbild für das eigene Leben gilt. Damit stehen auch Werte wie Harmonie, Zusammenhalt, Treue,

Ehrlichkeit und Hilfsbereitschaft hoch im Kurs. (Calmbach, Borgstedt, Borchard, Tomas und Flaig, 2016, S. 92–94)

Auch Erlebnisse bzw. Spaß ist den materialistischen Hedonisten sehr wichtig, wobei auch die Raumangebote der offenen Jugendarbeit genutzt werden. Teils gehört auch exzessives Feiern oder eine aggressive Verteidigung der eigenen Rechte zum Verhaltensrepertoire dieser Gruppe, während strikte Regeln auf starke Ablehnung stoßen. Existiert ein Migrationshintergrund, so wird das Herkunftsland oft sehr stark glorifiziert, wobei aber auch die Vorteile des Lebens in Deutschland im Bewusstsein verankert sind. Eine Identifikation mit dem Herkunftsland ist in der Regel gleich stark oder stärker als eine Identifikation mit Deutschland, das stärker als ein Land für „Alltag" und „Arbeiten" gesehen wird, während das Herkunftsland für „Lebensqualität, Urlaub und Genuss" steht. (Calmbach, Borgstedt, Borchard, Tomas und Flaig, 2016, S. 96f)

Ein wichtiges Ziel im Leben der materialistisch-hedonistischen Jugendlichen bildet der soziale Aufstieg, der mit einem guten Beruf verbunden ist. Dabei spielt, gerade für männliche Jugendliche, der Traum von einem luxuriösen Leben eine wichtige Rolle, während Mädchen ihre Wünsche meist etwas realitätsnäher ausrichten. (Calmbach, Borgstedt, Borchard, Tomas und Flaig, 2016, S. 99)

Die Freizeitaktivitäten dieser Gruppe sind vielfältig, wobei auch die Freundesgruppe eine wichtige Rolle spielt – hier stehen diverse Veranstaltungen wie Public Viewing und Stadionbesuche auf dem Programm, der Besuch von Fast-Food-Gaststätten und Diskotheken, das Schwimmen oder das gemeinsame Anschauen von DVDs. Sport spielt eine Rolle, wobei es vor allem der Wettbewerbscharakter oder die Ausbildung eines gesunden Körpers ist, was anziehend wirkt. Der Kulturgeschmack der materialistischen Hedonisten schätzt hohe Kunst wie klassische Musik oder alte Gemälde eher gering, während dem Mainstream-Musikgeschmack gefolgt wird, ohne eine allzu starke spezifische Orientierung an kulturellen Nischen zu finden. (Calmbach, Borgstedt, Borchard, Tomas und Flaig, 2016, S. 102)

Die Kleidung hat vor allem „cool" zu sein, die Vorbilder hierfür kommen aus den Richtungen Hip Hop, Gangsta-Rap oder Profifußball. Jungen aus dieser Gruppe verbringen auch viel Zeit mit Computerspielen, wobei sowohl Egoshooter wie auch andere Genres genutzt werden und virtuelle Gefechte mit Freunden ausgefochten werden. Vom Fernsehprogramm werden vor allem Serien, Soaps, Castingshows, Infotainment-Sendungen sowie teils auch Spielfilme oder Nachrichten konsumiert, wobei allerdings eher der Sensationscharakter im Vordergrund steht. (Calmbach, Borgstedt, Borchard, Tomas und Flaig, 2016, S. 104–106)

Ein großer Freundeskreis ist dieser Gruppe von Jugendlichen sehr wichtig, wobei auch ein gewisser Druck aufkommt, Anerkennung zu finden – um die Erwartungen der Peergroup zu erfüllen, meinen die Jugendlichen, sich modisch kleiden zu müssen und die Gerüchte im Freundeskreis zu kennen. Man grenzt sich ansonsten sowohl nach unten (gegenüber den „Sozialschmarotzern") und nach oben (gegenüber den „Bonzen" oder „Gymnasiasten") ab. Ein heterogener Freundeskreis ist dabei jedoch sehr oft zu beobachten. (Calmbach, Borgstedt, Borchard, Tomas und Flaig, 2016, S. 109f)

6.2.5 Experimentalistische Hedonisten

Hierbei handelt es sich um „spaß- und szeneorientierte Nonkonformisten", die sich wenig Gedanken um die Zukunft machen und stattdessen ihr Leben in der Gegenwart genießen möchten. Die von dieser Gruppe bevorzugten Werte sind Freiheit, Individualität, Selbstverwirklichung, Spontanität, Kreativität, Risikobereitschaft, Spaß, Genuss und Abenteuer, während Selbstkontrolle und Selbstdisziplin abgelehnt werden, da sie einer freien Entfaltung im Weg zu stehen scheinen. Ähnliches gilt auch für weitere, geringgeschätzte Werte wie Bodenständigkeit, Bescheidenheit, Gewissenhaftigkeit, Gehorsam, Pflichtbewusstsein, Ordnung, Sauberkeit etc. Die Schule bzw. die schulische Ausbildung genießt keine Priorität, vielmehr wird nur das Nötigste getan, sofern kein echtes Interesse an einem Thema existiert. (Calmbach, Borgstedt, Borchard, Tomas und Flaig, 2016, S. 113f)

Experimentalistische Hedonisten bemühen sich um eine möglichst breite Distanzierung von der bürgerlichen Normalität. Sie riskieren oder nehmen es bewusst in Kauf, mit ihren Werthaltungen auch bei Lehrern, anderen Jugendlichen oder ihren Eltern anzuecken. Der Konsum von Gütern und Medien wird zugunsten des „Selbermachens" zurückgestellt. Anders zu sein als andere gilt ihnen als eigener Wert, häufig werden auch Vorbilder abseits des Mainstreams gesucht, während als „Spießbürgerliche" und Konventionelle als langweilig empfunden wird. Stattdessen bemüht man sich, aus der Masse hervorzustechen, was teils auch den Hang zu dem bedeutet, was anderen als hässlich oder abartig erscheint, etwa Tätowierungen, Piercings und Ohr-Tunnel. (Calmbach, Borgstedt, Borchard, Tomas und Flaig, 2016, S. 114f)

Auch beim Konsum von Alkohol, Zigaretten oder anderen weichen Drogen und einer Billigung vielfältiger sexueller Orientierungen wird bewusst die Abkehr vom Mainstream gesucht. Aus der Tatsache, locker über Sex sprechen zu können, wird ein Überlegenheitsgefühl gegenüber anderen Gruppen abgeleitet. Die experimentalistisch-hedonistisch veranlagten Jugendlichen orientieren sich nur zu einem sehr geringen Maß an Routinen, ein vor allem Sicherheit basiertes Denken und ein Festhalten am Alltäglichen kommt für sie nicht in Frage. Die eigene Familie wird zwar geschätzt, allerdings auch teils als langweilig empfunden, während möglichst viele Freiräume den Eltern gegenüber erkämpft werden. (Calmbach, Borgstedt, Borchard, Tomas und Flaig, 2016, S. 115–117)

Gedanken an die Zukunft sind zwar von Paarbeziehungen und einer Familiengründung geprägt, spielen jedoch im Denken der Jugendlichen noch keine große Rolle. Stattdessen wird die Abgrenzung vom Elternhaus bevorzugt, eine eigene Wohnung (oder WG) gesucht. Als Berufsperspektive kommt für diese Gruppe von Jugendlichen vor allem eine Tätigkeit als Freelancer oder Besitzer eines eigenen Betriebs in Frage, wo Arbeitspensum und -entscheidungen selbst festgelegt werden können. Im Idealfall geht es darum, die eigenen Freizeitinteressen zum Beruf zu machen. (Calmbach, Borgstedt, Borchard, Tomas und Flaig, 2016, S. 119f)

Kulturelle Orientierung kommt für die hier vorgestellte Gruppe von Jugendlichen ebenfalls von der Idee der Selbstverwirklichung: So werden verschiedene Hobbies gepflegt, Skateboard-Tricks erlernt, Graffitis gesprüht, Mangas gezeichnet oder in einer Band gespielt. Auch bei der Kleidung wird selbst Hand angelegt – man folgt den eigenen Ideen durchaus manchmal mit deutlich mehr Fleiß und Ehrgeiz als in den „langweiligen" schulischen Alltag investiert wird. Die subkulturellen Nischen dagegen erweisen sich für die experimentalistischen Hedonisten als äußerst spannend, wobei auch der Reiz des Verbotenen, Schockierenden oder einfach Fremden wirkt. Die so aufgenommene Nischenkultur wird nicht nur bloß konsumiert, sondern aktiv gelebt, wenn etwa die Vorliebe für Mangas zu einer intensiveren Beschäftigung mit den fernöstlichen Kulturen führt. Innerhalb dieses Erkenntnisstrebens erreichen die Jugendlichen durchaus ein gewisses Expertenwissen, vor allem zur jeweiligen Popkultur und mittels der verfügbaren Szene-Literatur, was gerade aus kulturwissenschaftlicher Sicht interessant ist;

> Es ist ‚ihr' kulturelles Kapital, das seinen Wert durch die Distanz zur klassischen Hochkultur schöpft. Sie wissen, dass Erwachsene und viele Gleichaltrige gleichermaßen von ihren Ausdrucksformen und kulturellen Vorlieben nichts verstehen können, weil die Aneignung der entsprechenden ästhetischen Codes und Wissensbestände abseits klassischer Bildungseinrichtungen stattfindet. Man ist froh, kulturelle Freiräume zu haben. (Calmbach, Borgstedt, Borchard, Tomas und Flaig, 2016, S. 122f)

Der Freundeskreis dieser Jugendlichen ist oftmals sehr umfangreich, wobei „Streber" und Träger von angesagten Luxusklamotten auf wenig Verständnis stoßen und als peinlich oder als Angeber gelten. Man trifft sich an speziellen Orten wie Jugendhäusern, Festivals oder Szenecafés und freut sich daran, gemeinsam aufzufallen. (Calmbach, Borgstedt, Borchard, Tomas und Flaig, 2016, S. 127f)

6.2.6 Sozialökologische

Der Wertekatalog dieser Gruppe umfasst Demokratie, „Freiheit, Pazifismus, Toleranz, Gerechtigkeit, Gleichberechtigung aller Lebensweisen, Sorgsamkeit gegenüber Mensch, Tier und Umwelt sowie Nachhaltigkeit" – dementsprechend verfügen sie über ein ausgeprägtes Sendungsbewusstsein und bemühen sich, andere von ihren Ansichten zu überzeugen. Auch Solidarität ist den sozialökologisch geprägten Jugendlichen sehr wichtig – so wird oftmals die eigene (meist privilegierte) Position mit der Anderer verglichen und gesellschaftliche Chancengleichheit eingefordert. Das Engagement der Sozialökologischen erstreckt sich auch auf Funktionen wie Schüler- oder Klassensprecher oder eine Tätigkeit innerhalb von sozialen Projekten. Diese

Gruppe von Jugendlichen versteht sich als altruistisch und orientiert sich am Gemeinwohl. (Calmbach, Borgstedt, Borchard, Tomas und Flaig, 2016, S. 131f)

Weil die Jugendlichen von der Gleichheit der Menschen überzeugt sind und gemäß dieser Ansicht leben, wenden sie sich gegen die Ausgrenzung, die sie als Rassismus oder Arroganz sehen. Auch sonst betrachten sie viele gesellschaftliche Entwicklungen oder Strukturen sehr kritisch, wobei sie sich mit einer – wie die Autoren feststellen „romantisch verklärten Unterschicht" – solidarisieren und das politische wie auch das soziale System teils auf fundamentale Art kritisieren. Bürgerprotest wird positiv gesehen, ebenso wie die Abkehr von einem übertriebenen Materialismus und die Kritik an den USA. Idealisiert dagegen wird die Vorstellung eines selbstbestimmen, glücklichen Lebens, das den eigenen Idealen folgt und sich dabei nicht von den Verlockungen des Geldes beeindrucken lässt – so sind etwa Schriftsteller, Künstler oder auch einige Politiker die Vorbilder diese Gruppe von Jugendlichen. Verzicht auf übergroßen Luxus wird positiv bewertet. (Calmbach, Borgstedt, Borchard, Tomas und Flaig, 2016, S. 132–134)

Die sozialökologischen gelten als sehr bildungsaffin und bemühen sich ihren Horizont zu erweitern. Das gilt auch für die Begegnung mit Menschen anderer Kulturen und einem Lernen, das über die schulischen Notwendigkeiten hinausgeht. Bildung wird oftmals höher bewertet als unmittelbarer Spaß. Zum sozialökonomischen Bildungsverständnis gehört es auch, Themen intensiv zu durchdringen. Daher kommt es zu einem kritischen Umgang mit Medien, mit dem eigenen Konsumverhalten oder zu einer umfassenden Reflexion religiöser Überzeugungen, die nicht einfach von den von oben vorgeschriebenen Glaubensgrundsätzen übernommen werden. (Calmbach, Borgstedt, Borchard, Tomas und Flaig, 2016, S. 137f)

Eine optimistische Sichtweise herrscht unter den sozialökologischen Jugendlichen, wenn es um die eigene berufliche Zukunft geht. So sehen sie für sich viele Möglichkeiten offen, entscheiden sich erst etwas später und suchen in einem Beruf sowohl Anspruch, Sinnstiftung als auch Selbstverwirklichung, während das Gehalt eine untergeordnete Rolle spielt. Berufe, die hierfür in Frage kommen, sind etwa Politiker oder soziale Tätigkeiten. Auch Abwechslungsreichtum soll der zukünftige Beruf bieten, so werden etwa „mehrgleisige Berufswege" bevorzugt, mittels derer man neue Bekanntschaften schließen kann, herausgefordert wird und seine Fähigkeiten ausbauen kann. Sorgen vor einem Versagen auf dem Arbeitsmarkt sind kaum vorhanden – diese Möglichkeit scheint völlig außerhalb des Vorstellungsvermögens dieser Jugendlichen zu liegen. (Calmbach, Borgstedt, Borchard, Tomas und Flaig, 2016, S. 139f)

Während Sozialökologische zwar allgemein sichere Verhältnisse für sich und ihre Familien wünschen, verurteilen sie „spießbürgerliches" oder „kleinkariertes" Verhalten. Das Erwachsenwerden wird als positiv betrachtet, weil die Pflichten und Verantwortungen nicht als Bürde, sondern als Option wahrgenommen werden, sich besser einzubringen und zu verwirklichen. Ein reichhaltiges Interesse gilt sportlichen und kulturellen Themen; Konzerte, Festivals, aber auch alternative Formen wie Street-Art oder Graffiti werden interessiert verfolgt. Bezüglich der Neigung zu klassischer Kultur wie Theater oder Musik ist unter den sozialökologischen die höchste Ausprägung von allen untersuchten Jugendgruppen zu beobachten. Auch das Erlenen von Instrumenten oder Museumsbesuche – jene Dinge, die von anderen Jugendlichen eher als langweilig empfunden werden – stehen bei sozialökologischen hoch im Kurs. Zum Kulturangebot, das von ihnen wahrgenommen wird, zählen vor allem Dokumentationen, aber auch gut gemachte, anspruchsvolle Filme oder Klassiker. Der in dieser Gruppe beobachtete Lesekonsum liegt ebenfalls an der Spitze aller Jugendgruppen, wobei sowohl Sachbücher als auch Romane und Erzählungen gelesen werden und häufig auch eigene Schreibversuche unternommen werden. (Calmbach, Borgstedt, Borchard, Tomas und Flaig, 2016, S. 140–143)

Unter sozialökologisch orientierten Jugendlichen wird darauf geachtet, einen ähnlichen gesinnten Freundeskreis aufzubauen, während zu anderen Gruppen bzw. politischen Orientierungen Distanz gehalten wird. Insbesondere „Umweltsünder" oder „Verschwender" gelten als Gegner. Freundschaften werden auch dazu genutzt, in einen intellektuellen Austausch einzutreten. Gerne umgeben sich sozialökologische Jugendliche auch mit Menschen unterschiedlicher Herkunft oder aus sozial schwächeren Gruppen. (Calmbach, Borgstedt, Borchard, Tomas und Flaig, 2016, S. 148)

6.2.7 Expeditive

Expeditive Jugendliche verfügen nicht über einen festgefügten Wertekatalog, sondern eher über ein „Wertepatchwork" – wenn überhaupt bestimmte allgemeine Werte für diese Gruppe festgestellt werden sollen, so wären dies Flexibilität, Mobilität, Pragmatismus und Innovationsvermögen. Für sie zählt vor allem die richtige (d. h. jeweils individuell befürwortete) Balance zwischen den bürgerlichen Tugenden wie Fleiß und beruflichem Erfolg auf der einen sowie Selbstständigkeit und hedonistischer Lebensführung auf der anderen Seite. Dabei wird auch der Erweiterung des eigenen Erfahrungshorizonts große Aufmerksamkeit gewidmet. Abgelehnt dagegen werden Unterordnung, Askese und konservative religiöse oder moralische Vorstellungen oder ein nicht hinterfragtes Befolgen von Regeln und Konventionen. (Calmbach, Borgstedt, Borchard, Tomas und Flaig, 2016, S. 150–152)

Die expeditiven Jugendlichen verfügen über ein großes Selbstbewusstsein und sind in der Lage, sich gut darzustellen oder auch durchzusetzen. Ihre Haltung ist durchaus elitär, ihr Selbstbild teils narzisstisch – die Inszenierung des eigenen Selbst ist von einem Hauch von Interessantheit, Eloquenz, Stilbewusstsein und der Attitüde des „Gewinners" geprägt. Auch ihnen gilt das Bild des „Spießbürgers" oder „Bürokraten" als Feindvorstellung. Individualität ist ihnen sehr wichtig, so dass sie Mühe darauf verwenden, nicht als normal oder bürgerlich zu gelten – ihre Abgrenzungsbemühungen sind jedoch weniger intensiv und radikal als jene der experimentalistischen Hedonisten. Expeditive verfügen über ein starkes Marken- und Trendbewusstsein in den Bereichen Mode, Musik, Ernährung oder Technik. Gerne suche man Designerstores auf, die dem Wunsch nach Individualität entgegenkommen. (Calmbach, Borgstedt, Borchard, Tomas und Flaig, 2016, S. 153f)

Expeditiv veranlagte Jugendliche spielen auch gerne mit der Verwendung unterschiedlicher Stile, wobei Mode auch mit eigenen Ideen ergänzt wird. Eine große Rolle im Leben der Expeditiven spielen Reisen, die unternommen werden, um angesagte Szeneorte aufzusuchen und die Bekanntschaft spannender Menschen zu machen. Diese Jugendgruppe sehnt den Auszug aus dem Elternhaus herbei, auch, weil man sich im neuen Lebensabschnitt mehr Freiheiten erhofft. (Calmbach, Borgstedt, Borchard, Tomas und Flaig, 2016, S. 155)

Die Vorstellung der eigenen Zukunft ist positiv, entspannt und selbstbewusst, weil man davon ausgeht, gerüstet zu sein, um Karriere machen zu können. Das Leben als solches wird jedoch keinesfalls auf den Beruf beschränkt – auch herrscht nicht die Ansicht, dass der Beruf in erster Linie Sinn stiften soll. Wichtig ist beispielsweise, dass man sich im beruflichen Umfeld nicht blind unterordnen muss, sondern über die Freiheit verfügt, selbst Entscheidungen treffen zu können, zu flexiblen Zeiten zu arbeiten und interessante soziale Kontakte knüpfen kann. (Calmbach, Borgstedt, Borchard, Tomas und Flaig, 2016, S. 158)

Auch im kulturellen Bereich wird Wert auf Vielfalt gelegt, wobei oft auch ein gehobener Anspruch gesucht und – teils in der klassischen, teils in der modernen Musik, nicht aber im „Mainstream" – gefunden wird; „Expeditive sind ‚kulturelle Wilderer'. Sie bedienen sich nach Lust und Laune aus dem reichhaltigen Reservoir der Popkultur und fügen Versatzstücke verschiedenster historischer und kultureller Provenienz zu einem neuen Ganzen zusammen: Remix, Bricolage, Sampling sind typische Kulturtechniken dieser Jugendlichen." (Calmbach, Borgstedt, Borchard, Tomas und Flaig, 2016, S. 162f)

Die Lektüre wählen die Expeditiven ebenfalls mit großer Individualität aus, es wird viel und genussvoll gelesen, gleichzeitig herrscht auch ein Hang zu US-amerikanischen oder britischen Serien oder es wird Reality-TV geschaut, um sich zu amüsieren. Weitere Formate sind Dokumentationen und Magazine, aber auch anspruchsvolle Fernseh- und Kinofilme. Trend- und auch Extremsportarten erfreuen sich großer Beliebtheit. Gemäß ihrer bildungsaffinen Ausrichtung wird auch ein Teil der Freiheit genutzt, um gezielt oder einfach nebenbei zu lernen, Sachbücher zu lesen oder Museen zu besuchen. (Calmbach, Borgstedt, Borchard, Tomas und Flaig, 2016, S. 163–165)

Expeditive Jugendliche Vernetzen sich sehr stark, sowohl on- wie auch offline. Ihr Bekanntenkreis ist sehr groß, aber auch eher lose. Vielfach werden auch gleichgesinnte Jugendliche gesucht, die ebenfalls expeditiv ausgerichtet sind. Im Gegensatz zum großen Bekanntenkreis steht die Neigung, sich am liebsten in „kleinen, durchaus elitären Zirkeln" zu treffen. Expeditive sind häufiger Singles als andere Jugendgruppen – so sind feste Beziehungen seltener, tiefe und platonische Freundschaften zwischen Mädchen und Jungen allerdings öfter zu beobachten. (Calmbach, Borgstedt, Borchard, Tomas und Flaig, 2016, S. 168f)

6.3 Veränderungen und Verarbeitungsmechanismen

Die massiven technologischen Veränderungen im Zeitraum von nur einer Generation rufen zunächst Neugierde, aber auch Verunsicherung hervor und tragen dazu bei, individuelle Mechanismen der Verarbeitung und Bewältigung zu entwickeln. Dies ist umso bedeutsamer, als diese Veränderungen noch längst nicht abgeschlossen sind und die durch ihre Vielfalt auch Wechselwirkungen aufweisen, die zu einer weiteren Beschleunigung der Entwicklungen führen könnten.

Es ist davon auszugehen, dass die Verarbeitungsmechanismen Jugendlicher und junger Erwachsener zunächst durch die familiäre und soziale Vorbildung geprägt sind. Das Verhalten, die Einstellung der Eltern, der Geschwister und des Freundeskreises gibt erste Hinweise auf das Repertoire, das zur Bewältigung von Veränderungen eingesetzt werden kann; Steht das Umfeld dem Wandel kritisch gegenüber und sieht vor allem Gefahren, so färbt dies ebenso ab und wird ebenso reflektiert, wie ein hoffnungsvoller Umgang mit Technologie. Die Entscheidungen, die aus dem Umgang mit der Informationsflut des Internet verbunden sind, haben weitreichende Konsequenzen für die Kommunikation:

- Personen, die von der Vorstellung beunruhigt sind, dass große Firmen Daten über sie sammeln, auswerten und verkaufen, werden sich bemühen, ihr Profil nicht zu verbreiten – sie vermeiden es, in sozialen Netzwerken tätig zu sein, halten sich in Forendiskussionen zurück etc. Dies erschwert oder verhindert möglicherweise die leichte Bildung neuer, virtueller Kontakte, die später auch zu realen Kontakten werden können.
- Personen, die von der Technologie und ihren Möglichkeiten begeistert sind und weniger dazu tendieren, Gefahren zu sehen, nutzen dagegen das Potenzial, schließen viele Kontakte, verbreiten ihre Botschaften und suchen sich gezielt Tätigkeiten in der Technologiebranche.

Die Folge der beiden hier aufgezeigten, hypothetischen Bewältigungsstrategien, die durch unterschiedliche Persönlichkeiten, Umfelder oder Lebenserfahrungen zustande kommen, haben bereits massive Auswirkungen auf die individuellen Kommunikationsgewohnheiten und Lebensentwürfe. Der Digitale Nomade und der techniskeptische oder desinteressierte Industriearbeiter mögen im selben Staat Leben, dieselben Freizeitgewohnheiten aufweisen und äußerlich kaum unterscheidbar sein – dennoch trennen sie Welten; Digitale Kompetenzen als Schlüsselkompetenzen der heutigen Zeit erlaubt eine deutlich breitere Teilnahme an gesellschaftlichen Diskussionen, eine gezieltere Auswahl der Informationen zu Produkten und Dienstleistungen, eine fundiertere Entscheidungsfindung in nahezu allen beruflichen und privaten Bereichen.

> Betrachtet man die in diesem Kapitel gezeigten unterschiedlichen Gruppen, so ist offensichtlich, dass die unterschiedlichen Gruppen auch unterschiedliche Bewältigungsstrategien für den digitalen Wandel entwickeln dürften – genau genommen sind diese Strategien sogar bei jedem Menschen unterschiedlich.

Von den oben beschriebenen Gruppen dürften die Adaptiv-Pragmatischen sowie die experimentalistischen Hedonisten aufgrund ihrer Eigenschaften wie Neugier, Forschungsdrang und Anpassungsbereitschaft am besten in der Lage sein, sich mit neuen Technologien zu arrangieren und am stärksten von deren Beherrschung und Einsatz zu profitieren. Für Personen oder Gruppen, die sich aus welchen Gründen auch immer der Teilnahme an der technologischen Veränderung verschließen, drohen handfeste Nachteile – nicht nur bei der beruflichen Laufbahn, zu deren selbstverständlicher Grundausstattung der Umgang mit Computern, mit Textverarbeitung und Tabellenkalkulationen oder anderer, spezialisierter Softwareprodukte gehört; auch im privaten Bereich, lauern Nachteile, wenn beispielsweise die Internetkenntnisse sich nur auf die Durchführung einiger Suchanfragen beschränken und Wissen über die zugrundeliegenden Strukturen fehlt.

Auch für die Internetnutzung haben Forscher verschiedene Gruppen von Jugendlichen identifiziert. So geht das Deutsche Institut für Vertrauen und Sicherheit im Internet (DIVSI) davon aus, dass hier folgende Einteilung von Gruppen sinnvoll ist. Diese Gruppen unterscheiden sich hinsichtlich ihrer sozialen Lage wie auch in Bezug auf ihre Grundorientierungen (vgl. Abb. 6.1):

- Die Souveränen: Diese Gruppe, die etwa 26 % der Jugendlichen ausmacht, zeichnet sich durch eine individualistische, kosmopolitische und kreative Grundstimmung aus. Diese Jugendlichen sind stärker bzw. öfter online als andere, sie nutzen zahlreiche Internetangebote: „Der Wertekanon ist rund um Unabhängigkeit und Freiheit, Mobilität und Flexibilität, Kreativität und ‚Coolness' angelegt. Sie wollen viel vom Leben und am liebsten alles gleichzeitig." (DIVSI, DIVSI U25-Studie. Kinder, Jugendliche und junge Erwachsene in der digitalen Welt, 2014, S. 29)
- Die Pragmatischen, die mit 28 % die größte Gruppe im Milieu der unter 25-Jährigen ausmachen: Die Pragmatischen weisen eine hohe Zufriedenheit auf und sehen den Umgang mit dem Internet als Selbstverständlichkeit an. Sie sind der Ansicht, gut über die damit verbundenen Gefahren und Risiken informiert zu sein. Zwar gehören die Pragmatischen in der Regel nicht zu den ersten, die neue Technologien ausprobieren, sie haben jedoch Spaß daran, neue Anwendungen oder Geräte zu entdecken. Die Gruppe der Pragmatischen scheint damit über eine ausreichende Orientierung und genügend Selbstsicherheit beim Umgang mit der Internet-Technologie zu verfügen. (DIVSI, DIVSI U25-Studie. Kinder, Jugendliche und junge Erwachsene in der digitalen Welt, 2014, S. 33f)

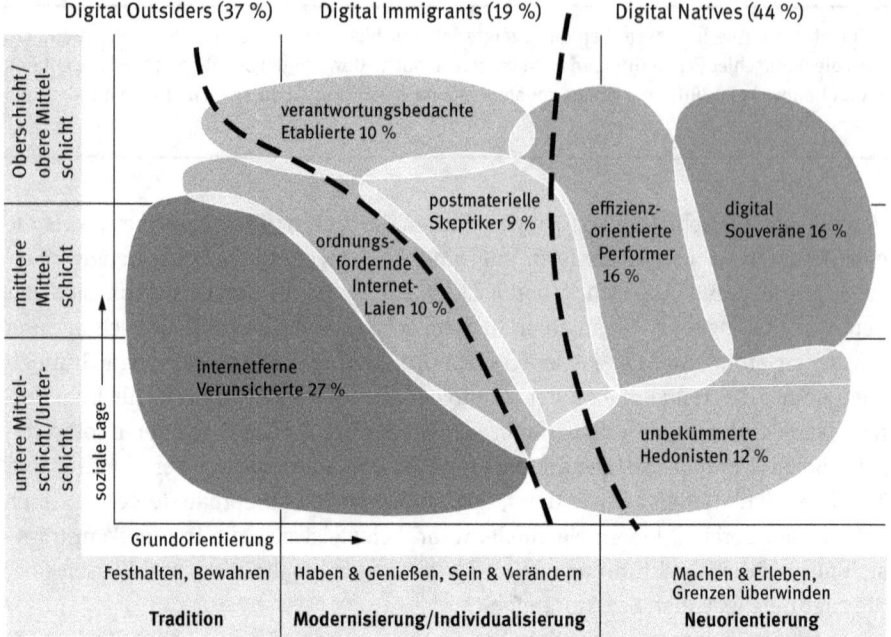

Abb. 6.1: DIVSI Internet-Milieus – Gesamtbevölkerung, Quelle: DIVSI 2014, S. 27

- Die Unbekümmerten, die 18 % des untersuchten Milieus ausmachen. Sie zeichnen sich durch eine besondere Experimentierfreudigkeit aus, während sie kaum Sicherheitsbedenken hegen und nur über ein gering ausgeprägtes Gefahrenbewusstsein verfügen. Sie suchen nach Spaß, Abenteuer und Genuss, setzen aber auch auf Gemeinschaft, Zusammenhalt, Anerkennung und Prestige als grundlegende Werte. Im öffentlichen Raum möchte diese Gruppe auf sich aufmerksam machen. Die „Unbekümmertheit" der Gruppe erstreckt sich auch auf die Frage der Legalität; So geht man davon aus, dass etwa der Dateientausch von urheberrechtlich geschützten Inhalten nicht bedenklich sei, zudem werden auch Risiken in Kauf genommen. (DIVSI, DIVSI U25-Studie. Kinder, Jugendliche und junge Erwachsene in der digitalen Welt, 2014, S. 37f)
- Die Skeptiker, die etwa 10 % des Milieus umfassen, werden als „zielorientierte junge Internet-Nutzer mit kritischer Grundhaltung zu Vertrauen und Sicherheit im Internet" beschrieben. Ihre Werteorientierung umfasst Gerechtigkeit, Gleichheit, Demokratie, Bildung, Toleranz und Nächstenliebe. Obwohl auch sie die unterschiedlichen Optionen des Internets nutzen, geschieht diese Nutzung zurückhaltender und ist vom Bewusstsein geprägt, dass die Datensicherheit Probleme aufwirft – auch ein „Leben ohne Facebook" erscheint einem größeren Anteil von Skeptikern lebenswert als etwa bei den Unbekümmerten. (DIVSI, DI-

VSI U25-Studie. Kinder, Jugendliche und junge Erwachsene in der digitalen Welt, 2014, S. 42f)
- Die Verantwortungsbedachten, die einen Anteil von 8% stellen, gelten als „bodenständige, sicherheitsbedachte junge Internet-Nutzer". Sie entstammen bürgerlichen Familien und nutzen das Netz regelmäßig, wenn auch mit Vorsicht. Ihr Wertekanon ist von den traditionellen Tugenden wie Ordnung, Kontrolle, Gehorsam, Ehrlichkeit, Gerechtigkeit, Zuverlässigkeit und Disziplin geprägt, wobei die Eltern eher als Partner denn als Gegenüber bei der der eigenen Abgrenzung gesehen werden. Im Gegensatz zu anderen Gruppen herrscht bei den Verantwortungsbedachten beispielsweise auch die Tendenz, keine Raubkopien aus dem Internet herzunterzuladen. (DIVSI, DIVSI U25-Studie. Kinder, Jugendliche und junge Erwachsene in der digitalen Welt, 2014, S. 47f)
- Die Vorsichtigen; Diese, mit 7% eher kleine Gruppe verfügt über ein hohes Risikobewusstsein und ihr Wertesystem ähnelt dem der Verantwortungsbedachten. Auch viele der Vorsichtigen verfügen über ein Facebook-Konto, sehen hierbei jedoch auch die Gefahren. So wird dem Schutz der eigenen Daten hohe Bedeutung beigemessen, wobei der Verzicht auf umfassendere Online-Aktivitäten jedoch der einzige Mechanismus ist, der zum Schutz der Daten eingesetzt wird. Trotz dieser Haltung bewerten die Vorsichtigen ihre eigene Internet-Kompetenz, stärker als bei anderen Gruppen, als „mangelhaft" oder „ungenügend". (DIVSI, DIVSI U25-Studie. Kinder, Jugendliche und junge Erwachsene in der digitalen Welt, 2014, S. 52f)
- Die Verunsicherten stellen nur 3% des Untersuchten Milieus. Sie fühlen sich durch die Technologie häufig überfordert und verzichten daher stärker auf Online-Aktivitäten als andere Gruppen. Viele der Verunsicherten entstammen prekären Lebenswelten, wobei ihre geringe Internetnutzung ihre Entsprechung in der geringeren allgemeingesellschaftlichen Teilhabe findet. (DIVSI, DIVSI U25-Studie. Kinder, Jugendliche und junge Erwachsene in der digitalen Welt, 2014, S. 56)

Alle diese Gruppen benötigen neben der generellen Lebensorientierung, die eine tragfähige Wertebasis umfasst, auch eine spezielle Orientierung bezüglich ihres kommunikativen Umgangs mit dem Medium Internet, damit souverän, aber auch bewusst gehandelt werden kann; Souverän im Sinne der aktiven Teilnahme am Meinungs- und Informationsaustausch in den Netzwerken, bewusst bei Fragen der Datensicherheit.

Obwohl der zu entwickelnde Orientierungsentwurf nicht zu speziell und zu konkret sein darf (da dies seine Anwendungsmöglichkeiten einschränken würde), legt die obige Gruppenunterteilung ein ambivalentes Anforderungsprofil nahe: So ginge es aus Sicht einer längerfristigen Orientierung allen Gruppen einen möglichst großen Realismus im Umgang mit diesem Medium zu vermitteln – genau genommen, sollten etwa die „Unbekümmerten" nach Abschluss der Orientierung etwas mehr Vorsicht walten lassen, während die Verunsicherten – die sich zuvor aufgrund von Zweifeln selbst ihrer Online-Partizipationsmöglichkeiten beraubt haben, gezeigt werden kann, wie sie ohne Befürchtungen so kommunizieren können, dass der Schutz ihrer Daten gewährleistet wird.

> Ziel ist also nicht weniger als eine neue Art der Mündigkeit für das Medium Internet. Diese erfordert unterschiedliche Qualitäten, etwa Selbstbewusstsein sowie das für die Entscheidungen nötige Internet-Fach- und Methodenwissen.

Es hat sich gezeigt, dass sich bei 14–24-Jährigen das subjektive Sicherheitsempfinden im Internet im Zeitraum von 2013 bis 2014 verschlechtert hat. (vgl. Abb. 6.2)

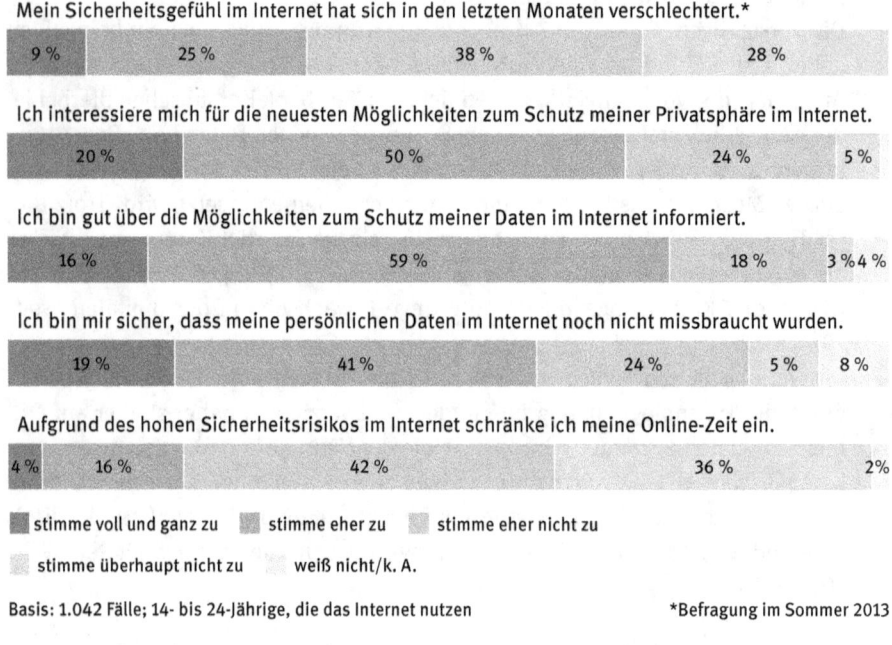

Abb. 6.2: Aussagen zum Thema Sicherheit im Internet, Quelle: DIVSI 2014, S. 142.

Das abnehmende Vertrauen der Jugendlichen und jungen Erwachsenen hatte jedoch nur wenig spürbare Konsequenzen für die Online-Nutzungszeit. Insgesamt ist bei diesen Gruppen eine teils widersprüchliche Haltung zum Vertrauen in das Internet und den dortigen Datenschutz festzustellen: Dies zeigt sich daran, dass 60 % der Befragten davon ausgehen, dass ihre persönlichen Daten nicht missbraucht werden würden, während allerdings nur 40 % davon ausgehen, dass ihre Daten sicher seien. (DIVSI, DIVSI U25-Studie. Kinder, Jugendliche und junge Erwachsene in der digitalen Welt, 2014, S. 142)

6.4 Fazit

Die hier vorgestellten lebensweltlichen Gruppen, die sicherlich nur grob die Hauptrichtungen skizzieren und die vielfältigen Kombinationsmöglichkeiten und weiteren Lebensentwürfe außer Acht lassen, die Jugendlichen heute offenstehen, geben bereits Aufschluss über die wichtigsten Vorprägungen, die gleichzeitig auch auf die zur Verfügung stehenden Orientierungsmöglichkeiten wirken. Auf jeden Fall ist davon auszugehen, dass die lebensweltliche Herkunft einen starken Einfluss auf die Orientierungsprozesse hat, dass also Orientierungsmittel gesucht werden, die Stellung zu den aus der Lebenswelt bekannten und bereits verinnerlichten Werten beziehen. In der Regel dürfte nach einer Bestätigung dieser Werte, die bereits Teil der Identität der Jugendlichen geworden sind, gesucht werden.

Bricht man die Orientierungssuche auf die wesentlichsten Begriffe herunter, so ergibt sich Folgendes:

- Konservativ-Bürgerliche bevorzugen klare, übersichtliche Verhältnisse im Freundes- und Bekanntenkreis, scheuen vor einem Übermaß an Veränderung zurück. Sie suchen Stabilität, die durch Anpassung an das familiäre Umfeld erreicht wird.
- Adaptiv-Pragmatische unterliegen sowohl dem konservativen Einfluss wie auch der Einsicht in die Notwendigkeit, dass das Leben in der Moderne eine hohe Flexibilität und Leistungsbereitschaft erfordert. Der zentrale Wert hierbei ist, wie auch schon in der Gruppenbezeichnung ausgedrückt, der Pragmatismus, der – wie auch bei der Gruppe der Konservativ-Bürgerlichen – über Anpassung erreicht wird, wobei hier allerdings weniger das familiäre Umfeld als vielmehr die Erfordernisse des künftigen Berufs eine Anpassungsleistung erfordern.
- Bei den Prekären fällt oftmals das Familienumfeld wie auch die Bildung als Vorleistung für einen guten Beruf als eine positiv-sinnstiftende Orientierungsinstanz aus – die zuhause vorgelebten Probleme und Unzulänglichkeiten bieten wenig Anreiz, einen ähnlichen Lebensentwurf zu verfolgen. Sie können allerdings dazu beitragen, den Willen zu stärken, ein besseres Leben zu erreichen. Der zentrale Wert, den Prekäre zu verteidigen versuchen, ist ihr eigenes Durchhaltevermögen angesichts widriger Umstände.
- Materialistische Hedonisten wünschen sich Anerkennung, von der sie meinen, dass sie vor allem über eigenen Besitz erreicht wird – einen Besitz und Konsum, der Spaß und Erlebnisse verspricht. Hier scheint weniger die Sicherheit im Vordergrund zu stehen, die von materiellem Besitz geboten wird, als vielmehr der Konsum im Rahmen eines Erlebnisses.
- Experimentalistische Hedonisten: Sie orientieren sich an der Selbstentfaltung, sehen dabei jedoch Selbstdisziplin und Selbstkontrolle als hinderlich an: Dies ist sicherlich, längerfristig gesehen, eine naive Betrachtung, da diese beiden Werte durchaus im Sinne der Selbstentfaltung wirken können – ohne einen vorausgehenden Lernprozess ist die Selbstentfaltung nur zu einem geringeren Teil möglich, wird dagegen eine Sache sehr gut beherrscht, so lassen sich damit auch Er-

folge erreichen, die den zentralen Wert – die Selbstverwirklichung – (zumindest finanziell) deutlich erleichtern können.
- Sozialökologische: Sie fühlen ein großes Verantwortungsbewusstsein für sich und ihre Umwelt, wobei gesellschaftliche Gerechtigkeit angestrebt wird. Als ihr zentraler Wert ließe sich „Fairness" gegenüber Mensch, Tier und Umwelt festhalten, ein Wert der nicht nur als Wunschvorstellung gilt, sondern auch aktiv im eigenen Leben umgesetzt wird. Im Gegensatz zu anderen Gruppen gehen sozialökologische Jugendliche weniger egoistisch oder egozentrisch als vielmehr altruistisch vor.
- Expeditive streben Unabhängigkeit und eigene, individuelle Erlebnisse an. Ihr zentrales Wertemerkmal sind „Freiheit" bzw. „Selbstverwirklichung".

Betrachtet man sich nun die Werte aller Gruppen insgesamt, so pendeln diese zwischen den großen Polen „Sicherheit" (materiell wie sozial) und „Erlebnis/Abenteuer", die Strategien bestehen vor allem aus „Anpassung" und „Abgrenzung" (an bzw. von Familie und Bekanntenkreis, aber auch von gewissen beruflichen oder sozialen Erfordernissen).

Somit lassen sich diese Punkte als Grundkoordinaten ansehen, mit denen jedes Orientierungssystem – das darüber hinaus zunächst einmal die Akzeptanz des Orientierungssuchenden Individuums benötigt – umgehen muss.

7 Orientierungsverlust

Der Begriff „Orientierungsverlust" muss an dieser Stelle definiert und gegen andere Begriffe abgegrenzt werden: Im Folgenden soll unter „Orientierungsverlust" der Verlust bestehender Orientierungen verstanden werden – insbesondere, aber nicht ausschließlich dann, wenn dies für das Individuum zu einem direkten oder indirekten Problem wird. Der Orientierungsverlust unterscheidet sich damit von der Orientierungslosigkeit (bei der bereits zuvor keine Orientierung vorhanden war), aber auch von der Existenz einer (beispielsweise moralisch fragwürdigen) Orientierung: Auch dann, wenn Jugendliche in eine Form des politischen oder religiösen Extremismus abgleiten, handelt es sich nicht um einen Orientierungsverlust, sondern maximal um dessen Folgen: So erfolgt die Aneignung einer radikalen Orientierung insbesondere dann, wenn zuvor keine stabile Orientierung existierte oder diese verlorenging. Auch eine extremistische Orientierung kann verlorengehen – selbst wenn die längerfristigen Folgen durchaus positiv sein können, kann ein solcher Orientierungsverlust zunächst individuelle Probleme bedeuten, vor allem, wenn damit ein Verlust des bisherigen, vertrauten Umfelds verbunden ist.

Der wissenschaftliche Welt- und Lebenserklärungsanspruch der Moderne kann durchaus als Quelle von Orientierung, gleichzeitig aber auch als Ursprung gestiegener Desorientierung verstanden werden: Einerseits wird uns immer intensiver bewusst, wie komplex die Welt ist, damit ist jedoch auch immer eine persönliche Bewertung dieser Komplexität, vielmehr noch eine gewollte Reduktion in Form einer gezielten Auswahl verbunden: Diese Auswahl kann sich als mühsam erweisen, vor allem dann, wenn der Aufbau einer „Filterblase", in der nur nach einer äußeren Bestärkung eigener Wahrnehmungen gesucht wird, vermieden werden soll. Dies beginnt bei einer Entscheidung wie „welche Zeitschrift abonniere ich" (und implizit damit: welche Art von Interpretation von Gesellschaft, Politik und Wirtschaft wünsche ich?). Ob TAZ oder FAZ, ob Bild oder Spiegel – die Gründe für die jeweilige Entscheidung sind subjektiv und bewegen sich irgendwo zwischen Rationalität und Emotionalität, zwischen Geldbeutel, Informationsbedürfnis und persönlichen Überzeugungen.

Jeder, der über den Status eines unmündigen Kindes, dem man vorschreibt, was es zu tun und zu lassen hat, hinauskommen möchte, ist zunächst orientierungslos, da die alten Orientierungsangebote in Frage gestellt werden, die neuen aber noch nicht ausreichend erforscht, verglichen und bewertet wurden. Wertesysteme prallen aufeinander: Standen in der Vergangenheit Tugenden wie Willensstärke, Fleiß und (Unter-)Ordnung im Vordergrund, um es „zu etwas zu bringen" (etwa einem eigenen Auto oder Haus), so wird heute verstärkt von Selbstverwirklichung, Erlebniskultur oder auch Askese und Spiritualität gesprochen. Das Orientierungsangebot hat sich also erweitert, ist umfassender, aber auch widersprüchlicher geworden. In der Folge gelingt es selbst überzeugten und konsequent agierenden Menschen kaum noch, tatsächlich konsequent zu sein: Auch wer äußerst prinzipientreu handelt, wird bei genauerer Betrachtung belehrt, dass sich diese Prinzipientreue als teils nutzlos, vielleicht sogar schädlich erweist. Möchte ich mich beispielsweise gegen die Ausbeutung in vielen Textilfabriken Ostasiens einsetzen, so muss ich entscheiden, in welcher Weise ich dies tue und welchem Narrativ ich folge: demjenigen einiger NGOs, wonach ein Boykott dieser Waren angebracht ist, oder demjenigen der Wirtschaft, wonach ein solcher Boykott die Lage der Arbeiter weiter verschlechtern würde, da sie dann ihren Arbeitsplatz verlören? Mit dieser Entscheidung sind, zumindest wenn man sie tatsächlich ernst nimmt (was angesichts der Vielzahl ähnlicher Entscheidungen kaum noch möglich ist), sind weitere Fragen verbunden: Weiß ich überhaupt genug über die Thematik, um eine fundierte Entscheidung treffen zu können? Wähle ich den bequemeren Weg, frage nicht so genau nach und mache mir jenes Narrativ zueigen, das mein Tun moralisch besser aussehen lässt?

Dieses Beispiel sei nur genannt, um zu zeigen, dass quasi hinter jeder Lebensentscheidung (ob Einkauf, Bundestagswahl oder Heirat) eine enorme Menge an verfügbaren Informationen steht, die entweder gewürdigt und abgewogen oder aber ignoriert werden können.

In der Tat erscheint angesichts der Komplexität die Ignoranz bei vielen Entscheidungen als Notwendigkeit, teils auch als eine verlockende Alternative: Wer nicht so konsequent lebt, wer nicht fragt, woher sein Schnitzel stammt, hat deutlich mehr Appetit (Duve, 2010), und wer bei Kleidung und Essen nur auf den Preis achtet, hat durchaus eine starke, klare Orientierung, die das Leben ungemein erleichtert.

Zweifellos richtig ist in diesem Zusammenhang eine vielfach zitierte Formulierung, die Ayn Rand zugeschrieben wird: „You can ignore reality, but you cannot ignore the consequences of ignoring reality."

Eine Methode, die hinderliche, prinzipiell gar zerstörerische Orientierungslosigkeit zu überwinden, besteht im Vertrauen, hier verstanden als übergeordnete Kategorie, die sich nicht nur auf zwischenmenschliche Beziehungen erstreckt.

In einem Werk mit dem bezeichnenden Titel: „Vertrauen – Ein Mechanismus zur Reduktion sozialer Komplexität" (2014) beschreibt Niklas Luhmann die Tatsache, dass erst das Vertrauen eine Art Sicherheit ermöglicht und zudem eine Grundlage der modernen Gesellschaft mit ihrer hochgradig arbeitsteiligen Methodik ist. Häufig sind sich diejenigen, die Vertrauen, dessen nicht bewusst – aber genau betrachtet, setzt bereits die Zubereitung eines tiefgefrorenen Fertigmenus eine enorme Vertrauensleistung voraus; Vertrauen, dass die Nahrungsmittel frei von Giftstoffen sind, Vertrauen also, dass von der Aussaat über die Ernte bis hin zur Verarbeitung alle Prozesse ordnungsgemäß abgelaufen sind, Vertrauen, dass es keine Unterbrechung in der Kühlkette gab, Vertrauen in die Kontrollmechanismen, in die Nahrungsmittelchemie etc.; „Wer sich in ein Auto setzt, prüft nicht erst den Motor und die Elektronik, sondern vertraut darauf, dass schon alles funktionieren wird. Geht das Vertrauen in die Institutionen und die soziale Entwicklung verloren, breitet sich Unsicherheit aus, die Stabilität der Systeme wird weiter beschädigt." (Mau, 2012, S. 103)

Diese Art von Vertrauen trägt auch ihren Teil zur Bildung eines Sicherheitsgefühls bei – und schafft damit, in gewissem Maße, auch Orientierung, die allerdings kaum thematisiert wird: Stellt man sich dagegen umgekehrt das Fehlen dieses Vertrauens (in die Qualität von Nahrungsmitteln, in die Verkehrssicherheit, in die Klugheit von Kontrollen) vor, so dürften massive Ängste einsetzen, die letztendlich dazu führen könnte, dass die betroffene Person Angststörungen entwickelt und kaum noch aus dem Haus geht.

Die moderne, offene Gesellschaft gibt, anders als ihre historischen Vorgänger, keinen klaren Lebensentwurf vor und erzwingt dessen Durchsetzung. Es ist in Staaten wie der Bundesrepublik problemlos möglich, den alten Idealen von Fleiß, Pflichterfüllung und Bescheidenheit zu folgen. Es ist ebenso problemlos möglich, seinen Lebensstil hedonistisch, spartanisch oder radikal konsumkritischen zu gestalten. Das Nebeneinander unterschiedlichster Lebensstile führt zum weitestgehenden Wegbrechen der sozialen Kontrolle, kann aber gleichzeitig Verwirrung stiften – was, wenn ein Mensch, der unterschiedlichste Lebensweisen aus seinem Umfeld kennengelernt hat, nicht oder noch nicht in der Lage ist, seinen eigenen Weg zu gehen? Was, wenn keine Entscheidung getroffen werden kann, weil die Werte und ihre Vertreter alle gleichermaßen richtig oder falsch für das eigene Leben wirken?

8 Fallbeispiele zu Orientierungsdefiziten

8.1 Vorbemerkung

Wie die bisherigen Ausführungen gezeigt haben, werden die Chancen zwischenmenschlicher Kommunikation durch die Digitalisierung explosionsartig vermehrt, ebenso werden die Option einer Kommunikation zwischen Mensch und Maschine bzw. zwischen mehreren Maschinen ausgeweitet. Dies schafft gerade für Heranwachsende eine Fülle von Möglichkeiten, aber auch Risiken, von denen einige (wie etwa das Cybermobbing) noch vor wenigen Jahren undenkbar schienen. Gleichzeitig vertieft sich nicht nur die Spaltung bei der Vermögensverteilung, sondern auch jene bei der Bildung, die gerade im Hinblick auf die Onlinefähigkeiten der Recherche, der Kommunikation, des Wissenserwerbs und der späteren Qualifikation im Beruf wesentlich ist: Es zeichnet sich ab, dass Internet-Analphabeten es zukünftig noch weitaus schwerer auf dem Arbeitsmarkt, aber auch im Privatleben haben werden.

Die Fülle gleichzeitig stattfindender technischer und sozialer Umbrüche schafft Unsicherheiten, mit denen Umgegangen werden muss. Die oben geschilderten Typen von Jugendlichen haben dabei unterschiedlichste Wege gefunden – von der weitgehenden Vermeidung der für unsicher gehaltenen sozialen Netzwerke oder des Onlinebanking bis hin zur technikeuphorischen, öffentlich inszenierten Selbstverwirklichung. Diese Arten des Umgangs mit Neuerungen bilden einerseits den Abschluss eines grundlegenden Orientierungsprozesses, andererseits auch die Plattform, von der aus neue, prägende Perspektiven der Orientierung entstehen.

Im Folgenden soll auf jene Orientierungsdefizite eingegangen werden, die bei einigen Jugendlichen entstehen, wobei die individuellen Gründe hierfür stark voneinander abweichen können.

Die Feststellung von Orientierungsdefiziten setzt notwendigerweise eine normative Haltung voraus, allerdings ohne hierbei spezifische Aussagen machen zu können: Denn in einigen der geschilderten Fälle fehlt es nicht generell an Orientierung, sondern die Orientierung wird lediglich in einer (persönlich oder gesellschaftlich) ungünstigen Richtung gesucht.

8.2 Die Kollision von Orientierungssystemen

Der Psychologe Ahmad Mansour berichtet von einer Begegnung mit Ayse, einem muslimischen Mädchen, die sich nach einigem Zögern entschließt, eine Frage zu stellen: „Was ist denn nun wichtiger, Familie oder Bildung?" (Mansour, 2016, S. 22f)

So banal wie diese Frage auch erscheint, so seltsam mutet sie bei näherer Betrachtung an. Während eine westliche Sichtweise Bildung als ein Mittel begreift, die eigenen Berufsaussichten – und damit auch die Aussichten für die Familie zu – verbessern sehen konservative Muslime mitunter einen direkten Gegensatz: Wenn Mädchen studieren, so die dahinterstehende Logik, verschwenden sie die Zeit für eine Familiengründung, neigen dazu, westliches Gedankengut anzunehmen und sich möglicherweise damit gegen die Familientraditionen zu stellen.

Die simple Frage verdeutlicht die Unsicherheit innerhalb einer intensiven Problematik, die sich für Einzelne zu einem harten Dilemma ausweiten kann.

Geht man die Aspekte des Orientierungsprozesses durch (Luckner, Klugheit, 2005, S. 9f), so ergibt sich Folgendes: Im Fall von Ayse stellen sich dem Orientierungssubjekt – der jugendlichen Muslima – zwei konkurrierende Orientierungssysteme dar. Dies betrifft den Orientierungsbereich „Moral", aber auch sämtliche Aspekte der Lebensführung.

Der konservative Islam, den sie vom Elternhaus kennt und die Freiheiten, die ein westlicher Lebensstil bietet. Insbesondere die Rollenfunktion als Frau unterscheidet sich in beiden System massiv und führt zu den sich widersprechenden Imperativen „sei eine fromme, treue Hausfrau und Mutter" versus „Suche Dir eigene Ziele und verwirkliche diese". Zentrale Orientierungsinstanz auf der einen Seite ist eine konservative Auslegung des Islam, auf der anderen Seite existiert nichts Vergleichbares. Eine Orientierung an „westlichen Werten" bleibt zunächst diffus, weil es gerade die Aufrechterhaltung der Meinungsvielfalt ist, die als Wert an sich gilt. Obwohl in westlichen Staaten durchaus Narrative existieren, die die Meilensteine hin zur demokratischen und liberalen Entwicklung preisen – etwa die Magna Charta, die im westfälischen Frieden vereinbarten, zunächst noch sehr rudimentären Religionsfreiheiten, die amerikanische Unabhängigkeitserklärung oder die Allgemeine Erklärung der Menschenrechte – kann kein einzelnes, allgemein verbindliches Dokument genannt werden, dass eine ähnlich starke Orientierungsfunktion aufweist wie es der Koran für Moslems tut. Die Bibel kann innerhalb einer aufgeklärten, westlichen Gesellschaft sicherlich keine derartige Rolle einnehmen und käme für eine junge, nach Richtung suchende Muslima nur in Ausnahmefällen als Orientierungsmittel in Frage.

Eine ähnliche Problematik wie bei den Orientierungsinstanzen ergibt sich auch bei den Orientierungsmitteln – da es sich um die Gewinnung einer langfristigen Orientierung als Lebensperspektive handelt, kommen zahlreiche Orientierungsmittel, insbesondere Gespräche mit Familienangehörigen und Freunden, aber auch alle über die Medien vermittelten Orientierungsangebote in Betracht. Tendieren die unterschiedlichen Orientierungsmittel dann dazu, auch unterschiedliche Richtungen vorzugeben, so muss eine Abwägung erfolgen: Für Ayse wäre dies die Frage, inwieweit sie bereit wäre, ihre Familie zu konfrontieren.

Über die Orientierungsfähigkeiten Ayses, die im Buch leider nicht weiter beschrieben wird, ist außer ihrer der oben genannten, für die Situation sehr bezeichnenden Frage nichts bekannt.

Es wäre vereinfacht, wollte man Ayse mit der Antwort abspeisen, Familie und Bildung seien kein Widerspruch. Fällt diese Überlegung auf fruchtbaren Boden, so bietet sie zwar eine gewisse Orientierung, sie schafft aber möglicherweise ein intensives zwischenmenschliches Problem zwischen Ayse und ihrem Vater: Folgen Mitglieder einer Familie derart unterschiedlichen Orientierungssystemen, so treten vermutlich Konflikte auf, die sich auf gefährliche Weise mit dem kulturellen Konflikt zwischen konservativem Islam und westlicher Werte überlappen können – insbesondere dann, wenn ein Angriff auf die Moral oder die Ehre der Familie vermutet wird, entstehen sogar gewaltsame Konflikte.

Kulturelle Werte zeichnen sich gerade dadurch aus, dass sie stark verinnerlicht sind und nicht rein auf argumentativer und rationaler Ebene erfasst werden. Dementsprechend würde ein Versuch, fremde kulturelle Werte als „richtig" oder „überlegen" zu präsentieren, tiefen emotionalen Widerstand hervorrufen und als ein schwerwiegender Angriff auf die Religion und die damit verbundene persönliche Identität angesehen werden.

Betrachtet man das kulturelle Dilemma, in dem sich Ayse – und viele andere muslimische Jugendliche befinden – so wäre jeder Versuch, eine allgemein anwendbare Lösungsmöglichkeit zu entwickeln, zum Scheitern verurteilt, da die individuellen Lebenssituationen und Motivationen der Jugendlichen, aber auch die ihrer Eltern sich stark voneinander unterscheiden – Die Vorgabe einer Richtung durch die Orientierung kann schließlich nicht den jeweiligen, individuellen Standpunkten außer Acht lassen. Es ist davon auszugehen, dass hier innerhalb der Familien Lösungen gefunden werden müssen, die nicht den Charakter einer Belehrung von außen haben, sondern durch Kommunikation und Reflexion entstehen.

8.3 Sozial problematische Orientierungen

8.3.1 Delinquenz

Jugenddelinquenz, also die Tendenz Jugendlicher zu illegalen Verhaltensmustern, ist ebenfalls als ein Phänomen eines negativ oder willkürlich-unstrukturiert verlaufenden Orientierungsprozesses zu betrachten.

Zur Jugendkriminalität existieren folgende Haupterkenntnisse:
- Sie betrifft fast alle Jugendlichen.
- Sie ist meist als ein vorübergehendes Phänomen im Lebenslauf zu betrachten.
- Sie ist, im Vergleich zur Erwachsenenkriminalität, eher „spontan, gruppenbezogen und richtet weniger Schaden an".
- Sie umfasst Jugendliche nicht nur als Täter, sondern auch als Opfer.
- Harte Maßnahmen gegen Jugendkriminalität haben sich als nicht problemlösend erwiesen, es existieren dabei oft hohe Rückfallquoten. (Dollinger und Schmidt-Semisch, 2010)

Die Tatsache, dass es sich bei der Jugenddelinquenz meist nur um eine vorübergehende biografische Episode handelt, zeigt, dass mit zunehmendem Alter und mit zunehmender Lebenserfahrung häufig auch eine Neuorientierung einsetzt: Die Betreffenden erkennen dann, dass es lohnender ist, gesellschaftlich kooperativ zu handeln.

Zum Phänomen der Jugendkriminalität existieren unterschiedliche theoretische Erklärungsansätze, die sich in einzelne, größere Gruppen aufteilen lassen:

- Die lerntheoretischen Ansätze sehen vor allem die sozialen Beziehungen als Grundlage, auf der sich delinquente Aktivitätsmuster entwickeln: So existieren möglicherweise derartige Muster in Familie, Schule oder Freundeskreis und werden sozusagen „vorgelebt". Jugendliche erlernen dann diese Aktivitätsmuster: So steigt das Risiko von delinquentem Verhalten, wenn etwa das familiäre Umfeld dies begünstigt, wenn Schule und Familie nicht in der Lage sind, die Attraktivität konformer Verhaltensweisen zu vermitteln, und wenn die Jugendlichen durch ihr Umfeld eine Belohnung für ihr kriminelles Verhalten bekommen, also etwa materielle Vorteile erzielen oder besondere Anerkennung erfahren. (Eifler, 2010)
- Kontrolltheoretische Ansätze dagegen gehen davon aus, dass die Bindungen an das Werte- und Normensystem einer Gesellschaft stark dazu beitragen können, Jugendkriminalität zu verhindern. Entscheidendes Merkmal ist hierbei die Stärke der Anbindung an Bezugspersonen, die sich ebenfalls konform verhalten müssen. Eine weitere wichtige Rolle messen die kontrolltheoretischen Ansätze der Bindung an die Zielsetzungen, der von konformen Aktivitäten ausgefüllten Lebenszeit und der Verinnerlichung konformer Werte zu. (Eifler, 2010)
- Eine weitere Gruppe von Erklärungsversuchen stellen die Anomietheoretischen Ansätze dar: Diese Ansätze betrachten die gesellschaftlichen Ungleichheiten, die entsprechend zu unterschiedlichen Methoden beim Streben nach finanziellem Wohlstand führen würden: Während kulturell und finanziell begüterte Menschen etwa über zahlreiche legale Möglichkeiten verfügen, ihre Ziele zu verfolgen, stehen etwa der Unterschicht diese Mittel nur sehr beschränkt zur Verfügung, so dass hier öfter zum Mittel der Kriminalität gegriffen wird; es entwickeln sich damit delinquente Subkulturen. (Eifler, 2010, S. 164f)
- Die Ansätze, die von einer „sozialen Desorganisation" ausgehen, sehen Faktoren wie das Umfeld als maßgebliche Einflüsse bei der Entwicklung von Jugendkriminalität an: Insbesondere die städtische Wohnungsumgebung und die soziale Einbindung der Jugendlichen wirkt hierbei; Dort, wo durch die Nachbarschaft ein engmaschiges soziales Netz existiert, existieren informelle und soziale Kontrollprozesse, die einer Jugenddelinquenz vorbeugen. (Eifler, 2010, S. 164f)
- Die Theorie der Selbstkontrolle: Hierbei steht die eigene Einschätzung der Konsequenzen von kriminellem Handeln im Vordergrund; Jugendliche, die diese Konsequenzen nur schwer einschätzen können bzw. vor allem die unmittelbaren, für positiv gehaltenen Aspekte im Auge haben, verfügen über einen Mangel an Kontrolle über sich und ihr Verhalten. (Eifler, 2010, S. 167)

Neben diesen Ansätzen gibt es auch Erklärungsversuche, die die unterschiedlichen Herangehensweisen zusammenfassen und statt nur einer Gruppe von Ursachen zahlreiche Ursachenbündel für Jugenddelinquenz untersuchen. (Eifler, 2010, S. 166)

Ohne die hier nur sehr grob skizzierten Ansätze hinsichtlich ihrer Erklärungsgehalten bewerten zu wollen, und obwohl die Ursachen für Jugenddelinquenz von den Theorien stark unterschiedlich gewichtet werden, zeichnet sich zumindest eine bestimmte Multikausalität ab. Als Wirkfaktoren kommen in Frage:
- die sozialen Beziehungen,
- der sozioökonomische Status und die Nachbarschaft,
- innere Werthaltungen und
- die Fähigkeit zur Selbstkontrolle sowie weitere individualpsychologische Faktoren.

Alle diese Wirkfaktoren weisen einen engen Zusammenhang mit den Bereichen Kultur und Kommunikation auf: die kulturellen Einflüsse werden kommunikativ vermittelt; So prägt die „Lesekultur" des Elternhauses die Bildungschancen des Kindes, die Kultur des Freundeskreises, der Clique oder des schulischen Umfelds entscheidet maßgeblich darüber, ob ein deviantes oder delinquentes Verhalten toleriert und anerkannt – und damit auch gefördert wird. Dies prägt in entscheidender Weise auch die Wertebildung sowie die Fähigkeit, Selbstkontrolle zu üben.

Durch diese stark sozialen und kulturell-kommunikativen Aspekte wiederum ergibt sich der Zusammenhang zu den „sozialen Medien": Sie stehen in einer Wechselwirkung mit allen oben genannten Faktoren, daher ist anzunehmen, dass ihnen auch ein zumindest indirekter Einfluss auf die Möglichkeit eines delinquenten Verhalten zugestanden werden muss:
- Soziale Beziehungen finden neben dem realen, alltäglichen Kontakt heute auch in der virtuellen Welt statt; zum einen mit Personen des direkten Umfelds, zum anderen auch mit Menschen, die sich nicht persönlich kennen; So ist es möglicherweise das gemeinsame Interessensgebiet oder Hobby, das dazu führt, dass Jugendliche sich in einer Facebook-Gruppe vernetzen.
- Der sozioökonomische Status entscheidet zunächst auch über die Teilhabemöglichkeiten an den sozialen Netzwerken: Dort, wo Jugendliche keinen Zugriff auf Smartphones oder einen Internetzugang haben, sind die Teilnahmemöglichkeiten begrenzt. Die Nachbarschaft – etwa auf dem Dorf oder in der Stadt – entscheidet zudem mit darüber, wie in den Netzwerken kommuniziert wird, ob Eltern oder Lehrer als „Freunde" aufgenommen werden, wie sich das teilöffentlich zugänglich gemachte Selbstbild der Jugendlichen – das immer mit dem komplexen Spannungsprozess der Selbstfindung und Identitätsbildung eingeschlossen ist – gestaltet, ob und inwieweit eine soziale Kontrolle existiert oder zumindest wahrgenommen wird.
- Innere Werthaltungen, die von Eltern oder Freunden gelebt werden, fließen ebenso in das auf den sozialen Netzwerken geteilte Selbstbild ein: Man zeigt, wer man

ist – oder vielmehr: sein möchte – und gibt dabei mehr oder weniger auch seine Normen, Werte und Überzeugungen preis – spätestens dann, wenn auch nur ein Kommentar geäußert wird, der eine politische, religiöse oder normative Haltung offenbart. Durch die Dynamik der sozialen Medien, die den Benutzer auf die Äußerungen und Bewertungen von Freunden aufmerksam macht, können die Haltungen anderer ebenfalls betrachtet und in den Orientierungsprozess einbezogen werden. Wie oben geschildert, kann dabei auch der Effekt einer Filterblase auftreten.
- Die Fähigkeit zur Selbstkontrolle wird ebenfalls durch das kulturelle Umfeld geprägt; Werden traditionelle Werte wie Ordnung und Disziplin von Familie und Freundeskreis als erstrebenswert angesehen und verinnerlicht, so wird sich dies auch auf die Betätigung in einem virtuellen Umfeld niederschlagen. Umgekehrt gilt, dass dort, wo delinquentes oder gewalttätiges Verhalten mit „Likes" belohnt wird, auch dies verstärkend wirkt und derartiges Verhalten als sinnvoll oder aussichtsreich erscheinen lässt.

In der SINUS-Studie findet sich die Aussage eines 14-jährigen Mädchens aus dem prekären Umfeld, das mit einem gewissen Stolz von der selbst ausgeübten Kleinkriminalität berichtet:

> Aber ich habe auch öfters was mit der Polizei zu tun. Ich bin in Klamottenläden rein und habe da Sachen geklaut. [...] Eigentlich wurde ich bisher nie erwischt. Und es ist richtig oft passiert, muss ich sagen. [...] Klamotten, Kaugummis, ich habe selbst für meine Freundin schon mal Wodka geholt. Das war auf jeden Fall sehr schwer, muss ich sagen. Der ganze Laden war voll. Das war echt schwer, aber ich habe es geschafft. Ich mache es manchmal noch, wenn ich Sachen brauche, aber nur manchmal. Irgendwie, weil manche Sachen sind sehr einfach, aber manche Sachen, die sind ein bisschen größer und schwerer. Selbst beim Media Markt habe ich schon mal Kopfhörer hingekriegt zu klauen, aber das war übelst schwer, weil über uns war eine Kamera und wir haben sie nicht gesehen. (Calmbach, Borgstedt, Borchard, Tomas und Flaig, 2016, S. 88).

Die Orientierung erfolgt hier am Schwierigkeitsgrad der erbrachten „Leistung", wobei kaum eine Rolle zu spielen scheint, dass diese nicht legal ist.

Ein anderes Mädchen berichtet: „Wir sind dann meistens immer hier in der Stadt und laufen die ganze Zeit herum in N. und gucken uns die Gegend an. Manchmal bauen wir auch Scheiße, ich mit meinen anderen Gruppenkameraden. In der Stadt sind wir auch öfters, und meistens haben wir ein bisschen randaliert." (Calmbach, Borgstedt, Borchard, Tomas und Flaig, 2016, S. 90).

Hier steht offenbar der Erlebnischarakter im Vordergrund: Die Gruppe stellt Unsinn an oder randaliert, ohne sich über die Folgen Gedanken zu machen. Derartige Erlebnisse gehen auf Kosten anderer und führen im Zweifelsfall zu unerwünschten Konsequenzen für die Jugendlichen. Dennoch orientiert man sich an der eigenen Abenteuerlust, an einem selbst verwirklichten Ausbruch aus der als langweilig empfundenen Alltagsroutine. Möglicherweise erfolgen derartige Handlungen auch aus einer Frustration heraus, weil man mit der eigenen Situation unzufrieden ist und keinen Ausweg über Bildung oder das Ergreifen eines guten Berufes sieht. Was auch immer die Motivation ist, so lässt sich zumindest vermuten, dass derartige Energie auch auf positive – zumindest aber auf eine weniger gesellschaftlich schädigende – Art kanalisiert werden kann, möglicherweise durch Sport oder durch eine Bildungsanstrengung, die allerdings von den Jugendlichen als lohnenswert eingestuft wird. Dies bedeutet auch, dass die Belohnung – etwa eine Lehrstelle – nicht zu weit von der Anstrengung – der schulischen Ausbildung – entfernt sein darf, da ansonsten die Einschätzung herrscht, die Anstrengung sei sinn- oder fruchtlos.

Es bestehen jedenfalls durchaus Optionen, ein kulturell-medial verankertes Orientierungsmodell zu schaffen, das sich der zahlreichen widerstrebenden Dynamiken von Jugendlichen bewusst ist und sich bemüht, diese in den größeren Lebenskontext – der nur gebildeten Erwachsenen vertraut ist – einzubinden und in eine sinnvolle Richtung zu lenken. Dabei muss sicherlich darauf geachtet werden, diese Programme als vielfältige Angebote zu erstellen, anstatt Jugendliche bei deren Lebensgestaltung zu bevormunden.

8.3.2 Gewalt

Gewalt unter Jugendlichen und jungen Erwachsenen bietet einen Untersuchungsgegenstand, der eng mit den hier behandelten Themenkomplexen Kultur (als Orientierungsgrundlage) und Identität (als Orientierungssuche und Feld der Selbstvergewisserung und Selbstbestätigung) verbunden ist. Insofern Gewalt immer auch ein Phänomen war, das in den Medien dankbar aufgenommen und vermittelt wurde, besteht auch hier eine starke Verbindung. Mit der Veränderung der Medienwelt und der Möglichkeit für alle, selbst Medieninhalte zu produzieren und über Plattformen wie YouTube oder Facebook zu teilen, erfährt auch die Gewalt neue Darstellungsformen und neue Dimensionen der Verbreitung; So wäre etwa das Phänomen des „Happy Slapping" ist ohne die moderne Medienwelt kaum denkbar: Es handelt sich hierbei um die Ausübung von Gewalt gegen Mitschüler oder unbeteiligte Passanten, die mit dem Smartphone aufgezeichnet und in den Netzwerken geteilt wird. Hierdurch entsteht der weitere, beabsichtigte Effekt, wonach das Opfer der Gewalt zusätzlich erniedrigt wird.

Hier zeigt sich also eine unmittelbare Verbindung von physischer und psychischer Gewalt, deren Wirkung über die mediale Verbreitung multipliziert wird. Die zugrundeliegende Orientierung der Täter sieht ihr Verhalten als „cool" und als Beweis für die eigene Stärke, die es im Freundeskreis zu unterstreichen gilt, an. Die Gewalterfahrung wird bewusst gesucht und richtet sich gegen Personen, mit denen bereits vorher ein Konflikt existierte, oder gegen völlig Fremde, die nur zufällig zum Ziel werden. (Hilgers, 2011, S. 145)

Ein Interview mit einem der gewalttätigen Jugendlichen, der zuvor mit seiner Gruppe in der Stadt unterwegs war, offenbart dessen Einstellung: Ein anderer Jugendlicher, der stehengeblieben war, wurde von der Gruppe zunächst aufgefordert, weiterzugehen. Nachdem er dennoch stehenblieb, wurde dies zum Anlass genommen, ihn mit einem Schlag zu attackieren:

> F: Also du hast gerade irgendwie gesagt letztlich hat er eine gescheuert bekommen, weil er nicht weiter gegangen ist.
> A: Ja.
> F: Aber wenn er weitergegangen wäre?
> A: Ja, dann hätten die, dann hätte der wahrscheinlich auch eine gescheuert gekriegt, im Endeffekt. Aber, ja, dann ist es halt schneller passiert. (Hilgers, 2011, S. 145f)

Bei dieser Art von Gewaltanwendung sind sich die Jugendlichen durchaus bewusst, dass es lediglich die Lust an der Gewalt selbst ist, die das Verhalten letztlich auslöst. So heißt es weiter im Interview:

> F: Und wieso hast du die dann so provoziert?
> A: Weil ich Lust hatte.
> F: Mmh.
> A: Ich hatte Lust drauf.
> F: Hattest du das vorher überlegt? Oder kam das einfach so?
> A: Ich hatte einfach so angefangen, ich wollte einfach so anfangen. Ich weiß selbst nicht warum das so kam. Hat Bock gemacht. Und dann kam halt irgendwie mal so, hat einer mal so gesagt, ich hab jetzt ultra Lust mich zu boxen und so. Dann hat sich das immer gegenseitig aufgeschaukelt, das heißt jeder hat dann seinen Senf dazugegeben und am Ende hatte dann halt jeder so den, wollte das halt. Und dann kam das halt. (Hilgers, 2011, S. 146)

Auch Respekt ist ein Thema, für das gewaltsam gekämpft wird: So antworten manche Jugendlichen mit Aggressionen, wenn sie sich beleidigt oder missachtet fühlen. Davon zeugt folgende Aussage:

> Wer mich anpisst, kriegt zurückgepisst, wenn er weiter dumm macht, haue ich ihm das Gesicht kaputt. Das ist mir scheißegal. Ich mein, Respekt muss man haben. [...] Wer kein Respekt hat, kriegt Respekt beigebracht. (Hilgers, 2011, S. 148)

In einigen Fällen ist nicht einmal eine tatsächliche Provokation nötig, um einen Anlass für Gewalt zu bieten. Es genügt, wenn eine Äußerung oder ein Blick als abwertend wahrgenommen wird. Auch die Beleidigung von Freunden und insbesondere von Familienangehörigen bildet den Anlass zu einer gewaltsamen Reaktion. Eine weitere Rolle spielen Kämpfe um Partner, Territorium – etwa das eigene Stadtviertel – Loyalität und „jugendkulturelle Selbstzuschreibungen". Hierunter sind etwa Cliquen zu verstehen, die über eine gemeinsame politische Richtung verfügen und bereit sind, hierfür Gewalt einzusetzen. (Hilgers, 2011, S. 149–153)

Die unmittelbare Umsetzung der Lust an der Gewalt ist zunächst weniger eine Frage der Orientierung als vielmehr die Problematik einer egoistischen bzw. hedonistischen Grundhaltung – die auf mangelnder Empathie, mangelndem Verantwortungsbewusstsein oder ungeeigneten Vorbildern resultiert.

Da bei Jugendlichen und jungen Erwachsenen durchaus die (hormonell angeheizte) Neigung zum Risikoverhalten existiert und dies als emotionale Bereicherung angesehen wird, ist es schwierig, ein solches Verhalten allein mit rationalen Argumenten unterbinden zu wollen; In den Augen eines Jugendlichen, der es darauf anlegt, sich zu prügeln, dürfte die Verletzungsgefahr weniger als Hindernis als vielmehr als Ansporn des eigenen Mutes gelten.

Gewalt ist eine biologisch angelegte Möglichkeit, aber auch eine durch starke kulturelle Einflüsse sanktionierte oder legitimierte Angelegenheit; Nicht ohne Grund beharrt der Staat auf seinem Gewaltmonopol und hat strikte Vorschriften, wann es zu einer Anwendung von Gewalt kommt.

Wenn Jugendliche aus Übermut oder einer Art Spieltrieb heraus Gewalt anwenden, so wird dieses Verhalten in den meisten Fällen von Eltern oder Lehrern unterbunden und kritisiert. Je mehr dies geschieht, umso mehr gilt die Gewaltanwendung allerdings als ein Akt der Rebellion in einer als langweilig oder gleichgeschaltet erscheinenden Umgebung.

Die Orientierung geht dann vom Selbstbezug oder von anderen Jugendlichen aus, wobei Anerkennung für ein gewalttätiges Verhalten bestärkend wirkt und sich dementsprechend derartige Verhaltensmuster vertiefen können.

Die hier aufgeführten Arten von Gewalt entstehen teils aus einer Orientierung an traditionellen Werten heraus; Es geht um Familie, Ehre und die Verteidigung von Freunden oder eigenen Überzeugungen.

Es bleibt somit zu hinterfragen, inwieweit es die Werte selbst, inwieweit es ihre überzogene Verinnerlichung und inwieweit es jugendlicher Leichtsinn ist, die zu einem gewalttätigen Handeln führen.

Die traditionellen Werte sind, so paradox das klingen mag, zunächst wertfrei zu betrachten: Es handelt sich um kulturell geprägte Einstellungen, die in einer Reihe mit anderen Werten wie etwa Liberalismus, Toleranz, Rücksichtnahme etc. stehen. Obwohl diese Art von Werten eine Gewaltanwendung verurteilt und daher unwahrscheinlich macht, kann sie zur Abgrenzung von anderen Gruppen genutzt werden, denen etwa Intoleranz etc. unterstellt wird.

Eine tatsächliche Verinnerlichung der Werte Familie, Respekt etc. (im Sinne der vorbildgebenden „Erwachsenen") würde ebenfalls kaum tolerieren, diese Werte als Anlass für die offensive Suche nach Prügeleien zu nehmen.

Dementsprechend dürfte jugendlicher Übermut und Abenteuerlust als Hauptursachen gelten, wobei die mediale Komponente (eben das Aufzeichnen von Szenen, in denen andere Jugendliche geschlagen werden), verschärfend wirken: Hierbei geht es gerade darum, die „Ehre" der anderen so zu beleidigen, wobei eine möglichst große Zahl an Zuschauern die Ehrverletzung verstärken soll.

Die hierfür nötigen Medienkompetenzen werden im Fall des „Happy slapping" nicht zur Informationssuche oder zur Produktion konstruktiver Inhalte, sondern zur bewussten Erniedrigung anderer genutzt. Die modernen, technischen Möglichkeiten der Kommunikation werden in den Dienst eines archaischen Ehrverständnisses gestellt.

Das sich orientierende Subjekt findet bestimmte Werte in Familie und Freundeskreis und verinnerlicht diese. Diese Werte durchaus im Gegensatz zu den gesellschaftlichen Grundwerten stehen und schaffen Gemeinsamkeit und eine tiefe Loyalität, die gewaltsam verteidigt oder sogar zum Vorwand für prinzipiell unnötige Konflikte gemacht wird, in denen dann der Spaß an der körperlichen Auseinandersetzung im Vordergrund steht.

Die medial vermittelte Gewalt – sei es in Actionfilmen oder in selbst produzierten „Happy slapping"-Videos kann Nachahmereffekte oder entsprechende Rache-Aktionen hervorrufen. Die Medien mit Gewaltinhalten werden damit selbst zu einer Orientierungsinstanz mit einer negativen Wirkung. Werden die Videos beispielsweise in Facebook-Gruppen geteilt, so können sie jederzeit besprochen und kommentiert werden und erhalten so einen Status als Kommunikationsinhalt und Projektionsfläche für die Gefühle und Überlegungen der – aktiv oder passiv, erwünschten oder unerwünschten – Teilnehmer des von Gewalt geprägten Prozesses.

Es ist davon auszugehen, dass die nach Gewalt suchenden Jugendlichen eher aus prekären oder bildungsfernen Verhältnissen stammen, in denen körperliche Aggression als legitimer Ausdruck eigener Interessen gilt. Diese Jugendlichen dürften in der Regel ein Wertesystem aufweisen, das dem ihrer Eltern, ihrer älteren Geschwister oder ihrem Freundeskreis entspricht und Gewalt nicht per se als Mittel zur Konfliktlösung ausgeschlossen wird.

Die Orientierungsmittel dieser Jugendlichen sind möglicherweise begrenzter als die ihrer Altersgenossen aus sozial höheren Schichten; Wenn im Elternhaus keine Lesekultur herrscht oder die Jugendlichen zu früh in den Arbeitsprozess eingegliedert werden, ohne Zeit für eine ausreichende Bildung zu haben, dürfte sich der Medienkonsum grundsätzlich anders gestalten als in bildungsaffinen Familien; so sind die Möglichkeiten, sich grundlegendes Wissen über Bücher und Gespräche anzueignen eher begrenzt – und müssen ohnehin zunächst als Möglichkeiten erkannt werden.

Eine kommunikationswissenschaftliche, der Orientierung dienliche Bildungsmethodik wird sich dieses Problems annehmen müssen und sollte auch entsprechend vermittelt werden – hier genügt es nicht, darauf zu warten, bis die Bildungsangebote von Jugendlichen gefunden werden; stattdessen müsste eine offensive Werbung hierfür gemacht werden, die auf die massiven Vorteile einer umfassenden Bildung hinweist.

Von dem Phänomen des „Happy slapping", das mitunter noch als Leichtsinn gelten mag, sind andere, schwerwiegendere und gefährlichere Formen der Gewaltausübung Jugendlicher und junger Erwachsener zu unterscheiden: Etwa, wenn es um die weitaus stärker organisierten oder geplanten Formen der Gewaltkriminalität oder des Terrorismus geht, diese werden jedoch im Kapitel zur Radikalisierung behandelt.

8.3.3 Radikalisierung

Zur Radikalisierung Jugendlicher im Netz liegen zwar theoretische Studien vor, ein empirisch ausgerichteter Forschungszugang stößt jedoch auf Schwierigkeiten, da Primärdaten fehlen. Zudem kommt es häufig dazu, dass viele Fälle von Radikalisierungen übersehen werden, wenn diese nicht von Gewalt begleitet werden. Ein Streitpunkt innerhalb der Forschung ist die Frage, inwieweit das Internet als Instanz für eine Radikalisierung ausreicht und inwieweit soziale Kontakte hierbei wirken. (DIVSI, 2016b, S. 46)

Eine Radikalisierung setzt heute nicht mehr unbedingt ein sympathisierendes Umfeld voraus: Es genügt mitunter, Propagandamaterialien im Internet zu betrachten, möglicherweise einer bestimmten Richtung von „Fake-News" aufzusitzen, echte oder vermeintliche Ungerechtigkeiten festzustellen und dabei eine Wut auf Politiker und Mitmenschen zu entwickeln, die sich möglicherweise später nur noch gewaltsam entladen kann.

Die Radikalisierung kann mithilfe unterschiedlicher Metaphern begriffen werden: Das Fließband – also ein Automatismus, der nach und nach verschiedene Elemente des geistigen Radikalisierungsprozesses hinzufügt, ist eines dieser Bilder. Andere Vorstellungen sehen ein Stufenmodell ähnlich einem Treppenhaus vor oder zeichnen das Bild einer Pyramide, wobei die Anzahl der Personen mit jeder Stufe abnimmt, die Spitze der Pyramide also nur noch wenige, dafür extrem radikale Anhänger eines Glaubens oder einer Ideologie aufweist. (Neumann, 2013, S. 10)

Radikalisierung beschreibt demnach einen „Prozess, durch den Personen oder Gruppen zu Extremisten werden". Unter Extremisten wären demgegenüber Menschen zu verstehen, die politische Ideen oder Ziele verfolgen, die den wesentlichen Werten einer Gesellschaft ablehnend gegenüberstehen. Auch lassen sich Extremisten als Personen begreifen, die ihre Ziele mit Gewalt und ohne Rücksicht auf das Leben andere Menschen verfolgen. Eine Abgrenzung bietet sich zudem zwischen den so genannten „kognitiven" und den „gewaltbereiten" Extremisten an. (Neumann, 2013, S. 11)

8.4 Gescheiterte Digital-Orientierung

8.4.1 Verunsicherung

Aus der Gruppe der durch das Internet und die Digitalisierungsprozesse „Verunsicherten" kamen Aussagen wie diese:

> Ein Jugendlicher aus der Gruppe der 14–17-Jährigen äußerte: Ich hab' kein Facebook, weil ich mich dafür einfach nicht interessiere, weiß ich nicht. Das ist … wenn ich jemand kennenlernen will und mit ihm reden will, dann mache ich das so. Das muss ich nicht über Internet machen oder so. (DIVSI, DIVSI U25-Studie. Kinder, Jugendliche und junge Erwachsene in der digitalen Welt, 2014, S. 60)

Ein junger Erwachsener aus der Gruppe der 18–24-Jährigen meinte:

> Ich würde Online-Banking auch nicht machen. Also ich habe es bis jetzt noch nicht gehabt und ich brauche es auch nicht unbedingt. Ich gehe lieber so zur Bank und überweise was. Das finde ich dann auch besser. Das ist halt dieses Persönliche wieder. Ja, ich weiß nicht, ob man beim Online-Banking, ob man da Fehler machen kann. Ich habe es ja noch nicht gemacht. Aber wenn ich jetzt sage, das soll auf das Konto, dann kommt es auch auf das Konto. Wenn da ein Fehler passiert, ist es ja nicht meine Schuld, sondern das von der Bearbeiterin. Also das finde ich sicherer. (DIVSI, DIVSI U25-Studie. Kinder, Jugendliche und junge Erwachsene in der digitalen Welt, 2014, S. 60)

Aus der gleichen Gruppe kam die Aussage:

> Ich habe von Anfang an nicht bei Facebook mitgemacht. Ich habe mich nie bei so was angemeldet. Ich war noch nie auf solchen Seiten, mir kann da nichts passieren. (DIVSI, DIVSI U25-Studie. Kinder, Jugendliche und junge Erwachsene in der digitalen Welt, 2014, S. 60)

Die Aussagen zeigen in der Tat eine gewisse Verunsicherung: Gemieden wird die Nutzung von Internetdienstleistungen, die zwar einerseits sehr praktisch sind (etwa das sofortige Erreichen vieler Freunde oder das schnelle Begleichen von Rechnungen ermöglichen), deren Inanspruchnahme jedoch von – offenbar diffusen – Befürchtungen geprägt ist. Die Angst, etwas falsch zu machen und daher lieber nicht zu handeln, erstreckt sich, wie Untersuchungen zeigen, dabei nicht nur auf den Bereich der Internetnutzung, sondern führt auch in anderen Feldern zu einer mangelnden Partizipation:

> Diese Jugendlichen und jungen Erwachsenen haben typischerweise die schwierigsten Voraussetzungen. In ihren Lebensumständen verschränken sich verschiedene Unsicherheitslagen, die sich so zum Teil gegenseitig verschärfen. Hier finden sich Jugendliche und junge Erwachsene mit geringer Perspektive auf einen erfolgreichen Einstieg in die Arbeitswelt, gleichwohl dieser das für sie beherrschende Thema darstellt. (DIVSI, DIVSI U25-Studie. Kinder, Jugendliche und junge Erwachsene in der digitalen Welt, 2014, S. 59).

8.4.2 Computerspielsucht

Computerspiele bilden eine Fantasiewelt ab, in der die Spieler viel Zeit verbringen; Sie ziehen in virtuelle Schlachten, sie schießen und schlagen auf Gegner ein, sie kommandieren Truppen, errichten galaktische Imperien, erleben Abenteuer und lösen Rätsel. Die Informationen, die teils aus Computerspielen bezogen werden, kann genutzt werden, um mehr über geschichtliche Zusammenhänge zu erfahren, aber auch zum Selbstzweck werden: Gerade Online-Multiplayer-Spiele sind durch ein psychologisch geschickt aufgebautes Lern- und Belohnungssystem so gestaltet, dass sich schnell ein Sucheffekt einstellen kann: Schätze und Belohnungen, neue Waffen und Charaktereigenschaften der Spielfigur vermitteln den Eindruck, Fortschritte zu erzielen und häufig entsteht auch durch Freunde oder Online-Bekannte eine Art sozialer Druck, sich weiter am Spiel zu beteiligen.

Nach und nach wird das Spiel selbst zu einem immer wichtigeren Orientierungssystem, das dem der realen Welt (die von dem als langweilig empfundenen Alltag geprägt ist) vorgezogen wird.

8.4.3 Internetsucht

Das Internet lebt von ständigen Aktualisierungen: Neuigkeiten prasseln im Minutentakt ein und die sozialen Netzwerke erlauben es, sich schnell über alle wichtigen Belange im Bekanntenkreis zu informieren. Die Frequenz, mit der Neuigkeiten gesucht werden, nimmt zu und aus einem schnellen Klick wird eine längere, ziellose Reise durch das Netz. Gemeinschaftserlebnisse werden durch virtuelle Begegnungen ersetzt, und die ständigen, kleinen psychischen Belohnungen (etwa durch neue persönliche Chatnachrichten) führen dazu, dass ein Sucheffekt eintritt, in dem sich die Suche nach Anerkennung, Bestätigung, Identität und schließlich auch Orientierung mehr und mehr ins Netz verlagert. Der Nebeneffekt der ständigen Online-Präsenz besteht dann darin, immer mehr Daten über sich, seine Interessen und Gewohnheiten preiszugeben, die den großen Internetunternehmen Gelegenheit geben, ihre Algorithmen noch exakter auf die Bedürfnisse einzelner auszurichten und damit den Sucheffekt noch zu verstärken.

Für die Betroffenen ist die Sucht nach virtueller Bestätigung, nach Neuigkeiten oder Schnäppchen im wahrsten Sinne des Wortes mit einem Realitätsverlust verbunden; Denn die virtuelle Schein-Betätigung verschlingt genaue jene Zeit, Energie und Aufmerksamkeit, die für die Bewältigung des realen, d. h. nicht-virtuellen Lebens nötig wäre: Für Jugendliche oder junge Erwachsene, die der Internetsucht erlegen sind, gilt – ähnlich wie bei der Computerspielsucht – dass die alltäglichen Aufgaben, etwa Schule, Weiterbildung, Haushalt, Sport etc. in den Hintergrund treten und vernachlässigt werden. Alles, was nicht der Eventkultur des Internets und den Maßstäben der unmittelbaren, beschleunigten Bedürfnisbefriedigung entspricht, wird dann als langweilig oder mühsam empfunden.

8.5 Fazit

Der heutige Übergang von Jugend und Erwachsenenalter lässt sich kaum noch mit dem vergangener Zeiten vergleichen, denn es handelt sich häufig längst nicht mehr um die schnelle Eingliederung ins Berufsleben oder die unmittelbare Familiengründung nach dem Auszug aus dem Elternhaus. Stattdessen nehmen diese Prozesse weitaus mehr Zeit in Anspruch, sind vielfältiger und verlaufen mitunter auch nicht gleichzeitig: So sind die Emanzipation von der Herkunftsfamilie, das Eingehen einer längerfristig angelegten Partnerschaft, der Austritt aus der Schule und die Aufnahme einer Berufsbildungs- oder Berufstätigkeit mitunter als zeitlich getrennte Vorgänge zu sehen; In einigen Bereichen schreiten junge Erwachsene schneller, in anderen dagegen langsamer voran. Dennoch existieren sicherlich auch Wechselwirkungen zwischen diesen Bereichen. (Klöngeter und Zeller, 2011, S. 6)

Kultur ist und bleibt sicherlich der wichtigste Bezugsrahmen für die Orientierungssuche Jugendlicher und junger Erwachsener: Dies setzt allerdings einen sehr weiten Kulturbegriff voraus, wie er von Esser vorgelegt (Esser, 2004, S. 250) und in Kapitel 2.2.3 beschrieben wurde. Ein solcher Ansatz umfasst eine Vielzahl von Gewohnheiten, Gedanken und Werten. In der unmittelbaren Umgebung der Jugendlichen können allerdings Kulturen existieren, die wenig mit der sozial erwünschten, übergeordneten Kultur zu tun haben; Alleine die Debatte um den Begriff der Leitkultur hat hier die enorme kulturelle Bandbreite und gleichzeitig die hochgradig emotionale Art, mit der Kulturperspektiven diskutiert werden, aufgezeigt.

Wachsen Kinder und Jugendliche in einem kulturellen Umkreis auf, der von Aggression und Gewalt geprägt ist, so bildet dieser den Bezugsrahmen für die kulturelle Orientierung. Die dort gemachten Erfahrungen stehen in Wechselwirkung mit ihrer medialen Ausprägung, da sich der Freundeskreis meist auch in den sozialen Netzwerken wiederfindet und entsprechend der jugendkulturellen Ansichten jene Dinge teilt und diskutiert, die als interessant und beachtenswert gelten oder Ausdruck von Werthaltungen dienen. Dabei kann auch und gerade die Abgrenzung von der übergeordneten Umfeldkultur (die als langweilig, spießig oder verlogen wahrgenommen wird) dazu beitragen, die Zugehörigkeit zur eigenen Subkultur zu fördern und zu bestärken.

Orientierung erfordert Entscheidungen im Vorfeld wie auch beim eigentlichen Orientierungsprozess. Auch die Identität einer Person bildet sich schließlich anhand der von ihr getroffenen Lebensentscheidungen. Die Neigung aber, solche Entscheidungen zu treffen, Verantwortung zu übernehmen und auch Führungspositionen ausfüllen zu wollen, scheint gesamtgesellschaftlich abzunehmen – so zumindest der Eindruck, der sich aus der Sicht des Psychologie-Professors Gerd Gigerenzer, der am Max-Planck-Institut tätig ist, bietet. Die Fähigkeit, Entscheidungen von Bedeutung zu treffen, Unsicherheiten zu ertragen und notfalls auch die Konsequenzen zu schultern, nehme demnach ab. Symptomatisch für die Entwicklung ist die Tatsache, dass Menschen am Tag circa einhundert Mal aufs Handy schauen, dies auch durchaus als Entscheidungsgrundlage nutzen, wobei die sich daraus ergebenden Entscheidungen aber meist belanglos seien. (Gilbert, 2017, S. 20)

Gerade in dem von extremen Unsicherheiten geprägten wirtschaftlichen Umfeld herrscht mitunter eine Furcht vor den Konsequenzen falscher Entscheidungen und der Übernahme von Verantwortung: Anstatt aktiv, vorausschauend – und mitunter auch risikobehaftet – zu entscheiden, herrscht eher die Tendenz, zu reagieren, Entscheidungen zu vertagen, Möglichkeiten offenzuhalten und im Falle eines Fehlschlags, eine umfangreiche Suche nach den Schuldigen einzuleiten, anstatt das Problem möglichst schnell zu lösen. (Gilbert, 2017, S. 22f)

Für die kindliche Psyche sind Entscheidungsfindungen oft weniger mit Freiheit, sondern stattdessen vor allem mit Unsicherheit verbunden – gerade dann, wenn auch die Eltern Probleme haben, Entscheidungen zu treffen, stabile und verlässliche Werte zu vermitteln und dadurch als Vorbilder für ein positives Verhalten wahrgenommen zu werden. (Gilbert, 2017, S. 28)

Die heutige Zeit ist von einer Zunahme psychischer und psychosomatischer Erkrankungen geprägt, dies lässt sich vor allem auf den gestiegenen Druck, der die Lebensbedingungen massiv verändert hat, zurückführen:

- Bereits Kinder werden an die Anforderungen der Leistungsgesellschaft gewöhnt, mitunter planen auch die Eltern eine Vielzahl von Kursen und Freizeitaktivitäten, die dem Kind kaum genug Zeit für das eigentliche, ursprüngliche und spielerische Erkunden der Umwelt lässt.
- Für Jugendliche und junge Erwachsene, die ebenfalls anfällig für psychische Krisenerscheinungen sind, stellt sich das Problem erneut dar, denn in Schule, Studium und Arbeitsmarkt verschärft sich in der Regel der Leistungsdruck. Hierbei spielt die Digitalisierung eine große Rolle, weil sie nicht nur für einen ständigen Zufluss an zu bearbeitenden Daten sorgt, sondern auch eine ständige Erreichbarkeit aller Mitarbeiter zur Folge hat; Auch in Freizeit und Urlaub ist kaum jemand noch sicher vor dringenden beruflichen Anfragen, die in Form von Anrufen, SMS oder Mails eintreffen.

9 Auf dem Weg zu einem neuen Orientierungsmodell?

Mit den bisher gesammelten theoretischen Ansätzen und dem Blick auf eine zugegebenermaßen äußerst unübersichtliche postmoderne Situation, können nun Überlegungen angestellt werden, welche Defizite die bisherigen Orientierungsmodelle aufweisen, welche Rahmenbedingungen für die Entwicklung eines neuartigen Modells gelten, welche Ansprüche an ein solches Modell zu stellen wären und wie seine Entwicklung prozessual gestaltet werden soll.

Wie also geht der moderne Mensch nun mit der eigenen Einsicht in die Begrenztheit seines Wahrnehmungsapparates um? Wie schafft er eine Orientierung, die über das bloße Trial-and-Error-Prinzip, bei dem wahllos Knöpfe auf der Tastatur des Lebens gedrückt werden und die Ergebnisse als Erfolge oder Misserfolge verbucht werden, auch, wenn die Gründe dafür weit außerhalb der Grenzen der eigenen Wahrnehmung liegen?

Dem radikalen Konstruktivismus wäre zumindest die orientierende Eigenschaft zugute zu halten, dass er – wird er von beiden Seiten einer Kommunikation verinnerlicht – eine Offenlegung der jeweils zugrundeliegenden Maßstäbe einfordert – auch und vor allem, weil er sich selbst in sein theoretisches Gebäude einbezieht und nicht, wie etwa die Religionen, von absoluten Wahrheiten ausgeht. An die Stelle einer auf Macht und Unterwerfung abzielenden Beziehung würde dann ein fruchtbarer, zwischenmenschlicher Austausch treten, der auch die Wertmaßstäbe des anderen betrachtet und zu verstehen versucht. (Kruse und Stadler, 1994, S. 41)

9.1 Rahmenbedingungen und Voraussetzungen

Es wurde Wert darauf gelegt, aus der Fülle kultureller, historischer, philosophischer, sozialer, politischer, wirtschaftlicher und psychologischer Themen diejenigen Begriffe herauszuarbeiten, die für Beschreibung gelingender Orientierung genutzt werden können: Identität, Souveränität, die Schaffung sinnstiftender Zusammenhänge und die Anwendung realistischer Maßstäbe für die eigene Urteilsfähigkeit.

Ein neues Orientierungsmodell muss sich an dem ausrichten, was ist, muss die Vor- und Nachteile des jetzigen Zustands prüfen und berücksichtigen. So fällt bei der Betrachtung der modernen, digitalisieren Welt auf, dass der technische Effizienzfortschritt mit einem Verlust von Kontinuität und auch Vertrauen in die Gemeinschaft erkauft wird und die zunehmende Konkurrenz auch zahlreiche Verlierer schafft – etwa solche, die der Situation psychisch nicht gewachsen sind oder deren gesamtes Selbstvertrauen aus der sozialen Stellung oder dem Arbeitsplatz bezogen wird. Hinzu kommt der Verlust von Gemeinschaft:

> Die Hauptursache für das Verschwinden des Gemeinschaftsgefühls und das Aufkommen eines extremen Individualismus ist das heutige Wirtschaftsmodell, das Menschen systematisch gegeneinander ausspielt und immer größere Ungleichheit erzeugt. Wenn wir die Balance von Gleichheit und Verschiedenheit, Gemeinschaftssinn und Autonomie wiederherstellen wollen, dann müssen wird die heutige Arbeitsorganisation tatsächlich ändern und Wirtschaft anders denken. (Verhaeghe, 2013, S. 203f)

Um Anhaltspunkte für ein neues Orientierungsmodell zu schaffen, sollen zunächst die Grundlagen von Orientierung, so wie sie in Kapitel 2.3 geschildert wurden, kurz zusammengefasst werden:

- Orientierung schließt den eigenen Standpunkt mit ein.
- Orientierung ist ein bewusst eingeleiteter Veränderungsprozess, der auch handlungswirksam werden kann.
- Orientierung findet mehrmals oder sogar andauernd statt.
- Orientierung beinhaltet auch das Finden von Balance zwischen Werten und den Notwendigkeiten des alltäglichen Lebens, sofern diese im Widerspruch zueinander stehen.
- Orientierung darf nicht nur die einzelne, sich orientierende Person im Blickfeld haben, sondern hat immer auch soziale Aspekte: In Ihrer Funktion, auch Handlungen zu ermöglichen oder zu leiten, wird Orientierung insofern gesellschaftlich relevant, als die Aktionen jedes Menschen auch sein Umfeld, im weiteren Sinne sogar die gesamte Gesellschaft betreffen.
- Gesellschaftliche Konstanten (wie etwa das von Luhmann beschriebene „Vertrauen") sind nötig, um für jedes Mitglied der Gesellschaft ein Mindestmaß an Sicherheit im eigenen Denken und Handeln zu erzeugen.
- Wissen ist beim Orientierungsvorgang nötig, ersetzt jedoch keinesfalls die persönliche Urteilskraft (Hesse, 2005, S. 170).
- Orientierung wird erleichtert durch die beiden Aspekte „Klugheit" und die damit verwandte Fähigkeit zu einer moderaten Lebensführung.

Auch die kulturellen Voraussetzungen von Orientierung im Digitalen Zeitalter sollten respektiert werden – gerade im Hinblick auf die enormen kommunikativen Vernetzungsmöglichkeiten. Betrachtet man Hofstedes Kulturdimensionen

Eine fruchtbare Orientierung muss die individuelle Vorprägung und auch die Gefühlslage umfassen: „Es gibt diejenigen, die sich mit Lebensversicherung und Zusatzrenten eingedeckt haben, um gegen alle Unwägbarkeiten gewappnet zu sein; andere haben jahrelang keine Krankenversicherung und keinen festen Job, ohne dass ihnen dies schlaflose Nächte bereiten würde." (Mau, 2012, S. 99)

Orientierung ist insbesondere dann nötig, wenn ein latentes Gefühl der Unsicherheit herrscht, die Anzahl der gangbaren Wege und Optionen unübersichtlich erscheint, der wirtschaftliche wie soziale Druck zur immer weiter voranschreitenden „Selbstoptimierung" eine große Belastung darstellt: „Was ist die richtige Wahl? Welches Studienfach, welcher Job? Welcher Partner? Jetzt ein Kind oder besser später? Welche Vorsorgestrategie? Und wie bringt man die unterschiedlichen Anforderungen und Verpflichtungen in den Lebensbereichen Arbeit, Familie und Freizeit zusammen? [...] Man muss sich nicht nur entscheiden, man muss dies auch vor dem

Hintergrund unterschiedlicher Lebensziele und ungewisser Erträge tun." (Mau, 2012, S. 175)

Ein modernes Orientierungsmodell, das den Anspruch einer tatsächlichen Hilfestellung erfüllen soll, muss sich mit dem oben skizzierten Spannungsfeld aus Emotionalität und Rationalität, Wissenschaft und Glauben, Natur und Technik, Individuum und Gesellschaft auseinandersetzen – angesichts der Vielzahl unterschiedlicher Perspektiven sicherlich keine leichte Aufgabe, die trotzdem bereits zahlreiche Autoren und Organisationen zu eigenen Stellungnahmen gebracht hat, wie bereits ein Blick in die populärwissenschaftliche Literatur beweist.

Die Eckpunkte menschlicher Orientierung, menschlicher Kommunikation und damit auch menschlichen Handelns schlechthin sind seit langer Zeit Objekt unterschiedlichster Ansätze: So war es im frühen 9. Jahrhundert das „Haus der Weisheit" in Bagdad – eine Akademie, die sich bemühte, das Weltwissen zusammenzutragen und in neuerer Zeit das Projekt „Weltethos", welches versuchte, einen gemeinsamen Nenner zu finden, der die Aussagen der Weltreligionen charakterisierte. (Scobel, 2008, S. 409) Mit einigem Recht lassen sich auch die die Überlegungen Kants und sogar die Schaffung einer Plattform wie Wikipedia in diese Liste stellen.

Gleichgültig ob die Ansätze nun stärker kognitiv oder emotional-mystisch gestaltet sind, ob sie Faktenwissen, Vernunft oder konkrete moralische Handlungsweisen verkünden, können sie alle als Orientierung genutzt werden – selbst dann, wenn die Vermittlung von Orientierung nicht ihre eigentliche Stoßrichtung oder ihr erklärtes Ziel ist.

Ein einmal gedachter, aufgeschriebener und historisch überlieferter Gedanke wird sicherlich die wenigsten Menschen erreichen, er lässt sich jedoch auch kaum noch aus dem immer konkreter, immer genauer und mit immer mehr Wissen angereichertem, kollektiven Gedankenvorrat auslöschen.

In der modernen Gesellschaft, die sich als aufgeklärt versteht, existiert kaum mehr die autoritäre Gewalt oder gesellschaftliche Leitfunktion, Menschen an der eigenständigen Suche nach Orientierung zu hindern. Dies gilt selbstverständlich auch dann, wenn sie ihre Orientierung in Bereichen suchen, die der aufgeklärten Gesellschaft widersprechen. Letztendlich steht das Individuum vor der Aufgabe, sich Orientierung zu suchen oder – falls die eigenständige Suche zu aufwändig, zu unbequem oder zu schwierig erscheint – einem einfachen, vorgegebenen Orientierungsmodell zu folgen. Umgekehrt erscheint auch denkbar, dass generell alle Anstrengungen einer wie auch immer gearteten bewussten Orientierung generell vermieden werden und alle wesentlichen Lebensentscheidungen egoistisch, situativ oder spontan „aus dem Bauch heraus" getroffen werden. Die Orientierung ist in diesem Fall zwar vorhanden, sie erfolgt jedoch eher unbewusst und ist an der eigenen Person, nicht an der Gesellschaft ausgerichtet.

Die moderne europäische Gesellschaft, die auf liberalen Grundsätzen basiert, kann kein striktes Orientierungsmodell mehr vorgeben, wie es etwa die Staaten oder Kirchen der Vergangenheit taten. Obwohl sie das Ideal einer freien Gesellschaft verkündet, in dem das Individuum eben nicht gezwungen wird, einer bestimmten Vorgabe zu folgen, definiert sie bestimmte Ausschlusskriterien dessen, was akzeptabel bzw. inakzeptabel ist – die Verurteilung erfolgt jedoch stärker moralisch als juristisch: Islamismus und Nationalismus beispielsweise werden als Übel angesehen, die es zu bekämpfen gilt. Dennoch bilden sie als ideologische Strömungen durchaus Orientierungspunkte und sofern der Suchende bereit ist, sie als Leitlinien zu akzeptieren, kann er nicht per se alleine dafür zu Rechenschaft gezogen werden, sondern nur, wenn er Straftaten begeht – Die Meinung an sich, die Schaffung eines Weltbildes und die Befolgung der jeweils als „moralisch" geltenden Handlungsweisen gehört in der Regel nicht dazu – egal, ob diese nun katholisch, evangelisch, muslimisch, atheistisch, buddhistisch, materialistisch, asketisch, sozialistisch oder faschistisch geprägt sind.

Wie kann nun ein Orientierungsmodell geschaffen werden, das – ohne zu bevormunden und vorzuschreiben, eine tatsächliche Hilfe bei der individuellen Orientierung darstellt?

Welches sind die Ziele eines solchen Orientierungsmodells, bezogen auf das Individuum, bezogen auf die Gesellschaft? Soll es nicht nur Halt geben, sondern die Aussichten auf individuelles Lebensglück verbessern, soll es für gesellschaftlichen Frieden sorgen?

Es wäre sicherlich illusorisch anzunehmen, ein solches Modell könne heute verbindlich vorgeschrieben werden, selbst wenn die Gesellschaft in der Lage wäre und sich ernsthaft bemühte, dies zu tun. Als verbindlich könnten sicherlich nur minimale Standards dessen, was ein Zusammenleben ausmacht, dienen, wie es sich in einigen Grundgeboten und Verboten monotheistischer Religionen findet: Du sollst nicht töten, nicht lügen, stehlen, ehebrechen (wobei schon hier die ersten zweifelnden Fragen auftauchen: Ist nur Mord verboten oder auch Notwehr? Ist das Töten im Krieg erlaubt – was ist Diebstahl?) – Von der Thematik des „Ehebrechens", die unterschiedlichste moralische, gesellschaftliche oder religiöse Deutungen erlaubt, einmal ganz abgesehen.

Fest steht: Je strikter und konkreter ein Orientierungsmodell auftrat, je mehr es einen absoluten Anspruch auf Gültigkeit erhob, je brutaler es gegen konkurrierende Modelle vorging, umso mehr konnte es die Menschen vereinnahmen – zumindest in der Vergangenheit. Was damals jedoch als Stärke galt (Zwang zu kultureller und religiöser Einheit, harte Strafen für Abweichler und ein kompromissloses Vorgehen gegen die als feindlich wahrgenommene Außenwelt), erscheint heute als Schwäche: Je stärker ein Orientierungsmodell die Menschen zu bestimmten Ritualen zwingt, je mehr es die Einigkeit der eigenen Gemeinschaft mit Ignoranz anderer Vorstellungen und Hass gegen Andersdenkende erkauft, umso mehr Angriffsfläche bietet es innerhalb einer aufgeklärten Gesellschaft. Umgekehrt gilt jedoch: Dort, wo es beispielsweise sektiererischen Glaubensfanatikern gelingt, die Bezüge zur Außenwelt zu kappen, unter sich zu bleiben, den Glauben an die eigene Auserwähltheit zu stärken, umso mehr kontrollieren sie den stärksten Bezugspunkt der Orientierung ihrer Mitglieder, denen der

Tod (der physische oder der soziale) als Strafe angedroht wird, sollten sie die Gemeinschaft verraten.

Welche Rolle soll der Druck, genauer: der Leistungsdruck, der darüber hinaus ein Verständnis bzw. eine Neudefinition von „Leistung" erfordert, einnehmen? Soll er einen willkommenen Ansporn bieten, sich selbst zu motivieren oder wird er als schädlich angesehen, weil er etwa in der Vergangenheit zu Stress und damit zu einer Vielzahl geistiger und körperlicher Probleme geführt hat?

So sehr das Vertrauen auch eine Rolle für die Orientierung spielt – so sehr ist heute auch die Fähigkeit des Misstrauens gefragt, wenn es um die Botschaften geht, die die politischen, wirtschaftlichen und gesellschaftlichen Akteure verkünden, um ihre Basis und ihre jeweiligen Einflussbereiche auszudehnen.

Welchen Absolutheitsanspruch darf das Modell erheben? Wie bestimmt es seine Position, seine Beziehung zu anderen Modellen, wie bewertet es dies? Man wird nicht umhinkommen, andere Modelle aus der Perspektive des neuen Modells zu bewerten!

Egal was: Es wird ein Angebot unter vielen bleiben. Einige Modelle beziehen ihre Faszination vor allem aus ihrer Einfachheit und Absolutheit, andere aus ihrer Komplexität.

Dennoch muss dies kein Widerspruch sein, wie etwa das Beispiel des Katholizismus lehrt: Im Rahmen dieses Orientierungsangebots wirken beide Mechanismen: Menschen können sich von der relativen Schlichtheit der Botschaft der Bergpredigt angezogen fühlen, sie können aber ebenso gut von der illustren Kirchengeschichte oder den überaus komplizierten, immer wieder diskutierten Feinheiten theologischer Fragestellungen angezogen fühlen. Auch gesellschaftlich bietet der Katholizismus ein extrem weites Feld an Anknüpfungspunkten, mit dem sich eine Vielzahl unterschiedlichster Meinungen rechtfertigen lassen.

9.2 Ansprüche

Zunächst wäre zu klären, welche Ansprüche an ein neu zu entwickelndes Orientierungsmodell gestellt werden sollten:

Betrachtet man nur das individuelle Lebensglück, so wird die Antwort sicherlich anders ausfallen als wenn eine umfassendere, gesellschaftliche Perspektive eingenommen wird.

Ein Orientierungsmodell, das eine weite Verbreitung erfahren soll, darf durchaus unterschiedlichste Komplexitätsgrade in sich aufweisen, solange diese Ebenen sich nicht widersprechen: Betrachtet man die beiden großen historisch gewachsenen Pole Glaube und Vernunft, so zeigt sich dies in aller Deutlichkeit:
- Die katholische Lehre beispielsweise zeichnet sich trotz ihrer durchaus schwierigen theologischen Hintergründe durch eine weitestgehende Zugänglichkeit aus: Das einfache Symbol des Kreuzes, die Geschichte der Überwindung des Todes und der Güte Gottes sind alles andere als komplex und können und sollen auch von

Kindern oder weniger intelligenten Menschen nachvollzogen werden. Wer sich intensiver mit der Theologie und den Fragen von Ethik und Bibelauslegung beschäftigen möchte, kann dies studieren und sich am intellektuellen Dialog beteiligen.
- Die Vernunft, die die Wissenschaft als rationales Analyse- und Erklärungsinstrument hervorgebracht hat, kommt in Form von banalen Sinnsprüchen oder Volksweisheiten vor, kann aber auch von einer hochabstrakten, philosophischen Warte aus untersucht werden.

Die Anziehungskraft beider Pole ist zunächst durch die Faszination ihrer Geschichten begründet:
- Die Begeisterung des Glaubens ergibt sich durch die Lebensgeschichte Jesu, durch das Mysterium von Tod und Auferstehung und durch das Wirken Gottes in der Welt – ein Wirken, an dem jedem Menschen, der sich zu diesem Glauben bekennt, Teilhabe versprochen wird.
- Die Wissenschaft dagegen ist den Rätseln des Universums auf der Spur – sie dringt ins Unbekannte vor, sie sucht Ursachen für das, „was die Welt im Innersten zusammenhält". Auch sie lebt von der Begeisterung der jüngeren Generationen. So wie die epische Opfergeschichte Jesu unzählige Kinder und Jugendliche tief bewegt hat, und einige davon veranlasste, den Beruf des Priesters anzustreben, so hat die Wissenschaft spätestens seit den Jahren von Star Trek" und der Mondlandung das ihrige getan, um junge Menschen zu begeistern.

Ein neues Orientierungsmodell muss einfach zugänglich sein, es muss für Kinder verständlich sein, ohne dabei Intellektuelle und Wissenschaftler abzuschrecken. Es muss Erkenntnismöglichkeiten bieten, es muss faszinierende Geschichten bereithalten, die es zu entdecken gilt.

Wie aber vermittelt man die Faszination von Geschichten, in einer durch audiovisuelle Medien geprägte, bis ins letzte Detail durchdachten und ästhetisch wie funktional äußerst professionell gestalteten Welt? Wie schafft man Interesse, wenn man gleichzeitig gegen eine ausufernde Unterhaltungskultur bestehen muss, die nicht nur vordergründige Ablenkung verspricht, sondern gleichzeitig selbst auch faszinierende Geschichten erzählt und dabei, quasi als Nebeneffekt, ein umfangreiches Koordinatensystem von Orientierungspunkten schafft? Wer sich beispielsweise dem Werk Tolkiens widmet, kann heute auf eine immense Zahl an Publikationen zurückgreifen, die auf den sprachlichen und geschichtlichen Hintergrund eingehen – sowohl im Bezug zur realen Welt wie auch innerhalb von Tolkiens Werk selbst.

Auch hier sind Charaktere, entwickeln sich Geschichten, teils einfach, teils komplex. Und bei genauerer Betrachtung wird auch die häretische Frage erlaubt sein, worin denn nun genau der Unterschied zu den Geschichten und Vorbildwirkungen der Offenbarungsreligionen bestünde. Dies auch vor dem Hintergrund, dass jede Geschichte, ob säkular oder religiös, dazu beitragen kann, etwas über die Welt zu erfahren. Jede

Geschichte, jeder Text erhält damit, unabhängig von der tatsächlichen Ausrichtung, eine Art sakralen Charakter. (Doctorow, 2003)

Um sich orientieren zu können, muss zunächst ein Punkt gefunden werden, von dem aus eine Orientierung möglich ist – hier hilft ein weiter Horizont, wie er sich aufgrund einer erhöhten Position auftut; Eine solche Aussichtsplattform lässt sich nur aufgrund einer guten Bildung erreichen

Für diese Bildung, die eine der Grundlagen eines neuen Orientierungsmodells darstellen kann, gelten folgende Anforderungen:

- Sie darf nicht im „Elfenbeinturm" der Universitäten bleiben, da sie von dort aus keine prägende Wirkung auf das Leben der Orientierungssuchenden entfalten kann.
- Sie muss die Menschen in die Lage versetzen, nicht nur zu bewerten, sondern auch informierte Entscheidungen in einer extrem komplexen Umwelt treffen zu können.
- Sie muss den Menschen helfen, die dramatischen technologischen, wirtschaftlichen, politischen und sozialen Veränderungen, die sich derzeit abspielen (und die möglicherweise nur ein Vorgeschmack der zukünftigen Umbrüche sind), zu bewältigen.
- Sie muss Medienkompetenz erzeugen, die dazu beiträgt, die Absichten der jeweiligen Akteure besser erkennen zu können – etwa bei Werbung oder bei politischen Initiativen.
- Sie muss früh, günstigenfalls bereits in der Kindheit ansetzen, um zu verhindern, dass schädliche Gewohnheiten oder Wahrnehmungsmuster konstruiert und verfestigt werden.
- Sie muss dennoch vom individuell Vorhandenen ausgehen, um akzeptiert zu werden; Sie darf nicht versuchen, Menschen bestimmte Orientierungen aufzuzwingen – auch nicht solche, die in der heutigen Gesellschaft als positiv gelten.
- Sie muss, didaktisch fundiert, Neugier und Faszination wecken.
- Sie muss eine Balance finden zwischen der Technikeuphorie der neuen Medien und ihrer Verteufelung.
- Sie darf nicht versuchen, in einer falsch verstandenen Schutzfunktion, Jugendliche von der Komplexität und Vielfalt medialer Inhalte fernzuhalten – Gewalttätige Computerspiele und Filme gehören zur heutigen Medienlandschaft und bilden ein Angebot, das nach Bedarf wahrgenommen wird.
- Die Werbung als ein wichtiges Themenfeld der Kommunikationswissenschaften stellt einen gezielten und ausgeklügelten Versuch dar, Menschen in die gewünschte Richtung zu manipulieren. Sie arbeitet dabei psychologisch höchst effektiv, schafft neue Ansprüche, vermittelt einen vermeintlich individuellen Stil, schürt aber auch Unzufriedenheit und löst, insgesamt gesehen, auch Unsicherheit und Unzufriedenheit mit der eigenen Lebenssituation aus und schwächt mitunter auch das Selbstwertgefühl, weil etwa der eigene Körper nicht dem vermittelten Idealmaß entspricht. Eine passende, auf Bildung gestützte Orientierung müsste

also auch in diesem Bereich ansetzen und zu einem kritischen und souveränen Umgang mit den suggestiven Werbebotschaften beitragen. Ähnliches gilt auch für die Bildung in politischen oder wirtschaftlichen Fragen.
- Eine Bildung, die zu einer sinnvollen Orientierung führt, wird auch auf die individuellen Standpunkte eingehen und die Reflexionsfähigkeit zur eigenen, tatsächlichen, d. h. nicht von Werbebotschaften geschürten Bedürfnisse schulen; Auf diese Weise wird zumindest ein Teil der Kontrolle über den eigenen Konsum gewonnen.
- So sehr im Rahmen einer allgemeinen Konvergenztheorie, wonach sich Kulturen durch die Globalisierung einander annähern auch anzunehmen wäre, dass ein Orientierungsmodell kulturunabhängig sein könnte, so sehr erweist sich diese Annahme bei näherem Hinsehen als trügerisch: Denn die kulturelle Prägung entscheidet über die Voraussetzungen, inwieweit ein Orientierungsmodell überhaupt individuelle Akzeptanz findet: So wäre etwa bei Berücksichtigung der Kulturdimensionen Hofstedes davon auszugehen, dass Kulturen mit stark ausgeprägter Machtdistanz eher zurückhaltend auf die Nutzung eines egalitären Mediums reagieren und es möglicherweise auch dadurch zu Konflikten kommt, weil der Wunsch nach Veränderung nicht nur erzeugt wird, sondern sich auch die Lebensgewohnheiten anderer Gesellschaftstypen mit wenigen Klicks eruieren lassen.

Eine realistische Einschätzung eines neuen Orientierungsmodells wird allerdings zur Kenntnis nehmen müssen, das dieses Modell sich dem in Wirtschaft und Politik immer wieder bemühten Wachstumsmotto widerspricht – gesamte Industrien spekulieren darauf, dass Menschen Dinge kaufen, die sie im Grunde nicht benötigen – wenn möglich auch überteuert und in einer hohen Frequenz, die der jeweiligen Aktualisierung der Technik entspricht.

Ein Orientierungsmodell kann sicherlich keine Weisheit oder Lebensklugheit vermitteln, es kann jedoch sehr wohl die Grundlagen und Befähigungen schaffen, diese Eigenschaften zu entwickeln. Die wichtigste Eigenschaft hierbei ist die Urteilskraft – bezogen auf die eigene Person, auf ihre Bedürfnisse und ihr Umfeld. Bevor eine Orientierungssuche erfolgt, geht es darum, sich bewusst zu werden, in welchem Bereich und mit Hilfe welcher Mittel man sich orientieren möchte. Dies gilt bei großen, weltanschaulich-religiösen Fragen ebenso wie bei praktischen Alltags-, Lebens- und Konsumentscheidungen.

9.3 Vorgehensweise

Um ein Orientierungsmodell für das Digitale Zeitalter zu entwickeln, sind vor allem zwei Wege denkbar:

- ausgehend von den Zielen, also den wünschenswerten, von der Orientierung zu erbringenden Funktionen (die zunächst definiert werden müssen)
- ausgehend von den individuellen menschlichen Ansprüchen an Orientierung.

Beide Varianten weisen Schwierigkeiten auf: Während die erste Variante eine Verständigung über das gesellschaftlich erstrebenswerte Ziel voraussetzt, die in modernen, individualistischen Gesellschaften kaum noch möglich erscheint, bietet die zweite Variante die Gefahr der Beliebigkeit, die dem Orientierungsmodell letztendlich seine Modellhaftigkeit (im Sinne einer generellen Vorbildwirkung) raubt.

Die beiden Grundbegriffe der Arbeit, Kultur und Kommunikation bieten ebenfalls keine direkte Lösung, zumal Kommunikation immer kulturell geprägt ist und der Kommunikationsbegriff zu komplex und abstrakt ist, um selbst als Orientierungspunkte zu dienen: Kommunikation ist Mittel der Orientierung, nicht ihr Inhalt. Kultur dagegen hat immer eine starke Orientierungswirkung auf junge Menschen entfaltet, insbesondere über ihre traditionellen Institutionen wie Staat oder Kirche. Wie oben gezeigt, verlieren diese Institutionen, die historisch auch mit extremem Zwang gearbeitet haben, im Rahmen der Entmystifizierung, der Verwissenschaftlichung und neuerdings auch der Digitalisierung der Welt ihre Bedeutung. So wie in der heutigen Zeit eine Rückkehr zu dieser Art Orientierung unmöglich geworden ist, so ungewiss sind die Aussichten, die sich mit den Wirkungen der fortschreitenden Digitalisierung verbinden; Tendenziell hat diese technologische Revolution das Potenzial, die Grundlagen des traditionellen menschlichen Zusammenlebens – etwa Demokratie und Rechtsstaatlichkeit – auszuhöhlen sowie kulturelle Unterschiede im Namen einer kalten ökonomischen Effizienz einzuebnen. Gerade aus diesem Grund benötigt ein Orientierungsmodell eine kulturelle Basis und darf sich selbst eben nicht an den berauschenden Gedanken technischer Beschleunigung, allumfassender kommunikativer Digitalisierung und KI orientieren. Stattdessen gilt es, das komplexe Phänomen der Kultur, genauer: der unterschiedlichen Kulturen, die Menschen hervorgebracht haben, besser zu verstehen, so dass junge Menschen eben jene grundlegende Orientierung erfahren, die erst die Ausgangsbasis für eine weitere, selbstständige Orientierungssuche darstellt.

Es hat sich gezeigt, dass die menschliche Wertestruktur durchaus kulturell bedingt ist, sich also keine universal gültigen Aspekte in den Werteordnungen finden. Dennoch können existierende Werteordnungen anhand der beiden Dimensionen (Bewahrung/Offenheit und Selbst/Selbsttranszendenz) beschrieben werden. (Schwartz, 1994, S. 42)

Bedürfnisse und das Gefühl ihrer Erfüllung werden mitunter zu täglichen Ritualen, sei es die Yogaübung nach dem Aufstehen oder das Glas Wein am Abend. Auch diese Rituale, die nicht immer einen direkten Bezug zur eigentlichen Sinnsuche im Leben aufweisen, können beruhigen, können aber auch Orientierung schaffen: Wer sich ohnehin gerne hier und da einen Schluck genehmigt, wird auch seine Orientierung anders ausrichten als ein fanatischer Vegetarier oder Spitzensportler. Im Zweifel greift man lieber zum Buch „Die Heilkraft des Weins", als sich detailliert über die Gefahren eines zu hohen Alkoholkonsums zu informieren – ganz einfach, weil es bequemer scheint und sich problemlos in die eigene Vorstellungswelt integriert.

Es wird nun, ausgehend von den vorliegenden Erkenntnissen, die Bedingungen für ein wünschenswertes Orientierungsmodell festgelegt. Unter „Wünschenswert" soll dabei ein Modell verstanden werden, das eine aktive, erfolgreiche Partizipation am Gemeinschaftsleben ermöglicht und gleichzeitig die Grundvoraussetzungen schafft, sich selbstständig weiterzubilden, was sowohl den Anforderungen des privaten Lebens wie auch den beruflichen Möglichkeiten entgegenkommt. Dabei ist der Blick jedoch nicht alleine auf das Individuum gerichtet, sondern auf die Gesellschaft als solche – denn es kann heute kaum darum gehen, einigen wenigen Vorteile zu verschaffen, wenn gleichzeitig dadurch der gesellschaftliche Zusammenhalt erodieren würde.

10 Übertragung auf Strategien/Konzepte für den Bildungs- bzw. Ausbildungsauftrag

10.1 Grundgedanken

Betrachtet man die in Kapitel 3.5 entwickelten Grundgedanken zur Orientierung, so lassen sich jene Orientierungsvorgänge als „erfolgreich" kennzeichnen, die einige oder alle der folgenden Merkmale aufweisen:
- Sie dehnen die Kontrolle des Individuums über das eigene Leben aus,
- sie stärken Identität oder Selbstwertgefühl,
- sie erweitern die Möglichkeiten zu einer erfolgreichen Aufnahme weiterer, zukünftiger Orientierungsvorgänge und
- sie helfen bei der Bewältigung von persönlichen oder sozialen Problemen.

Eine Bildung im Sinne dieser Merkmale würde dann dazu beitragen, die Voraussetzungen für derartige, gelingende Orientierungsvorgänge zu schaffen. Im Einzelnen betrifft dies:
- Die Ausdehnung der Kontrolle über das eigene Leben erfordert eine realistische Bewertung damit verbundenen der Faktoren – im Bereich persönlicher Autonomie ist dies etwa die Frage, inwieweit das Leben nach eigenen Wertvorstellungen gestaltet wird, die Frage nach der Beziehung zu anderen, im finanziellen Bereich gehört eine nüchterne Kalkulation dazu, ebenso erweisen sich Dinge wie Selbstdisziplin und die Bereitschaft auf einen vorübergehenden Verzicht auf die Erfüllung bestimmter Konsumbedürfnisse als hilfreich. Die hierfür notwendige Bildung umfasst Wissen, das zur Selbsterkenntnis ebenso beiträgt wie zum gelingenden Umgang mit anderen und zum „Selbstmanagement". Die hierfür in Frage kommenden Bereiche umfassen neben den Kommunikations- und Kulturwissenschaften auch viele weitere Gebiete, allen voran Philosophie und Logik, aber auch Psychologie und andere Fächer, die helfen, Werte auszubilden und das Alltagsleben zu meistern.
- Identität und Selbstwertgefühl wachsen durch einen komplexen Prozess aus Erfahrungen mit sich selbst, mit eigenen Gefühlen und Gedanken sowie der Interaktion mit anderen. Kommunikations- und Kulturwissenschaften können in diesem Prozess dazu beitragen, sich der wirkenden Dynamiken bewusst zu werden und sie besser einordnen zu können: Wie verlaufen Kommunikationsprozesse und auf welche Art wirken kulturelle Prägungen und persönliche Charaktereigenschaften?
- Zukünftige, auf die bisherigen aufbauenden Orientierungsvorgänge werden insbesondere dann erfolgreich sein, wenn auch die vorherigen erfolgreich abgelaufen sind und entsprechende Anreize bieten; Gerade im Digitalen Zeitalter ist das Gewinnen neuer Erkenntnisse eine wesentliche Voraussetzung für eine erfolgrei-

che Teilnahme am Sozial- und Berufsleben; Die Belohnung eines erfolgreichen Orientierungsvorgangs ist dann die Komplettierung eigener Wissensbestände und die Aussicht darauf, mehr zu verstehen und durch dieses Verständnis wiederum neues Wissen zu erlangen. Je positiver das Verhältnis zum Wissenserwerb gesehen wird, umso müheloser findet dieser statt. Die Schlussfolgerung für die Bildung kann daher nur lauten, den Prozess emotional wie rational so positiv wie möglich zu gestalten und Jugendliche früh mit den Vorteilen eines selbstständigen und lebenslangen Lernens zu konfrontieren, das sich nicht nur in einem geistig aktiveren Leben niederschlägt, sondern auch in handfesten finanziellen Vorteilen einer Karrierewahl auf höherem Niveau.

- Bildung kann ebenso helfen, das zur Lösung persönlicher oder sozialer Probleme nötige Fakten- und Methodenwissen zu vermitteln. Während das kleinteilige Fachwissen zur Lösung einzelner Probleme im Digitalen Zeitalter sicherlich in den meisten Fällen aus dem Netz und seinen vielfältigen Foren und Informationsseiten bezogen werden kann, ersetzt eine solche Recherche jedoch nicht die fundierte Ausbildung, die über die Zusammenhänge und komplexen, im Hintergrund wirkenden Problemstrukturen Aufschluss gibt.

Der bisherige Ansatz der Kulturwissenschaften ist bereits stark interdisziplinär ausgerichtet, weil er die Erkenntnisse von zahlreichen Geistes- und Gesellschaftswissenschaften berücksichtigt. Im Digitalen Zeitalter wird es darauf ankommen, den Beitrag der in Ansätzen bereits bestehenden „Digitalkultur" ebenfalls in das Fach zu integrieren; Dabei sollten sowohl die transnationalen, kulturübergreifenden Aspekte berücksichtigt werden (etwa das Aufkommen einer internationalen, auf Effizienz, Geschwindigkeit und Datenauswertung basierende Geschäftskultur), wie auch die Kultur bedingten und durch kulturelle Faktoren geförderten oder behinderten nationalen Zugänge zu Fragen der Informationsfreiheit; So sieht die Beschäftigung mit dem Internet in einer offenen Gesellschaft anders aus als in einer geschlossenen, in einer kollektiven anders als in einer individualistischen.

Bei dieser neuen Facette der Kulturwissenschaften geht es um weitaus mehr als den Umgang mit neuen, digitalen Kulturtechniken. Denn letztendlich ist diese Technik nur ein Hilfsmittel der Kommunikation zwischen Menschen; selbst dann, wenn Teile dieser Kommunikation ausschließlich zwischen Maschinen stattfinden, wurden sie von Menschen angestoßen und finden in deren Interessen statt.

Ein interessantes Feld innerhalb der Kulturwissenschaften würde demnach die Frage darstellen, wie sich die Kommunikationskultur im Digitalen Zeitalter von der vorausgegangener Epochen unterscheidet.

Um jungen Erwachsenen aber tatsächlich eine über den strengen, wissenschaftlichen Rahmen hinausgehende Lebensorientierung geben zu können, kommt nur eine Wertebildung in Frage, die das Vergangene und Gegenwärtige beinhaltet; Inwieweit ändert sich also die Struktur von Werten, ihre Bedeutung und ihr konkreter Gehalt für den Einzelnen wie auch für die gesamte Gesellschaft? So wie das Aufkommen der modernen Wissenschaft den Wert der Religiosität oder Frömmigkeit hinterfragte oder gänzlich negierte, so sollte sich auch das Digitale Zeitalter mit seinen mannigfaltigen Auswirkungen auf derartige Fragen prüfen lassen: Gibt es Werte, die durch den massiven Anstieg der Nutzung moderner Kommunikationstechnologien in den Hintergrund gedrängt werden? Werden ältere Werte widerbelebt oder entstehen möglicherweise auch neue Werte und Umgangsweisen durch die digitale Kultur? Ist mittelfristig eine Veränderung in nationalen kulturellen Verhaltensweisen abzusehen? Wie wirken die Veränderungen des Digitalen Zeitalters auf technologisch fortgeschrittene und auf rückständige Gesellschaften?

Fragen wie diese reflektieren sicherlich nur einen Bruchteil des gesamten Forschungsbedarfs der Kulturwissenschaften.

Die Medien- bzw. Kommunikationswissenschaften, die notwendigerweise auch stark interdisziplinär angelegt sind, können sich stärker den technischen und ökonomischen Details der Digitalen Revolution zuwenden; Im Vordergrund stehen hier Fragen wie die nach dem Bedeutungsverlust der klassischen Medien wie Zeitung, Fernsehen und Radio sowie die Frage nach den konkreten Wechselwirkungen, die sich zwischen Medium und Botschaft ergeben; Bereits das Aufkommen von Emoticons zeigt den Bedarf danach, die nüchternen Chats mit Gefühlen zu versehen und so auch mögliche Missverständnisse auszuschließen, wenn etwa einer nicht ganz ernstgemeinten oder frechen Nachricht ein Smiley zugefügt wird.

Während die strenge Forschungsdiskussion sicherlich nur die Kommunikationswissenschaftler selbst erreicht, wäre es wünschenswert, wenn zumindest grundlegende Kenntnisse in die Orientierungssuche von jungen Erwachsenen einfließen würden; Denn nur wer sich der Fallstricke menschlicher Kommunikation (aus Sicht der Systemtheorie beispielsweise die sehr begrenzte Verständigung überhaupt), die zusammengenommen mit den Fallstricken maschineller Kommunikation (die Schwierigkeit, Gefühle auszudrücken sowie die Gefahr der Täuschung mittels falscher Identität) problematisch erscheinen, bewusst ist, kann diese umgehen.

Die Möglichkeiten einer interkulturellen Kommunikation sind heute mehr denn je gegeben. Nie war es leichter, sich über fremde Kulturen zu informieren und mit ihnen zu interagieren.

10.2 Strukturelle Voraussetzungen

Die frühe Bildungskonzeption, die vor den Humboldtschen Reformen in Preußen existierte, sah das Lesen, Rechnen und Schreiben nicht als Mittel zu einer wie auch immer gearteten beruflichen Selbstverwirklichung und erst recht nicht als Grundstock eines humanistischen Wertesystems. Stattdessen ging es darum, dem Staat den Nachwuchs an Arbeitern, Beamten und Soldaten, der Kirche den an Priestern zu sichern.

Das heutige Verständnis von Bildung ist von den beiden Grundgedanken geprägt, Werte, aber auch berufliche Fähigkeiten zu vermitteln, die dazu beitragen, die Aussichten auf eine erfolgreiche Integration in den Arbeitsmarkt zu verbessern.

Betrachtet man den explizit kulturellen Teil des schulischen und universitären Bildungsauftrags, so geht es um die Verinnerlichung von Grundwerten wie der Würde des Menschen sowie um das Erlernen der für die Bewältigung des Alltags nötigen Wissens, wobei der Kommunikation eine Schlüsselrolle bei Wissenserwerb und Wissensweitergabe zukommt.

Insgesamt bleibt der Bildungsauftrag in diesen beiden Komponenten – Werte- und Berufsbildung – auch im Digitalen Zeitalter bestehen. Er muss jedoch in beiden Bereichen modifiziert und ergänzt werden; in der beruflichen Bildung – auf die hier wegen der Schwerpunktsetzung nicht eingegangen wird, kommt es darauf an, den Umgang mit Kommunikationstechnologien, ihren Möglichkeiten und Gefahren zu erlenen.

Für die Wertebildung, die bei der Orientierungssuche als Ausgangspunkt wie auch als dauernder Auftrag verstanden werden sollte, ergibt sich ein großer Veränderungsbedarf:

- Während die Grundwerte, die es zu verinnerlichen gilt, sicherlich wenig umstritten sind und sich eines gewissen gesellschaftlichen Konsenses erfreuen, herrscht bei Fragen von Persönlichkeitsentwicklung, Identitätsbildung sowie dem Umgang mit Kommunikationstechnologien große Unsicherheit, weil es eben nicht um verallgemeinerbare Ziele geht, sondern immer ein sehr persönlicher und individueller Umgang gefordert ist; Es gibt beispielsweise keine allgemein „richtige" Lösung für den Umgang mit sozialen Medien, vielmehr muss dieser selbst gefunden werden. Dabei spielen Charaktermerkmale, vorausgegangene Wertorientierungen, persönliche Ängste und Hoffnungen eine Rolle. Gerade im Digitalen Zeitalter, in dem die Identität in jedem kommunikativen Austausch mit Fremden quasi neu erfunden und definiert werden kann, ist es wichtig, Jugendlichen und jungen Erwachsenen keine starren Verhaltensweisen vorzuschreiben, sondern ihnen die Mittel in die Hand zu geben, selbst Erfahrungen mit den Potenzialen und Gefahren der Technologie zu machen.
- Die Kommunikationswissenschaften können stark dazu beitragen, das hierzu nötige Wissen näherzubringen, etwa in dem sie Beispiele gelungener Kommunikationsvorgänge, aber auch bösartiger Angriffe auf persönliche Daten und Betrugsversuche dokumentieren und vermitteln; gerade etwa bei Partnervermittlungsseiten besteht hierbei eine enorme Bandbreite.
- Die schnelllebige digitale Zeit kann von niemandem mehr allumfassend verstanden oder gar bewältigt werden; Es wird gerade im Leben junger Menschen immer zu Brüchen, Missverständnissen und auch Problemen wie Überforderung oder Mangel an der Fähigkeit zur Selbstmotivation kommen.

Was die Kommunikations- und Kulturwissenschaften im Hinblick auf das neue Orientierungsmodell leisten können, ist es, das Bewusstsein für Mensch und Technik sowie die Beziehung beider zueinander, die längst massive Auswirkungen auf Kommunikation, Kultur (und Kommunikationskultur) hat, zu schärfen:

Hierbei sollten weder Technikeuphorie noch Technikangst herrschen, sondern eine realistische Perspektive der Gefahren und Möglichkeiten. Es geht sozusagen um das Ineinander-in-Bezug-Setzen vom Selbst (der Ausprägung von Identität), Anderen und Technologien. Dies ist nur mit der großen Fähigkeit zur Selbst- und Fremdeinschätzung zu bewerkstelligen, wobei auch ein fundiertes technisches Wissen hilfreich ist; Wer weiß, was Fremde alleine mittels des Surf- und Klickverhaltens oder mittels Facebook-Posts in Erfahrung bringen können, wird in der Regel vorsichtiger agieren – und auch bei der eigenen Orientierungssuche weniger Naivität zeigen.

Gelingende Orientierung setzt gelingende Kommunikation zu Orientierungsfragen voraus. Diese wiederum basiert auf den gedanklichen Fähigkeiten, präzise Begriffe zu schaffen und in ihren Wechselwirkungen zu verstehen. Dies ist sicherlich gerade für jüngere Menschen weitaus schwieriger als zunächst angenommen; Denn Begriffsbedeutungen werden von ideologischen oder kommerziellen Interessen geprägt; Dies gilt gerade für die Schlagworte, mit denen sich zukünftige Entwicklungen charakterisieren lassen – allen voran jenes der „Digitalisierung" selbst. So sehr die Grundkonstanten, als Minimaldefinition beispielsweise die Überführung von analogen in binäre Daten bzw. die Abbildung einer sehr komplexen Realität in eine Datenstruktur feststehen, so sehr herrscht Unklarheit bei den konkreten Folgen dieser Entwicklung. Dementsprechend sind zahlreiche falsche Propheten unterwegs, die entweder die Technik als Allheilmittel für gesellschaftliche Probleme sehen oder aber als einen Schritt in den Abgrund; Wer intelligente Software verkaufen möchte, neigt im Rahmen der Werbung zur ersten Variante, wer Lebensratgeber schreibt und sich eines Leserstamms aus verunsicherten, ängstlichen Menschen sicher sein kann, neigt zur zweiten Variante.

Im Gestrüpp dieser Auseinandersetzung, die sowohl auf ideologischem wie auch auf kommerziellem Gebiet tobt, werden gerade junge Menschen, deren Gespür für den medieninhärenten Sensationalismus noch nicht ausgeprägt ist, schnell zu psychischen Kollateralschäden; Die Belastung, in einer scheinbar perfekt durchorganisierten Welt selbst nicht perfekt zu sein, stellt mitunter ein massives Problem dar.

10.3 Didaktische Überlegungen

Eine kultur- bzw. kommunikationswissenschaftliche Hochschuldidaktik, die dem hier vorgestellten, immensen Bedarf an den durch das Digitale Zeitalter hervorgebrachten neuen Impulsen gerecht wird, kann in diesem Rahmen nur knapp umrissen werden. Hauptaufgabe wird es im Folgenden sein, Bildungsziele festzulegen sowie die

Bildungsinhalte und die für ihre Vermittlung nötigen Prozesse zu charakterisieren. Dabei dürfte vorausgesetzt werden, dass eine an die traditionelle Schule angelehnte Wissensvermittlung, die sich aus dem Erlernen von bloßen Fakten speist, kaum der Komplexität der Themenfelder Kultur, Kommunikation, Digitalisierung und Orientierung gerecht wird. Faktenwissen über Strukturen und Prozesse hierbei nur der erste Schritt sein, der schnell durch Methodenwissen und die Fähigkeit zur eigenen Interpretation ergänzt werden muss.

Die Tatsache, dass eine Stichwortsuche nach Digitalisierung und Bildung vor allem solche Titel zutage fördert, die sich mit der Digitalisierung der Bildung selbst beschäftigen, nicht aber solche, die die Digitalisierung selbst als Inhalt oder beständigen Bildungsauftrag beschreiben, zeigt, wie weit man noch von einer echten Fachdidaktik entfernt ist: Noch immer herrscht hier und da die in den 1990ern vertretene Meinung, die bloße Anwesenheit eines Rechners im Hörsaal trage zur digitalen Bildung bei und jedes beliebige Fach lasse sich mit dem Begriff „E-Learning" versehen (wobei häufig genug lediglich Buchwissen unter dem Schlagwort der Multimedialität digitalisiert wurde, nicht aber eine tatsächliche Nutzung medialer Interaktionsmöglichkeiten stattfand).

! Marc Prensky geht in seinem Buch „Teaching Digital Natives" davon aus, dass es gerade im Digitalen Zeitalter – das von einem zuvor nie gekannten Ausmaß an Individualisierung geprägt ist – darauf ankommt, die Leidenschaft von Schülern und Studenten für den Erwerb der nötigen Schlüsselkompetenzen des 21. Jahrhunderts zu wecken. Hierunter versteht er:
1. Die Fähigkeit, das richtige Tun zu erkennen: ethisches Verhalten, kritisches Denken, Zielsetzungen, gutes Urteils- und Entscheidungsvermögen.
2. Die Fähigkeit, zu handeln: Planung, Problemlösung, Selbststeuerung, Selbsteinschätzung und kohärentes Handeln.
3. Zusammenarbeit: Führungs- und Kommunikations- und Interaktionsverhalten bezüglich Menschen, aber auch im Umgang mit Maschinen (z. B. Programmierfähigkeiten), Kommunikation mit einer weltweiten, interkulturellen Gemeinschaft.
4. Kreatives Handeln: Adaptionsvermögen, kreatives Denken, knobeln und entwerfen, spielen, das Finden der eigenen persönlichen Haltung.
5. Ständige Verbesserung: Reflexion, aktives Handeln, kluges Risikoverhalten, Langzeitdenken und beständige Wissenserweiterung. (Prensky, 2010, S. 186f)

Während dies die Fähigkeiten sind, die unmittelbar mit dem Lern- und Arbeitsbegriff verbunden sind, so lässt sich als übergeordnetes Bildungsziel das einer klugen und ethischen Lebensführung festhalten. Ausgehend von der Idee, dass dies weitaus mehr bedeutet, als die rationale Umsetzung eines statischen Programms, geht es darum, die Studenten zum Aufbau einer „Lebensführungskompetenz" (Kersting, 2005, S. 7–11) zu befähigen, wobei der Umgang mit digitalen Medien und Arbeitsweisen einen wichtigen (und vermutlich weiterhin wachsenden) Anteil hat.

Lebensführungskompetenz im digitalen Sektor bedeutet, eigene Wissensbestände zu Struktur und Funktionsweise digitaler Dynamiken aufzubauen und selbstständig anwenden zu können. Dabei sollen Studenten sich im Idealfall jener Mechanismen bewusst werden, die auch diesem Buch zugrunde liegen bzw. behandelt wurden. Hierzu gehört beispielsweise die Idee des Konstruktivismus, genauer: der Konstruiertheit etwa von Normen und Werten, die Vorstellung von in einer Kultur und Umwelt verankerten Identität etc. Damit ist auch die Persönlichkeitsentwicklung allgemein als ein zugrundeliegendes Bildungsziel zu betrachten.

Heutige Studenten haben weitaus ungewissere Berufsaussichten als ihre Vorgänger aus anderen Generationen: Kaum einer wird das einmal erlernte Wissen in einem lebenslang ausgeübten Beruf anwenden können. Stattdessen ist eine beständige Ergänzung der Wissensbestände und Kompetenzen gefragt. Diese Art der Weiterbildung kann nicht Institutionen überlassen werden, sondern muss zum großen Teil selbstständig erfolgen, was auch die nötige Motivation hierzu voraussetzt – die allerdings nicht nur im finanziellen oder Karriere-Bereich liegen sollte, sondern im Idealfall aus Neugier auf unbekanntes Wissen, aus Freude am Lernen und Erfahren neuer Dinge besteht. Der Kulturbegriff, der mitunter inflationär gebraucht wird, hat im Zusammenhang mit dem Wissenserwerb durchaus seine Berechtigung: Gefragt ist der Aufbau einer wissensfördernden, positiven Lernkultur.

Ein weiteres kulturwissenschaftliches Thema ist der Umgang mit Fremden: Der heutige Arbeitsmarkt ist stärker denn je internationalisiert. Studenten werden im Laufe ihres Berufs- und Privatlebens mit größter Wahrscheinlichkeit mit Angehörigen anderer Kulturen zusammenarbeiten. Dies erfordert eine große Sensitivität, da gerade im interkulturellen Bereich Missverständnisse und Fehleinschätzungen auftreten können.

Beschäftigung mit Orientierung setzt also eine Betrachtung der Kultur voraus, ebenso wie die Beschäftigung mit Kultur nicht ohne eine Betrachtung der Sprache möglich ist; Es sind erst die Begriffe, es ist die präzise, wissenschaftliche Begriffsdeutung, die sich zwar einerseits nicht ihrer eigenen kulturellen Prägung entziehen kann, die aber anderseits nötig sind, um sich zumindest innerhalb einer Kultur, innerhalb eines Kulturkreises über Dinge wie Grundwerte zu verständigen.

Bei der Konzeption eines konkreten didaktischen Ansatzes, der als Grundlage einzelne kultur- oder kommunikationswissenschaftliche Hochschulveranstaltungen genutzt werden kann, ist es sinnvoll, von einem mehrstufigen Handlungsmodell auszugehen. (vgl. Tab. 10.1)

Prinzipiell kann dieses Modell auf alle Themen angewendet werden, allerdings gerade nicht beim Thema der Orientierung selbst: Denn Orientierung ist lange da, bevor sie explizit gesucht, verstanden oder erlernt wird: Das im Kindesalter nach und nach für selbstverständliche gehaltene Wissen über den Lauf der Dinge, über Familie und Welt geht dem bewussten Lernprozess weit voraus, ebenso wie das Anwenden (der Werte, etwa im Verhalten) dem analysieren und bewerten vorausgeht. Dieser ungewöhnliche Ablauf muss jedoch die didaktische Vorgehensweise nicht negativ beeinflussen: Denn erstens ist es nicht Aufgabe der Universität, Orientierungen zu lehren (sondern Orientierungsfähigkeit), zweitens kann die ungewöhnliche Abfolge auch produktiv genutzt werden: So etwa, indem die Seminarteilnehmer mit einer ethischen

Tab. 10.1: Stufen des Handelns.

Bezeichnung der Stufe des Handelns	Definition der Stufe	Verben für die Stufe
Verstehen	Aussagen über Inhalte/Sachverhalte mit eigenen Worten wiedergeben	Beschreiben, umschreiben, erläutern, interpretieren, übersetzen, erörtern, verdeutlichen
Anwenden	Allgemeine Aussagen auf Handlungssituationen übertragen	Lösen, durchführen, gebrauchen, berechnen, anwenden
Analysieren	Relevante Charakteristika einer Situation für die Wahl einer Handlungsmöglichkeit erkennen können, verschiedene Handlungsmöglichkeiten benennen können	Ableiten, analysieren, unterscheiden, ermitteln, aufdecken, gliedern, bestimmen, identifizieren, vergleichen, zuordnen
Bewerten	Handlungsmöglichkeiten nach Kriterien beurteilen können	Bewerten, beurteilen, bemessen, entscheiden, auswählen
Entscheiden	Entwickeln eines neuen Vorgehens	Entwerfen, entwickeln, erfassen, kombinieren, konstruieren, vorschlagen, planen, erarbeiten
Begründen	Gewählte Handlungsmöglichkeit begründen können	Begründen

Quelle: Macke, Viehmann-Schweizer und Raether, 2016, S. 90.

bzw. kulturellen Frage konfrontiert werden und eine Entscheidung treffen sollen. Ausgehend von dieser Entscheidung werden sie nun um eine Begründung gebeten, wobei sie nach und nach zusätzliches Wissen um die Komplexität der Situation erhalten und so ihre Perspektive erweitern: Ein Beispiel wäre das aus der Ethik bekannte Trolley-Problem. Dieses beschreibt ein Gedankenexperiment, wobei der Handelnde die Rolle eines Weichenstellers übernimmt, der entscheiden muss, ob er nichts tut – und dadurch einen Zug auf ein Gleis fahren lässt, auf dem fünf Menschen stehen, die dadurch getötet werden – oder aber handelt – und die Weiche umstellt, wodurch der Zug nur einen Menschen tötet, der sich auf dem anderen Gleis befindet. Anhand dieses Beispiels lassen sich auch kulturelle Faktoren wie utilitaristische, kollektivistische oder individualistische Handlungsmuster erklären.

Auch fehlgeschlagene Kommunikationsvorgänge, die beim Zuhörer zunächst einen Überraschungseffekt hervorrufen, lassen sich dazu nutzen, die Studenten für die Besonderheiten interkulturelle Kommunikation zu sensibilisieren und sich so ihrer eigenen kulturellen Prägung bewusst zu werden.

Das Wissen um die unterschiedlichen, kulturell dominierten Begriffsdeutungen ist umso wichtiger, als die Unmenge an neuem Wissen nicht nur traditionelle kulturelle Praktiken (wie die Religion) in Frage stellt und massiv verändert, sondern auch dazu beiträgt, eine Art globaler Wirtschaftskultur mit ähnlichen (meist angloamerikanisch geprägten) Handlungsmustern und Umgangsformen zu schaffen. Tabelle 10.2

Tab. 10.2: Grundriss einer kultur- und kommunikationswissenschaftlichen Didaktik zur Erweiterung der Lebensführungskompetenz im Digitalen Zeitalter.

Fragestellung/Zielsetzung	Themenbereich	Stichworte
Was ist, was gehört zur Lebensorientierung?	Orientierung allgemein	Normen und Werte, Konstruktivismus, Identität
Die Sinnfrage im 21. Jahrhundert	Orientierungskompetenz	Philosophische und ethische Grundlagen der Orientierung
Welche Fähigkeiten sind zur Entwicklung von Lebensorientierung nötig?	Orientierungskompetenz	Persönlichkeit, Identität, Wissenserwerb, Flexibilität
Was ist und wie prägt Kultur?	Kultur	Sichtbare und nicht sichtbare kulturelle Merkmale, National- und Gruppenkultur, Kultur von Institutionen
Wie entsteht Weltverständnis?	Konstruktivismus	Subjektivität von Deutungszuschreibungen, Einfinden in kulturelle Narrative
Kulturelle und kommunikative Grundlagen von Orientierung	Orientierung allgemein	Historische und gegenwärtige kulturelle Perspektive; Medien im Wandel der Kulturen/Kulturen im Wandel der Medien
Wie kann ein positiver kommunikativer Austausch mit Angehörigen anderer Kulturen entstehen?	Kultur	Interkulturelle Kommunikation
Welche Orientierungsinstanzen existieren (allgemein und für mich persönlich)?	Orientierungskompetenz	Kulturen und ihre Orientierungsinstanzen sowie deren Methoden und Ziele
Welches sind die Grunddynamiken und Tendenzen des Digitalen Zeitalters und wie wirken diese auf die Menschen?	Interaktion von Mensch, Gesellschaft und Technik	Digitalisierung, Medienökonomie, psychischer Druck, Datenschutz
Die Zukunft der Arbeit	Ökonomie der Digitalisierung	Der Mensch als Produzent und Konsument. Angleichung der Wirtschaftskulturen zu einer Globalkultur?
Welche kommunikativen Orientierungsmittel existieren und wie können diese gewinnbringend instrumentalisiert werden?	Orientierungskompetenz, Medienkompetenz	Datenschutz, Netz-Identitäten

ist unter dem Aspekt zu sehen, dass zunächst die genannten Begriffe definiert und die Komplexität ihrer Wechselwirkungen zumindest rudimentär beschrieben wird.

Es ist sicherlich hilfreich, wenn die zur Behandlung des Digitalen Zeitalters genutzten didaktischen Methoden selbst stark jene Medien einbeziehen, die im Zentrum der Betrachtung stehen. Dies gilt sowohl für die Präsentation der Lerninhalte wie auch für die studentische Recherche. Die Veranstaltungen sollten sich an einer handlungsorientierten Art der Didaktik orientieren, weil nur so die Grundlagen für eine spätere, selbstständige Suche nach Orientierungsinstanzen erleichtert wird.

Der Zugang zu dem für die künftige Orientierung nötigen Fach- und Methodenwissen ist zwangsläufig stark interdisziplinär angelegt und kann sich nicht mit der oft strikten Abgrenzung der Fachbereiche untereinander zufriedengeben. Daher wäre eine Herangehensweise sinnvoll, die sich stark an Themen statt an Fächern orientiert und ihr Wissen beispielsweise in Projektform vermittelt. Dies bringt vor allem den Vorteil, dem komplexen Phänomen der Digitalisierung auch aus unterschiedlichen Perspektiven begegnen zu können; philosophisch, soziologisch, psychologisch und auf der Basis individueller Werte (die sich angesichts der schnellen technischen und gesellschaftlichen Veränderungen ebenfalls der Diskussion stellen und vielleicht auch neue Legitimationen schaffen müssen): Warum bin ich heute (noch – oder gerade erst recht) Christ? Welchen Wert hat die Solidarität von Arbeitern, wenn die Roboter zukünftig ganze Berufsgruppen überflüssig machen? Ist das Arbeitsethos der Vergangenheit überhaupt noch haltbar, wenn die moderne Produktionsweise kaum noch Menschen erfordert? Wie verhält es sich mit der Frage eines bedingungslosen Grundeinkommens?

Eine ähnliche Vielfalt an Perspektiven kann und sollte auch auf die konkreten Teilbereiche der Debatte um die Orientierung, Digitalisierung, Kommunikation und Kultur angewendet werden. So könnten etwa konkrete Fragestellungen erarbeitet werden, die den Zusammenhang zwischen diesen Bereichen verdeutlichen und die Diskussionen reflektieren, wie sie gegenwärtig überall auf der Welt geführt werden:
- Wie soll ich mich verhalten, wenn kulturelle Prägung und Lebenswirklichkeit sich kaum noch miteinander vereinbaren lassen? Wie kann ich verhindern, einerseits zur Verleugnung meiner Kultur und Identität gezwungen zu werden, ohne mich aber andererseits zum rückständigen Außenseiter in meinem Umfeld zu machen?
- Wie soll ein Unternehmen wie Facebook mit den unterschiedlichen nationalen kulturellen und rechtlichen Standards umgehen? Sollen Zugeständnisse an diktatorische Regime gemacht werden, um kommerzielle Erfolge zu erzielen?
- Vor welchen Aufgaben steht eine Gesellschaft, steht jeder Einzelne, wenn sich Produktion und Dienstleistungen mehr und mehr automatisieren lassen und immer weniger Menschen Arbeit finden?

In diesen Bereichen könnte – durchaus auch im universitären Bereich – die Methode des Rollen- oder Planspiels genutzt werden, um die Interessenlagen und Argumentationsstrukturen der Beteiligten zu verdeutlichen.

Eine diesem Ziel verpflichtete Didaktik muss sowohl Fachwissen wie auch ein ganzes Bündel an Methodenkompetenzen beinhalten; Im Bereich des Fachwissens ist dies eine zumindest rudimentäre Einschätzung des Internets als Arena für private, geschäftliche oder politische Interessen, ebenso die Aufmerksamkeitsbasierte Klick-Ökonomie von Werbetreibenden. Gerade in diesem Bereich lassen sich auch kulturelle

Aspekte beobachten, etwa die unterschiedlichen Kommunikations- und Nutzungsgewohnheiten oder Rechtslagen in unterschiedlichen Ländern.

Die Methodenkompetenzen sollten sich nicht auf die bloße Nutzung von Internetangeboten und -Inhalten beschränken (diese Kompetenzen dürften ohnehin bei den meisten bereits während des Schulalters entwickelt worden sein), sondern auch Überlegungen beinhalten, was der einzelne selbst beispielsweise zum Schutz seiner persönlichen Daten beitragen kann – dies auch angesichts der Tatsache, dass viele Plattform- oder Softwareanbieter auch unsaubere Methoden nutzen, wenn es darum geht, möglichst weitreichenden Zugriff auf persönliche Daten zu erhalten: Dies umfasst etwa die Vorauswahl mit extrem nutzerunfreundlichen Datenschutzeinstellungen, die erst mühsam deaktiviert werden müssen oder in der Textflut des „End User Licence Agreement" (EULA), das meist ungelesen bestätigt wird, kaum aufzufinden ist. Wichtig ist es, darauf aufmerksam zu machen, dass die ins digitale ausgedehnte, eigene Persönlichkeit auch im virtuellen Raum einen besonderen Schutz benötigt. Gleichzeitig sollen die Studenten auch dafür sensibilisiert werden, dass bereits bei einer simplen Google-Anfrage oder einem Facebook-Like zahlreiche Daten erzeugt werden, die sich später zu einem umfassenden Persönlichkeits- und Tätigkeitsprofil zusammensetzen lassen, zumal hier nicht nur die Inhalts-, sondern auch die Metadaten erfasst werden und teils noch aussagekräftiger sind: Wer kommunizierte wann, wie lange und in welchem Umfang mit wem?

11 Eckpunkte eines neuen Orientierungsmodells

Mit den vorliegenden Erkenntnissen kann die in Kapitel 3.2. gestellte Forschungsfrage nun beantwortet werden:

> Welche neuen Bildungsanforderungen leiten sich aus dem sich verändernden gesellschaftlichen und individuellen Orientierungsangebot ab und welchen Beitrag können die Kommunikationswissenschaft und die Kommunikationsansätze und -konzepte der Kulturwissenschaften dazu leisten?

Das Digitale Zeitalter stellt hohe Ansprüche an die Kapazität zur Aufnahme von Informationen sowie an die Bereitschaft, Veränderungen und Brüche im eigenen Lebenslauf hinzunehmen und positiv zu gestalten. Auf vielerlei Art steht diese Art von reizüberfluteter und von Unsicherheiten geprägter Lebensweise im direkten Widerspruch zur biologischen Anlage des Menschen und erfordert daher eine beachtliche psychische Anpassungsleistung.

Kultur ist traditionell aus dem Wunsch entstanden, Sicherheit zu schaffen: Jene Praktiken, die sich bewährt haben – oder angesichts der magischen Ausrichtung menschlichen Denkens und Fühlens: bewährt zu haben schienen –, wurden Teil der Kultur und entwickelten sich nach und nach zur Religion, zur Anrufung höherer Mächte, um Jagdglück oder Erntesegen gewährt zu bekommen. Auch heute ist die Kultur, die feste Verankerung von Denkweisen oder Traditionen ein wesentlicher Teil menschlichen Lebens. Es ist allerdings gerade das Merkmal der aufkommenden Digitalkultur, genaue jene Sicherheiten zu zerstören und Handlungsweisen, die sich als wirtschaftlich ineffizient herausstellen, zu beseitigen, egal, welche Umbrüche oder psychischen Herausforderungen dies verursacht.

Die Digitalisierung ist durchaus Thema zahlreicher wissenschaftlicher Betrachtungen aus unterschiedlichsten Perspektiven. Kommunikations- wie Kulturwissenschaften können eine wesentliche Rolle dabei spielen, sich dieses Thema zu eigen zu machen und es nicht den Wirtschaftswissenschaften oder der Informatik zu überlassen. Mit ihrem bisherigen Instrumentarium sind die Kommunikations- und Kulturwissenschaften breit aufgestellt, um die tatsächlichen Wirkungen der Digitalisierung auf den Menschen und sein Sicherheits- und Orientierungsbedürfnis zu erfassen. Hierfür benötigt es aber einer begrifflichen wie Gedanklichen Ergänzung; So haben die Kommunikationswissenschaften Begrifflichkeiten entwickelt, die – kaum überraschend – vor allem von zwischenmenschlicher Kommunikation ausgehen, während die Mensch/Maschine sowie die Maschine/Maschine-Kommunikation eher als Teil der Informatik gesehen werden. Die heutigen Informations- und Kommunikationsbegriffe sollten also grundlegender und umfassender definiert werden, um auch die neuen Formen zu beinhalten. Die Kulturwissenschaften benötigen mittelfristig eine Erweiterung ihres Verständnisses bzw. eine eigene Disziplin, die sich mit der Digitalen Kultur (im Privat- und Wirtschaftsleben) beschäftigt.

Für Einzelne bedeutet dies: Wer sich *in* der modernen, digitalisierten, spezialisierten, ökonomisierten, multimedialen, digitalisierten Welt orientieren möchte, tut gut daran, sich zunächst *über* sie zu informieren. Hierzu gehört es, sich mit ihren Strukturen, ihren Akteursgeflechten, ihren Kommunikationsgewohnheiten und ihren Wirkmechanismen zu beschäftigen – und damit genau jene Felder abzudecken, die von den Kommunikations- und Kulturwissenschaften behandelt werden.

Dabei reicht es jedoch nicht, wenn diese Disziplinen ihre Erkenntnisse nur innerhalb ihres sozialen Systems „Wissenschaft" erlangen und verbreiten und damit nur einer sehr kleinen Minderheit von Personen zugutekommen. Stattdessen müssten diese Erkenntnisse verstärkt jenen zugänglich gemacht werden, die sie tatsächlich benötigen, wenn sie im jugendlichen Alter nach Orientierung suchen. Problematisch hierbei ist sicherlich, dass die – aus den Medienwissenschaften bekannte – Dynamik wirkt, wonach sich der Konkurrenzkampf innerhalb der internetbasierten Aufmerksamkeitsökonomie gerade in der letzten Dekade weiter professionalisiert, spezialisiert und damit auch verschärft hat. Dies bedeutet, dass die Vermittlung von Erkenntnissen über das Mediensystem, die nur innerhalb dieses Systems stattfinden kann, auf Schwierigkeiten stößt; Erstens kann nicht bei allen Jugendlichen und jungen Erwachsenen ein Interesse an den Hintergründen medialer Kommunikation vorausgesetzt werden, zweitens ist ein Klick auf die Facebook-Seite der bevorzugten Band oder der schillernden Filmstars für viele emotional unmittelbar befriedigender als das Durcharbeiten eines Buches zu einem vermeintlich drögen, kommunikationswissenschaftlichen Thema.

So sehr die Entwicklungen von „Info"- oder „Tittytainment" auch die klassischen Kategorien von Wissen, Bildung und Unterhaltung verwischt haben und so sehr sich diese Entwicklung kulturpessimistisch beklagen lässt – der Trend zur Vereinfachung, Verflachung, zur Boulevardisierung, Personalisierung und Skandalisierung lässt sich kaum verleugnen. In einer derartigen Medienlandschaft dürften wissenschaftliche Erkenntnisse nur dann eine Chance haben, eine größere Verbreitung erfahren, wenn sie auf attraktive Art – und mit einem größeren Werbebudget – vermittelt werden oder selbst Thema der Berichterstattung werden, weil sie durch Ausgefallenheit, Neuartigkeit oder Ähnliches auf sich aufmerksam machen. Ansonsten dürfte keiner der großen Profiteure der Mediengesellschaft ein Interesse daran haben, sein mühsam aggregiertes Expertenwissen kundzutun und sich in die Karten schauen zu lassen.

Als ein „Tropfen auf den heißen Stein" kommen hier populärwissenschaftliche Publikationen in Frage, die helfen können, dieses Wissen zu verbreiten.

Orientierung in unübersichtlichen Zeiten bedeutet auch, die Tatsache in Kauf zu nehmen, dass während des Lebens zahlreiche Orientierungsvorgänge mit möglicherweise stark unterschiedlichen Ergebnissen nötig werden. Gerade die berufliche „Umorientierung", die im Industriezeitalter die Ausnahme war, wird im Digitalen Zeitalter, in der immer stärker auf Information beruhenden Gesellschaft, zur Regel.

Keinen Beruf zu haben, nicht zu wissen, wie es weitergeht oder die Notwendigkeit, sich nach einem Umzug einen neuen Bekannten- und Freundeskreis aufzubauen, können sich für junge Erwachsene als schwere Krisen erweisen. Kommt noch ein allgemeiner Mangel an Orientierung hinzu – gleichgültig ob durch fehlende Orientierungsinstanzen, eine nicht zu lösende Sinnfrage oder durch mediale Reizüberflutung – so verschärft sich zumindest der individuell empfundene Problemdruck.

Die massive Zunahme psychischer Erkrankungen bei jungen Menschen sollte als gesellschaftliches Warnsignal verstanden werden; Mehr und mehr werden auch Studenten – eine Gruppe, die bisher als eher stabil galt – in Mitleidenschaft gezogen. Gründe hierfür sind der steigende Zeit- und Leistungsdruck sowie Sorgen um Finanzen und Zukunftsängste. (FAZ vom 22.02.2018)

Orientierung ist nötig, wenn das Leben als mehr begriffen werden soll als ein ständiges Balancieren zwischen Arbeit, Freizeit, tatsächlichen oder medial vermittelten Bedürfnissen, der Suche sowohl nach Sicherheit als auch nach Abenteuern und Erlebnissen.

Es ist deutlich gemacht worden, dass Orientierung immer auch die Dimension einer „Reduktion von sozialer Komplexität" umfasst (Luhmann, 2014): Wer immer versuchen würde, die Realität in ihrer Gesamtheit zu beobachten und daraus Erkenntnisse für die Orientierung zu gewinnen, wäre eindeutig überfordert und würde statt Orientierung mit einer Flut gegensätzlicher Eindrücke konfrontiert. Jeder mögliche Orientierungspunkt dagegen würde im Grundrauschen gesellschaftlicher Komplexität untergehen. Wem es nicht gelingt, die Komplexität auf ein handhabbares Maß zu reduzieren, gleicht einem Autisten, dessen Filtermechanismen völlig versagen, auf den alle Informationen mit gleicher Intensität einprasseln und der demzufolge kaum noch in der Lage ist, instinktiv-emotionale Bewertungen vorzunehmen, Entscheidungen über seine Orientierung zu treffen, geschweige denn, sozial und empathisch zu handeln.

Wie im Laufe der Darstellung deutlich wurde, mangelt es nicht an Versuchen, neue Orientierungsmodelle zu schaffen, alte Orientierungsmodelle neu auszurichten oder grundlegende Fragestellungen der Moderne anzugehen.

Geht man vom Menschen als Wesen mit einem vielfältigen Potential aus, das sich im Rahmen der jeweiligen kulturellen Umstände verwirklicht, so gelangt man zum Bild des „homo educandus", des Menschen als erziehungsbedürftiges Lebewesen. (Wulf und Zirfas, 2014a, S. 12–14)

Diese Annahme der neueren pädagogischen Anthropologie erweist sich dabei als sinnvoll, da sie vom älteren Defizitmodell, wonach der Mensch erst durch Erziehung zum Menschen werde (wie es etwa Kant verkündete), abweicht. Für die Orientierungssuche von Kindern hieße dies, dass sie bereits möglichst früh als Personen wahr- und ernstgenommen werden sollten. Bei Jugendlichen und jungen Erwachsenen muss dies sicherlich noch in höherem Maße erfolgen – gerade dann, wenn in der Vergangenheit schwerwiegende Orientierungsprobleme existierten, die die Suche verzögerten oder zurückwarfen oder psychologisch und sozial auf die „schiefe Bahn" führten.

Festzuhalten bleibt:

> Ein in der Perspektive der Ernsthaftigkeit geführtes Leben vermeidet nicht nur Selbstinstrumentalisierung, sondern auch moralische Überforderungssyndrome. Es wird keine Erfüllung von äußerlichen Normen eingefordert, sondern eine Balance von Bedürfnissen und Fähigkeiten, von Wollen und Können angestrebt, die die Wünsche in dem Bereich der Handlungsmöglichkeiten hält. Es ist dann nicht mehr nötig, moralische Handlungen von Außen zu erzwingen. Vielmehr werden sie im günstigen Fall aus den ernsthaften Haltungen sich selbst und anderen Personen gegenüber hervorgehen. Wenn kein Gegensatz zwischen Motiv und Moralität besteht, handelt die Person aus Selbstinteresse moralisch. Für dieses Modell kluger und ernsthafter Lebensführung ist von Rousseau eine prägnante Maxime gefunden worden: Sei gerecht und du wirst glücklich sein. (Sturma, 2005, S. 199)

Die Digitalisierung gibt derzeit den Takt der Zeit vor – und es brächte vermutlich wenig, dies zu ignorieren oder sich davon loszusagen. Sicherlich mag auch der Einsiedler in den Bergen ein glückliches oder erfülltes Leben haben, aber im hier verstandenen Sinne ist Orientierung immer Kommunikation und damit auch: gesellschaftlicher Bezug. Geht dieser verloren, etwa, weil man radikal „aussteigt", so ist zunächst auch die gesellschaftliche Orientierungsmöglichkeit dahin. Die einfache Lösung, die angesichts der überkomplexen Umwelt attraktiv erscheint – die Isolation – dürfte also wenig sinnvoll sein; Gerade Jugendliche und junge Erwachsene müssen Erfahrungen sammeln, müssen lernen, mit der schwierigen und teils unbequemen Umwelt zurechtzukommen.

So problem- und mängelbehaftet die moderne Wissensgesellschaft auch ist, so viele Ungereimtheiten und Ungerechtigkeiten sie aufweist, so bildet sie dennoch den Rahmen für die Orientierungsbemühungen, so zeigt sie dennoch am klarsten, wie Menschen miteinander umgehen. Umgekehrt lassen sich gerade aus den Mängeln, aus den selbst erfahrenen Schwachstellen des gesellschaftlichen Sozialsystems jene Bereiche ermitteln, in denen möglicherweise eine Rückbesinnung auf bestimmte, weitgehend verlorengegangene Werte oder Tugenden sinnvoll wäre. Auch hieraus kann – das Interesse an gesellschaftlichen Fragen oder ethischen Themen vorausgesetzt – Orientierung entstehen.

Ziel eines allgemeinen, die kommunikations- und kulturwissenschaftlichen Erkenntnisse berücksichtigenden Orientierungsmodells kann es nicht sein, vorgefertigte Orientierungen weiterzugeben. Stattdessen geht es darum, die Fähigkeiten der Orientierungssuchenden zu stärken, sich selbst einen Überblick zu verschaffen. In der Hauptsache geht es um die Verbesserung der Kompetenz, geeigneter Orientierungsmittel aufzuspüren und sinnvoll anzuwenden. Darunter fallen folgende Teilbereiche:
- Die systematische Reflexion eigener Orientierungsbedürfnisse und Interessen, wobei der Interessensbegriff hierbei in doppelter Weise zu verstehen ist; Einmal an der Ausrichtung nach individueller, emotionaler Interessenlage, einmal an der Ausrichtung von Interessen im längerfristigen Sinne der Lebensführung, also etwa materiellen oder sozialen Interessen. Wie der lateinische Interessensbegriff nahelegt, geht es um inter-esse, also die Teilnahme (wie sie etwa im sozialen,

aber auch im wirtschaftlichen und kulturellen Bereich denkbar ist). Gelungene Orientierung stärkt dabei auch die Fähigkeiten zu einer wie auch immer gearteten Teilnahme.
- Die Suche nach geeigneten Orientierungsmitteln, die eine Bewertung von Qualität und persönlichem Bezug voraussetzt.
- Die bestmögliche, d. h. effektivste Nutzung der Orientierungsmittel im Hinblick auf die eigenen Orientierungsbedürfnisse
- Die Neuevaluation der eigenen Orientierungsbedürfnisse nach Nutzung der Orientierungsmittel sowie das erneute Durchlaufen des Orientierungszyklus auf einem höheren Wissens-, Erfahrungs- und Reflexionsniveau.
- Die Gelassenheit bzw. Resilienz, bei Fehlentwicklungen nicht die Nerven zu verlieren, sondern eine möglichst neutrale Bewertung vorzunehmen, um zukünftige Probleme zu vermeiden.

Insbesondere der letzte Punkt verdient im Hinblick auf die sich durch den Leistungsdruck im Digitalen Zeitalter verschärfenden psychischen Probleme eine genauere Betrachtung: Der Resilienzbegriff, der inzwischen eine Vielzahl von Deutungen erfahren hat, soll hier als ein Mittel zur individuellen Bewältigung von krisenhaften Ereignissen verstanden werden, der sich im Laufe des Lebens entwickelt. Dabei sind jene, folgenden personalen Ressourcen förderlich, die sich auch bei der Orientierungssuche als hilfreich erweisen:
- Selbstwahrnehmung, die Gefühle wie auch Wissen umfasst,
- Selbstvertrauen und Glaube an die Selbstwirksamkeit, also die Fähigkeit Anforderungen bewältigen zu können,
- Selbstwert und Selbstakzeptanz,
- Selbststeuerung,
- soziale Kompetenz und
- Kohärenzgefühl, das besagt, dass die Umwelt, ihre Situationen und Ereignisse verstehbar und handhabbar sind. (Sauermeister, 2018, S. 131f)

Der Orientierung (die keinen festen „Anfangs- oder Endpunkt" aufweist) geht eine Reflexion darüber voraus, welches die eigenen Prioritäten sind und warum diese Prioritäten existieren. Jugendliche und junge Erwachsene fragen sich also, was Ihnen im Leben bedeutsam erscheint. Gleichgültig wie diese Frage beantwortet wird, bietet die Antwort die Hinweise auf die passende Form der Orientierung: So geben etwa die in Kapitel 6.2 identifizierten Großgruppen von Jugendlichen Hinweise darauf, welche Arten von Orientierung bevorzugt oder verschmäht werden. Die Wertegestützte Orientierungssuche lässt sich damit den großen Themen Sicherheit/Geborgenheit (konservativ-bürgerliche Jugendliche), Flexibilität (adaptiv-pragmatische), finanzieller Absicherung (prekäre), Luxus und Spaß (materialistische Hedonisten), Abenteuer (experimentalistische Hedonisten), übergeordnetem Sinn (sozialökologische) oder Entdeckerfreude (expeditive) zuordnen. Für jedes Individuum wäre die Nutzung dieser pauschalen Gruppierungsbegriffe, die nur die Vielfalt der Lebensentwürfe zeigen, nicht angebracht. Auch kann es nicht Sinn eines neuartigen Orientierungsmodells sein, eine dieser Gruppen gezielt zu stärken, ihre Werte quasi zu bevorzugen – wie aus der Kulturforschung deutlich wurde, ist es sinnvoller, tiefsitzende Wertvorstellungen nicht gegeneinander abzuwägen, sondern ihnen einen unabhängigen Wert an sich zuzubilligen.

Die Orientierungssuche im Netz – wohl die neben dem persönlichen Gespräch mit Eltern, Geschwistern oder Freunden am meisten verbreitete Methode – wird umso effektiver, zielgerichteter und abschließend auch erfolgreicher sein, je genauer die Vorkenntnisse über die Funktionsmechanismen innerhalb des Internets und der damit verbundenen wirtschaftlichen und politischen Zielvorstellungen sind; Wer zumindest ahnt, auf welche Weise die vielfältigen Manipulationsversuche ablaufen und welche Hinweise die Datensammler für ihre Tätigkeit nutzen, kann zumindest versuchen, diese Bestrebungen ins Leere laufen zu lassen. Um dies zu bewerkstelligen, ist ein bestimmtes technisches Wissen nötig – etwa über die Funktionsweise von „Cookies", über die Möglichkeit einer anonymisierten Nutzung des Internets, über die zahlreichen Möglichkeiten, die die Programmierung Seitenbetreibern bietet, um individuelle Präferenzen abzufragen, um die extrem vielfältigen Extraktionsmethoden des „Data Mining", die aus großen Datenmengen plausible Sinnzusammenhänge und Annahmen über die Persönlichkeitsstrukturen der Nutzer zu konstruieren.

Dass ein solches Wissen – das zunächst auch ein großes technisches Interesse voraussetzt – nicht von allen Jugendlichen und jungen Erwachsenen erwartet werden kann, dürfte klar sein. Umso wichtiger ist es jedoch, zumindest über das Instrumentarium der Wissenschaft die nötigen Mittel bereitzustellen, damit etwa Schulen und andere Bildungseinrichtungen tätig werden können und dazu beitragen, den bloßen Konsum, das passive Betrachten von Internetinhalten und die dadurch erfolgende, unterschwellige Beeinflussung durch ein informiertes und vorsichtigeres Verhalten im Umgang mit den eigenen Daten zu ersetzen.

Nötig ist die Fähigkeit zur Selbstbeobachtung, während des „Surfens", des „Chattens", des „Postens" und generell jeglicher Informationsbeschaffung im Netz: Ab welchem Punkt weicht die Informations- oder Orientierungssuche ab, wann erfolgt eine Ablenkung (etwa durch Werbung, ein Quiz, ein erstaunliches Bild oder eine verblüffende Überschrift) und warum wird dieser Ablenkung nachgegeben?

Das Internet ist trotz der vergangenen Jahrzehnte noch immer ein Medium, dass seine Form stark verändert und praktisch noch immer „in den Kinderschuhen steckt". Dies gilt erst recht für den gesellschaftlichen und individuellen Umgang mit diesem Medium, der – schonend ausgedrückt – in vielen Fällen noch etlicher Verbesserungen bedarf, um gesellschaftlich produktiv und individuell nutzbringend zu sein; Derzeit werden die breitspurigen „Datenautobahnen" oft für Unterhaltung, Ablenkung oder schlichte Realitätsflucht genutzt.

Wo also das Internet neu, der Umgang mit diesem Medium geistig weit unter seinen Möglichkeiten ist, ist eine tatsächlich fundierte Didaktik – die erfahrungsgemäß den Entwicklungen immer um viele Jahre hinterherhinkt, noch weit entfernt.

Ein Blick in die Geschichte zeigt, dass der Unterricht im Lesen nicht mit der Schrift aufkam, sondern war zunächst den oberen sozialen Schichten – etwa dem Adel und dem Klerus – vorbehalten und setzte sich erst viel später flächendeckend durch. Ähnlich verhält es sich mit der neuartigen Schlüsselkompetenz – die Anfangszeit des Internet, als die Bandbreite noch Telefonleitungen blockierte und teuer erkauft werden musste, zeigt dies ebenso wie die tendenziell bessere Internetausstattung reicherer Staaten. Heute steht Internet weitaus mehr Menschen zur Verfügung als in der Anfangszeit und mit zunehmender Ausweitung stellen sich mehr und mehr Menschen die Frage nach dem konkreten, individuellen und langfristigen Nutzen sowie den Gefahrenquellen, etwa jene, das das Internet bei aller Verfügbarkeit, bei aller Möglichkeit zum unbegrenzten Informationsaustausch kein per se „demokratisches" Medium ist und auch nicht als ein solches wahrgenommen werden sollte.

Hoffnung ergibt sich dadurch, dass Kulturen trotz ihrer tiefen Verankerung im menschlichen Bewusstsein nicht statisch sind, sondern sich entwickeln und verändern. Die Digitalisierung bringt andere Kulturen näher und ermöglicht so auch die vertiefte Reflexion über eigene kulturelle Gewohnheiten und Verhaltensmuster.

Dort, wo es gelingt, die alten, teils medial verächtlich gemachten Tugenden bzw. „Sekundärtugenden" in den modernen Lebens- und Arbeitsprozess zu integrieren und als Reservoir für produktives Handeln zu nutzen, lassen sich berufliche wie private Erfolge erzielen.

Fleiß, Selbstdisziplin und die Bereitschaft, unbequeme gedankliche Wege einzuschlagen und kritische Fragen zu stellen, haben sich nicht nur als kulturelle Bestandteile europäischer Wissenschaftskultur erwiesen, sondern ermöglichen auch Karrieren im Digitalen Zeitalter. Unterordnung gehört im Digitalen Zeitalter nur noch sehr bedingt zu den Tugenden, sondern erweist sich in Zeiten der Führung nach Kompetenz eher kontraproduktiv.

Wichtig ist, sich der Ambivalenzen menschlichen Handelns – ob nun on- oder offline – bewusst zu werden und die Fähigkeiten zu entwickeln, sowohl am Austausch über die neuen Medien teilzunehmen als auch kritisch zu reflektieren, dass das eigene Verhalten aus Sicht großer Konzerne nichts anderes ist als ein Datenlieferant, der nach statistischen Kriterien und mittels immer präziser wirkenden Algorithmen ökonomisch ausgebeutet wird.

Festzuhalten bleibt, dass junge Menschen ihre Orientierung nicht in erster Linie aus anonymen digitalen Medien beziehen sollten, sondern durch Eltern, durch Familie, Freunde und ein unterstützendes Umfeld, das die Orientierung auch durch stabile eigene Lebensentwürfe vermittelt. Wer dagegen an ein Umfeld gerät, das lediglich versucht, sich an eine Moderne anzupassen, deren ökonomische Rationalität immer mehr zu persönlicher Irrationalität wird, das Flexibilität zu Beliebigkeit verkommen lässt und das letztendlich Kultur und Tradition zugunsten von Marktanteilen opfert, der sollte andernorts nach Orientierung suchen.

Kulturelle Orientierung, Persönlichkeit und Kommunikationsvermögen, auf welchen mitunter verschlungenen Wegen sie sich auch immer entwickeln oder vermittelt werden, sind dabei notwendige, wenn auch nicht hinreichende Bedingungen, trotz der Situation nicht in Zynismus zu verfallen und sich – nicht alleine, sondern innerhalb einer Gemeinschaft – in einer überkomplexen Umwelt zu behaupten. Auch und gerade gegen jene Akteure, denen das immer schnellere Wachstum als Ausweg aus der allgegenwärtigen Sinnkrise erscheint.

Literatur

Antweiler, C. (2017). Kultur. In: L. Kühnhardt und T. Mayer, *Bonner Enzyklopädie der Globalität – Band 1 und Band 2* (S. 899–908). Wiesbaden: Springer VS.

Bateson, G. (1981). *Ökologie des Geistes: Anthropologische, psychologische, biologische und epistemologische Perspektiven.* Frankfurt am Main: Suhrkamp.

Beck, K. (2006). „Kommunikation". In: G. Bentele, H.-B. Brosius und O. Jarren, *Lexikon Kommunikations- und Medienwissenschaft* (S. 126–127). Wiesbaden: VS.

Beck, U. (2007). *Weltrisikogesellschaft.* Frankfurt am Main: Suhrkamp.

Bentele, G., Brosius, H.-B. und Jarren, O. (2006). *Lexikon Kommunikations- und Medienwissenschaft.* Wiesbaden: VS.

Birnbacher, D. (2015). Utilitarismus und Konsequenzialismus. In: J. Nida-Rümelin, I. Spiegel und M. Tiedemann, *Handbuch Philosophie und Ethik. Band II: Disziplinen und Themen* (S. 52–59). Paderborn: Schöningh.

BITKOM. (2014). *Jung und vernetzt. Kinder und Jugendliche in der digitalen Gesellschaft.* Abgerufen im Oktober 2018 von https://www.bitkom.org/noindex/Publikationen/2014/Studien/Jung-und-vernetzt-Kinder-und-Jugendliche-in-der-digitalen-Gesellschaft/BITKOM-Studie-Jung-und-vernetzt-2014.pdf.

Bolten, J. (2007). *Interkulturelle Kompetenz.* (L. f. Thüringen, Hrsg.) Erfurt. Abgerufen am 3. Mai 2017 von http://www.forschungsnetzwerk.at/downloadpub/interkulturellekompetenz.pdf.

Bostrom, N. (2014). *Superintelligence – Paths, Dangers, Strategies.* Oxford: Oxford University Press.

Calmbach, M., Borgstedt, S., Borchard, I., Tomas, P. M. und Flaig, B. B. (2016). *Wie ticken Jugendliche? Lebenswelten von Jugendlichen im Alter von 14 bis 17 Jahren in Deutschland.* Berlin: Springer.

Dahrendorf, R. (1966). *Bildung ist Bürgerrecht.* Hamburg: Nannen.

Dawkins, R. (2007). *Der Gotteswahn* (3. Ausg.). Berlin: Ullstein.

Descartes, R. (1953). Discours de la méthode pour bien conduire sa raison et chercher la vérité dans les sciences. In: R. Descartes, *Œuvres et Lettres,* hg. von André Bridoux. Paris.

Dettmer, M., Hesse, M. J., Müller, M. U. und Schulz, T. (2016). Mensch gegen Maschine. *Der Spiegel, 36,* S. 10–18.

DIVSI. (2014). *DIVSI U25-Studie. Kinder, Jugendliche und junge Erwachsene in der digitalen Welt.* Hamburg: DIVSI.

DIVSI. (2016a). *DIVSI Internet-Milieus 2016 – die digitalisierte Gesellschaft in Bewegung.* Hamburg: DIVSI.

DIVSI. (2016b). *Radikalisierung jugendlicher über das Internet? Ein Literaturüberblick.* Hamburg.

Doctorow, E. (2003). *Reporting the Universe.* Cambridge, Mass.: Harvard University Press.

Dollinger, B. und Schmidt-Semisch, H. (2010). *Handbuch Jugendkriminalität, Kriminologie und Sozialpädagogik im Dialog 2. Auflage.* Wiesbaden: Springer VS.

Dreyer, W. (2011). Hofstedes Humbug und die Wissenschaftslogik der Idealtypen. In: W. Dreyer, *Perspektiven interkultureller Kompetenz* (S. 82–96). Göttingen: Vandenhoeck & Ruprecht.

Duve, K. (2010). *Anständig Essen: Ein Selbstversuch.* Berlin: Galiani-Berlin.

Eifler, S. (2010). Theoretische Ansatzpunkte für die Analyse der Jugendkriminalität. In: B. Dollinger, H. Schmidt-Semisch, B. Dollinger und H. Schmidt-Semisch (Hrsg.), *Handbuch Jugendkriminalität. Kriminologie udn Sazialpädagogik im Dialog* (S. 164). Wiesbaden: Springer VS.

Elm, R. (2005). Orientierung in Horizonten: Analyse und hermeneutische Forderungen. In: W. Stegmaier, *Orientierung – Philosophische Perspektiven* (S. 79–114). Frankfurt am Main: Suhrkamp.

https://doi.org/10.1515/9783110644456-012

Esser, H. (2004). Sinn, Kultur und „Rational Choice". In: F. Jaeger und J. Straub, *Handbuch der Kulturwissenschaften Band 2 – Paradigmen und Disziplinen* (S. 249–265). Stuttgart, Weimar: J. B. Metzler.

FAZ. (10. Mai 2015). Journalismus nach dem Modell Amazon. *FAZ*. Abgerufen am 1. August 2017 von http://www.faz.net/aktuell/feuilleton/medien/jeff-bezos-krempelt-die-washington-post-um-13582516.html.

FAZ. (22. Februar 2018). Jeder vierte junge Mensch hat psychische Probleme. *FAZ*. Abgerufen am 22. Februar 2018 von http://www.faz.net/aktuell/wirtschaft/depressionen-jeder-vierte-junge-mensch-hat-psychische-probleme-15462273.html.

Foot, P. (2004). *Die Natur des Guten*. Frankfurt am Main: Suhrkamp.

Geertz, C. (1973). *The Interpretation of Cultures. Selected Essays*. New York: Basic Books.

Gilbert, C. (2017). Entscheidungen: Handelsdefizit. *ZEIT Magazin 44* (25.10.2017), 20.

Goffmann, E. (1959). *The Presentation of Self in Everyday Life*. New York.

Habermas, J. (1998). *Faktizität und Geltung – Beiträge zur Diskurstheorie des Rechts und des demokratischen Rechtsstaats*. Frankfurt am Main: Suhrkamp.

Habermas, J. und Luhmann, N. (1971). *Theorie der Gesellschaft oder Sozialtechnologie: Was leistet die Systemforschung?* Frankfurt am Main: Suhrkamp.

Hejl, P. M. (1994). Soziale Konstruktion von Wirklichkeit. In: K. Merten, S. J. Schmidt und S. Weischenberg, *Die Wirklichkeit der Medien. Eine Einführung in die Kommunikationswissenschaft* (S. 43–59). Opladen: Westdeutscher Verlag.

Hesse, H. (2005). Unbestimmtheit in der Orientierung zum Handeln: „Anwenden" in Theorie und Praxis. In: W. Stegmaier (Hrsg.), *Orientierung – Philosophische Perspektiven* (S. 155–177). Frankfurt am Main: Suhrkamp.

Hilgers, J. (2011). *Inszenierte und dokumentierte Gewalt Jugendlicher. Eine qualitative Untersuchung von „Happy-Slapping" Phänomenen*. Wiesbaden: Springer VS.

Hobsbawm, E. (1998). *Das Zeitalter der Extreme*. München: dtv.

Höffe, O. (2003). Aristoteles: Ehtik und Politik. In: T. Buchheim, H. Flashar und R. A. King, *Kann man heute noch etwas anfangen mit Aristoteles?* (S. 125–141). Darmstadt: Wissenschaftliche Buchgesellschaft.

Hofstede, G., Hofstede, G. J. und Minkov, M. (2013). *Cultures and organizations: software of the mind* (3. Ausg.). New York: McGraw-Hill.

Horn, C. (2015). Glück, Glückseligkeit. In: M. Willaschek, J. Stolzenberg, G. Mohr und S. Bacin, *Kant-Lexikon, Bd. 1* (S. 879–882). Berlin, Boston: de Gruyter.

Horn, C. (2017). Glück. In: L. Kühnhardt und T. Mayer, *Bonner Enzyklopädie der Globalität – Band 1 und Band 2* (S. 201–211). Wiesbaden: Springer VS.

Hossenfelder, M. (2016). Epikur. In: F. Pöhlmann, *Philosophie – Werke aus drei Jahrtausenden* (S. 179–181). Stuttgart: Metzler.

House, R. J., Hanges, P. J., Mansour, J., Dorfmann, P. W. und Gupta, V. (2004). *Culture, Leadership, and Organizations*. Thousand Oaks, California: Sage Publications.

Kant, I. (1912/23). Metaphysische Anfangsgründe der Naturwissenschaft [1786]. In: I. Kant, *Gesammelte Schriften, AA IV*, hg. von der Königlich Preußischen Akademie der Wissenschaften (S. 465–565). Berlin.

Kant, I. (1912/23). Was heißt: Sich im Denken orientiren? [1786]. In: I. Kant, *Gesammelte Schriften, AA VIII*, hg. von der Königlich Preußischen Akademie der Wissenschaften (S. 131–147). Berlin.

Kant, I. (1998). *Grundlegung zur Metaphysik der Sitten*. (W. Weischedel, Hrsg.) Darmstadt: Wissenschaftliche Buchgesellschaft.

Kaube, J. (2007). *Otto Normalabweichler – Der Aufstieg der Minderheiten*. Springe: zu Klampen.

Kepplinger, H. M. (2011). *Realitätskonstruktionen*. Wiesbaden: VS.

Kersting, W. (2005). Rehabilitierung der Klugheit. In: W. Kersting, *Klugheit* (S. 7–14). Weilerswist: Velbrück Wissenschaft.
Klöngeter, S. und Zeller, M. (2011). Lost in Transition – Jugendliche und junge Erwachsene mit biographischen Krisen im Übergang. *Diskurs Kindheits- und Jugendforschung 6*, 5–16. Abgerufen am 10. Dezember 2018 von http://nbn-resolving.de/urn:nbn:de:0168-ssoar-385715.
Kluckhohn, C. (1950). *Mirror for Man*. London, Sydney, Toronto, Bombay: George Harrap.
Knoblauch, H. (1995). *Kommunikationskultur: Die kommunikative Konstruktion kultureller Kontexte*. Berlin u.a.: de Gruyter.
Knoblauch, H. (2011). Erving Goffmann: Die Kultur der Kommunikation. In: S. Moebius und D. Quadflieg, *Kultur. Theorien der Gegenwart* (2. Ausg., S. 189–201). Wiesbaden: VS.
Krause, D. (2005). *Luhmann-Lexikon* (4. Ausg.). Stuttgart: Lucius & Lucius.
Krippendorf, K. (1994). Der verschwundene Bote. In: K. Merten, S. J. Schmidt und S. Weischenberg, *Die Wirklichkeit der Medien. Eine Einführung in die Kommunikationswissenschaft* (S. 79–113). Opladen: Westdeutscher Verlag.
Kruse, P. und Stadler, M. (1994). Der psychische Apparat des Menschen. In: K. Merten, S. J. Schmidt und S. Weischenberg, *Die Wirklichkeit der Medien. Eine Einführung in die Kommunikationswissenschaft* (S. 20–42). Opladen: Westdeutscher Verlag.
Kullmann, W. (2010). Theoretische und politische Lebensform bei Aristoteles (X 6–9). In: O. Höffe, *Aristoteles – Nikomachische Ethik* (2. Ausg., S. 253–276). Berlin: Akademie.
Ladenthin, V. (2017). Methoden geisteswissenschaftlicher Begriffsbildung. In: L. Kühnhardt und T. Mayer, *Bonner Enzyklopädie der Globalität – Band 1 und Band 2* (S. 37–52). Wiesbaden: Springer VS.
Langenau, L. (23. November 2015). Plädoyer für mehr Gelassenheit. *Süddeutsche Zeitung*. Abgerufen am 10. Dezember 2018 von http://www.sueddeutsche.de/leben/digitale-jugend-plaedoyer-fuer-mehr-gelassenheit-1.2747055.
Link, J. (2013). *Normale Krisen? Normalismus und die Krise der Gegenwart*. Paderborn: Konstanz University Press.
Linton, R. (1974). *Gesellschaft, Kultur und Individuum. Interdisziplinäre sozialwissenschaftliche Grundbegriffe*. Frankfurt am Main: S. Fischer.
Luckner, A. (2005). *Klugheit*. Berlin u. a.: de Gruyter.
Luckner, A. (2008). Klugheit und Orientierung. Historisch-systematische Ortsbestimmungen. In: A. Scherzberg, *Klugheit. Begriff – Konzept – Anwendung* (S. 3–23). Tübingen: Mohr Siebeck.
Luhmann, N. (1971). Sinn als Grundbegriff der Soziologie. In: J. Habermas und N. Luhmann, *Theorie der Gesellschaft oder Sozialtechnologie: Was leistet die Systemforschung?* (S. 25–100). Frankfurt am Main: Suhrkamp.
Luhmann, N. (1984). *Soziale Systeme*. Frankfurt am Main: Suhrkamp.
Luhmann, N. (1990a). Gesellschaftliche Komplexität und öffentliche Meinung. In: N. Luhmann, *Soziologische Aufklärung 5: Konstruktivistische Perspektiven* (S. 165). Opladen: Westdeutscher Verlag.
Luhmann, N. (1990b). *Soziologische Aufklärung 5: Konstruktivistische Perspektiven*. Opladen: Westdeutscher Verlag.
Luhmann, N. (1993). *Das Recht der Gesellschaft*. Frankfurt am Main: Suhrkamp.
Luhmann, N. (1994). Öffentliche Meinung. In: N. Luhmann, *Politische Kommunikation* (4. Ausg., S. 9–34). Opladen: Westdeutscher Verlag.
Luhmann, N. (1994). Die Beobachtung der Beobachter im politischen System: Zur Theorie der Öffentlichen Meinung. In: J. Wilke, *Öffentliche Meinung – Theorie, Methoden, Befunde* (S. 77–86). Freiburg: Karl Alber.
Luhmann, N. (1995a). *Die Kunst der Gesellschaft*. Frankfurt am Main: Suhrkamp.
Luhmann, N. (1995b). *Die Realität der Massenmedien*. Wiesbaden: Springer VS.

Luhmann, N. (1997). *Die Gesellschaft der Gesellschaft*. Frankfurt am Main: Suhrkamp.
Luhmann, N. (2000a). *Die Religion der Gesellschaft*. Frankfurt am Main: Suhrkamp.
Luhmann, N. (2000b). *Die Politik der Gesellschaft*. Frankfurt am Main: Suhrkamp.
Luhmann, N. (2014). *Vertrauen – ein Mechanismus zur Reduktion sozialer Komplexität* (5. Ausg.). Konstanz: UVK.
Luhmann, N. (2015). *Die Wirtschaft der Gesellschaft* (7. Ausg.). Frankfurt am Main: Suhrkamp.
Macke, G. H., Viehmann-Schweizer, P. und Raether, W. (2016). *Kompetenzorientierte Hochschuldidaktik* (3. Ausg.). Weinheim: Beltz.
Mansour, A. (2016). *Generation Allah – Warum wir im Kampf gegen den religiösen Extremismus umdenken müssen*. Bonn: Bundeszentrale für politische Bildung.
Marten, R. (2005). Klugheit zum Guten. In: W. Kersting, *Klugheit* (S. 155–180). Weilerswist: Velbrück Wissenschaft.
Mau, S. (2012). *Lebenschancen – wohin driftet die Mittelschicht?* Bonn: Suhrkamp.
McLuhan, H. M. (1992). *Die magischen Kanäle. Understanding Media*. Düsseldorf, Wien, New York, Moskau: ECON.
Merten, K. (1994). Evolution der Kommunikation. In: K. Merten, S. J. Schmidt und S. Weischenberg, *Die Wirklichkeit der Medien. Eine Einführung in die Kommunikationswissenschaft* (S. 141–162). Opladen: Westdeutscher Verlag.
Merten, K. und Westerbarkey, J. (1994). Public Opinion und Public Relations. In: K. Merten, S. J. Schmidt und S. Weischenberg, *Die Wirklichkeit der Medien. Eine Einführung in die Kommunikationswissenschaft* (S. 188–211). Opladen: Westdeutscher Verlag.
Mészáros, I. (1973). *Der Entfremdungsbegriff bei Marx*. München: List.
Moebius, S. und Quadflieg, D. (2011). Kulturtheorien der Gegenwart – Heterotopien der Theorie. In: S. Moebius und D. Quadflieg, *Kultur. Theorien der Gegenwart* (2. Ausg., S. 11–18). Wiesbaden: VS.
Morozov, E. (2015). Wider digitales Wunschdenken. In: F. Schirrmacher, *Technologischer Totalitarismus. Eine Debatte* (S. 23–28). Berlin: Suhrkamp.
Neumann, P. (2013). Radikalisierung, Deradikalisierung und Extremismus. *Aus Politik und Zeitgeschichte (APuZ)*, 63. Jahrgang (29–31), 3–10.
Prensky, M. (2010). *Teaching Digital Natives: Partnering for Real Learning*. Thousand Oaks, Calif.: Corwin.
Pross, H. (1996). *Der Mensch im Mediennetz*. Düsseldorf und Zürich: Artemis & Winkler.
Rusch, G. (1994). Kommunikation und Verstehen. In: K. Merten, S. J. Schmidt und S. Weischenberg, *Die Wirklichkeit der Medien. Eine Einführung in die Kommunikationswissenschaft* (S. 60–78). Opladen: Westdeutscher Verlag.
Sandel, M. (2013). *What Money Can't Buy. The Moral Limits of Markets*. London: Penguin Books.
Sauermeister, J. (2018). Selbstgestaltung und Sinnsuche unter fragilen Bedingungen. In: M. Karidi, M. Schneider und R. Gutwald, *Resilienz – Interdisziplinäre Perspektiven zu Wandel und Transformation* (S. 127–140). Wiesbaden: Springer Fachmedien.
Schulz, T. (7. August 2013). Wie Facebook filtert. *Spiegel Online*. Abgerufen am 27. Juni 2017 von http://www.spiegel.de/netzwelt/web/wie-facebook-den-newsfeed-steuert-a-915217.html.
Schwabe, A. (12. Februar 2013). Ratzingers Heimkehr. *Zeit Online*. Abgerufen am 9. März 2017 von http://www.zeit.de/gesellschaft/zeitgeschehen/2013-02/benedit-ruecktritt-heimkehr-ratzinger/komplettansicht.
Schwartz, S. H. (1994). Are There Universal Aspects in the Structure and Contents of Human Values? *Journal of Social Issues 50*, 19–45.
Schweiger, W. (2017). *Der (des)informierte Bürger im Netz – Wie soziale Medien die Meinungsbildungs verändern*. Wiesbaden: Springer Fachmedien.
Scobel, G. (2008). *Weisheit – Über das, was uns fehlt*. Köln: DuMont.

Sheldrake, R. (2015). *Der Wissenschaftswahn – Warum der Materialismus ausgedient hat.* München: Droemer Taschenbuch.
Stegmaier, W. (2005). *Orientierung – Philosophische Perspektiven.* Frankfurt am Main: Suhrkamp.
Steinbach, J. und Kopp, A. (2016). Grundbegriffe der Soziologie 11. Auflage. Wiesbaden: Springer VS.
Sturma, D. (2005). Die Klugheit der Person. In: W. Kersting, *Klugheit* (S. 181–200). Weilerswist: Velbrück Wissenschaft.
Tylor, E. B. (2010 [1871]). *Primitive Culture. Researches into the Development of Mythology, Philosophy, Religion, Art, and Custom, Vol. 1.* Cambridge: Cambridge University Press.
Verhaeghe, P. (2013). *Und ich?* München: Antje Kunstmann.
Vogelsang, W. (2014). Digitale Medien – Jugendkulturen – Identität. In: K.-U. Hugger, *Digitale Jugendkulturen* (2. Ausg., S. 137–154). Wiesbaden, Springer VS.
Weber, M. (2004 [1919]). *Politik als Beruf.* Stuttgart: Reclam.
Wittpahl, V. (2017). *Digitalisierung.* Heidelberg: Springer (Open Access). Abgerufen am 10. Dezember 2018 von https://link.springer.com/content/pdf/10.1007%2F978-3-662-52854-9.pdf.
Wulf, C. und Zirfas, J. (2014a). Homo educandus. Eine Einleitung in die Pädagogische Anthropologie. In: C. Wulf und J. Zirfas, *Handbuch Pädagogische Anthropologie* (S. 9–26). Wiesbaden: VS.

Stichwortverzeichnis

Adaptiv-Pragmatische 150
akteursorientiert 73
altruistische Handlungsweisen 94
Anonymität 116
Anthropologie 34, 77, 108, 211
Arbeitswelt 113, 130
audiovisuelle Medien 192
Automatisierung 130
Autopoiesis 46

Balance 101
Basis der Arbeit 96
Beobachtung 46
Berufsbildung 200
Bewältigungsstrategien 160
Bewusstsein 108
Bilder 80
Bildung 193, 197
Bildungsauftrag 200
Bildungsziel 202
Biorhythmus 101
BITKOM-Studie 140
Boulevardisierung 74
Buchdruck 79

Chatbots 136
Clickbaits 114
Community 116
Computerspiele 182

Data Mining 214
Desorientierung 167
Digitale Bildung 143
Digitale Kompetenzen 160
Digitale Kultur 209
Digitale Nomaden 113
Digitale Zeitalter 105, 136, 209, 215
digitalisierte Weltmärkte 106
Digitalisierung 64, 212
Digitaltechnik 126
DIVSI 161
DIVSI-Studie 139
doppelte Kontingenz 46
Dynamik 210
dynamisches Element 107

Echokammer 118
Effizienzgedanken 125
Egoismus 76
Egozentrik 76
erkenntnistheoretische Frage 96
Ernährungsverhalten 98
Erziehungssystem 67
Ethik 29
Expeditive 158
Experimentalistische Hedonisten 155
Extremisten 181

Fake News 22
fehlerhafte Kommunikation 81
Filterblase 118
Fotografien 79

Geld 62
gescheiterte Orientierung 49
Geschlechterrollen 103
Gesellschaftsbeschreibungen 148
Gewalt 177
Glaubensvorstellungen 51
globale Handelskultur 106
GLOBE-Studie 104
Grundorientierung 38

Handlungsmodell 203
Happy Slapping 177
Hedonismus 91
Herdentrieb 115
Hochschuldidaktik 201
homo educandus 211
homo oeconomicus 94
humboldtsche Reformen 199

Identität 3, 113, 147
Individualisierung 202
Individualität-Kollektivität 103
individuelle Orientierung 105
indulgence vs. restraint 104
Informationsaustausch 66, 163, 215
Informationsbegriff 72
interkulturelle Kompetenz 145
Internet 79, 111
Internetkommunikation 21
Internet-Suche 135

Internetsucht 183
interpersonelle Kommunikation 138
IVR-Index 105

Jugenddelinquenz 173
Jugendkriminalität 173

kantianisches Gedankengebäude 92
kategorischer Imperativ 92
Klugheit 29
Kommunikation 7, 19, 160
Kommunikationsaufnahme 132
Kommunikationsbegriff 81
Kommunikationsgewohnheiten 114
Kommunikationskultur 109
Kommunikationsmedium 135
Kommunikationsmuster 136
Kommunikationsprozess 20
Kommunikationstypen 22
kommunikationswissenschaftliche
    Orientierungsperspektive 93
kommunikationswissenschaftliche
    Perspektive 81
Kommunikative Verzerrungen 82
Konkurrenz 100
Konsequenzialismus 93
Konservativ-Bürgerliche 149
Konstruktivismus 45
Konsumverhalten 65
Kultur 23, 184, 209
Kulturbegriff 23
Kulturdimensionen 103, 107
kulturelle Basis 195
kulturelle Orientierung 184
Kulturelle Werte 173
Kulturstandards 145
Kulturtheorie 5, 96
Kulturwissenschaften 198
Kunst 69, 79
Künstliche Intelligenz 127, 129

Lebensführungskompetenz 202, 205
Leistungsdruck 191
long-term orientation 104

Markt 60
massenmediale Dynamik 73
Massenmedien 72
massive Orientierungslosigkeit 97

Materialistische Hedonisten 153
mediale Mittel 84
mediale Orientierung 87
Medien 86
Medieneffekt 26
Medienformen 132
Medienkompetenzen 179
Medienkonsum 4
Medienöffentlichkeit 85
Meta-Orientierung 73
Methodenkompetenzen 207
Moral 92
Mündigkeit 164

Nation 55
Neo-Aristotelische Spielart 90
Nikomachische Ethik 89
Normalität 120
Normalitätsvorstellungen 123
Normatives Leitprinzip 90
Normierung 123

Öffentlichkeit 26
Öffentlichkeitsmodelle 26
ökonomische Verwertbarkeit 117
operative Schließung 46
Ordnungsmodelle 39
Orientierung 7, 78
Orientierungsbegriff 11
Orientierungsbereich 111
Orientierungsdefizite 171
Orientierungsfähigkeiten 112
Orientierungsfindung 16
Orientierungsinstanzen 51, 79, 100, 111
Orientierungskommunikation 78
Orientierungslosigkeit 1
Orientierungsmittel 111, 180, 212
Orientierungsmodell 12, 30, 32, 38, 109, 115,
    144, 177, 187, 191
Orientierungsmöglichkeiten 2
Orientierungsmuster 1
Orientierungsprozess 111
Orientierungspunkte 30
Orientierungsreflexion 7
Orientierungssubjekt 111
Orientierungssuche 3, 13, 40, 78, 133, 137, 165,
    214
Orientierungssysteme 171
Orientierungsverlust 167

Orientierungsvorgänge 127, 197
Orientierungswissen 137

Partnerwahl 99
Philosophie 88
politische Kommunikation 56
politische Öffentlichkeit 68
Power Distance 103
Pragmatische Topiken 17
Prekäre 151
psychosomatische Erkrankungen 185

radikaler Konstruktivismus 97
Radikalisierung 181
Rationalität 27
Realität 8, 48, 70
Recht 57
Rechtssystem 58
Reduktion 95
Reflexion 31, 38, 133
Reizüberflutung 113
Religion 52, 115
Religiöse Orientierungssuche 53
Resilienz 91
Resilienzbegriff 213
Risikogesellschaft 4
Risikoverhalten 178
Rituale 6
Robotertechnik 129

Schwarmintelligenz 117
Selbstbeobachtung 214
Selbstinszenierung 5
Selbst-Orientierung 76
Selbstpräsentation 99
Selbstverortung 77
Selbstverwirklichung 75
SEO-Texte 114
Sicherheit 101
Sicherheitsorientierung 102
Sinnbezug 72
SINUS-Studie 126
Sozial Schwache 100
soziale Medien 40, 116, 118, 175
soziales Wissen 96
Sozialisation 147
Sozialökologische 156
Sozialverhalten 99
Staat 115

statisches Element 107
Stoa 91
Suchteffekt 182
Systemtheorie 45

Umorientierung 210
uncertainty avoidance index 103
Ungleichheiten 100
unkritische Medienrezeption 73
Unsicherheitsvermeidungsindex 105
Unternehmerisches Selbst 66
Urteilskraft 194
Utilitarismus 93

variablenorientiert 73
Verfügbarkeit von Daten 120
Vertrauen 168
Vertrauensbegriff 83

Waffengleichheit 124
Wahn 5
Wahrnehmung 97, 136
Wahrnehmungsfilter 124
Weltanschauliche Orientierung 134
Weltanschauung 15
Werbe- und Beeinflussungsstrategien 114
Werte 17, 179, 200
Wertebildung 200
Werteorientierung 17
Wertestruktur 195
Wertesysteme 167
wirtschaftliche Disruptionen 129
Wissenschaft 66
Wissenschaften 38
Wissensgesellschaft 212
Würde 63

Zweckrationalität 66

www.ingramcontent.com/pod-product-compliance
Lightning Source LLC
Chambersburg PA
CBHW051148290426
44108CB00019B/2652